LEGISLAÇÃO
DE
DIREITOS FUNDAMENTAIS

JORGE BACELAR GOUVEIA
Professor da Universidade Nova de Lisboa e da Universidade Lusíada
Doutor e Mestre em Direito

LEGISLAÇÃO DE DIREITOS FUNDAMENTAIS

2.ª edição, actualizada

ALMEDINA

TÍTULO:	LEGISLAÇÃO DE DIREITOS FUNDAMENTAIS
AUTOR:	JORGE BACELAR GOUVEIA (jbg@fd.unl.pt)
EDITOR:	LIVRARIA ALMEDINA – COIMBRA www.almedina.net
LIVRARIAS:	LIVRARIA ALMEDINA ARCO DE ALMEDINA, 15 TELEF. 239851900 FAX 239851901 3004-509 COIMBRA – PORTUGAL livraria@almedina.net LIVRARIA ALMEDINA – PORTO R. DE CEUTA, 79 TELEF. 222059773 FAX 222039497 4050-191 PORTO – PORTUGAL porto@almedina.net EDIÇÕES GLOBO, LDA. R. S. FILIPE NERY, 37-A (AO RATO) TELEF. 213857619 FAX 213844661 1250-225 LISBOA – PORTUGAL globo@almedina.net LIVRARIA ALMEDINA ATRIUM SALDANHA LOJAS 71 A 74 PRAÇA DUQUE DE SALDANHA, 1 TELEF. 213712690 atrium@almedina.net LIVRARIA ALMEDINA – BRAGA CAMPOS DE GUALTAR UNIVERSIDADE DO MINHO 4700-320 BRAGA TELEF. 253678822 braga@almedina.net
EXECUÇÃO GRÁFICA:	G.C. – GRÁFICA DE COIMBRA, LDA. PALHEIRA – ASSAFARGE 3001-453 COIMBRA E-mail: producao@graficadecoimbra.pt MAIO 2004
DEPÓSITO LEGAL:	210544/04

Toda a reprodução desta obra, por fotocópia ou outro qualquer processo, sem prévia autorização escrita do Editor, é ilícita e passível de procedimento judicial contra o infractor.

NOTA PRÉVIA À 2.ª EDIÇÃO

A colectânea que agora se publica corresponde à 2.ª edição da *Legislação de Direitos Fundamentais,* publicada há bastante tempo e já esgotada.

Aproveita-se este ensejo para realizar as necessárias actualizações impostas pela inflação legislativa a cujo domínio, infelizmente, nem a matéria mais estabilizada dos direitos fundamentais escapa.

É de salientar um elevado conjunto de novos diplomas que se impuseram no amadurecimento da evolução legislativa ou pela modificação de certas concepções político-sociais.

A finalidade, porém, mantém-se inalterável: permitir uma consulta fácil e global da mais importante legislação existente em Portugal no sector dos direitos fundamentais.

Lisboa, 2 de Abril de 2004.

JORGE CLÁUDIO DE BACELAR GOUVEIA

NOTA PRÉVIA À 1.ª EDIÇÃO

A *Legislação de Direitos Fundamentais* que agora se publica destina-se a colmatar uma lacuna do mercado jurídico português. Desde a entrada em vigor da Constituição de 1976, na qual o tratamento dos direitos fundamentais se pautou por um enorme aprofundamento, evidente do ponto de vista histórico, assinalável no plano comparatístico, nenhuma colectânea se tinha feito que apresentasse, sinopticamente, o conjunto das normas internas infraconstitucionais existentes com o objectivo de lhes dar concretização. Não se avançara além de compilações circunscritas.

Todavia, não se pense que se pretendeu esgotar o seu elenco. Houve, infelizmente, que sopesar aspectos de ordem prática relacionados com a extensão da selecção empreendida.

Por um lado, decidimos não incluir as normas constantes dos vários Códigos, como o Civil, o Penal e o de Processo Penal.

Por outro lado, ficaram de fora as normas respeitantes aos direitos fundamentais dos trabalhadores, já amplamente difundidas em várias colectâneas de Direito do Trabalho.

Finalmente, fomos forçados a dar menor relevo à parte concernente aos direitos económicos, sociais e culturais, pelo facto de a escassa densidade das suas normas constitucionais dificultar a aferição da relevância das respectivas normas concretizadoras. Inseriram-se apenas as de pertinência mais directa.

Esperamos que este trabalho possa contribuir para a divulgação dos direitos fundamentais em Portugal. Apesar de se dirigir, em primeiro plano, aos estudantes universitários, estamos em crer que poderá prestar algum auxílio aos juristas em geral, que no seu quotidiano se vêem constantemente confrontados com esta problemática.

Agradecemos aos que tornaram esta iniciativa possível. Queremos salientar, em especial: os Senhores Professores Doutores Jorge Miranda e Sérvulo Correia, pelo apoio que lhe deram; a Sr.ª Dr.ª Madalena Terra e a Sr.ª D.ª Paula Oliveira, pela colaboração na recolha dos diplomas e revisão das provas tipográficas.

Lisboa, 5 de Novembro de 1990.

JORGE BACELAR GOUVEIA

I

DIREITOS FUNDAMENTAIS EM GERAL

1. ESTATUTO DO PROVEDOR DE JUSTIÇA

Lei n.º 9/91, de 9 deAbril[1]

Provedor de Justiça

A Assembleia da República decreta, nos termos dos artigos 164.º, alínea *d*), 167.º, alínea, *l*), 168.º, n.º 1, alínea *b*), e 169.º, n.º 3, da Constituição, o seguinte:

CAPÍTULO I – Princípios gerais

ARTIGO 1.º – **Funções**

1 – O Provedor de Justiça é, nos termos da Constituição, um órgão do Estado eleito pela Assembleia da República, que tem por função principal a defesa e promoção dos direitos, liberdades, garantias e interesses legítimos dos cidadãos, assegurando, através de meios informais, a justiça e a legalidade do exercício dos poderes públicos.

2 – O Provedor de Justiça goza de total independência no exercício das suas funções.

ARTIGO 2.º – **Âmbito de actuação**

1 – As acções do Provedor de Justiça exercem-se, nomeadamente, no âmbito da actividade dos serviços da administração pública central, regio-

---

[1] Alterada pela Lei n.º 30/96, de 14 de Agosto.

nal e local, das Forças Armadas, dos institutos públicos, das empresas públicas ou de capitais maioritariamente públicos ou concessionárias de serviços públicos ou de exploração de bens do domínio público.

2 – O âmbito de actuação do Provedor de Justiça pode ainda incidir em relações entre particulares que impliquem uma especial relação de domínio, no âmbito da protecção de direitos, liberdades e garantias.

ARTIGO 3.º – **Direito de queixa**

Os cidadãos podem apresentar queixas por acções ou omissões dos poderes públicos ao Provedor de Justiça, que as aprecia sem poder decisório, dirigindo aos órgãos competentes as recomendações necessárias para prevenir e reparar injustiças.

ARTIGO 4.º – **Autonomia**

A actividade do Provedor de Justiça pode igualmente ser exercida por iniciativa própria e é independente dos meios graciosos e contenciosos previstos na Constituição e nas leis.

CAPÍTULO II – **Estatuto**

Artigo 5.º – **Designação**

1 – O Provedor de Justiça é designado pela Assembleia da República por maioria de dois terços dos Deputados presentes, desde que superior à maioria absoluta dos Deputados em efectividade de funções.

2 – A designação recai em cidadão que preencha os requisitos de elegibilidade para a Assembleia da República e goze de comprovada reputação de integridade e independência.

3 – O Provedor de Justiça toma posse perante o Presidente da Assembleia da República.

ARTIGO 6.º – **Duração do mandato**

1 – O Provedor de Justiça é eleito por quatro anos, podendo ser reeleito apenas uma vez, por igual período.

Estatuto do Provedor de Justiça

2 – Após o termo do período por que foi designado, o Provedor de Justiça mantém-se em exercício de funções até à posse do seu sucessor.

3 – A designação do Provedor deve efectuar-se nos 30 dias anteriores ao termo do quadriénio.

4 – Quando a Assembleia da República se encontrar dissolvida, ou não estiver em sessão, a eleição tem lugar dentro dos 15 dias a partir da primeira reunião da Assembleia eleita ou a partir do início de nova sessão, sem prejuízo de convocação extraordinária para o efeito.

ARTIGO 7.º – **Independência e inamovibilidade**

O Provedor de Justiça é independente e inamovível, não podendo as suas funções cessar antes do termo do período por que foi designado, salvo nos casos previstos na presente lei.

ARTIGO 8.º – **Imunidades**

1 – O Provedor de Justiça não responde civil ou criminalmente pelas recomendações, reparos ou opiniões que emita ou pelos actos que pratique no exercício das suas funções.

2 – O Provedor de Justiça não pode ser detido ou preso sem autorização da Assembleia da República, salvo por crime punível com a pena de prisão superior a três anos e em flagrante delito.

3 – Movido procedimento criminal contra o Provedor de Justiça, e acusado definitivamente, a Assembleia da República deliberará se o Provedor de Justiça deve ou não ser suspenso para efeito de seguimento do processo, salvo no caso de crime punível com a pena referida no número anterior.

4 – Na hipótese prevista no n.º 2 do presente artigo, a prisão implica a suspensão do exercício das funções do Provedor de Justiça pelo período em que aquela se mantiver.

ARTIGO 9.º – **Honras, direitos e garantias**

O Provedor de Justiça tem os direitos, honras, precedência, categoria, remunerações e regalias idênticas às de ministro, incluindo as constantes da Lei n.º 4/85, de 9 de Abril, designadamente dos seus artigos 12.º, n.º 1 e 2, e 24.º a 31.º

Artigo 10.º – Gabinete do Provedor de Justiça

1 – É criado um gabinete do Provedor de Justiça, que presta apoio directo e pessoal ao Provedor de Justiça.

2 – O gabinete é composto por um chefe de gabinete, por três adjuntos e quatro secretárias pessoais.

3 – Os membros do gabinete são livremente nomeados e exonerados pelo Provedor de Justiça.

4 – São aplicáveis aos membros do gabinete o regime de provimento e de remuneração, bem como as normas relativas a garantias e deveres, dos membros dos gabinetes ministeriais.

Artigo 11.º – Incompatibilidades

1 – O Provedor de Justiça está sujeito às incompatibilidades dos magistrados judiciais em exercício.

2 – O Provedor de Justiça não pode exercer quaisquer funções em órgãos de partidos ou associações políticas nem desenvolver actividades partidárias de carácter público.

Artigo 12.º – Dever de sigilo

1 – O Provedor de Justiça é obrigado a guardar sigilo relativamente aos factos de que tome conhecimento no exercício das suas funções, se tal sigilo se impuser em virtude da natureza dos mesmos factos.

2 – O mero dever de sigilo, que não decorra do reconhecimento e protecção da Constituição ou da lei, de quaisquer cidadãos ou entidades cede perante o dever de cooperação com o Provedor de Justiça no âmbito da competência deste.

Artigo 13.º – Garantias de trabalho

1 – O Provedor de Justiça não pode ser prejudicado na estabilidade do seu emprego, na sua carreira e no regime de segurança social de que beneficie.

2 – O tempo de serviço prestado como Provedor de Justiça conta, para todos os efeitos, como prestado nas funções de origem, bem como para aposentação e reforma, mesmo que no momento da designação não exercesse funções que lhe conferissem tal direito.

3 – O Provedor de Justiça beneficia do regime de segurança social

aplicável aos trabalhadores civis da função pública, se não estiver abrangido por outro mais favorável.

ARTIGO 14.° – **Identificação e livre trânsito**

1 – O Provedor de Justiça tem direito a cartão especial de identificação passado pela secretaria da Assembleia da República e assinado pelo Presidente.

2 – O cartão de identificação é simultaneamente de livre trânsito e acesso a todos os locais de funcionamento da administração central, regional, local e institucional, serviços civis e militares e demais entidades sujeitas ao controlo do Provedor de Justiça.

ARTIGO 15.° – **Vagatura do cargo**

1 – As funções de Provedor de Justiça só cessam antes do termo do quadriénio nos seguintes casos:

a) Morte ou impossibilidade física permanente;
b) Perda dos requisitos de elegibilidade para a Assembleia da República;
c) Incompatibilidade superveniente;
d) Renúncia.

2 – Os motivos de cessação de funções são verificados pela Assembleia da República nos termos do seu Regimento.

3 – No caso de vagatura do cargo, a designação do Provedor de Justiça deve ter lugar dentro dos 30 dias imediatos, observando-se o disposto no n.° 4 do artigo 6.°

4 – O Provedor de Justiça não está sujeito às disposições legais em vigor sobre a aposentação e reforma por limite de idade.

ARTIGO 16.° – **Provedores-adjuntos**

1 – O Provedor de Justiça pode nomear e exonerar a todo o tempo dois provedores-adjuntos, de entre indivíduos habilitados com o curso superior adequado e comprovada reputação de integridade e independência.

2 – O Provedor de Justiça pode delegar nos provedores-adjuntos os poderes referidos nos artigos 21.°, 27.°, 30.° a 34.° e 42.°, competindo ainda a estes assegurar o funcionamento dos serviços no caso de cessação ou interrupção do Provedor.

16   *Direitos Fundamentais em Geral*

3 – Aplicam-se aos provedores-adjuntos as disposições dos artigos 11.º, 12.º, 13.º e 14.º

Artigo 17.º – **Coadjuvação nas funções**

O Provedor de Justiça é coadjuvado no exercício das suas funções por coordenadores e assessores.

Artigo 18.º – **Garantia de autoridade**

O Provedor de Justiça, os provedores-adjuntos de justiça, os coordenadores e os assessores são considerados autoridades públicas, inclusive para efeitos penais.

Artigo 19.º – **Auxílio das autoridades**

Todas as autoridades e agentes de autoridade devem prestar ao Provedor de Justiça o auxílio que lhes for solicitado para o bom desempenho das suas funções.

CAPÍTULO III – **Atribuições**

ARTIGO 20.º – **Competências**

1 – Ao Provedor de Justiça compete:

a) Dirigir recomendações aos órgãos competentes com vista à correcção de actos ilegais ou injustos dos poderes públicos ou melhoria dos respectivos serviços;

b) Assinalar as deficiências de legislação que verificar, emitindo recomendações para a sua interpretação, alteração ou revogação, ou sugestões para a elaboração de nova legislação, as quais serão enviadas ao Presidente da Assembleia da República, ao Primeiro-Ministro e aos ministros directamente interessados e, igualmente, se for caso disso, aos Presidentes das Assembleias Legislativas Regionais e aos Presidentes dos Governos das Regiões Autónomas;

c) Emitir parecer, a solicitação da Assembleia da República, sobre quaisquer matérias relacionadas com a sua actividade;

d) Promover a divulgação do conteúdo e da significação de cada um dos direitos e liberdades fundamentais, bem como da finalidade da instituição do Provedor de Justiça, dos meios de acção de que dispõe e de como a ele se pode fazer apelo;

e) Intervir, nos termos da lei aplicável, na tutela dos interesses colectivos ou difusos, quando estiverem em causa entidades públicas.

2 – Compete ao Provedor de Justiça integrar o Conselho de Estado.

3 – Compete ao Provedor de Justiça requerer ao Tribunal Constitucional a declaração de inconstitucionalidade ou de ilegalidade de normas, nos termos do artigo 281.º, n.ᵒˢ 1 e 2, alínea *d*), da Constituição.

4 – Compete ao Provedor de Justiça requerer ao Tribunal Constitucional a apreciação e verificação de inconstitucionalidade por omissão, nos termos do n.º 1 do artigo 283.º

5 – As recomendações à Assembleia da República e às Assembleias Legislativas Regionais são publicadas nos respectivos jornais oficiais.

ARTIGO 21.º – **Poderes**

1 – No exercício das suas funções, o Provedor de Justiça tem poderes para:

a) Efectuar, com ou sem aviso, visitas de inspecção a todo e qualquer sector da actividade da administração central, regional e local, designadamente serviços públicos e estabelecimentos prisionais civis e militares, ou a quaisquer entidades sujeitas ao seu controlo, ouvindo os respectivos órgãos e agentes e pedindo as informações, bem como a exibição de documentos, que reputar convenientes;

b) Proceder a todas as investigações e inquéritos que considere necessários ou convenientes, podendo adoptar, em matéria de recolha e produção de provas, todos os procedimentos razoáveis, desde que não colidam com os direitos e interesses legítimos dos cidadãos;

c) Procurar, em colaboração com os órgãos e serviços competentes, as soluções mais adequadas à tutela dos interesses legítimos dos cidadãos e ao aperfeiçoamento da acção administrativa.

2 – A actuação e intervenção do Provedor de Justiça não é limitada pela utilização de meios graciosos e contenciosos previstos na Constitui-

ção e nas leis nem pela pendência desses meios, sem prejuízo do disposto no artigo seguinte.

Artigo 22.º – **Limites de intervenção**

1 – O Provedor de Justiça não tem competência para anular, revogar ou modificar os actos dos poderes públicos e a sua intervenção não suspende o decurso de quaisquer prazos, designadamente os de recurso hierárquico e contencioso.

2 – Ficam excluídos dos poderes de inspecção e fiscalização do Provedor de Justiça os órgãos de soberania, as Assembleias Legislativas Regionais e os Governos próprios das Regiões Autónomas, com excepção da sua actividade administrativa e dos actos praticados na superintendência da Administração.

3 – As queixas relativas à actividade judicial que, pela sua natureza, não estejam fora do âmbito da actividade do Provedor de Justiça serão tratadas através do Conselho Superior da Magistratura, do Conselho Superior do Ministério Público ou do Conselho Superior dos Tribunais Administrativos e Fiscais, conforme os casos.

Artigo 23.º – **Relatório e colaboração com a Assembleia da República**

1 – O Provedor de Justiça envia anualmente à Assembleia da República um relatório da sua actividade, anotando as iniciativas tomadas, as queixas recebidas, as diligências efectuadas e os resultados obtidos, o qual será publicado no *Diário da Assembleia da República*.

2 – A fim de tratar de assuntos da sua competência, o Provedor de Justiça pode tomar parte nos trabalhos das comissões parlamentares competentes, quando o julgar conveniente e sempre que estas solicitem a sua presença.

CAPÍTULO IV – **Procedimento**

Artigo 24.º – **Iniciativa**

1 – O Provedor de Justiça exerce as suas funções com base em queixas apresentadas pelos cidadãos, individual ou colectivamente, ou por iniciativa própria, relativamente a factos que por qualquer outro modo cheguem ao seu conhecimento.

Estatuto do Provedor de Justiça

2 – As queixas ao Provedor de Justiça não dependem de interesse directo, pessoal e legítimo nem de quaisquer prazos.

ARTIGO 25.º – **Apresentação de queixas**

1 – As queixas podem ser apresentadas oralmente ou por escrito, mesmo por simples carta, e devem conter a identidade e morada do queixoso e, sempre que possível, a sua assinatura.

2 – Quando apresentadas oralmente, são reduzidas a auto, que o queixoso assina sempre que saiba e possa fazê-lo.

3 – As queixas podem ser apresentadas directamente ao Provedor de Justiça ou qualquer agente do Ministério Público, que lhas transmitirá imediatamente.

4 – Quando as queixas não forem apresentadas em termos adequados, é ordenada a sua substituição.

ARTIGO 26.º – **Queixas transmitidas pela Assembleia da República**

A Assembleia da República, as comissões parlamentares e os Deputados podem ouvir o Provedor de Justiça e solicitar-lhe as diligências necessárias à prossecução das petições ou queixas que lhes sejam enviadas.

ARTIGO 27.º – **Apreciação preliminar das queixas**

1 – As queixas são objecto de uma apreciação preliminar tendente a avaliar da sua admissibilidade.

2 – São indeferidas liminarmente as queixas manifestamente apresentadas de má fé ou desprovidas de fundamento.

ARTIGO 28.º – **Instrução**

1 – A instrução consiste em pedidos de informação, inspecções, exames, inquirições ou qualquer outro procedimento razoável que não colida com os direitos fundamentais dos cidadãos e é efectuada por meios informais e expeditos, sem sujeição às regras processuais relativas à produção de prova.

2 – As diligências são efectuadas pelo Provedor de Justiça e seus colaboradores, podendo também a sua execução ser solicitada directamente aos agentes do Ministério Público ou quaisquer outras entidades públicas com prioridade e urgência, quando for caso disso.

20 *Direitos Fundamentais em Geral*

ARTIGO 29.º – **Dever de cooperação**

1 – Os órgãos e agentes das entidades públicas, civis e militares, têm o dever de prestar todos os esclarecimentos e informações que lhes sejam solicitados pelo Provedor de Justiça.

2 – As entidades públicas, civis e militares, prestam ao Provedor de Justiça toda a colaboração que por este lhes for solicitada, designadamente informações, efectuando inspecções através dos serviços competentes e facultando documentos e processos para exame, remetendo-os ao Provedor, se tal lhes for pedido.

3 – O disposto no número anterior não prejudica as restrições legais respeitantes ao segredo de justiça nem a invocação de interesse superior do Estado, nos casos devidamente justificados pelos órgãos competentes, em questões respeitantes à segurança, à defesa ou às relações internacionais.

4 – O Provedor de Justiça pode fixar por escrito prazo não inferior a 10 dias para satisfação de pedido que formule com nota de urgência.

5 – O Provedor de Justiça pode determinar a presença na Provedoria de Justiça, ou noutro qualquer local que indicar e que as circunstâncias justifiquem, de qualquer funcionário ou agente de entidade pública, mediante requisição à entidade hierarquicamente competente, ou de qualquer titular de órgão sujeito ao seu controlo, nos termos do artigo 2.º, a fim de lhe ser prestada a cooperação devida.

6 – O incumprimento não justificado do dever de cooperação previsto nos n.os 1, 2, 4 e 5 do presente artigo, por parte de funcionário ou agente da administração pública central, regional e local, das Forças Armadas, de instituto público, de empresa pública ou de capitais maioritariamente públicos ou concessionária de serviços públicos ou de exploração de bens de domínio público, constitui crime de desobediência, sem prejuízo do procedimento disciplinar que no caso couber.

ARTIGO 30.º – **Depoimentos**

1 – O Provedor de Justiça pode solicitar a qualquer cidadão depoimentos ou informações sempre que os julgar necessários para apuramento de factos.

2 – Considera-se justificada a falta ao serviço determinada pelo dever de comparência.

3 – Em caso de recusa de depoimento ou falta de comparência no dia e hora designados, o Provedor de Justiça pode notificar, mediante aviso

Estatuto do Provedor de Justiça

postal registado, as pessoas que devam ser ouvidas, constituindo crime de desobediência qualificada a falta injustificada de comparência ou a recusa de depoimento.

4 – As despesas de deslocação e outras que, a pedido do convocado, forem autorizadas pelo Provedor de Justiça são pagas por conta do orçamento da Provedoria de Justiça.

ARTIGO 31.º – **Arquivamento**

São mandadas arquivar as queixas:

a) Quando não sejam da competência do Provedor de Justiça;
b) Quando o Provedor conclua que a queixa não tem fundamento ou que não existem elementos bastantes para ser adoptado qualquer procedimento;
c) Quando a ilegalidade ou injustiça invocadas já tenham sido reparadas.

ARTIGO 32.º – **Encaminhamento**

1 – Quando o Provedor de Justiça reconheça que o queixoso tem ao seu alcance um meio gracioso ou contencioso, especialmente previsto na lei, pode limitar-se a encaminhá-lo para a entidade competente.

2 – Independentemente do disposto no número anterior, o Provedor deve informar sempre o queixoso dos meios contenciosos que estejam ao seu alcance.

ARTIGO 33.º – **Casos de pouca gravidade**

Nos casos de pouca gravidade, sem carácter continuado, o Provedor de Justiça pode limitar-se a uma chamada de atenção ao órgão ou serviço competente ou dar por encerrado o assunto com as explicações fornecidas.

ARTIGO 34.º – **Audição prévia**

Fora dos casos previstos nos artigos 30.º e 32.º, o Provedor de Justiça deve sempre ouvir os órgãos ou agentes postos em causa, permitindo-lhes que prestem todos os esclarecimentos necessários antes de formular quaisquer conclusões.

ARTIGO 35.° – **Participação de infracções e publicidade**

1 – Quando no decurso do processo resultarem indícios suficientes da prática de infracções criminais ou disciplinares ou contra-ordenações, o Provedor de Justiça deve dar conhecimento delas, conforme os casos, ao Ministério Público ou à entidade hierarquicamente competente para a instauração de processo disciplinar ou contra-ordenacional.

2 – Quando as circunstâncias o aconselhem, o Provedor pode ordenar a publicação de comunicados ou informações sobre as conclusões alcançadas nos processos ou sobre qualquer outro assunto relativo à sua actividade, utilizando, se necessário, os meios de comunicação social estatizados e beneficiando, num e noutro caso, do regime legal de publicação de notas oficiosas, nos termos das respectivas leis.

ARTIGO 36.° – **Irrecorribilidade dos actos do Provedor**

Sem prejuízo do disposto no artigo 44.°, os actos do Provedor de Justiça não são susceptíveis de recurso e só podem ser objecto de reclamação para o próprio Provedor.

ARTIGO 37.° – **Queixas de má fé**

Quando se verifique que a queixa foi feita de má fé, o Provedor de Justiça participa o facto ao agente do Ministério Público competente, para a instauração do procedimento criminal nos termos da lei geral.

ARTIGO 38.° – **Recomendações**

1 – As recomendações do Provedor de Justiça são dirigidas ao órgão competente para corrigir o acto ou a situação irregulares.

2 – O órgão destinatário da recomendação deve, no prazo de 60 dias a contar da sua recepção, comunicar ao Provedor de Justiça a posição que quanto a ela assume.

3 – O não acatamento da recomendação tem sempre de ser fundamentado.

4 – Se as recomendações não forem atendidas, e sempre que o Provedor não obtiver a colaboração devida, pode dirigir-se ao superior hierárquico competente.

5 – Se o órgão executivo da autarquia local não acatar as recomendações do Provedor, este pode dirigir-se à respectiva assembleia deliberativa.

Estatuto do Provedor de Justiça

6 – Se a Administração não actuar de acordo com as suas recomendações, ou se se recusar a prestar a colaboração pedida, o Provedor pode dirigir-se à Assembleia da República, expondo os motivos da sua tomada de posição.

7 – As conclusões do Provedor são sempre comunicadas aos órgãos ou agentes visados e, se tiverem origem em queixa apresentada, aos queixosos.

ARTIGO 39.º – **Isenção de custos e selos e dispensa de advogado**

Os processos organizados perante o Provedor de Justiça são isentos de custos e selos e não obrigam à constituição de advogado.

CAPÍTULO V – Provedoria de Justiça

ARTIGO 40.º – **Autonomia, instalação e fim**

1 – A Provedoria de Justiça tem por função prestar o apoio técnico e administrativo necessário ao desempenho das atribuições definidas na presente lei.

2 – A Provedoria de Justiça é dotada de autonomia administrativa e financeira.

3 – A Provedoria de Justiça funciona em instalações próprias.

ARTIGO 41.º – **Pessoal**

A Provedoria de Justiça dispõe de um quadro próprio, nos termos da respectiva lei orgânica.

ARTIGO 42.º – **Competências administrativa e disciplinar**

Compete ao Provedor de Justiça praticar todos os actos relativos ao provimento e à situação funcional do pessoal da Provedoria de Justiça e exercer sobre ele o poder disciplinar.

ARTIGO 43.º – **Orçamento do serviço e respectivas verbas**

1 – A Provedoria de Justiça tem um orçamento anual, elaborado nos termos da respectiva lei orgânica.

2 – A dotação orçamental da Provedoria de Justiça consta de verba inscrita no orçamento da Assembleia da República.

3 – O Provedor de Justiça tem competência idêntica à de ministro para efeitos de autorização de despesas.

ARTIGO 44.º – **Recurso contencioso**

Das decisões do Provedor de Justiça praticadas no âmbito da sua competência de gestão da Provedoria de Justiça cabe recurso para o Supremo Tribunal Administrativo, nos termos gerais.

CAPÍTULO VI – **Disposições finais e transitórias**

ARTIGO 45.º – **Remissão**

A designação «Provedoria de Justiça» substitui, para todos os efeitos, a de «Serviço do Provedor de Justiça» constante da legislação em vigor ou de quaisquer outros actos com eficácia legal.

ARTIGO 46.º – **Alterações à Lei Orgânica**

O Governo procederá por decreto-lei às alterações necessárias à Lei Orgânica da Provedoria de Justiça, Lei n.º 10/78, de 2 de Março, no prazo de 180 dias.

ARTIGO 47.º – **Norma revogatória**

É revogada a Lei n.º 81/77, de 22 de Novembro.

Aprovada em 4 de Fevereiro de 1991.

O Presidente da Assembleia da República, *Vítor Pereira Crespo.*

Promulgada em 12 de Março de 1991.

Publique-se.

O Presidente da República, MÁRIO SOARES.

Referendada em 19 de Março de 1991.

O Primeiro-Ministro, *Aníbal António Cavaco Silva.*

2. REGIME DO ESTADO DE SÍTIO E DO ESTADO DE EMERGÊNCIA

Lei n.° 44/86, de 30 de Setembro

Regime do estado de sítio e do estado de emergência

A Assembleia da República decreta, nos termos do artigo 164.°, alínea *d*), artigo 167.°, alínea *c*), e artigo 169.°, n.° 2, da Constituição, o seguinte:

CAPÍTULO I – Disposições Gerais

Artigo 1.° – **Estados de excepção**

1 – O estado de sítio ou o estado de emergência só podem ser declarados nos casos de agressão efectiva ou iminente por forças estrangeiras, de grave ameaça ou perturbação da ordem constitucional democrática ou de calamidade pública.

2 – O estado de sítio ou o estado de emergência, declarados pela forma prevista na Constituição, regem-se pelas normas constitucionais aplicáveis e pelo disposto na presente lei.

Artigo 2.° – **Garantias dos direitos dos cidadãos**

1 – A declaração do estado de sítio ou do estado de emergência em nenhum caso pode afectar os direitos à vida, à integridade pessoal, à identidade pessoal, à capacidade civil e à cidadania, a não retroactividade da

lei criminal, o direito de defesa dos arguidos e a liberdade de consciência e de religião.

2 – Nos casos em que possa ter lugar, a suspensão do exercício de direitos, liberdades e garantias respeitará sempre o princípio da igualdade e não discriminação e obedecerá aos seguintes limites:

a) A fixação de residência ou detenção de pessoas com fundamento em violação das normas de segurança em vigor será sempre comunicada ao juiz de instrução competente, no prazo máximo de 24 horas após a ocorrência, assegurando-se designadamente o direito de *habeas corpus*;

b) A realização de buscas domiciliárias e a recolha dos demais meios de obtenção de prova serão reduzidas a auto, na presença de duas testemunhas, sempre que possível residentes na respectiva área, e comunicadas ao juiz de instrução, acompanhadas de informação sobre as causas e os resultados respectivos;

c) Quando se estabeleça o condicionamento ou a interdição do trânsito de pessoas e da circulação de veículos, cabe às autoridades assegurar os meios necessários ao cumprimento do disposto na declaração, particularmente no tocante ao transporte, alojamento e manutenção dos cidadãos afectados;

d) Poderá ser suspenso qualquer tipo de publicações, emissões de rádio e televisão e espectáculos cinematográficos ou teatrais, bem como ser ordenada a apreensão de quaisquer publicações, não podendo estas medidas englobar qualquer forma de censura prévia;

e) As reuniões dos órgãos estatutários dos partidos políticos, sindicatos e associações profissionais não serão em caso algum proibidas, dissolvidas ou submetidas a autorização prévia.

3 – Os cidadãos cujos direitos, liberdades e garantias tiverem sido violados por declaração do estado de sítio ou do estado de emergência, ou por providência adoptada na sua vigência, ferida de inconstitucionalidade ou ilegalidade, designadamente por privação ilegal ou injustificada da liberdade, têm direito à correspondente indemnização, nos termos gerais.

Artigo 3.º – **Proporcionalidade e adequação das medidas**

1 – A suspensão ou a restrição de direitos, liberdades e garantias previstas no artigo 8.º e artigo 9.º devem limitar-se, nomeadamente quanto

à sua extensão, à sua duração e aos meios utilizados, ao estritamente necessário ao pronto restabelecimento da normalidade.

2 – A declaração do estado de sítio ou do estado de emergência só pode alterar a normalidade constitucional nos termos previstos na própria Constituição e na presente lei, não podendo nomeadamente afectar a aplicação das regras constitucionais relativas à competência e ao funcionamento dos órgãos de soberania e dos órgãos de governo próprio das regiões autónomas e bem assim os direitos e imunidades dos respectivos titulares.

Artigo 4.º – **Âmbito territorial**

O estado de sítio ou o estado de emergência podem ser declarados em relação ao todo ou parte do território nacional, consoante o âmbito geográfico das suas causas determinantes, só podendo sê-lo relativamente à área em que a sua aplicação se mostre necessária para manter ou restabelecer a normalidade.

Artigo 5.º – **Duração**

1 – O estado de sítio ou o estado de emergência terão duração limitada ao necessário à salvaguarda dos direitos e interesses que visam proteger e ao restabelecimento da normalidade, não podendo prolongar-se por mais de quinze dias, sem prejuízo de eventual renovação por um ou mais períodos, com igual limite, no caso de subsistência das suas causas determinantes.

2 – A duração do estado de sítio ou do estado de emergência deve ser fixada com menção do dia e hora dos seus início e cessação.

3 – Sempre que as circunstâncias o permitam, deve a renovação da declaração do estado de sítio ser substituída por declaração do estado de emergência.

Artigo 6.º – **Acesso aos tribunais**

Na vigência do estado de sítio ou do estado de emergência, os cidadãos mantêm, na sua plenitude, o direito de acesso aos tribunais, de acordo com a lei geral, para defesa dos seus direitos, liberdades e garantias lesados ou ameaçados de lesão por quaisquer providências inconstitucionais ou ilegais.

ARTIGO 7.º – **Crimes de responsabilidade**

A violação do disposto na declaração do estado de sítio ou do estado de emergência ou na presente lei, nomeadamente quanto à execução daquela, faz incorrer os respectivos autores em crime de responsabilidade.

CAPÍTULO II – **Do estado de sítio e do estado de emergência**

ARTIGO 8.º – **Estado de sítio**

1 – O estado de sítio é declarado quando se verifiquem ou estejam iminentes actos de força ou insurreição que ponham em causa a soberania, a independência, a integridade territorial ou a ordem constitucional democrática e não possam ser eliminados pelos meios normais previstos na Constituição e na lei.

2 – Nos termos da declaração do estado de sítio será total ou parcialmente suspenso ou restringido o exercício de direitos, liberdades e garantias, sem prejuízo do disposto no artigo 2.º, e estabelecida a subordinação das autoridades civis às autoridades militares ou a sua substituição por estas.

3 – As forças de segurança, durante o estado de sítio, ficarão colocadas, para efeitos operacionais, sob o comando do Chefe do Estado-Maior-General das Forças Armadas, por intermédio dos respectivos comandantes-gerais.

4 – As autoridades administrativas civis continuarão no exercício das competências que, nos termos da presente lei e da declaração do estado de sítio, não tenham sido afectadas pelos poderes conferidos às autoridades militares, mas deverão em qualquer caso facultar a estas os elementos de informação que lhes forem solicitados.

ARTIGO 9.º – **Estado de emergência**

1 – O estado de emergência é declarado quando se verifiquem situações de menor gravidade, nomeadamente quando se verifiquem ou ameacem verificar-se casos de calamidade pública.

2 – Na declaração do estado de emergência apenas pode ser determinada a suspensão parcial do exercício de direitos, liberdades e garantias, sem prejuízo do disposto no artigo 2.º, prevendo-se, se necessário, o

reforço dos poderes das autoridades administrativas civis e o apoio às mesmas por parte das Forças Armadas.

CAPÍTULO III – **Da declaração**

Artigo 10.º – **Competência**

1 – A declaração do estado de sítio ou do estado de emergência compete ao Presidente da República e depende da audição do Governo e da autorização da Assembleia da República ou, quando esta não estiver reunida nem for possível a sua reunião imediata, da respectiva Comissão Permanente.

2 – Quando autorizada pela Comissão Permanente da Assembleia da República, a declaração do estado de sítio ou do estado de emergência terá de ser ratificada pelo Plenário logo que seja possível reuni-lo.

3 – Nem a Assembleia da República nem a sua Comissão Permanente podem, respectivamente, autorizar e confirmar a autorização com emendas.

Artigo 11.º – **Forma**

A declaração do estado de sítio ou do estado de emergência reveste a forma de decreto do Presidente da República e carece da referenda do Governo.

Artigo 12.º – **Modificação**

Em caso de alteração das circunstâncias que tiverem determinado a declaração do estado de sítio ou do estado de emergência, as providências e medidas constantes da declaração poderão ser objecto de adequadas extensão ou redução, nos termos do artigo 27.º

Artigo 13.º – **Cessação**

1 – Em caso de cessação das circunstâncias que tiverem determinado a declaração do estado de sítio ou do estado de emergência, será esta imediatamente revogada, mediante decreto do Presidente da República referendado pelo Governo.

2 – O estado de sítio ou o estado de emergência cessam automaticamente pelo decurso do prazo fixado na respectiva declaração e, em caso de

autorização desta pela Comissão Permanente da Assembleia da República, pela recusa da sua ratificação pelo Plenário.

Artigo 14.º – **Conteúdo**

1 – A declaração do estado de sítio ou do estado de emergência conterá clara e expressamente os seguintes elementos:

a) Caracterização e fundamentação do estado declarado;
b) Âmbito territorial;
c) Duração;
d) Especificação dos direitos, liberdades e garantias cujo exercício fica suspenso ou restringido;
e) Determinação, no estado de sítio, dos poderes conferidos às autoridades militares, nos termos do n.º 2 do artigo 8.º;
f) Determinação, no estado de emergência, do grau de reforço dos poderes das autoridades administrativas civis e do apoio às mesmas pelas Forças Armadas, sendo caso disso;
g) Especificação dos crimes que ficam sujeitos à jurisdição dos tribunais militares, sem prejuízo do disposto no artigo 22.º

2 – A fundamentação será feita por referência aos casos determinantes previstos no n.º 2 do artigo 19.º da Constituição, bem como às suas consequências já verificadas ou previsíveis no plano da alteração da normalidade.

Artigo 15.º – **Forma da autorização ou confirmação**

1 – A autorização ou confirmação pela Assembleia da República da declaração do estado de sítio ou do estado de emergência assume a forma de lei.

2 – Caso a Assembleia da República recuse a autorização ou confirmação, tal decisão assumirá a forma de resolução.

3 – Quando a autorização ou a sua recusa forem deliberadas pela Comissão Permanente da Assembleia da República, assumirão a forma de resolução.

Artigo 16.º – **Conteúdo da lei de autorização ou confirmação**

1 – A lei de autorização da declaração do estado de sítio ou do estado de emergência conterá a definição do estado a declarar e a delimi-

tação pormenorizada do âmbito da autorização concedida em relação a cada um dos elementos referidos no artigo 14.º

2 – A lei de confirmação da declaração do estado de sítio ou do estado de emergência deverá igualmente conter os elementos referidos no número anterior, não podendo, contudo, restringir o conteúdo do decreto de declaração.

CAPÍTULO IV – Da execução da declaração

ARTIGO 17.º – **Competência do Governo**

A execução da declaração do estado de sítio ou do estado de emergência compete ao Governo, que dos respectivos actos manterá informados o Presidente da República e a Assembleia da República.

ARTIGO 18.º – **Funcionamento dos órgãos de direcção e fiscalização**

1 – Em estado de sítio ou em estado de emergência que abranja todo o território nacional, o Conselho Superior de Defesa Nacional mantém-se em sessão permanente.

2 – Mantêm-se igualmente em sessão permanente, com vista ao pleno exercício das suas competências de defesa da legalidade democrática e dos direitos dos cidadãos, a Procuradoria-Geral da República e o Serviço do Provedor de Justiça.

ARTIGO 19.º – **Competência das autoridades**

Com salvaguarda do disposto nos artigos 8.º e 9.º e respectiva declaração, compete às autoridades, durante o estado de sítio ou do estado de emergência, a tomada das providências e medidas necessárias e adequadas ao pronto restabelecimento da normalidade.

ARTIGO 20.º – **Execução a nível regional e local**

1 – Com observância do disposto no artigo 17.º, e sem prejuízo das competências do Ministro da República e dos órgãos de governo próprio, o emprego das Forças Armadas para execução da declaração do estado de sítio nas regiões autónomas é assegurado pelo respectivo comandante-
-chefe.

2 – Com observância do disposto no artigo 17.º, a execução da declaração do estado de emergência nas regiões autónomas é assegurada pelo Ministro da República, em cooperação com o governo regional.

3 – No âmbito dos poderes conferidos às autoridades militares, nos termos do disposto no n.º 2 do artigo 8.º, a execução da declaração do estado de sítio no território continental, a nível local, é assegurada pelos comandantes militares, na área do respectivo comando.

4 – Também sem prejuízo das atribuições do Governo da República, a execução da declaração do estado de emergência no território continental, a nível local, é coordenada pelos governadores civis, na área da respectiva jurisdição.

Artigo 21.º – **Comissários governamentais**

Em estado de sítio ou em estado de emergência, pode o Governo nomear comissários da sua livre escolha para assegurar o funcionamento de institutos públicos, empresas públicas e nacionalizadas e outras empresas de vital importância nessas circunstâncias, sem prejuízo do disposto na presente lei quanto à intervenção das autoridades militares.

Artigo 22.º – **Sujeição ao foro militar**

1 – Sem prejuízo da especificação dos crimes que à jurisdição dos tribunais militares devem ficar sujeitos nos termos da declaração do estado de sítio, competirá a estes tribunais a instrução e o julgamento das infracções ao disposto naquela declaração.

2 – Aos tribunais militares caberá igualmente, nos termos do número anterior, a instrução e o julgamento dos crimes dolosos directamente relacionados com as causas que, nos termos da respectiva declaração, caracterizem e fundamentem o estado de sítio, praticados durante a sua vigência, contra a vida, a integridade física e a liberdade das pessoas, o direito de informação, a segurança das comunicações, o património, a ordem e a tranquilidade públicas.

3 – Os crimes referidos são para o efeito equiparados aos essencialmente militares.

Artigo 23.º – **Subsistência do foro civil**

1 – Com salvaguarda do disposto no artigo anterior, bem como do que sobre esta matéria constar da declaração do estado de sítio ou do

estado de emergência quanto aos direitos, liberdades e garantias cujo exercício tiver sido suspenso ou restringido, nos termos da Constituição e da presente lei, os tribunais comuns mantêm-se, na vigência daqueles estados, no pleno exercício das suas competências e funções.

2 – Cabe-lhes em especial, durante a mesma vigência, velar pela observância das normas constitucionais e legais que regem o estado de sítio e o estado de emergência.

CAPÍTULO V – **Do processo da declaração**

ARTIGO 24.° – **Pedido de autorização à Assembleia da República**

1 – O Presidente da República solicitará à Assembleia da República, em mensagem fundamentada, autorização para declarar o estado de sítio ou o estado de emergência.

2 – Da mensagem constarão os factos justificativos do estado a declarar, os elementos referidos no n.° 1 do artigo 14.° e a menção da audição do Governo, bem como da resposta deste.

ARTIGO 25.° – **Deliberação da Assembleia da República**

1 – A Assembleia da República ou, quando esta não estiver reunida nem for possível a sua reunião imediata, a respectiva Comissão Permanente pronunciar-se-ão sobre o pedido de autorização da declaração do estado de sítio ou do estado de emergência, nos termos do Regimento e do disposto no artigo 28.°

2 – A autorização e a confirmação da declaração do estado de sítio ou do estado de emergência ou a sua recusa pelo Plenário da Assembleia da República têm a forma de lei, revestindo a sua autorização ou recusa pela Comissão Permanente a forma de resolução.

3 – Para além do disposto no n.° 3 do artigo 10.°, a autorização ou a confirmação não poderão ser condicionadas, devendo conter todos os elementos referidos no n.° 1 do artigo 14.°

4 – Pela via mais rápida e adequada às circunstâncias, a Assembleia da República consultará os órgãos de governo próprio das regiões autónomas, nos termos do artigo 231.°, n.° 2, da Constituição, sempre que a declaração do estado de sítio ou do estado de emergência se refira ao respectivo âmbito geográfico.

Artigo 26.º – Confirmação de declaração pelo Plenário

1 – A confirmação pelo Plenário da Assembleia da República da declaração do estado de sítio ou do estado de emergência autorizada pela Comissão Permanente da Assembleia da República processar-se-á nos termos do Regimento.

2 – Para o efeito do número anterior o Plenário deve ser convocado no prazo mais curto possível.

3 – A recusa de confirmação não acarreta a invalidade dos actos praticados ao abrigo da declaração não confirmada e no decurso da sua vigência, sem prejuízo do disposto nos artigos 6.º e 7.º

Artigo 27.º – Renovação, modificação e revogação da declaração

1 – A renovação da declaração do estado de sítio ou do estado de emergência, bem como a sua modificação no sentido da extensão das respectivas providências ou medidas, seguem os trâmites previstos para a declaração inicial.

2 – A modificação da declaração do estado de sítio ou do estado de emergência no sentido da redução das respectivas providências ou medidas, bem como a sua revogação, operam-se por decreto do Presidente da República, referendado pelo Governo, independentemente de prévia audição deste e de autorização da Assembleia da República.

Artigo 28.º – Carácter urgentíssimo

1 – Os actos de processo previstos nos artigos anteriores revestem natureza urgentíssima e têm prioridade sobre quaisquer outros.

2 – Para a execução dos mesmos actos, a Assembleia da República ou a sua Comissão Permanente reúnem e deliberam com dispensa dos prazos regimentais, em regime de funcionamento permanente.

3 – A lei da Assembleia da República que conceder ou recusar a autorização e o decreto do Presidente da República que declarar o estado de sítio, o estado de emergência ou a modificação de qualquer deles no sentido da sua extensão ou redução são de publicação imediata, mantendo-se os serviços necessários àquela publicação, para o efeito, em regime de funcionamento permanente.

Artigo 29.º – Apreciação da aplicação da declaração

1 – Até quinze dias após a cessação do estado de sítio ou do estado

de emergência ou, tendo ocorrido a renovação da respectiva declaração, até quinze dias após o termo de cada período, o Governo remeterá à Assembleia da República relatório pormenorizado e tanto quanto possível documentado das providências e medidas adoptadas na vigência da respectiva declaração.

2 – A Assembleia da República, com base nesse relatório e em esclarecimentos e documentos que eventualmente entenda dever solicitar, apreciará a aplicação da respectiva declaração, em forma de resolução votada pelo respectivo Plenário, da qual constarão, nomeadamente, as providências necessárias e adequadas à efectivação de eventual responsabilidade civil e criminal por violação do disposto na declaração do estado de sítio ou do estado de emergência ou na presente lei.

3 – Quando a competência fiscalizadora prevista no número antecedente for exercida pela Comissão Permanente da Assembleia da República, a resolução desta será ratificada pelo Plenário logo que seja possível reuni-lo.

Aprovada em 23 de Julho de 1986.

O Presidente da Assembleia da República, *Fernando Monteiro do Amaral.*

Promulgada em 5 de Setembro de 1986.

Publique-se.

O Presidente da República, MÁRIO SOARES.

Referendada em 8 de Setembro de 1986.

Pelo Primeiro-Ministro, *Eurico Silva Teixeira de Melo,* Ministro de Estado.

3. LEI DE SEGURANÇA INTERNA

Lei n.º 20/87, de 12 de Junho[2]

Lei de Segurança Interna

A Assembleia da República decreta, nos termos dos artigos 164.º, alínea *d*), e 169.º, n.º 2, da Constituição, o seguinte:

CAPÍTULO I – Princípios gerais

ARTIGO 1.º – Definição e fins de segurança interna

1 – A segurança interna é a actividade desenvolvida pelo Estado para garantir a ordem, a segurança e a tranquilidade públicas, proteger pessoas e bens, prevenir a criminalidade e contribuir para assegurar o normal funcionamento das instituições democráticas, o regular exercício dos direitos e liberdades fundamentais dos cidadãos e o respeito pela legalidade democrática.

2 – A actividade de segurança interna exerce-se nos termos da lei, designadamente da lei penal e processual penal, das leis orgânicas das polícias e serviços de segurança.

3 – As medidas previstas na presente lei visam especialmente proteger a vida e a integridade das pessoas, a paz pública e a ordem democrática contra a criminalidade violenta ou altamente organizada, designadamente sabotagem, espionagem ou terrorismo.

---

[2] Alterada pela Lei n.º 8/91, de 1 de Abril.

Artigo 2.° – **Princípios fundamentais**

1 – A actividade de segurança interna pautar-se-á pela observância das regras gerais de polícia e com respeito pelos direitos, liberdades e garantias e pelos demais princípios do Estado de Direito Democrático.

2 – As medidas de polícia são as previstas nas leis, não devendo ser utilizadas para além do estritamente necessário.

3 – A prevenção dos crimes, incluindo a dos crimes contra a segurança do Estado, só pode fazer-se com observância das regras gerais sobre polícia e com respeito pelos direitos, liberdades e garantias dos cidadãos.

4 – A lei fixa o regime das forças e serviços de segurança, sendo a organização de cada uma delas única para todo o território nacional.

Artigo 3.° – **Política de segurança interna**

A política de segurança interna consiste no conjunto de princípios, orientações e medidas tendentes à prossecução permanente dos fins definidos no artigo 1.°

Artigo 4.° – **Âmbito territorial**

1 – A segurança interna desenvolve-se em todo o espaço sujeito a poderes de jurisdição do Estado Português.

2 – No quadro dos compromissos internacionais e das normas aplicáveis do Direito Internacional, as forças e serviços de segurança interna podem actuar fora do espaço referido no número anterior em cooperação com organismos e serviços de Estados estrangeiros ou com organizações internacionais de que Portugal faça parte.

Artigo 5.° – **Deveres gerais e especiais de colaboração**

1 – Os cidadãos têm o dever de colaborar na prossecução dos fins de segurança interna, observando as disposições preventivas estabelecidas na lei, acatando as ordens e mandados legítimos das autoridades e não obstruindo o normal exercício das competências dos funcionários e agentes das forças e serviços de segurança.

2 – Os funcionários e agentes do Estado ou das pessoas colectivas de Direito Público, bem como os membros dos órgãos de gestão das empresas públicas, têm o dever especial de colaboração com as forças e serviços de segurança, nos termos da lei.

Lei de Segurança Interna   39

3 – Os indivíduos investidos nas funções de direcção, chefia, inspecção ou fiscalizarão em qualquer órgão ou serviço da Administração Pública têm o dever de comunicar prontamente às forças e serviços de segurança competentes os factos de que tenham conhecimento no exercício das suas funções, ou por causa delas, e que constituam preparação, tentativa ou execução de crimes de espionagem, sabotagem ou terrorismo.

4 – A violação do disposto nos n.ºs 2 e 3 implica responsabilidade disciplinar e criminal, nos termos da lei.

ARTIGO 6.º – **Coordenação e cooperação das forças de segurança**

1 – As forças e serviços de segurança exercem a sua actividade de acordo com os objectivos e finalidades da política de segurança interna e dentro dos limites do respectivo enquadramento orgânico, o qual respeitará o disposto na presente lei.

2 – Sem prejuízo do disposto no número anterior, as forças e serviços de segurança cooperam entre si, designadamente através da comunicação recíproca de dados não sujeitos a regime especial de reserva ou protecção que, não interessando apenas à prossecução dos objectivos específicos de cada força ou serviço, sejam necessários à realização das finalidades de cada um dos outros.

CAPÍTULO II – Política de segurança interna e coordenação da sua execução

SECÇÃO I – **Competência da Assembleia da República e do Governo**

ARTIGO 7.º – **Competência da Assembleia da República**

1 – A Assembleia da República contribui, pelo exercício da sua competência política, legislativa e financeira, para enquadrar a política de segurança interna e para fiscalizar a sua execução.

2 – Os partidos da oposição representados na Assembleia da República serão ouvidos e informados com regularidade pelo Governo sobre o andamento dos principais assuntos da política de segurança.

3 – A Assembleia da República apreciará anualmente um relatório, a apresentar pelo Governo até 31 de Março, sobre a situação do País no que

toca à segurança interna, bem como sobre a actividade das forças e dos serviços de segurança desenvolvida no ano anterior.

Artigo 8.º – **Competência do Governo**

1 – A condução da política de segurança interna é da competência do Governo.

2 – Compete ao Conselho de Ministros:

a) Definir as linhas gerais da política governamental de segurança interna, bem como a sua execução;

b) Programar e assegurar os meios destinados à execução da política de segurança interna;

c) Aprovar o plano de coordenação e cooperação das forças e serviços legalmente incumbidos da segurança interna e garantir o regular funcionamento dos respectivos sistemas;

d) Fixar, nos termos da lei, as regras de classificação e controlo da circulação dos documentos oficiais e, bem assim, de credenciação das pessoas que devem ter acesso aos documentos classificados.

Artigo 9.º – **Competência do Primeiro-Ministro**

1 – O Primeiro-Ministro é politicamente responsável pela direcção da política de segurança interna, competindo-lhe, designadamente:

a) Coordenar e orientar a acção dos membros do Governo nos assuntos relacionados com a segurança interna;

b) Convocar o Conselho Superior de Segurança Interna e presidir às respectivas reuniões;

c) Propor ao Conselho de Ministros o plano de coordenação e cooperação das forças e serviços de segurança;

d) Dirigir a actividade interministerial tendente à adopção, em caso de grave ameaça da segurança interna, das providências julgadas adequadas, incluindo, se necessário, o emprego operacional combinado de pessoal, equipamento, instalações e outros meios atribuídos a cada uma das forças e serviços de segurança;

e) Informar o Presidente da República acerca dos assuntos respeitantes à condução da política de segurança interna.

2 – O Primeiro-Ministro pode delegar, no todo ou em parte, as com-

petências referidas nas alíneas *b*) e *d*) do número anterior no Ministro da Administração Interna.

3 – Quando não dimanarem do Primeiro-Ministro, nos termos do n.º 1, as medidas de carácter operacional destinados à coordenação e à cooperação das forças e serviços de segurança dependentes de vários Ministérios são acordadas entre o Ministro da Administração Interna e os Ministros competentes.

4 – Nos casos em que a adopção das medidas previstas no número anterior tenham lugar em região autónoma, devem as mesmas ser executadas sem prejuízo das competências do Ministro da República e sem afectar o normal exercício das competências constitucionais e estatutárias dos órgãos de governo pr6prio da região.

SECÇÃO II – Conselho Superior de Segurança Interna

ARTIGO 10.º – **Definição de funções**

1 – O Conselho Superior de Segurança Interna é o órgão interministerial de auscultação e consulta em matéria de segurança interna.

2 – Cabe ao Conselho, enquanto órgão de consulta, emitir parecer, nomeadamente, sobre:

a) A definição das linhas gerais da política de segurança interna;

b) As bases gerais da organização, funcionamento e disciplina das forças e serviços de segurança e da delimitação das respectivas missões e competências;

c) Os projectos de diplomas que contenham providências de carácter geral respeitantes às atribuições e competências das forças e serviços de segurança;

d) As grandes linhas de orientação a que deve obedecer a formação, especialização, actualização e aperfeiçoamento do pessoal das forças e serviços de segurança.

3 – O Conselho assiste ao Primeiro-Ministro no exercício das suas competências em matéria de segurança interna, nomeadamente na adopção das providências necessárias em situações de grave ameaça da segurança interna.

ARTIGO 11.º – **Composição**

1 – O Conselho Superior de Segurança Interna é presidido pelo Primeiro-Ministro e dele fazem parte:

a) Os Vice-Primeiros-Ministros e os Ministros de Estado, se os houver;
b) Os Ministros responsáveis pelos sectores da Administração Interna, da Justiça e das Finanças;
c) Os Comandantes-Gerais da Guarda Nacional Republicana, da Guarda Fiscal e da Polícia de Segurança Pública, o Director-Geral da Polícia Judiciária e os Directores do Serviço de Estrangeiros e Fronteiras e do Serviço de Informações de Segurança;
d) Os responsáveis pelos sistemas de autoridade marítima e aeronáutica;
e) O Secretário-Geral do Gabinete Coordenador de Segurança.

2 – Os Ministros da República e os Presidentes do Governo Regional participam nas reuniões do Conselho que tratem de assuntos de interesse para a respectiva região.

3 – O Procurador-Geral da República tem assento no Conselho para os efeitos do disposto no artigo 224.º da Constituição.

4 – O Presidente, quando o considerar conveniente, pode convidar a participar nas reuniões outras entidades com especiais responsabilidades na prevenção e repressão da criminalidade ou na pesquisa e produção de informações relevantes para a segurança interna.

5 – O Conselho elaborará o seu regimento e submetê-lo-á à aprovação do Conselho de Ministros.

SECÇÃO III – **Gabinete Coordenador de Segurança**

ARTIGO 12.º – **Definição e composição**

1 – O Gabinete Coordenador de Segurança é o órgão especializado de assessoria e consulta para a coordenação técnica e operacional da actividade das forças e serviços de segurança e funciona na directa dependência do Primeiro-Ministro ou, por sua delegação, do Ministro da Administração Interna.

2 – O Gabinete Coordenador de Segurança é composto pelas entida-

des referidas nas alíneas *c*) e *d*) do n.º 1 do artigo 11.º e por um Secretá-rio-Geral, a designar pelo Primeiro-Ministro.

3 – As normas de funcionamento do Gabinete Coordenador de Segu-rança e do secretário permanente são fixadas por decreto-lei.

ARTIGO 13.º – **Funções**

Compete ao Gabinete Coordenador de Segurança assistir de modo regular e permanente às entidades governamentais responsáveis pela exe-cução da política de segurança interna e, designadamente, estudar e propor:

a) Os esquemas de cooperação das forças e serviços de segurança, bem como de aperfeiçoamento do seu dispositivo, com vista à articulação do seu funcionamento, sem prejuízo da especificidade das missões estatutárias de cada um;

b) O eventual emprego combinado do pessoal das diversas forças e serviços de segurança e dos seus equipamentos, instalações e demais meios para fazer face às situações de grave ameaça que o exijam;

c) As formas de coordenação da cooperação externa que as forças e serviços de segurança desenvolvam nos domínios das suas com-petências específicas;

d) As normas de actuação e os procedimentos a adoptar em situa-ções de grave ameaça da segurança interna;

e) Os planos de actuação conjunta das forças e serviços especial-mente encarregados da prevenção da criminalidade.

CAPÍTULO III – **Das forças e serviços de segurança**

ARTIGO 14.º – **Forças e serviços de segurança**

1 – As forças e serviços de segurança são organismos públicos, estão exclusivamente ao serviço do povo português, são rigorosamente aparti-dários e concorrem para garantir a segurança interna.

2 – Exercem funções de segurança interna:

a) A Guarda Nacional Republicana;

b) A Guarda Fiscal;

c) A Polícia de Segurança Pública;
d) A Polícia Judiciária;
e) O Serviço de Estrangeiros e Fronteiras;
f) Os órgãos dos sistemas de autoridade marítima e aeronáutica;
g) O Serviço de Informações de Segurança.

3 – A organização, as atribuições e as competências das forças e dos serviços de segurança constam das respectivas leis orgânicas e demais legislação complementar.

Artigo 15.º – **Autoridades de polícia**

Para os efeitos da presente lei, e dentro da esfera das respectivas competências organicamente definidas, consideram-se autoridade de polícia:

a) O comandante-geral, o 2.º comandante-geral, o chefe do estado--maior e os comandantes de unidade, de companhia e de secção ou equivalentes da Guarda Nacional Republicana;
b) O comandante-geral, o 2.º comandante-geral, o chefe do estado--maior e os comandantes de batalhão e companhia da Guarda Fiscal;
c) O comandante-geral, o 2.º comandante-geral, o superintendente--geral e os comandantes regionais, distritais, das unidades espe-ciais e de divisão da Polícia de Segurança Pública;
d) Os chefes dos departamentos marítimos e os capitães dos portos, como órgãos do sistema de autoridade marítima, e as entidades correspondentes do sistema de autoridade aeronáutica;
e) Os funcionários superiores da Polícia Judiciária referidos no res-pectivo diploma orgânico;
f) Os funcionários superiores do Serviço de Estrangeiros e Fron-teiras referidos no respectivo diploma orgânico.

CAPÍTULO IV – Medidas de Polícia

Artigo 16.º – **Medidas de polícia**

1 – No desenvolvimento da actividade de segurança interna, as auto-ridades de polícia referidas no artigo 15.º podem, de harmonia com as res-

Lei de Segurança Interna 45

pectivas competências específicas organicamente definidas, determinar a aplicação de medidas de polícia.

2 – Os estatutos e diplomas orgânicos das forças e serviços de segurança tipificam as medidas de polícia aplicáveis nos termos e condições previstos na Constituição e na lei, designadamente:

a) Vigilância policial de pessoas, edifícios e estabelecimentos por período de tempo determinado;

b) Exigência de identificacão de qualquer pessoa que se encontre ou circule em lugar público ou sujeito a vigilância policial;

c) Apreensão temporária de armas, munições e explosivos;

d) Impedimento da entrada em Portugal de estrangeiros indesejáveis ou indocumentados;

e) Accionamento da expulsão de estrangeiros de território nacional.

3 – Consideram-se medidas especiais de polícia, a aplicar nos termos da lei:

a) Encerramento temporário de paióis, depósitos ou fábricas de armamento ou explosivos e respectivos componentes;

b) Revogação ou suspensão de autorizações aos titulares dos estabelecimentos referidos na alínea anterior;

c) Encerramento temporário de estabelecimentos destinados à venda de armas ou explosivos;

d) Cessação da actividade de empresas, grupos, organizações ou associações que se dediquem a acções de criminalidade altamente organizada, designadamente de sabotagem, espionagem ou terrorismo ou à preparação, treino ou recrutamento de pessoas para aqueles fins.

4 – As medidas previstas no número anterior são, sob pena de nulidade, imediatamente comunicadas ao tribunal competente e apreciadas pelo juiz em ordem à sua validação.

ARTIGO 17.º – **Dever de identificação**

Os agentes ou funcionários de polícia não uniformizados que, nos termos da lei, ordenarem a identificação de pessoas ou emitirem qualquer outra ordem ou mandado legítimo devem previamente exibir prova da sua qualidade.

Artigo 18.° – **Controle das comunicações**

1 – O juiz de instrução criminal, para efeitos e nos termos do n.° 2 do artigo 187.° do Código de Processo Penal, a requerimento da Polícia Judiciária, pode autorizar o controlo das comunicações.

2 – A Polícia Judiciária requer a autorização por iniciativa própria ou a solicitação, devidamente fundamentada, dos órgãos de polícia criminal com competência no processo.

3 – A execução do controlo das comunicações mediante autorização judicial é da exclusiva competência da Polícia Judiciária.

4 – Quando o juiz considerar que os elementos recolhidos são relevantes para a prova ou detecção de casos de terrorismo, criminalidade violenta ou altamente organizada, nos termos do n.° 2 do artigo 1.° do Código de Processo Penal, pode ordenar o seu envio, em auto próprio e sigiloso, à força de segurança a cargo da qual corram as investigações.

Aprovado em 28 de Abril de 1987.

O Presidente da Assembleia da República, *Fernando Monteiro do Amaral.*

Promulgada em 28 de Maio de 1987.

Publique-se.

O Presidente da República, Mário Soares.

Referendada em 30 de Maio de 1987.

O Primeiro-Ministro, *Aníbal António Cavaco Silva.*

4. RESPONSABILIDADE CRIMINAL DOS TITULARES DOS CARGOS POLÍTICOS

Lei n.° 34/87, de 16 de Julho[3]

Crimes de responsabilidade
dos titulares de cargos políticos

A Assembleia da República decreta, nos termos dos artigos 120.°, 164.°, alínea *d*), e 169.°, n.° 2, da Constituição, o seguinte:

CAPÍTULO I – Dos crimes de responsabilidade de titular de cargo político em geral

ARTIGO 1.° – Âmbito da presente lei

A presente lei determina os crimes de responsabilidade que titulares de cargos políticos cometam no exercício das suas funções, bem como as sanções que lhes são aplicáveis e os respectivos efeitos.

ARTIGO 2.° – Definição genérica

Consideram-se praticados por titulares de cargos políticos no exercício das suas funções, além dos como tais previstos na presente lei, os previstos na lei penal geral com referência expressa a esse exercício ou os que

---

[3] Alterada pela Lei n.° 108/2001, de 28 de Novembro.

mostrem terem sido praticados com flagrante desvio ou abuso da função ou com grave violação dos inerentes deveres.

ARTIGO 3.º – **Cargos políticos**

1 – São cargos políticos, para os efeitos da presente lei:

a) O de Presidente da República;
b) O de Presidente da Assembleia da República;
c) O de deputado à Assembleia da República;
d) O de membro do Governo;
e) O de deputado ao Parlamento Europeu;
f) O de ministro da República para região autónoma;
g) O de membro de órgão de governo próprio de região autónoma;
h) O de governador de Macau, de secretário-adjunto do Governo de Macau ou de deputado à Assembleia Legislativa de Macau;
i) O de membro de órgão representativo de autarquia local;
j) O de governador civil.

2 – Para efeitos do disposto nos artigos 16.º a 19.º, equiparam-se aos titulares de cargos políticos nacionais os titulares de cargos políticos da União Europeia, independentemente da nacionalidade e residência e, quando a infracção tiver sido cometida, no todo ou em parte, em território português, os titulares de cargos políticos de outros Estados-Membros da União Europeia.

ARTIGO 4.º – **Punibilidade da tentativa**

Nos crimes previstos na presente lei a tentativa é punível independentemente da medida legal da pena, sem prejuízo do disposto no artigo 24.º do Código Penal.

ARTIGO 5.º – **Agravação especial**

A pena aplicável aos crimes previstos na lei penal geral que tenham sido cometidos por titular de cargo político no exercício das suas funções e qualificados como crimes de responsabilidade nos termos da presente lei será agravada de um quarto dos seus limites mínimo e máximo.

ARTIGO 6.º – Atenuação especial

A pena aplicável aos crimes de responsabilidade cometidos por titular de cargo político no exercício das suas funções poderá ser especialmente atenuada, para além dos casos previstos na lei geral, quando se mostre que o bem ou valor sacrificados o foram para salvaguarda de outros constitucionalmente relevantes ou quando for diminuto o grau de responsabilidade funcional do agente e não haja lugar à exclusão da ilicitude ou da culpa, nos termos gerais.

CAPÍTULO II – Dos crimes de responsabilidade de titular de cargo político em especial

ARTIGO 7.º – Traição à Pátria

O titular de cargo político que, com flagrante desvio ou abuso das suas funções ou com grave violação dos inerentes deveres, ainda que por meio não violento nem de ameaça de violência, tentar separar da Mãe--Pátria, ou entregar a país estrangeiro, ou submeter a soberania estrangeira, o todo ou uma parte do território português, ofender ou puser em perigo a independência do País será punido com prisão de dez a quinze anos.

ARTIGO 8.º – Atentado contra a Constituição da República

O titular de cargo político que no exercício das suas funções atente contra a Constituição da República, visando alterá-la ou suspendê-la por forma violenta ou por recurso a meios que não os democráticos nela previstos, será punido com prisão de cinco a quinze anos, ou de dois a oito anos, se o efeito se não tiver seguido.

ARTIGO 9.º – Atentado contra o Estado de Direito

O titular de cargo político que, com flagrante desvio ou abuso das suas funções ou com grave violação dos inerentes deveres, ainda que por meio não violento nem de ameaça de violência, tentar destruir, alterar ou subverter o Estado de Direito constitucionalmente estabelecido, nomeadamente os direitos, liberdades e garantias estabelecidos na Constituição da República, na Declaração Universal dos Direitos do Homem e na Convenção Europeia dos Direitos do Homem, será punido com prisão de dois a oito anos, ou de um a quatro anos, se o efeito se não tiver seguido.

Artigo 10.º – Coacção contra órgãos constitucionais

1 – O titular de cargo político que por meio não violento nem de ameaça de violência impedir ou constranger o livre exercício das funções de órgão de soberania ou de órgão de governo próprio de região autónoma será punido com prisão de dois a oito anos, se ao facto não corresponder pena mais grave por força de outra disposição legal.

2 – O titular de cargo político que, nas mesmas condições, impedir ou constranger o livre exercício das funções de ministro da República em região autónoma, de governador de Macau, de secretário-adjunto do Governo de Macau, de assembleia regional, da Assembleia Legislativa de Macau, de governo regional ou do Provedor de Justiça será punido com prisão de um a cinco anos.

3 – Se os factos descritos no n.º 1 forem praticados contra órgão de autarquia local, a prisão será de três meses a dois anos.

4 – Quando os factos descritos no n.º 1 forem cometidos contra um membro dos órgãos referidos nos n.ᵒˢ 1, 2 ou 3, a prisão será de um a cinco anos, seis meses a três anos ou até um ano, respectivamente.

Artigo 11.º – Prevaricação

O titular de cargo político que conscientemente conduzir ou decidir contra direito um processo em que intervenha no exercício das suas funções, com a intenção de por essa forma prejudicar ou beneficiar alguém, será punido com prisão de dois a oito anos.

Artigo 12.º – Denegação de justiça

O titular de cargo político que no exercício das suas funções se negar a administrar a justiça ou a aplicar o direito que, nos termos da sua competência, lhe cabem e lhe foram requeridos será punido com prisão até dezoito meses e multa até 50 dias.

Artigo 13.º – Desacatamento ou recusa de execução de decisão de tribunal

O titular de cargo político que no exercício das suas funções recusar

Responsabilidade Criminal dos Titulares dos Cargos Políticos   51

acatamento ou execução que, por dever do cargo, lhe cumpram a decisão de tribunal transitada em julgado será punido com prisão até um ano.

ARTIGO 14.° – **Violação de normas de execução orçamental**

O titular de cargo político a quem, por dever do seu cargo, incumba dar cumprimento a normas de execução orçamental e conscientemente as viole:

a) Contraindo encargos não permitidos por lei;
b) Autorizando pagamentos sem o visto do Tribunal de Contas legalmente exigido;
c) Autorizando ou promovendo operações de tesouraria ou alterações orçamentais proibidas por lei;
d) Utilizando dotações ou fundos secretos, com violação das regras da universalidade e especificação legalmente previstas;

será punido com prisão até um ano.

ARTIGO 15.° – **Suspensão ou restrição ilícitas de direitos, liberdades e garantias**

O titular de cargo político que, com flagrante desvio das suas funções ou com grave violação dos inerentes deveres, suspender o exercício de direitos, liberdades e garantias não susceptíveis de suspensão, ou sem recurso legítimo aos estados de sítio ou de emergência, ou impedir ou restringir aquele exercício, com violação grave das regras de execução do estado declarado, será condenado a prisão de dois a oito anos, se ao facto não corresponder pena mais grave por força de outra disposição legal.

ARTIGO 16.° – **Corrupção passiva para acto ilícito**

1 – O titular de cargo político que no exercício das suas funções, por si ou por interposta pessoa, com o seu consentimento ou ratificação, solicitar ou aceitar, para si ou para terceiro, sem que lhe seja devida, vantagem patrimonial ou não patrimonial, ou a sua promessa, para um qualquer acto ou omissão contrários aos deveres do cargo, ainda que anteriores àquela solicitação ou aceitação, é punido com pena de prisão de 2 a 8 anos.

2 – Se, por efeito da corrupção, resultar condenação criminal em

pena mais grave do que a prevista no número anterior, será aquela pena aplicada à corrupção.

Artigo 17.º – **Corrupção passiva para acto lícito**

O titular de cargo político que no exercício das suas funções, por si ou por interposta pessoa, com o seu consentimento ou ratificação, solicitar ou aceitar, para si ou para terceiro, sem que lhe seja devida, vantagem patrimonial ou não patrimonial, ou a sua promessa, para um qualquer acto ou omissão não contrários aos deveres do cargo, ainda que anteriores àquela solicitação ou aceitação, é punido com pena de prisão até 3 anos ou com pena de multa até 300 dias.

2 – Na mesma pena incorre o titular de cargo político que por si, ou por interposta pessoa, com o seu consentimento ou ratificação, solicitar ou aceitar, para si ou para terceiro, sem que lhe seja devida, vantagem patrimonial ou não patrimonial de pessoa que perante ele tenha tido, tenha ou venha a ter qualquer pretensão dependente do exercício das suas funções.

Artigo 18.º – **Corrupção activa**

1 – Quem por si, ou por interposta pessoa, com o seu consentimento ou ratificação, der ou prometer a titular de cargo político, ou a terceiro com conhecimento daquele, vantagem patrimonial ou não patrimonial que ao titular de cargo político não seja devida, com o fim indicado no artigo 16.º, é punido com pena de prisão de 6 meses a 5 anos.

2 – Se o fim for o indicado no artigo 17.º, o agente é punido com pena de prisão até 6 meses ou com pena de multa até 60 dias.

3 – O titular de cargo político que no exercício das suas funções, por si ou por interposta pessoa, com o seu consentimento ou ratificação, der ou prometer a funcionário ou a titular de cargo político, ou a terceiro com conhecimento destes, vantagem patrimonial ou não patrimonial que não lhes seja devida, com os fins indicados no artigo 16.º, é punido com a pena prevista no mesmo artigo.

Artigo 19.º – **Dispensa ou atenuação da pena**

1 – Se o agente, nos casos previstos nos artigos 16.º e 17.º, voluntariamente repudiar o oferecimento ou a promessa que aceitara, ou restituir a vantagem, ou, tratando-se de coisa fungível, o seu valor, antes da prática do facto, é dispensado da pena.

Responsabilidade Criminal dos Titulares dos Cargos Políticos　　53

2 – A dispensa de pena prevista no número anterior aproveitará ao agente da corrupção activa se o mesmo, voluntariamente, antes da prática do facto, retirar a promessa feita ou solicitar a restituição da vantagem dada.

3 – A pena é especialmente atenuada se o agente nos casos previstos nos artigos 16.°, 17.° e 18.°, auxiliar concretamente na recolha das provas decisivas para a identificação ou a captura de outros responsáveis.

Artigo 20.° – **Peculato**

1 – O titular de cargo político que no exercício das suas funções ilicitamente se apropriar, em proveito próprio ou de outra pessoa, de dinheiro ou qualquer outra coisa móvel que lhe tiver sido entregue, estiver na sua posse ou lhe for acessível em razão das suas funções será punido com prisão de três a oito anos e multa até 150 dias, se pena mais grave lhe não couber por força de outra disposição legal.

2 – Se o infractor der de empréstimo, empenhar ou, de qualquer forma, onerar quaisquer objectos referidos no número anterior, com a consciência de prejudicar ou poder prejudicar o Estado ou o seu proprietário, será punido com prisão de um a quatro anos e multa até 80 dias.

Artigo 21.° – **Peculato de uso**

1 – O titular de cargo político que fizer uso ou permitir a outrem que faça uso, para fins alheios àqueles a que se destinam, de veículos ou outras coisas móveis de valor apreciável que lhe tenham sido entregues, estiverem na sua posse ou lhe forem acessíveis em razão das suas funções será punido com prisão até dezoito meses ou multa de 20 a 50 dias.

2 – O titular de cargo político que der a dinheiro público um destino para uso público diferente daquele a que estiver legalmente afectado será punido com prisão até dezoito meses ou multa de 20 a 50 dias.

Artigo 22.° – **Peculato por erro de outrem**

O titular de cargo político que no exercício das suas funções, mas aproveitando-se do erro de outrem, receber, para si ou para terceiro, taxas, emolumentos ou outras importâncias não devidas, ou superiores às devidas, será punido com prisão até três anos ou multa até 150 dias.

Artigo 23.º – **Participação económica em negócio**

1 – O titular de cargo político que, com intenção de obter para si ou para terceiro participação económica ilícita, lesar em negócio jurídico os interesses patrimoniais que, no todo ou em parte, lhe cumpra, em razão das suas funções, administrar, fiscalizar, defender ou realizar será punido com prisão até cinco anos e multa de 50 a 100 dias.

2 – O titular de cargo político que, por qualquer forma, receber vantagem patrimonial por efeito de um acto jurídico-civil relativo a interesses de que tenha, por força das suas funções, no momento do acto, total ou parcialmente, a disposição, a administração ou a fiscalização, ainda que sem os lesar, será punido com multa de 50 a 150 dias.

3 – A pena prevista no número anterior é também aplicável ao titular de cargo político que receber, por qualquer forma, vantagem económica por efeito de cobrança, arrecadação, liquidação ou pagamento de que, em razão das suas funções, total ou parcialmente, esteja encarregado de ordenar ou fazer, posto que se não verifique prejuízo económico para a Fazenda Pública ou para os interesses que assim effectiva.

Artigo 24.º – **Emprego de força pública contra a execução de lei de ordem legal**

O titular de cargo político que, sendo competente, em razão das suas funções, para requisitar ou ordenar o emprego de força pública, requisitar ou ordenar esse emprego para impedir a execução de alguma lei, de mandato regular da justiça ou de ordem legal de alguma autoridade pública será punido com prisão até três anos e multa de 20 a 50 dias.

Artigo 25.º – **Recusa de cooperação**

O titular de cargo político que, tendo recebido requisição legal da autoridade competente para prestar cooperação, possível em razão do seu cargo, para a administração da justiça ou qualquer serviço público, se recusar a prestá-la, ou sem motivo legítimo a não prestar, será punido com prisão de três meses a um ano ou multa de 50 a 100 dias.

Artigo 26.º – **Abuso de poderes**

1 – O titular de cargo político que abusar dos poderes ou violar os deveres inerentes às suas funções, com a intenção de obter, para si ou para terceiro, um benefício ilegítimo ou de causar um prejuízo a outrem, será

punido com prisão de seis meses a três anos ou multa de 50 a 100 dias, se pena mais grave lhe não couber por força de outra disposição legal.

2 – Incorre nas penas previstas no número anterior o titular de cargo político que efectuar fraudulentamente concessões ou celebrar contratos em benefício de terceiro ou em prejuízo do Estado.

Artigo 27.º – **Violação de segredo**

1 – O titular de cargo político que, sem estar devidamente autorizado, revelar segredo de que tenha tido conhecimento ou lhe tenha sido confiado no exercício das suas funções, com a intenção de obter, para si ou para outrem, um benefício ilegítimo ou de causar um prejuízo do interesse público ou de terceiros, será punido com prisão até três anos ou multa de 100 a 200 dias.

2 – A violação de segredo prevista no n.º 1 será punida mesmo quando praticada depois de o titular de cargo político ter deixado de exercer as suas funções.

3 – O procedimento criminal depende de queixa da entidade que superintenda, ainda que a título de tutela, no órgão de que o infractor seja titular, ou do ofendido, salvo se esse for o Estado.

CAPÍTULO III – **Dos efeitos das penas**

Artigo 28.º – **Efeito das penas aplicadas ao Presidente da República**

A condenação definitiva do Presidente da República por crime de responsabilidade cometido no exercício das suas funções implica a destituição do cargo e a impossibilidade de reeleição após verificação pelo Tribunal Constitucional da ocorrência dos correspondentes pressupostos constitucionais e legais.

Artigo 29.º – **Efeitos das penas aplicadas a titulares de cargos políticos de natureza electiva**

Implica a perda do respectivo mandato a condenação definitiva por crime de responsabilidade cometido no exercício das suas funções dos seguintes titulares de cargo político:

a) Presidente da Assembleia da República;

b) Deputado à Assembleia da República;
c) Deputado ao Parlamento Europeu;
d) Deputado a assembleia regional;
e) Deputado à Assembleia Legislativa de Macau;
f) Membro de órgão representativo de autarquia local.

ARTIGO 30.º – **Efeitos de pena aplicada ao Primeiro-Ministro**

A condenação definitiva do Primeiro-Ministro por crime de responsabilidade cometido no exercício das suas funções implica de direito a respectiva demissão, com as consequências previstas na Constituição da República.

ARTIGO 31.º – **Efeitos de pena aplicada a outros titulares de cargos políticos de natureza não electiva**

Implica de direito a respectiva demissão, com as consequências constitucionais e legais, a condenação definitiva por crime de responsabilidade cometido no exercício das suas funções dos seguintes titulares de cargos políticos de natureza não electiva:

a) Membro do Governo da República;
b) Ministro da República junto de região autónoma;
c) Presidente de governo regional;
d) Membro de governo regional;
e) Governador de Macau;
f) Secretário-adjunto do Governo de Macau;
g) Governador civil.

CAPÍTULO IV – Regras especiais de processo

ARTIGO 32.º – **Princípio geral**

À instrução e julgamento dos crimes de responsabilidade de que trata a presente lei aplicam-se as regras gerais de competência e de processo, com as especialidades constantes dos artigos seguintes.

ARTIGO 33.º – **Regras especiais aplicáveis ao Presidente da República**

1 – Pelos crimes de responsabilidade praticados no exercício das

suas funções o Presidente da República responde perante o Plenário do Supremo Tribunal de Justiça.

2 – A iniciativa do processo cabe à Assembleia da República, mediante proposta de um quinto e deliberação aprovada por maioria de dois terços dos deputados em efectividade de funções.

ARTIGO 34.º – **Regras especiais aplicáveis a deputado à Assembleia da República**

1 – Nenhum deputado à Assembleia da República pode ser detido ou preso sem autorização da Assembleia, salvo por crime punível com pena maior e em flagrante delito.

2 – Movido procedimento criminal contra algum deputado à Assembleia da República, e indiciado este definitivamente por despacho de pronúncia ou equivalente, salvo no caso de crime punível com pena maior, a Assembleia decidirá se o deputado deve ou não ser suspenso para efeitos de seguimento do processo.

3 – O Presidente da Assembleia da República responde perante o Plenário do Supremo Tribunal de Justiça.

ARTIGO 35.º – **Regras especiais aplicáveis a membro do Governo**

1 – Movido procedimento criminal contra um membro do Governo, e indiciado este definitivamente por despacho de pronúncia ou equivalente, salvo no caso de crime punível com pena maior, a Assembleia da República decide se o membro do Governo deve ou não ser suspenso para efeitos de seguimento do processo.

2 – O disposto no número anterior aplica-se ao Governador de Macau, aos ministros da República junto de região autónoma e aos secretários-adjuntos do Governo de Macau.

3 – O Primeiro-Ministro responde perante o Plenário do Tribunal da Relação de Lisboa, com recurso para o Supremo Tribunal de Justiça.

ARTIGO 36.º – **Regras especiais aplicáveis a deputado ao Parlamento Europeu**

Aplicam-se aos deputados ao Parlamento Europeu designados por Portugal, no que se refere à sua detenção ou prisão, bem como ao julgamento dos crimes de responsabilidade que cometam no exercício das suas funções, as pertinentes disposições comunitárias e, na medida em que isso seja compatível com a natureza do Parlamento Europeu, as disposições aplicáveis da Lei n.º 3/85, de 13 de Março, com as necessárias adaptações.

ARTIGO 37.º – **Regras especiais aplicáveis a deputado a assembleia regional**

1 – Nenhum deputado a assembleia regional pode ser detido ou preso sem autorização da assembleia, salvo por crime punível com pena maior e em flagrante delito.

2 – Movido procedimento criminal contra algum deputado a assembleia regional, e indiciado este por despacho de pronúncia ou equivalente, a assembleia decidirá se o deputado deve ou não ser suspenso para efeitos de seguimento do processo.

ARTIGO 38.º – **Regras especiais aplicáveis a deputado à Assembleia Legislativa de Macau**

1 – Durante o período das sessões da Assembleia Legislativa de Macau não podem os respectivos deputados ser detidos nem estar presos sem assentimento daquela, excepto por crime a que corresponda pena maior ou equivalente na escala penal e, neste caso, quando em flagrante delito ou em virtude de mandato judicial.

2 – Movido procedimento criminal contra algum deputado à Assembleia Legislativa de Macau, e indiciado este por despacho de pronúncia ou equivalente, o juiz comunicará o facto à Assembleia, que, para o caso previsto na última parte do número anterior, decidirá se o deputado indiciado deve ou não ser suspenso para efeitos de seguimento do processo.

ARTIGO 39.º – **Regras especiais aplicáveis a membro de governo regional**

Movido procedimento judicial contra membro de governo regional pela prática de qualquer crime, e indiciado este por despacho de pronúncia ou equivalente, o processo só seguirá os seus termos no caso de ao facto corresponder pena maior, se o membro do governo for suspenso do exercício das suas funções.

ARTIGO 40.º – **Da não intervenção do júri**

O julgamento dos crimes a que se refere a presente lei far-se-á sem intervenção do júri.

Responsabilidade Criminal dos Titulares dos Cargos Políticos

ARTIGO 41.º – **Do direito de acção**

Nos crimes a que se refere a presente lei têm legitimidade para promover o processo penal o Ministério Público, sem prejuízo do especialmente disposto nas disposições do presente capítulo, e, em subordinação a ele:

a) O cidadão ou a entidade directamente ofendidos pelo acto considerado delituoso;

b) Qualquer membro de assembleia deliberativa, relativamente aos crimes imputados a titulares de cargos políticos que, individualmente ou através do respectivo órgão, respondam perante aquela;

c) As entidades a quem incumba a tutela sobre órgãos políticos, relativamente aos crimes imputados a titulares do órgão tutelado;

d) A entidade a quem compete a exoneração de titular de cargo político, relativamente aos crimes imputados a este.

ARTIGO 42.º – **Julgamento em separado**

A instrução e o julgamento de processos relativos a crime de responsabilidade de titular de cargo político cometido no exercício das suas funções far-se-ão, por razões de celeridade, em separado dos relativos a outros co-responsáveis que não sejam também titulares de cargo político.

ARTIGO 43.º – **Liberdade de alteração do rol das testemunhas**

Nos processos relativos ao julgamento de crimes de responsabilidade de titulares de cargos políticos cometidos no exercício das suas funções são lícitas a alteração dos róis de testemunhas e a junção de novos documentos até três dias antes do designado para o início do julgamento, sendo irrelevante, para este efeito, o adiamento desse início.

ARTIGO 44.º – **Denúncia caluniosa**

1 – Da decisão que absolver o acusado por crime de responsabilidade cometido por titular de cargo político no exercício das suas funções ou que o condene com base em factos diversos dos constantes da denúncia será dado conhecimento imediato ao Ministério Público, para o efeito de procedimento, se julgar ser esse o caso, pelo crime previsto e punido pelo artigo 408.º do Código Penal.

2 – As penas cominadas por aquela disposição legal serão agrava-

das, nos termos gerais, em razão do acréscimo da gravidade que empresta à natureza caluniosa da denúncia a qualidade do ofendido.

CAPÍTULO V – **Da responsabilidade civil emergente de crime de responsabilidade de titular de cargo político**

ARTIGO 45.º – **Princípios gerais**

1 – A indemnização de perdas e danos emergentes de crime de responsabilidade cometido por titular de cargo político no exercício das suas funções rege-se pela lei civil.

2 – O Estado responde solidariamente com o titular de cargo político pelas perdas e danos emergentes de crime de responsabilidade cometido no exercício das suas funções.

3 – O Estado tem direito de regresso contra o titular de cargo político por crime de responsabilidade cometido no exercício das suas funções de que resulte o dever de indemnizar.

4 – O Estado ficará sub-rogado no direito do lesado à indemnização, nos termos gerais, até ao montante que tiver satisfeito.

ARTIGO 46.º – **Dever de indemnizar em caso de absolvição**

1 – A absolvição pelo tribunal criminal não extingue o dever de indemnizar não conexo com a responsabilidade criminal, nos termos gerais de direito, podendo a correspondente indemnização ser pedida através do tribunal civil.

2 – Quando o tribunal absolva o réu na acção penal com fundamento no disposto no artigo 6.º, poderá, não obstante, arbitrar ao ofendido uma quantia como reparação por perdas e danos que em seu prudente arbítrio considere suficientemente justificada, sem prejuízo do disposto no número anterior.

ARTIGO 47.º – **Opção do foro**

O pedido de indemnização por perdas e danos resultantes de crime de responsabilidade cometido por titular de cargo político no exercício das suas funções pode ser deduzido no processo em que correr a acção penal ou, separadamente, em acção intentada no tribunal civil.

Responsabilidade Criminal dos Titulares dos Cargos Políticos   61

ARTIGO 48.º – **Regime de prescrição**

O direito à indemnização prescreve nos mesmos prazos do procedimento criminal.

CAPÍTULO VI – **Disposição final**

ARTIGO 49.º – **Entrada em vigor**

A presente lei entrará em vigor no 30.º dia posterior ao da sua publicação.

Aprovada em 28 de Abril de 1987.

O Presidente da Assembleia da República, *Fernando Monteiro do Amaral.*

Promulgada em 12 de Junho de 1987.

Publique-se.

O Presidente da República, MÁRIO SOARES.

Referendada em 20 de Junho de 1987.

O Primeiro-Ministro, *Aníbal António Cavaco Silva.*

II

DIREITOS, LIBERDADES
E GARANTIAS EM ESPECIAL

5. DIREITO À CIDADANIA

Lei n.º 37/81, de 3 de Outubro[4]

Lei da Nacionalidade

A Assembleia da República decreta, nos termos da alínea *a*) do artigo 167.º e do n.º 2 do artigo 169.º da Constituição, o seguinte:

TÍTULO I – Atribuição, aquisição e perda da nacionalidade

CAPÍTULO I – Atribuição da nacionalidade

ARTIGO 1.º – **Nacionalidade originária**

1 – São portugueses de origem:

a) Os filhos de pai português ou mãe portuguesa nascidos em território português ou sob administração portuguesa, ou no estrangeiro se o progenitor português aí se encontrar ao serviço do Estado Português;

---

[4] Alterada pela Lei n.º 25/94, de 19 de Agosto, e pela Lei Orgânica n.º 1/2004, de 15 de Janeiro.

b) Os filhos de pai português ou mãe portuguesa nascidos no estrangeiro se declararem que querem ser portugueses ou inscreverem o nascimento no registo civil português;

c) Os indivíduos nascidos em território português, filhos de estrangeiros que aqui residam com título válido de autorização de residência há, pelo menos, 6 ou 10 anos, conforme se trate, respectivamente, de cidadãos nacionais de países de língua oficial portuguesa ou de outros países, e desde que não se encontrem ao serviço do respectivo Estado, se declararem que querem ser portugueses;

d) Os indivíduos nascidos em território português quando não possuam outra nacionalidade.

2 – Presumem-se nascidos em território português ou sob administração portuguesa, salvo prova em contrário, os recém-nascidos expostos naqueles territórios.

CAPÍTULO II – **Aquisição da nacionalidade**

SECÇÃO I – **Aquisição da nacionalidade por efeito da vontade**

ARTIGO 2.º – **Aquisição por filhos menores ou incapazes**

Os filhos menores ou incapazes de pai ou mãe que adquira a nacionalidade portuguesa podem também adquiri-la, mediante declaração.

ARTIGO 3.º – **Aquisição em caso de casamento**

1 – O estrangeiro casado há mais de três anos com nacional português pode adquirir a nacionalidade portuguesa mediante declaração feita na constância do matrimónio.

2 – A declaração de nulidade ou anulação do casamento não prejudica a nacionalidade adquirida pelo cônjuge que o contraiu de boa fé.

ARTIGO 4.º – **Declaração após aquisição de capacidade**

Os que hajam perdido a nacionalidade portuguesa por efeito de declaração prestada durante a sua incapacidade podem adquiri-la, quando capazes, mediante declaração.

SECÇÃO II – Aquisição da nacionalidade pela adopção

ARTIGO 5.° – **Aquisição por adopção plena**

O adoptado plenamente por nacional português adquire a nacionalidade portuguesa.

SECÇÃO III – Aquisição da nacionalidade por naturalização

ARTIGO 6.° – **Requisitos**

1 – O Governo pode conceder a nacionalidade portuguesa, por naturalização, aos estrangeiros que satisfaçam cumulativamente os seguintes requisitos:

a) Serem maiores ou emancipados à face da lei portuguesa;
b) Residirem em território português ou sob administração portuguesa, com título válido de autorização de residência, há, pelo menos, 6 ou 10 anos, conforme se trate, respectivamente, de cidadãos nacionais de países de língua oficial portuguesa ou de outros países;
c) Conhecerem suficientemente a língua portuguesa;
d) Comprovarem a existência de uma ligação efectiva à comunidade nacional;
e) Terem idoneidade cívica;
f) Possuírem capacidade para reger a sua pessoa e assegurar a sua subsistência.

2 – Os requisitos constantes das alíneas *b)* a *d)* podem ser dispensados em relação aos que tenham tido a nacionalidade portuguesa, aos que forem havidos como descendentes de portugueses, aos membros de comunidades de ascendência portuguesa e aos estrangeiros que tenham prestado ou sejam chamados a prestar serviços relevantes ao Estado Português.

ARTIGO 7.° – **Processo**

1 – A naturalização é concedida por decreto do Ministro da Administração Interna, a requerimento do interessado e mediante inquérito organizado e instruído nos termos fixados em regulamento.

2 – *Revogado.*

3 – O processo de naturalização e os documentos destinados à sua instrução não estão sujeitos às disposições da Lei do Selo.

CAPÍTULO III – **Perda da nacionalidade**

ARTIGO 8.º – **Declaração relativa à perda da nacionalidade**

Perdem a nacionalidade portuguesa os que, sendo nacionais de outro Estado, declarem que não querem ser portugueses.

CAPÍTULO IV – **Oposição à aquisição da nacionalidade por efeito da vontade ou da adopção**

ARTIGO 9.º – **Fundamentos**

Constituem fundamento de oposição à aquisição da nacionalidade portuguesa:

a) A não comprovação, pelo interessado, de ligação efectiva à comunidade nacional;
b) A prática de crime punível com pena de prisão de máximo superior a três anos, segundo a lei portuguesa;
c) O exercício de funções públicas ou a prestação de serviço militar não obrigatório a Estado estrangeiro.

ARTIGO 10.º – **Processo**

1 – A oposição é deduzida pelo Ministério Público no prazo de um ano, a contar da data do facto de que dependa a aquisição da nacionalidade, em processo instaurado no Tribunal da Relação de Lisboa.

2 – É obrigatória para todas as autoridades a participação ao Ministério Público dos factos a que se refere o artigo anterior.

CAPÍTULO V – Efeitos da atribuição, aquisição e perda da nacionalidade

ARTIGO 11.º – **Efeitos da atribuição**

A atribuição da nacionalidade portuguesa produz efeitos desde o nascimento, sem prejuízo da validade das relações jurídicas anteriormente estabelecidas com base em outra nacionalidade.

ARTIGO 12.º – **Efeitos das alterações de nacionalidade**

Os efeitos das alterações de nacionalidade só se produzem a partir da data do registo dos actos ou factos de que dependem.

ARTIGO 13.º – **Efeitos da naturalização**

(Revogado)

CAPÍTULO VI – Disposições gerais

ARTIGO 14.º – **Efeitos do estabelecimento da filiação**

Só a filiação estabelecida durante a menoridade produz efeitos relativamente à nacionalidade.

ARTIGO 15.º – **Inscrição ou matrícula nos consulados portugueses**

(Revogado)

TÍTULO II – Registo, prova e contencioso da nacionalidade

CAPÍTULO I – Registo central da nacionalidade

ARTIGO 16.º – **Registo central da nacionalidade**

As declarações de que dependem a atribuição, a aquisição ou a perda da nacionalidade portuguesa devem constar do registo central da nacionalidade, a cargo da Conservatória dos Registos Centrais.

Artigo 17.º – **Declarações perante os agentes diplomáticos ou consulares**

As declarações de nacionalidade podem ser prestadas perante os agentes diplomáticos ou consulares portugueses e, neste caso, são registadas oficiosamente em face dos necessários documentos comprovativos, a enviar para o efeito à Conservatória dos Registos Centrais.

ARTIGO 18.º – **Actos sujeitos a registo obrigatório**

1 – É obrigatório o registo:

a) Das declarações para atribuição da nacionalidade;
b) Das declarações para aquisição ou perda da nacionalidade;
c) Da naturalização de estrangeiros.

2 – O registo dos actos a que se refere o número anterior é feito a requerimento dos interessados.

ARTIGO 19.º– **Averbamento ao assento de nascimento**

O registo do acto que importe atribuição, aquisição ou perda da nacionalidade é sempre averbado ao assento de nascimento do interessado.

ARTIGO 20.º – **Registos gratuitos**

São gratuitos os registos das declarações para a atribuição da nacionalidade portuguesa e os registos oficiosos, bem como os documentos necessários para uns e outros.

CAPÍTULO II – **Prova da nacionalidade**

ARTIGO 21.º – **Prova da nacionalidade originária**

1 – A nacionalidade portuguesa originária de indivíduos nascidos em território português ou sob administração portuguesa prova-se pelo assento de nascimento, sendo havidos como filhos de nacional português

Direito à Cidadania   71

os indivíduos de cujo assento de nascimento não conste menção da nacionalidade estrangeira dos progenitores ou do seu desconhecimento.

2 – A nacionalidade portuguesa originária de indivíduos nascidos no estrangeiro prova-se, consoante os casos, pelo registo da declaração de que depende a atribuição ou pelas menções constantes do assento de nascimento lavrado por inscrição no registo civil português.

ARTIGO 22.º – **Prova da aquisição e da perda da nacionalidade**

1 – A aquisição e a perda da nacionalidade provam-se pelos respectivos registos ou pelos consequentes averbamentos exarados à margem do assento de nascimento.

2 – À prova da aquisição da nacionalidade por adopção é aplicável o n.º 1 do artigo anterior.

ARTIGO 23.º – **Pareceres do conservador dos Registos Centrais**

Ao conservador dos Registos Centrais compete emitir parecer sobre quaisquer questões de nacionalidade, designadamente sobre as que lhe devem ser submetidas pelos agentes consulares em caso de dúvida sobre a nacionalidade portuguesa do impetrante de matrícula ou inscrição consular.

ARTIGO 24.º – **Certificados de nacionalidade**

1 – Independentemente da existência do registo, podem ser passados pelo conservador dos Registos Centrais, a requerimento do interessado, certificados de nacionalidade portuguesa,

2 – A força probatória do certificado pode ser ilidida por qualquer meio sempre que não exista registo da nacionalidade do respectivo titular.

CAPÍTULO III – **Contencioso da nacionalidade**

ARTIGO 25.º – **Legitimidade**

Têm legitimidade para interpor recurso de quaisquer actos relativos à atribuição, aquisição ou perda de nacionalidade portuguesa os interessados directos e o Ministério Público.

ARTIGO 26.º – **Tribunal competente**

A apreciação dos recursos a que se refere o artigo anterior é da competência do Tribunal da Relação de Lisboa.

TÍTULO III – **Conflitos de leis sobre a nacionalidade**

ARTIGO 27.º – **Conflitos de nacionalidade portuguesa e estrangeira**

Se alguém tiver duas ou mais nacionalidades e uma delas for portuguesa, só esta releva face à lei portuguesa.

ARTIGO 28.º – **Conflitos de nacionalidades estrangeiras**

Nos conflitos positivos de duas ou mais nacionalidades estrangeiras releva apenas a nacionalidade do Estado em cujo território o plurinacional tenha a sua residência habitual ou, na falta desta, a do Estado com o qual mantenha uma vinculação mais estreita.

TÍTULO IV – **Disposições transitórias e finais**

ARTIGO 29.º – **Aquisição da nacionalidade por adoptados**

Os adoptados plenamente por nacional português, antes da entrada em vigor da presente lei, podem adquirir a nacionalidade portuguesa mediante declaração.

ARTIGO 30.º – **Aquisição da nacionalidade por mulher casada com estrangeiro**

1 – A mulher que, nos termos da Lei n.º 2098, de 29 de Julho de 1959, e legislação precedente, tenha perdido a nacionalidade portuguesa por efeito do casamento pode readquiri-la mediante declaração, não sendo, neste caso, aplicável o disposto nos artigos 9.º e 10.º.

2 – Sem prejuízo da validade das relações jurídicas anteriormente estabelecidas com base em outra nacionalidade, a aquisição da nacionali-

dade portuguesa nos termos previstos no número anteior produz efeitos desde a data do casamento.

Artigo 31.° – **Aquisição voluntária anterior de nacionalidade estrangeira**

1 – Quem, nos termos da Lei n.° 2098, de 29 de Julho de 1959, e legislação precedente, perdeu a nacionalidade portuguesa por efeito da aquisição voluntária de nacionalidade estrangeira, adquire-a:

a) Desde que não tenha sido lavrado o registo definitivo da perda da nacionalidade, excepto se declarar que não quer adquirir a nacionalidade portuguesa;
b) Mediante declaração, quando tenha sido lavrado o registo definitivo da perda da nacionalidade.

2 – Nos caso referidos no número anterior não se aplica o disposto nos artigos 9.° e 10.°

3 – Sem prejuízo da validade das relações jurídicas anteriormente estabalecidas com base em outra nacionalidade, a aquisição da nacionalidade portuguesa nos termos previstos no n.° 1 produz efeitos desde a data da aquisição da nacionalidade estrangeira.

ARTIGO 32.° – **Naturalização imposta por Estado estrangeiro**

É da competência do Tribunal da Relação de Lisboa a decisão sobre a perda ou manutenção da nacionalidade portuguesa nos casos de naturalização directa ou indirectamente imposta por Estado estrangeiro a residentes no seu território.

ARTIGO 33.° – **Registo das alterações de nacionalidade**

O registo das alterações de nacionalidade por efeito de casamento ou por aquisição voluntária de nacionalidade estrangeira em conformidade com a lei anterior é lavrado oficiosamente ou a requerimento dos interessados, sendo obrigatório para fins de identificação.

ARTIGO 34.° – **Actos cujo registo não era obrigatório pela lei anterior**

1 – A aquisição e a perda da nacionalidade que resultem de actos cujo registo não era obrigatório no domínio da lei anterior continuam a

provar-se pelo registo ou pelos documentos comprovativos dos actos de que dependem.

2 – Para fins de identificação, a prova destes actos é feita pelo respectivo registo ou consequentes averbamentos ao assento de nascimento.

ARTIGO 35.º – **Produção de efeitos dos actos anteriormente não sujeitos a registo**

1 – Os efeitos das alterações de nacionalidade dependentes de actos ou factos não obrigatoriamente sujeitos a registo no domínio da lei anterior são havidos como produzidos desde a data da verificação dos actos ou factos que as determinaram.

2 – Exceptua-se do disposto no número anterior a perda da nacionalidade fundada na aquisição voluntária de nacionalidade estrangeira, a qual continua a só produzir efeitos para com terceiros, no domínio das relações de Direito Privado, desde que seja levada ao registo e a partir da data em que este se realize.

ARTIGO 36.º – **Processos pendentes**

Os processos de nacionalidade pendentes, com excepção dos de naturalização, serão apreciados de acordo com a lei anterior, sem prejuízo das disposições transitórias deste diploma.

ARTIGO 37.º – **Assentos de nascimento de filhos apenas de não portugueses**

1 – Nos assentos de nascimentos ocorridos em território português ou sob administração portuguesa, após a entrada em vigor deste diploma, de filhos apenas de não portugueses mencionar-se-á, como elemento de identificação do registando, a nacionalidade estrangeira dos progenitores ou seu desconhecimento.

2 – Sempre que possível, os declarantes devem apresentar documento comprovativo da menção que deva ser feita nos termos do número anterior, em ordem a demonstrar que nenhum dos progenitores é de nacionalidade portuguesa.

Direito à Cidadania   75

ARTIGO 38.º – **Assentos de nascimento de progenitores ou adoptantes portugueses posteriormente ao registo de nascimento de estrangeiro**

1 – Quando for estabelecida filiação posteriormente ao registo do nascimento de estrangeiro nascido em território português ou sob administração portuguesa ou for decretada a sua adopção, da decisão judicial ou acto que as tiver estabelecido ou decretado e da sua comunicação para averbamento ao assento de nascimento constará a menção da nacionalidade dos progenitores ou adoptantes portugueses.

2 – A menção a que se refere o número anterior constará igualmente, como elemento de identificação do registado, do averbamento de estabelecimento de filiação ou de adopção a exarar à margem do assento de nascimento.

ARTIGO 39.º – **Regulamentação transitória**

Enquanto a presente lei não for regulamentada, é aplicável, com as necessárias adaptações, o Decreto n.º 43 090, de 27 de Julho de 1960.

ARTIGO 40.º – **Disposição revogatória**

É revogada a Lei n.º 2098, de 29 de Julho de 1959.

Aprovada em 30 de Junho de 1981.

O Presidente da Assembleia da República, *Leonardo Eugénio Ramos Ribeiro de Almeida.*

Promulgada em 19 de Agosto de 1981.

Publique-se.

O Presidente da República, ANTÓNIO RAMALHO EANES. – O Primeiro-Ministro, *Francisco José Pereira Pinto Balsemão.*

6. LIBERDADE DE COMUNICAÇÃO SOCIAL

a) Alta Autoridade para a Comunicação Social

Lei n.º 43/98, de 6 de Agosto[5]

Lei da Alta Autoridade para a Comunicação Social

A Assembleia da República decreta, nos termos da alínea *c*) do artigo 161.º, da alínea *l*) do artigo 164.º e do n.º 3 do artigo 166.º da Constituição, para valer como lei geral da República, o seguinte:

CAPÍTULO I – Natureza, atribuições e competências

ARTIGO 1.º – **Âmbito**

A presente lei regula as atribuições, competências, organização e funcionamento da Alta Autoridade para a Comunicação Social, adiante abreviadamente designada por Alta Autoridade.

ARTIGO 2.º – **Natureza do órgão**

A Alta Autoridade é um órgão independente que funciona junto da Assembleia da República, dotado de autonomia administrativa.

---

[5] Alterada pela Lei n.º 18-A/2002, de 18 de Julho, e pela Lei n.º 33/2003, de 22 de Agosto.

ARTIGO 3.º – **Atribuições**

Incumbe à Alta Autoridade:

a) Assegurar o exercício do direito à informação e à liberdade de imprensa;

b) Providenciar pela isenção e rigor da informação;

c) Zelar pela independência dos órgãos de comunicação social perante os poderes político e económico;

d) Salvaguardar a possibilidade de expressão e confronto, através dos meios de informação, das diversas correntes de opinião;

e) Contribuir para garantir a independência e o pluralismo dos órgãos de comunicação social pertencentes ao Estado e a outras entidades públicas ou a entidades directa ou indirectamente sujeitas ao seu controlo económico;

f) Assegurar a isenção do processo de licenciamento ou autorização dos operadores de rádio e de televisão;

g) Assegurar a observância dos fins genéricos e específicos da actividade de rádio e televisão, bem como dos que presidiram ao licenciamento dos respectivos operadores, garantindo o respeito pelos interesses do público, nomeadamente dos seus extractos mais sensíveis;

h) Incentivar a aplicação, pelos órgãos de comunicação social, de critérios jornalísticos ou de programação que respeitem os direitos individuais e os padrões éticos exigíveis;

i) Garantir o exercício dos direitos de antena, de resposta e de réplica política.

ARTIGO 4.º – **Competências**

Compete à Alta Autoridade, para a prossecução das suas atribuições:

a) Atribuir as licenças e autorizações necessárias para o exercício da actividade de televisão, bem como deliberar sobre as respectivas renovações e cancelamentos;

b) Atribuir licenças para o exercício da actividade de rádio, bem como atribuir ou cancelar os respectivos alvarás ou autorizar a sua transmissão;

c) Apreciar as condições de acesso aos direitos de resposta, de antena e de réplica política e pronunciar-se sobre as queixas ou recursos que, a esse respeito, lhe sejam apresentados;

Alta Autoridade para a Comunicação Social

d) Arbitrar os conflitos suscitados entre os titulares do direito de antena, na rádio e na televisão, quanto à elaboração dos respectivos planos gerais de utilização;

e) Emitir parecer prévio, público e fundamentado, sobre a nomeação e destituição dos directores que tenham a seu cargo as áreas da programação e informação, assim como dos respectivos directores-adjuntos e subdirectores, dos órgãos de comunicação social pertencentes ao Estado e a outras entidades públicas ou a entidades directa ou indirectamente sujeitas ao seu controlo económico;

f) Fiscalizar o cumprimento das normas referentes à propriedade das empresas de comunicação social;

g) Fiscalizar o cumprimento das normas que obriguem as empresas de comunicação social à publicação de dados de qualquer espécie;

h) Exercer as funções relativas à publicação ou difusão de sondagens e inquéritos de opinião, nos termos da legislação aplicável;

i) Confirmar a ocorrência de alteração profunda na linha de orientação dos órgãos de comunicação social, em caso de invocação da cláusula de consciência dos jornalistas;

j) Zelar pela isenção e imparcialidade nas campanhas de publicidade do Estado, das Regiões Autónomas e das autarquias locais;

l) Pronunciar-se sobre as iniciativas legislativas que tratem de matéria relacionada com as suas atribuições;

m) Sugerir à Assembleia da República ou ao Governo as medidas legislativas ou regulamentares que repute necessárias à observância dos princípios constitucionais relativos à comunicação social ou à prossecução das suas atribuições;

n) Apreciar, por iniciativa própria ou mediante queixa, e no âmbito das suas atribuições, os comportamentos susceptíveis de configurar violação das normas legais aplicáveis aos órgãos de comunicação social, adoptando as providências adequadas, bem como exercer as demais competências previstas noutros diplomas relativas aos órgãos de comunicação social;

o) Participar, nos termos da legislação aplicável, na classificação dos órgãos de comunicação social;

p) Promover as acções de estudo, pesquisa e divulgação indispensáveis ao cumprimento das suas obrigações.

Artigo 5.º – **Prazo de apresentação de queixas**

As queixas a que se refere a alínea *n*) do artigo 4.º devem ser apresentadas nos 30 dias seguintes ao conhecimento dos factos que deram origem à queixa e, em qualquer caso, no prazo máximo de 90 dias subsequentes à ocorrência da alegada violação, salvo outro prazo legalmente previsto.

Artigo 6.º – **Nomeação e exoneração de directores**

1 – Em caso de nomeação ou destituição dos directores, directores-adjuntos e subdirectores dos órgãos de comunicação social referidos na alínea *e*) do artigo 4.º, o parecer da Alta Autoridade deve ser emitido no prazo de 10 dias úteis, contados a partir da recepção do respectivo pedido, devidamente fundamentado.

2 – O parecer referido no número anterior, quando recaia sobre a nomeação e exoneração dos directores que tenham a seu cargo as áreas da programação e informação dos operadores dos serviços públicos de televisão e de radiodifusão, tem natureza vinculativa sempre que estiver fundamentado na violação das garantias previstas no n.º 6 do artigo 38.º da Constituição.

3 – A não emissão de parecer pela Alta Autoridade dentro do prazo previsto no número anterior equivale a um pronunciamento favorável.

Artigo 7.º – **Denegação do direito de resposta**

1 – Em caso de denegação do exercício do direito de resposta, por parte de qualquer órgão de comunicação social, o titular daquele pode recorrer para a Alta Autoridade no prazo de 30 dias a contar da recusa ou do termo do prazo legal para a satisfação do direito.

2 – A Alta Autoridade pode solicitar às partes interessadas todos os elementos necessários ao conhecimento do recurso, os quais lhe devem ser remetidos no prazo de três dias a contar da recepção do pedido.

3 – Os operadores de rádio e de televisão que deneguem o exercício do direito de resposta ficam obrigados a preservar os registos dos materiais que estiveram na sua origem, independentemente dos prazos gerais de conservação dos mesmos, até à decisão do recurso interposto perante a Alta Autoridade ou, no caso de ele não ter lugar, até ao termo do prazo fixado no n.º 1.

4 – A Alta Autoridade deve proferir a sua deliberação no prazo de 15 dias a contar da apresentação do recurso ou até ao 5.º dia útil posterior à recepção dos elementos referidos no n.º 2.

5 – Constitui crime de desobediência o não acatamento, pelos directores das publicações periódicas ou pelos responsáveis pela programação dos operadores de rádio ou de televisão, assim como por quem os substitua, de deliberação da Alta Autoridade que ordene a publicação ou transmissão da resposta.

ARTIGO 8.º – **Dever de colaboração**

1 – Os órgãos de comunicação social devem prestar à Alta Autoridade, no prazo de 10 dias, se outro não resultar da lei, toda a colaboração que lhes seja solicitada como necessária à prossecução das atribuições e ao exercício das competências previstas no presente diploma.

2 – A Alta Autoridade pode solicitar aos órgãos de comunicação social as informações necessárias ao exercício das suas funções, assim como a presença nas suas reuniões dos membros dos respectivos órgãos sociais ou de direcção.

3 – A Alta Autoridade pode ainda solicitar a qualquer entidade pública todas as informações relevantes para a prossecução das suas atribuições e o exercício das suas competências.

4 – Os tribunais devem comunicar à Alta Autoridade a propositura de qualquer acção em matéria de direito de resposta.

ARTIGO 9.º – **Remessa das decisões judiciais**

Os tribunais devem enviar à Alta Autoridade cópia, de preferência em suporte electrónico, das sentenças proferidas em processos por crimes cometidos através de órgãos de comunicação social ou por denegação do direito de resposta, assim como por ofensa à liberdade de informação.

CAPÍTULO II – **Membros da Alta Autoridade**

ARTIGO 10.º – **Composição**

1 – A Alta Autoridade é constituída por:

a) Um magistrado, designado pelo Conselho Superior da Magistratura, que preside;

b) Cinco membros eleitos pela Assembleia da República, segundo o sistema proporcional e o método da média mais alta de Hondt;

c) Um membro designado pelo Governo;

d) Quatro membros representativos da opinião pública, da comunicação social e da cultura, sendo três designados, respectivamente, pelo Conselho Nacional do Consumo, pelos jornalistas com carteira profissional e pelas organizações patronais dos órgãos de comunicação, e o quarto cooptado pelos membros da Alta Autoridade entre figuras de relevo do meio cultural e científico.

2 – A eleição ou designação dos membros da Alta Autoridade, bem como a cooptação do membro referido na última parte da alínea *d)* do n.° 1, têm lugar dentro dos 30 dias subsequentes ao termo dos mandatos congéneres anteriores.

3 – O Conselho Nacional do Consumo designa o elemento referido na alínea *d)* do n.° 1 de entre os seus membros representantes das associações de consumidores.

4 – A designação do elemento representativo dos jornalistas tem lugar em termos idênticos aos legalmente previstos para a eleição dos representantes dos jornalistas profissionais na Comissão da Carteira Profissional respectiva.

5 – Os membros da Alta Autoridade elegem de entre si o vice-presidente deste órgão.

ARTIGO 11.° – **Incapacidade e incompatibilidades**

1 – Não podem ser membros da Alta Autoridade os cidadãos que não se encontrem no pleno gozo dos seus direitos civis e políticos.

2 – Os membros da Alta Autoridade ficam sujeitos ao regime de incompatibilidades legalmente estabelecido para os titulares de altos cargos públicos.

ARTIGO 12.° – **Posse**

Os membros da Alta Autoridade tomam posse perante o Presidente da Assembleia da República, no decurso dos 10 dias seguintes ao da publicação da respectiva designação na 2.ª série do *Diário da República*.

Alta Autoridade para a Comunicação Social

ARTIGO 13.º – **Duração do mandato**

1 – O mandato dos membros da Alta Autoridade tem a duração de quatro anos.

2 – O tempo de duração do mandato conta-se a partir da data da respectiva tomada de posse, sem prejuízo do disposto no n.º 5.

3 – Os membros da Alta Autoridade não podem ser chamados a exercer mais de dois mandatos consecutivos.

4 – As vagas que ocorrerem no decurso de um mandato devem ser preenchidas, no prazo de 30 dias, pelas entidades competentes, salvo motivo de força maior, não havendo, neste caso, lugar à contagem de novo mandato.

5 – O exercício de funções dos membros da Alta Autoridade cessa com a tomada de posse dos novos titulares.

ARTIGO 14.º – **Inamovibilidade**

Os membros da Alta Autoridade são inamovíveis, não podendo as suas funções cessar antes do termo do mandato para que foram escolhidos, salvo nos seguintes casos:

a) Morte ou impossibilidade física permanente;
b) Renúncia ao mandato;
c) Perda do mandato.

ARTIGO 15.º – **Renúncia**

Os membros da Alta Autoridade podem renunciar ao mandato através de declaração escrita apresentada ao seu presidente e publicada na 2.ª série do *Diário da República*.

ARTIGO 16.º – **Perda do mandato**

1 – Perdem o mandato os membros da Alta Autoridade que:

a) Venham a ser abrangidos por qualquer das incapacidades ou incompatibilidades previstas na lei;
b) Faltem a três reuniões consecutivas ou a seis interpoladas, salvo invocação, perante o plenário, de motivo atendível;
c) Cometam violação do disposto na alínea *c*) do n.º 1 do artigo 18.º, comprovada por decisão judicial.

84 *Direitos, Liberdades e Garantias em Especial*

2 – A perda do mandato será objecto de deliberação a publicar na 2.ª série do *Diário da República*.

ARTIGO 17.º – **Direitos e regalias**

1 – Os membros da Alta Autoridade são remunerados de acordo com a tabela indiciária e o regime fixados para o cargo de director-geral, tendo ainda direito às regalias sociais do pessoal da Assembleia da República, sem prejuízo da faculdade de opção pelas remunerações correspondentes ao lugar de origem.

2 – O presidente da Alta Autoridade tem direito a um abono mensal para despesas de representação de valor percentual sobre o respectivo vencimento igual ao fixado para os presidentes dos grupos parlamentares da Assembleia da República.

3 – Os restantes membros da Alta Autoridade têm direito a um abono mensal para despesas de representação de valor percentual sobre o respectivo vencimento igual ao fixado para os vice-presidentes dos grupos parlamentares da Assembleia da República.

4 – Os membros da Alta Autoridade beneficiam das seguintes garantias:

a) Não podem ser prejudicados na estabilidade do seu emprego, na sua carreira profissional e no regime de segurança social de que beneficiem;

b) O período correspondente ao exercício do mandato considera-se, para todos os efeitos legais, como prestado no lugar de origem, mantendo-se todos os direitos, subsídios, regalias sociais, remuneratórias e quaisquer outras correspondentes àquele lugar;

c) Quando à data do início do seu mandato se encontrem investidos em cargo público de exercício temporário, por virtude de lei, acto ou contrato, ou em comissão de serviço, o respectivo prazo é suspenso pelo período correspondente ao do mandato;

d) O período de duração do respectivo mandato suspende, a requerimento do interessado, a contagem dos prazos para a apresentação de relatórios curriculares ou prestação de provas para a carreira docente do ensino superior ou para a de investigação científica, bem como a contagem dos prazos dos contratos de professores convidados, assistentes, assistentes estagiários e assistentes convidados;

e) Quando cessem funções, retomam automaticamente as que exerciam à data da designação, só podendo os respectivos lugares de origem ser providos em regime de substituição, nos termos da lei geral.

ARTIGO 18.° – **Deveres**

1 – Constituem deveres dos membros da Alta Autoridade:

a) Exercer o respectivo cargo com isenção, rigor, independência e elevado sentido de responsabilidade moral;

b) Participar activa e assiduamente nos trabalhos do órgão que integram;

c) Guardar sigilo sobre as questões ou processos que estejam a ser objecto de apreciação e, bem assim, não revelar as posições expressas a propósito dos mesmos, por si ou pelos restantes membros da Alta Autoridade.

2 – O exercício do cargo com isenção, rigor e independência implica a proibição da emissão de opiniões e juízos de valor, através da comunicação social, sobre questões que sejam objecto de deliberação da Alta Autoridade.

CAPÍTULO III – **Organização e funcionamento**

ARTIGO 19.° – **Presidente**

1 – O presidente representa a Alta Autoridade, convoca e dirige as suas reuniões, organiza e superintende os serviços de acordo com regras previamente definidas pelo Plenário.

2 – O vice-presidente substitui o presidente nas suas ausências e impedimentos.

ARTIGO 20.° – **Reuniões**

1 – A Alta Autoridade funciona em reuniões ordinárias e extraordinárias.

2 – As reuniões extraordinárias têm lugar:

a) Por iniciativa do presidente;

b) A pedido de quatro dos seus membros.

ARTIGO 21.º – **Ordem de trabalhos**

1 – A ordem de trabalhos para cada reunião é fixada pelo presidente, com a antecedência mínima de dois dias úteis relativamente à data prevista para a sua realização.

2 – A Alta Autoridade pode alterar a ordem das matérias inscritas na ordem de trabalhos ou aditar-lhe novos assuntos.

3 – Antes da ordem do dia é reservado um período de duração não superior a uma hora para exposição dos assuntos que os membros da Alta Autoridade queiram submeter a apreciação ou discussão.

ARTIGO 22.º – **Deliberações**

1 – A Alta Autoridade só pode reunir e deliberar com a presença de um número de membros não inferior a sete.

2 – As deliberações da Alta Autoridade são tomadas por maioria absoluta dos membros presentes.

3 – Carecem, porém, de aprovação por maioria absoluta dos membros em efectividade de funções as deliberações a que se referem as alíneas *a*), *b*), *e*) e *i*) do artigo 4.º, a parte final da alínea *d*) do n.º 1 do artigo 10.º e o n.º 2 do artigo 16.º

4 – Sem prejuízo do disposto no n.º 4 do artigo 7.º, as deliberações da Alta Autoridade devem ser tomadas, em regra, até 15 dias após o termo da instrução dos respectivos processos e dentro do prazo de 45 dias a partir da recepção das queixas.

ARTIGO 23.º – **Natureza das deliberações**

1 – Assiste à Alta Autoridade a faculdade de elaborar directivas genéricas e recomendações que visem a realização dos seus objectivos, bem como praticar os demais actos previstos na lei ou necessários ao desempenho das suas atribuições.

2 – As deliberações produzidas no exercício das competências previstas nas alíneas *a*), *b*), *c*), *d*), *i*) e o) do artigo 4.º têm carácter vinculativo.

3 – No exercício das suas actividades de fiscalização, a Alta Autoridade comunicará aos órgãos competentes as irregularidades detectadas, visando a instrução do respectivo processo.

4 – São passíveis de recurso contencioso, nos termos gerais de

direito, as decisões da Alta Autoridade que revistam a natureza de acto administrativo.

Artigo 24.º – **Publicidade das deliberações**

1 – As directivas genéricas da Alta Autoridade são publicadas na 2.ª série do *Diário da República*.

2 – As recomendações da Alta Autoridade são de divulgação obrigatória e gratuita, difundidas nos órgãos de comunicação social a que digam directamente respeito, não devendo exceder:

a) 500 palavras para a informação escrita;
b) 300 palavras para a informação sonora radiodifundida;
c) 200 palavras para a informação televisiva.

3 – As recomendações devem ser impressas em corpo normalmente utilizado pelo jornal nos textos de informação e incluídas em páginas de informação e, no caso de informação sonora radiodifundida ou televisiva, devem ser divulgados num dos principais serviços noticiosos.

4 – As recomendações devem ser expressa e adequadamente identificadas nos diferentes meios de comunicação social.

5 – A Alta Autoridade elabora e torna público, no decurso do trimestre seguinte ao período a que disser respeito, um relatório anual da sua actividade.

6 – Os relatórios da Alta Autoridade são publicados na 2.ª série do *Diário da Assembleia da República*.

Artigo 25.º – **Regimento**

1 – A Alta Autoridade elabora o seu regimento, que deve ser publicado na 2.ª série do *Diário da República*.

2 – O regimento define, nomeadamente, o modo de designação e o funcionamento dos grupos de trabalho que a Alta Autoridade entenda constituir.

Artigo 26.º – **Encargos, pessoal e instalações**

1 – Os encargos com o funcionamento da Alta Autoridade são cobertos por orçamento próprio por ela proposto e cuja dotação é inscrita no Orçamento da Assembleia da República.

2 – A Alta Autoridade dispõe de um serviço de apoio privativo cujo regulamento e mapa de pessoal são aprovados pela Assembleia da República, sob proposta da Alta Autoridade, e cujo provimento será feito em regime de comissão de serviço de entre indivíduos vinculados ou não à função pública que preencham os requisitos gerais para provimento de categorias equiparadas.

3 – A Alta Autoridade pode ainda contratar pessoal especializado para cumprimento das suas atribuições legais.

4 – O serviço de apoio será chefiado por um director de serviços.

5 – O serviço de apoio assegura a assessoria directa, técnica e administrativa, aos membros da Alta Autoridade.

6 – A Alta Autoridade funciona em instalações cedidas, para o efeito, pela Assembleia da República.

Artigo 27.º – **Contra-ordenações**

1 – Cabe à Alta Autoridade o processamento e a aplicação das coimas previstas na presente lei, ou em qualquer outro diploma em matéria de comunicação social em que essa faculdade esteja prevista, bem como as que digam respeito a contra-ordenações por violação de normas relativas a condutas legalmente obrigatórias no domínio da comunicação social por cuja observância não caiba a outra entidade velar.

2 – Constitui contra-ordenação, punível com coima de 100 000$ a 3 000 000$, a inobservância do disposto nos n.ºs 2 e 3 do artigo 7.º, n.ºs 1, 2, e 3 do artigo 8.º e n.ºs 2, 3 e 4 do artigo 24.º

CAPÍTULO IV – **Disposições finais e transitórias**

Artigo 28.º – **Norma revogatória**

São revogadas:
a) A Lei n.º 15/90, de 30 de Junho;
b) A Lei n.º 30/94, de 29 de Agosto.

Artigo 29.º – **Normas transitórias**

1 – A designação e a eleição previstas nas alíneas *a*), *b*) e *c*) do n.º 1 do artigo 10.º para exercício de mandato nos termos da presente lei

serão feitas dentro dos 30 dias subsequentes ao termo do mandato congénere anterior.

2 – Os membros representativos da opinião pública e da comunicação social, referidos na alínea *d*) do n.° 1 do artigo 10.°, são designados nos 30 dias subsequentes ao termo dos mandatos dos membros cooptados ao abrigo do artigo 9.° da Lei n.° 15/90, de 30 de Junho.

3 – A cooptação prevista na alínea *d*) do n.° 1 do artigo 10.° deverá verificar-se no prazo de 30 dias a contar da tomada de posse do último dos membros designados referidos naquela alínea.

4 – As designações feitas ao abrigo das alíneas *b*) e *c*) do n.° 1 do artigo 10.° não relevam para os efeitos do n.° 3 do artigo 13.°

5 – Os actuais membros da Alta Autoridade mantêm-se em funções até à posse dos novos titulares.

Aprovada em 29 de Junho de 1998.

O Presidente da Assembleia da República, *António de Almeida Santos*.

Promulgada em 24 de Julho de 1998.

Publique-se.

O Presidente da República, JORGE SAMPAIO.

Referendada em 27 de Julho de 1998.

Pelo Primeiro-Ministro, *José Veiga Simão*, Ministro da Defesa Nacional.

b) **Lei de Imprensa**

Lei n.º 2/99, de 13 de Janeiro[6]

Lei de Imprensa

A Assembleia da República decreta, nos termos da alínea *c*) do artigo 161.º da Constituição, para valer como lei geral da República, o seguinte:

CAPÍTULO I – Liberdade de imprensa

ARTIGO 1.º – **Garantia de liberdade de imprensa**

1 – É garantida a liberdade de imprensa, nos termos da Constituição e da lei.

2 – A liberdade de imprensa abrange o direito de informar, de se informar e de ser informado, sem impedimentos nem discriminações.

3 – O exercício destes direitos não pode ser impedido ou limitado por qualquer tipo ou forma de censura.

ARTIGO 2.º – **Conteúdo**

1 – A liberdade de imprensa implica:

a) O reconhecimento dos direitos e liberdades fundamentais dos

---

[6] Alterada pela Lei n.º 18/2003, de 11 de Junho.

jornalistas, nomeadamente os referidos no artigo 22.º da presente lei;

b) O direito de fundação de jornais e quaisquer outras publicações, independentemente de autorização administrativa, caução ou habilitação prévias;

c) O direito de livre impressão e circulação de publicações, sem que alguém a isso se possa opor por quaisquer meios não previstos na lei.

2 – O direito dos cidadãos a serem informados é garantido, nomeadamente, através:

a) De medidas que impeçam níveis de concentração lesivos do pluralismo da informação;

b) Da publicação do estatuto editorial das publicações informativas;

c) Do reconhecimento dos direitos de resposta e de rectificação;

d) Da identificação e veracidade da publicidade;

e) Do acesso à Alta Autoridade para a Comunicação Social, para salvaguarda da isenção e do rigor informativos;

f) Do respeito pelas normas deontológicas no exercício da actividade jornalística.

ARTIGO 3.º – **Limites**

A liberdade de imprensa tem como únicos limites os que decorrem da Constituição e da lei, de forma a salvaguardar o rigor e a objectividade da informação, a garantir os direitos ao bom nome, à reserva da intimidade da vida privada, à imagem e à palavra dos cidadãos e a defender o interesse público e a ordem democrática.

ARTIGO 4.º – **Interesse público da imprensa**

1 – Tendo em vista assegurar a possibilidade de expressão e confronto das diversas correntes de opinião, o Estado organizará um sistema de incentivos não discriminatórios de apoio à imprensa, baseado em critérios gerais e objectivos, a determinar em lei específica.

2 – Estão sujeitas a notificação à Alta Autoridade para a Comunicação Social as aquisições, por empresas jornalísticas ou noticiosas, de quaisquer participações em entidades congéneres.

Lei de Imprensa 93

3 – É aplicável às empresas jornalísticas ou noticiosas o regime geral de defesa e promoção da concorrência, nomeadamente no que diz respeito às práticas proibidas, em especial o abuso de posição dominante, e à concentração de empresas.

4 – As decisões da Autoridade da Concorrência relativas a operações de concentração de empresas em que participem entidades referidas no número anterior estão sujeitas a parecer prévio vinculativo da Alta Autoridade para a Comunicação Social, o qual deverá ser negativo quando estiver comprovadamente em causa a livre expressão e confronto das diversas correntes de opinião.

CAPÍTULO II – Liberdade de empresa

ARTIGO 5.º – **Liberdade de empresa**

1 – É livre a constituição de empresas jornalísticas, editoriais ou noticiosas, observados os requisitos da presente lei.

2 – O Estado assegura a existência de um registo prévio, obrigatório e de acesso público das:

a) Publicações periódicas portuguesas;
b) Empresas jornalísticas nacionais, com indicação dos detentores do respectivo capital social;
c) Empresas noticiosas nacionais.

3 – Os registos referidos no número anterior estão sujeitos às condições a definir em decreto regulamentar.

ARTIGO 6.º – **Propriedade das publicações**

As publicações sujeitas ao disposto na presente lei podem ser propriedade de qualquer pessoa singular ou colectiva.

ARTIGO 7.º – **Classificação das empresas proprietárias de publicações**

As empresas proprietárias de publicações são jornalísticas ou editoriais, consoante tenham como actividade principal a edição de publicações periódicas ou de publicações não periódicas.

ARTIGO 8.º – **Empresas noticiosas**

1 – São empresas noticiosas as que têm por objecto principal a recolha e distribuição de notícias, comentários ou imagens.

2 – As empresas noticiosas estão sujeitas ao regime jurídico das empresas jornalísticas.

CAPÍTULO III – **Da imprensa em especial**

SECÇÃO I – **Definição e classificação**

ARTIGO 9.º – **Definição**

1 – Integram o conceito de imprensa, para efeitos da presente lei, todas as reproduções impressas de textos ou imagens disponíveis ao público, quaisquer que sejam os processos de impressão e reprodução e o modo de distribuição utilizado.

2 – Excluem-se boletins de empresa, relatórios, estatísticas, listagens, catálogos, mapas, desdobráveis publicitários, cartazes, folhas volantes, programas, anúncios, avisos, impressos oficiais e os correntemente utilizados nas relações sociais e comerciais.

ARTIGO 10.º – **Classificação**

As reproduções impressas referidas no artigo anterior, designadas por publicações, classificam-se como:

a) Periódicas e não periódicas;
b) Portuguesas e estrangeiras;
c) Doutrinárias e informativas, e estas em publicações de informação geral e especializada;
d) De âmbito nacional, regional e destinadas às comunidades portuguesas no estrangeiro.

ARTIGO 11.º – **Publicações periódicas e não periódicas**

1 – São periódicas as publicações editadas em série contínua, sem limite definido de duração, sob o mesmo título e abrangendo períodos determinados de tempo.

2 – São não periódicas as publicações editadas de uma só vez, em volumes ou fascículos, com conteúdo normalmente homogéneo.

ARTIGO 12.º – **Publicações portuguesas e estrangeiras**

1 – São publicações portuguesas as editadas em qualquer parte do território português, independentemente da língua em que forem redigidas, sob marca e responsabilidade de editor português ou com nacionalidade de qualquer Estado membro da União Europeia, desde que tenha sede ou qualquer forma de representação permanente em território nacional.

2 – São publicações estrangeiras as editadas noutros países ou em Portugal sob marca e responsabilidade de empresa ou organismo oficial estrangeiro que não preencha os requisitos previstos no número anterior.

3 – As publicações estrangeiras difundidas em Portugal ficam sujeitas aos preceitos da presente lei, à excepção daqueles que, pela sua natureza, lhes não sejam aplicáveis.

ARTIGO 13.º – **Publicações doutrinárias e informativas**

1 – São publicações doutrinárias aquelas que, pelo conteúdo ou perspectiva de abordagem, visem predominantemente divulgar qualquer ideologia ou credo religioso.

2 – São informativas as que visem predominantemente a difusão de informações ou notícias.

3 – São publicações de informação geral as que tenham por objecto predominante a divulgação de notícias ou informações de carácter não especializado.

4 – São publicações de informação especializada as que se ocupem predominantemente de uma matéria, designadamente científica, literária, artística ou desportiva.

ARTIGO 14.º – **Publicações de âmbito nacional, regional e destinadas às comunidades portuguesas**

1 – São publicações de âmbito nacional as que, tratando predominantemente temas de interesse nacional ou internacional, se destinem a ser postas à venda na generalidade do território nacional.

2 – São publicações de âmbito regional as que, pelo seu conteúdo e distribuição, se destinem predominantemente às comunidades regionais e locais.

3 – São publicações destinadas às comunidades portuguesas no estrangeiro as que, sendo portuguesas nos termos do artigo 12.º, se ocupem predominantemente de assuntos a elas respeitantes.

SECÇÃO II – **Requisitos das publicações, estatuto editorial e depósito legal**

ARTIGO 15.º – **Requisitos**

1 – As publicações periódicas devem conter, na primeira página de cada edição, o título, a data, o período de tempo a que respeitam, o nome do director e o preço por unidade ou a menção da sua gratuitidade.

2 – As publicações periódicas devem conter ainda, em página predominantemente preenchida com materiais informativos, o número de registo do título, o nome, a firma ou denominação social do proprietário, o número de registo de pessoa colectiva, os nomes dos membros do conselho de administração ou de cargos similares e dos detentores com mais de 10% do capital da empresa, o domicílio ou a sede do editor, impressor e da redacção, bem como a tiragem.

3 – As publicações não periódicas devem conter a menção do autor, do editor, do número de exemplares da respectiva edição, do domicílio ou sede do impressor, bem como da data de impressão.

4 – Nas publicações periódicas que assumam a forma de revista não é obrigatória a menção do nome do director na primeira página.

ARTIGO 16.º – **Transparência da propriedade**

1 – Nas empresas jornalísticas detentoras de publicações periódicas constituídas sob a forma de sociedade anónima todas as acções devem ser nominativas.

2 – A relação dos detentores de participações sociais das empresas jornalísticas, a discriminação daquelas, bem como a indicação das publicações que àqueles pertençam, ou a outras entidades com as quais mantenham uma relação de grupo, devem ser, durante o mês de Abril, divulgadas em todas as publicações periódicas de que as empresas sejam proprietárias, nas condições referidas no n.º 2 do artigo anterior, e remetidas para a Alta Autoridade para a Comunicação Social.

3 – As empresas jornalísticas são obrigadas a inserir na publicação periódica de sua propriedade com a maior tiragem, até ao fim do 1.º semestre de cada ano, o relatório e contas de demonstração dos resultados líquidos, onde se evidencie a fonte dos movimentos financeiros derivados de capitais próprios ou alheios.

ARTIGO 17.º – **Estatuto editorial**

1 – As publicações periódicas informativas devem adoptar um estatuto editorial que defina claramente a sua orientação e os seus objectivos e inclua o compromisso de assegurar o respeito pelos princípios deontológicos e pela ética profissional dos jornalistas, assim como pela boa fé dos leitores.

2 – O estatuto editorial é elaborado pelo director e, após parecer do conselho de redacção, submetido à ratificação da entidade proprietária, devendo ser inserido na primeira página do primeiro número da publicação e remetido, nos 10 dias subsequentes, à Alta Autoridade para a Comunicação Social.

3 – Sem prejuízo do disposto no número anterior, o estatuto editorial é publicado, em cada ano civil, conjuntamente com o relatório e contas da entidade proprietária.

4 – As alterações introduzidas no estatuto editorial estão sujeitas a parecer prévio do conselho de redacção, devendo ser reproduzidas no primeiro número subsequente à sua ratificação pela entidade proprietária e enviadas, no prazo de 10 dias, à Alta Autoridade para a Comunicação Social.

ARTIGO 18.º – **Depósito legal**

1 – O regime de depósito legal constará de decreto regulamentar, no qual se especificarão as entidades às quais devem ser enviados exemplares das publicações, o número daqueles e o prazo de remessa.

2 – Independentemente do disposto no número anterior, será remetido ao Instituto da Comunicação Social um exemplar de cada edição de todas as publicações que beneficiem do sistema de incentivos do Estado à imprensa.

CAPÍTULO IV – **Organização das empresas jornalísticas**

Artigo 19.º – **Director das publicações periódicas**

1 – As publicações periódicas devem ter um director.

2 – A designação e a demissão do director são da competência da entidade proprietária da publicação, ouvido o conselho de redacção.

3 – O conselho de redacção emite parecer fundamentado, a comunicar à entidade proprietária no prazo de cinco dias a contar da recepção do respectivo pedido de emissão.

4 – A prévia audição do conselho de redacção é dispensada na nomeação do primeiro director da publicação e nas publicações doutrinárias.

Artigo 20.º – **Estatuto do director**

1 – Ao director compete:

a) Orientar, superintender e determinar o conteúdo da publicação;

b) Elaborar o estatuto editorial, nos termos do n.º 2 do artigo 17.º ;

c) Designar os jornalistas com funções de chefia e coordenação;

d) Presidir ao conselho de redacção;

e) Representar o periódico perante quaisquer autoridades em tudo quanto diga respeito a matérias da sua competência e às funções inerentes ao seu cargo.

2 – O director tem direito a:

a) Ser ouvido pela entidade proprietária em tudo o que disser respeito à gestão dos recursos humanos na área jornalística, assim como à oneração ou alienação dos imóveis onde funcionem serviços da redacção que dirige;

b) Ser informado sobre a situação económica e financeira da entidade proprietária e sobre a sua estratégia em termos editoriais.

Artigo 21.º – **Directores-adjuntos e subdirectores**

1 – Nas publicações com mais de cinco jornalistas o director pode ser coadjuvado por um ou mais directores-adjuntos ou subdirectores, que o substituem nas suas ausências ou impedimentos.

2 – Aos directores-adjuntos e subdirectores é aplicável o preceituado no artigo 19.º, com as necessárias adaptações.

Artigo 22.º – Direitos dos jornalistas

Constituem direitos fundamentais dos jornalistas, com o conteúdo e a extensão definidos na Constituição e no Estatuto do Jornalista:

a) A liberdade de expressão e de criação;
b) A liberdade de acesso às fontes de informação, incluindo o direito de acesso a locais públicos e respectiva protecção;
c) O direito ao sigilo profissional;
d) A garantia de independência e da cláusula de consciência;
e) O direito de participação na orientação do respectivo órgão de informação.

Artigo 23.º – Conselho de redacção e direito de participação dos jornalistas

1 – Nas publicações periódicas com mais de cinco jornalistas, estes elegem um conselho de redacção, por escrutínio secreto e segundo regulamento por eles aprovado.

2 – Compete ao conselho de redacção:

a) Pronunciar-se, nos termos dos artigos 19.º e 21.º, sobre a designação ou demissão, pela entidade proprietária, do director, do director-adjunto ou do subdirector da publicação;
b) Dar parecer sobre a elaboração e as alterações ao estatuto editorial, nos termos dos n.ºs 2 e 4 do artigo 17.º;
c) Pronunciar-se, a solicitação do director, sobre a conformidade de escritos ou imagens publicitários com a orientação editorial da publicação;
d) Cooperar com a direcção no exercício das competências previstas nas alíneas *a*), *b*) e *e*) do n.º 1 do artigo 20.º;
e) Pronunciar-se sobre todos os sectores da vida e da orgânica da publicação que se relacionem com o exercício da actividade dos jornalistas, em conformidade com o respectivo estatuto e código deontológico;
f) Pronunciar-se acerca da admissão e da responsabilidade disciplinar dos jornalistas profissionais, nomeadamente na apreciação de justa causa de despedimento, no prazo de cinco dias a contar da data em que o processo lhe seja entregue.

CAPÍTULO V – **Do direitos à informação**

SECÇÃO I – **Direitos de resposta e de rectificação**

ARTIGO 24.º – **Pressupostos dos direitos de resposta e de rectificação**

1 – Tem direito de resposta nas publicações periódicas qualquer pessoa singular ou colectiva, organização, serviço ou organismo público, bem como o titular de qualquer órgão ou responsável por estabelecimento público, que tiver sido objecto de referências, ainda que indirectas, que possam afectar a sua reputação e boa fama.

2 – As entidades referidas no número anterior têm direito de rectificação nas publicações periódicas sempre que tenham sido feitas referências de facto inverídicas ou erróneas que lhes digam respeito.

3 – O direito de resposta e o de rectificação podem ser exercidos tanto relativamente a textos como a imagens.

4 – O direito de resposta e o de rectificação ficam prejudicados se, com a concordância do interessado, o periódico tiver corrigido ou esclarecido o texto ou imagem em causa ou lhe tiver facultado outro meio de expor a sua posição.

5 – O direito de resposta e o de rectificação são independentes do procedimento criminal pelo facto da publicação, bem como do direito à indemnização pelos danos por ela causados.

ARTIGO 25.º – **Exercício dos direitos de resposta e de rectificação**

1 – O direito de resposta e o de rectificação devem ser exercidos pelo próprio titular, pelo seu representante legal ou pelos herdeiros, no período de 30 dias, se se tratar de diário ou semanário, e de 60 dias, no caso de publicação com menor frequência, a contar da inserção do escrito ou imagem.

2 – Os prazos do número anterior suspendem-se quando, por motivo de força maior, as pessoas nele referidas estiverem impedidas de fazer valer o direito cujo exercício estiver em causa.

3 – O texto da resposta ou da rectificação, se for caso disso, acompanhado de imagem, deve ser entregue, com assinatura e identificação do autor, e através de procedimento que comprove a sua recepção, ao director da publicação em causa, invocando expressamente o direito

Lei de Imprensa 101

de resposta ou o de rectificação ou as competentes disposições legais.

4 – O conteúdo da resposta ou da rectificação é limitado pela relação directa e útil com o escrito ou imagem respondidos, não podendo a sua extensão exceder 300 palavras ou a da parte do escrito que a provocou, se for superior, descontando a identificação, a assinatura e as fórmulas de estilo, nem conter expressões desproporcionadamente desprimorosas ou que envolvam responsabilidade criminal, a qual, neste caso, bem como a eventual responsabilidade civil, só ao autor da resposta ou da rectificação podem ser exigidas.

ARTIGO 26.º – **Publicação da resposta ou da rectificação**

1 – Se a resposta exceder os limites previstos no n.º 4 do artigo anterior, a parte restante é publicada, por remissão expressa, em local conveniente à paginação do periódico e mediante pagamento equivalente ao da publicidade comercial redigida, constante das tabelas do periódico, o qual será feito antecipadamente ou assegurado pelo envio da importância consignada bastante.

2 – A resposta ou a rectificação devem ser publicadas:

a) Dentro de dois dias a contar da recepção, se a publicação for diária;

b) No primeiro número impresso após o segundo dia posterior à recepção, tratando-se de publicação semanal;

c) No primeiro número distribuído após o 7.º dia posterior à recepção, no caso das demais publicações periódicas.

3 – A publicação é gratuita e feita na mesma secção, com o mesmo relevo e apresentação do escrito ou imagem que tiver provocado a resposta ou rectificação, de uma só vez, sem interpolações nem interrupções, devendo ser precedida da indicação de que se trata de direito de resposta ou rectificação.

4 – Quando a resposta se refira a texto ou imagem publicados na primeira página, ocupando menos de metade da sua superfície, pode ser inserida numa página ímpar interior, observados os demais requisitos do número antecedente, desde que se verifique a inserção na primeira página, no local da publicação do texto ou imagem que motivaram a resposta, de uma nota de chamada, com a devida saliência, anunciando

a publicação da resposta e o seu autor, bem como a respectiva página.

5 – A rectificação que se refira a texto ou imagem publicados na primeira página pode, em qualquer caso, cumpridos os restantes requisitos do n.° 3, ser inserida em página ímpar interior.

6 – No mesmo número em que for publicada a resposta ou a rectificação só é permitido à direcção do periódico fazer inserir uma breve anotação à mesma, da sua autoria, com o estrito fim de apontar qualquer inexactidão ou erro de facto contidos na resposta ou na rectificação, a qual pode originar nova resposta ou rectificação, nos termos dos n.os 1 e 2 do artigo 24.°

7 – Quando a resposta ou a rectificação forem intempestivas, provierem de pessoa sem legitimidade, carecerem manifestamente de todo e qualquer fundamento ou contrariarem o disposto no n.° 4 do artigo anterior, o director do periódico, ou quem o substitua, ouvido o conselho de redacção, pode recusar a sua publicação, informando o interessado, por escrito, acerca da recusa e do seu fundamento, nos 3 ou 10 dias seguintes à recepção da resposta ou da rectificação, tratando-se respectivamente de publicações diárias ou semanais ou de periodicidade superior.

8 – No caso de, por sentença com trânsito em julgado, vir a provar--se a falsidade do conteúdo da resposta ou da rectificação e a veracidade do escrito que lhes deu origem, o autor da resposta ou da rectificação pagará o espaço com ela ocupado pelo preço igual ao triplo da tabela de publicidade do periódico em causa, independentemente da responsabilidade civil que ao caso couber.

Artigo 27.° – **Efectivação coerciva do direito de resposta e de rectificação**

1 – No caso de o direito de resposta ou de rectificação não ter sido satisfeito ou haver sido infundadamente recusado, pode o interessado, no prazo de 10 dias, recorrer ao tribunal judicial do seu domicílio para que ordene a publicação, e para a Alta Autoridade para a Comunicação Social nos termos da legislação especificamente aplicável.

2 – Requerida a notificação judicial do director do periódico que não tenha dado satisfação ao direito de resposta ou de rectificação, é o mesmo imediatamente notificado por via postal para contestar no prazo de dois dias, após o que será proferida em igual prazo a decisão, da qual há recurso com efeito meramente devolutivo.

Lei de Imprensa   103

3 – Só é admitida prova documental, sendo todos os documentos juntos com o requerimento inicial e com a contestação.

4 – No caso de procedência do pedido, o periódico em causa publica a resposta ou rectificação nos prazos do n.° 2 do artigo 26.° , acompanhada da menção de que a publicação é efectuada por efeito de decisão judicial ou por deliberação da Alta Autoridade para a Comunicação Social.

SECÇÃO II – Publicidade

Artigo 28.° – **Publicidade**

1 – A difusão de materiais publicitários através da imprensa fica sujeita ao disposto na presente lei e demais legislação aplicável.

2 – Toda a publicidade redigida ou a publicidade gráfica, que como tal não seja imediatamente identificável, deve ser identificada através da palavra «Publicidade» ou das letras «PUB», em caixa alta, no início do anúncio, contendo ainda, quando tal não for evidente, o nome do anunciante.

3 – Considera-se publicidade redigida e publicidade gráfica todo o texto ou imagem cuja inserção tenha sido paga, ainda que sem cumprimento da tabela de publicidade do respectivo periódico.

CAPÍTULO VI – Formas de responsabilidade

Artigo 29.° – **Responsabilidade civil**

1 – Na determinação das formas de efectivação da responsabilidade civil emergente de factos cometidos por meio da imprensa observam-se os princípios gerais.

2 – No caso de escrito ou imagem inseridos numa publicação periódica com conhecimento e sem oposição do director ou seu substituto legal, as empresas jornalísticas são solidariamente responsáveis com o autor pelos danos que tiverem causado.

Artigo 30.° – **Crimes cometidos através da imprensa**

1 – A publicação de textos ou imagens através da imprensa que ofenda bens jurídicos penalmente protegidos é punida nos termos gerais,

sem prejuízo do disposto na presente lei, sendo a sua apreciação da competência dos tribunais judiciais.

2 – Sempre que a lei não cominar agravação diversa, em razão do meio de comissão, os crimes cometidos através da imprensa são punidos com as penas previstas na respectiva norma incriminatória, elevadas de um terço nos seus limites mínimo e máximo.

ARTIGO 31.° – **Autoria e comparticipação**

1 – Sem prejuízo do disposto na lei penal, a autoria dos crimes cometidos através da imprensa cabe a quem tiver criado o texto ou a imagem cuja publicação constitua ofensa dos bens jurídicos protegidos pelas disposições incriminadoras.

2 – Nos casos de publicação não consentida, é autor do crime quem a tiver promovido.

3 – O director, o director-adjunto, o subdirector ou quem concretamente os substitua, assim como o editor, no caso de publicações não periódicas, que não se oponha, através da acção adequada, à comissão de crime através da imprensa, podendo fazê-lo, é punido com as penas cominadas nos correspondentes tipos legais, reduzidas de um terço nos seus limites.

4 – Tratando-se de declarações correctamente reproduzidas, prestadas por pessoas devidamente identificadas, só estas podem ser responsabilizadas, a menos que o seu teor constitua instigação à prática de um crime.

5 – O regime previsto no número anterior aplica-se igualmente em relação aos artigos de opinião, desde que o seu autor esteja devidamente identificado.

6 – São isentos de responsabilidade criminal todos aqueles que, no exercício da sua profissão, tiveram intervenção meramente técnica, subordinada ou rotineira no processo de elaboração ou difusão da publicação contendo o escrito ou imagem controvertidos.

ARTIGO 32.° – **Desobediência qualificada**

Constituem crimes de desobediência qualificada:

a) O não acatamento, pelo director do periódico ou seu substituto, de decisão judicial ou de deliberação da Alta Autoridade para a Comunicação Social que ordene a publicação de resposta ou rectificação, ao abrigo do disposto no artigo 27.°;

b) A recusa, pelos mesmos, da publicação de decisões a que se refere o artigo 34.° ;

c) A edição, distribuição ou venda de publicações suspensas ou apreendidas por decisão judicial.

Artigo 33.° – **Atentado à liberdade de imprensa**

1 – É punido com pena de prisão de 3 meses a 2 anos ou multa de 25 a 100 dias aquele que, fora dos casos previstos na lei e com o intuito de atentar contra a liberdade de imprensa:

a) Impedir ou perturbar a composição, impressão, distribuição e livre circulação de publicações;

b) Apreender quaisquer publicações;

c) Apreender ou danificar quaisquer materiais necessários ao exercício da actividade jornalística.

2 – Se o infractor for agente do Estado ou de pessoa colectiva pública e agir nessa qualidade, é punido com prisão de 3 meses a 3 anos ou multa de 30 a 150 dias, se pena mais grave lhe não couber nos termos da lei penal.

Artigo 34.° – **Publicação das decisões**

1 – As sentenças condenatórias por crimes cometidos através da imprensa são, quando o ofendido o requeira, no prazo de cinco dias após o trânsito em julgado, obrigatoriamente publicadas no próprio periódico, por extracto, do qual devem constar apenas os factos provados relativos à infracção cometida, a identidade dos ofendidos e dos condenados, as sanções aplicadas e as indemnizações fixadas.

2 – A publicação tem lugar dentro do prazo de três dias a contar da notificação judicial, quando se trate de publicações diárias, e num dos dois primeiros números seguintes, quando a periodicidade for superior, sendo aplicável o disposto no n.° 3 do artigo 26.°

3 – Se a publicação em causa tiver deixado de se publicar, a decisão condenatória é inserta, a expensas dos responsáveis, numa das publicações periódicas de maior circulação da localidade, ou da localidade mais próxima, se naquela não existir outra publicação periódica.

4 – O disposto nos números anteriores é aplicável, com as devidas adaptações, às sentenças condenatórias proferidas em acções de efectivação de responsabilidade civil.

ARTIGO 35.º – **Contra-ordenações**

1 – Constitui contra-ordenação, punível com coima:

a) De 100 000$ a 500 000$, a inobservância do disposto nos n.os 2 e 3 do artigo 15.º, no artigo 16.º, no n.º 2 do artigo 18.º, nos n.os 2 e 3 do artigo 19.º e no n.º 1 do artigo 26.º;

b) De 200 000$ a 1 000 000$, a inobservância do disposto nos n.os 2 a 6 do artigo 26.º, no n.º 2 do artigo 28.º, bem como a redacção, impressão ou difusão de publicações que não contenham os requisitos exigidos pelo n.º 1 do artigo 15.º;

c) De 500 000$ a 1 000 000$, a inobservância do disposto no artigo 17.º;

d) De 500 000$ a 3 000 000$, a não satisfação ou recusa infundadas do direito de resposta ou de rectificação, bem como a violação do disposto no n.º 4 do artigo 27.º e no artigo 34.º

2 – Tratando-se de pessoas singulares, os montantes mínimos e máximos constantes do número anterior são reduzidos para metade.

3 – As publicações que não contenham os requisitos exigidos pelo n.º 1 do artigo 15.º podem ser objecto de medida cautelar de apreensão, nos termos do artigo 48.º-A do Decreto-Lei n.º 433/82, de 27 de Outubro, na redacção que lhe foi dada pelo Decreto-Lei n.º 244/95, de 14 de Setembro.

4 – Pelas contra-ordenações previstas no presente diploma respondem as entidades proprietárias das publicações que deram causa à infracção.

5 – No caso previsto na parte final da alínea b) do n.º 1, e não sendo possível determinar a entidade proprietária, responde quem tiver intervindo na redacção, impressão ou difusão das referidas publicações.

6 – A tentativa e a negligência são puníveis.

7 – No caso de comportamento negligente, os limites mínimos e máximos das coimas aplicáveis são reduzidos para metade.

ARTIGO 36.º – **Processamento das contra-ordenações e aplicação das coimas**

1 – O processamento das contra-ordenações compete à entidade responsável pela sua aplicação.

2 – A aplicação das coimas previstas no presente diploma compete à Alta Autoridade para a Comunicação Social, excepto as relativas à viola-

ção do disposto no n.º 2 do artigo 5.º, no artigo 15.º e no n.º 2 do artigo 18.º, que cabe ao Instituto da Comunicação Social.

3 – As receitas das coimas referidas na segunda parte do número anterior revertem em 40% para o Instituto da Comunicação Social e em 60% para o Estado.

CAPÍTULO VII – **Disposições especiais de processo**

ARTIGO 37.º – **Forma do processo**

O procedimento por crimes de imprensa rege-se pelas disposições do Código de Processo Penal e da legislação complementar, em tudo o que não estiver especialmente previsto na presente lei.

ARTIGO 38.º – **Competência territorial**

1 – Para conhecer dos crimes de imprensa é competente o tribunal da comarca da sede da pessoa colectiva proprietária da publicação.

2 – Se a publicação for propriedade de pessoa singular, é competente o tribunal da comarca onde a mesma tiver o seu domicílio.

3 – Tratando-se de publicação estrangeira importada, o tribunal competente é o da sede ou domicílio da entidade importadora ou o da sua representante em Portugal.

4 – Tratando-se de publicações que não cumpram os requisitos exigidos pelo n.º 1 do artigo 15.º, e não sendo conhecido o elemento definidor de competência nos termos dos números anteriores, é competente o tribunal da comarca onde forem encontradas.

5 – Para conhecer dos crimes de difamação ou de injúria é competente o tribunal da comarca do domicílio do ofendido.

ARTIGO 39.º – **Identificação do autor do escrito**

1 – Instaurado o procedimento criminal, se o autor do escrito ou imagem for desconhecido, o Ministério Público ordena a notificação do director para, no prazo de cinco dias, declarar no inquérito qual a identidade do autor do escrito ou imagem.

2 – Se o notificado nada disser, incorre no crime de desobediência qualificada e, se declarar falsamente desconhecer a identidade ou indicar como autor do escrito ou imagem quem se provar que o não foi, incorre

108 *Direitos, Liberdades e Garantias em Especial*

nas penas previstas no n.º 1 do artigo 360.º do Código Penal, sem prejuízo de procedimento por denúncia caluniosa.

ARTIGO 40.º – **Norma revogatória**

São revogados:

a) O Decreto-Lei n.º 85-C/75, de 26 de Fevereiro;
b) O Decreto-Lei n.º 181/76, de 9 de Março;
c) O Decreto-Lei n.º 645/76, de 30 de Julho;
d) O Decreto-Lei n.º 377/88, de 24 de Outubro;
e) A Lei n.º 15/95, de 25 de Maio;
f) A Lei n.º 8/96, de 14 de Março.

Aprovada em 17 de Dezembro de 1998.

O Presidente da Assembleia da República, *António de Almeida Santos.*

Promulgada em 5 de Janeiro de 1999.

Publique-se.

O Presidente da República, JORGE SAMPAIO.

Referendada em 6 de Janeiro de 1999.

O Primeiro-Ministro, *António Manuel de Oliveira Guterres.*

c) Lei da Rádio

Lei n.° 4/2001, de 23 de Fevereiro[7]

Lei da Rádio

A Assembleia da República decreta, nos termos da alínea *c*) do artigo 161.° da Constituição, para valer como lei geral da República, o seguinte:

CAPÍTULO I – Disposições gerais

ARTIGO 1.° – **Objecto**

A presente lei tem por objecto regular o acesso à actividade de radiodifusão sonora e o seu exercício no território nacional.

ARTIGO 2.° – **Definições**

1 – Para efeitos da presente lei entende-se por:

a) Radiodifusão, a transmissão unilateral de comunicações sonoras, por meio de ondas radioeléctricas ou de qualquer outra forma apropriada, destinada à recepção pelo público em geral;

b) Operador radiofónico, a pessoa colectiva legalmente habilitada para o exercício da actividade de radiodifusão;

c) Serviço de programas, o conjunto dos elementos da programação, sequencial e unitário, fornecido por um operador radiofónico e como tal identificado no título emitido na sequência de um processo administrativo de licenciamento ou de autorização;

---

[7] Alterada pela Lei n.° 33/2003, de 22 de Agosto.

110   *Direitos, Liberdades e Garantias em Especial*

d) Serviço de programas generalista, o serviço de programas que apresente um modelo de programação universal, abarcando diversas espécies de conteúdos radiofónicos;

e) Serviço de programas temático, o serviço de programas que apresente um modelo de programação centrado num determinado conteúdo, musical, informativo ou outro;

f) Programação própria, a que é produzida no estabelecimento e com os recursos técnicos e humanos afectos ao serviço de programas a que corresponde determinada licença ou autorização, e especificamente dirigida aos ouvintes da sua área geográfica de cobertura;

g) Emissão em cadeia, a transmissão, simultânea ou diferida, total ou parcial, de um mesmo serviço de programas por mais de um operador licenciado ou autorizado para o exercício da actividade de radiodifusão.

2 – Exceptua-se do disposto na alínea *a*) do número anterior:

a) A transmissão pontual de comunicações sonoras, através de dispositivos técnicos instalados nas imediações dos locais de ocorrência de eventos a que respeitem e tendo por alvo o público aí concentrado, desde que não envolvam a utilização do espectro radioeléctrico;

b) As transmissões através da Internet.

3 – Exceptuam-se do disposto na alínea *f*) do n.º 1 as emissões de carácter publicitário ou meramente repetitivas.

Artigo 3.º – **Exercício da actividade de radiodifusão**

1 – A actividade de radiodifusão apenas pode ser prosseguida por entidades que revistam a forma jurídica de pessoa colectiva e tenham por objecto principal o seu exercício, nos termos da presente lei.

2 – O exercício da actividade de radiodifusão só é permitido mediante a atribuição de licença ou de autorização, conferidas nos termos da presente lei, salvaguardados os direitos já adquiridos por operadores devidamente habilitados.

3 – As frequências a utilizar pela empresa concessionária do serviço público de radiodifusão são atribuídas por despacho conjunto dos mem-

bros do Governo responsáveis pelas áreas da comunicação social e das comunicações.

4 – As autorizações para o fornecimento de novos serviços de programas pela concessionária do serviço público são atribuídas por despacho do membro do Governo responsável pela área da comunicação social.

5 – Os operadores radiofónicos com serviços de programas de âmbito local devem produzir e difundir as respectivas emissões a partir do estabelecimento a que corresponde a licença ou autorização.

Artigo 4.º – **Tipologia dos serviços de programas de radiodifusão**

1 – Quanto ao nível da cobertura, os serviços de programas podem ser de âmbito nacional, regional ou local, consoante abranjam, com o mesmo sinal recomendado, respectivamente:

a) A generalidade do território nacional;
b) Um conjunto de distritos no continente ou um conjunto de ilhas nas Regiões Autónomas, ou uma ilha com vários municípios;
c) Um município e eventuais áreas limítrofes, de acordo com as exigências técnicas à necessária cobertura daquele.

2 – Quanto ao conteúdo da programação, os serviços de programas podem ser generalistas ou temáticos.

3 – A classificação dos serviços de programas quanto ao nível de cobertura e conteúdo da programação compete à Alta Autoridade para a Comunicação Social (AACS).

Artigo 5.º – **Serviços de programas universitários**

1 – As frequências disponíveis para o exercício da actividade de radiodifusão de âmbito local podem ser reservadas para a prestação de serviços de programas vocacionados para as populações universitárias, através de despacho conjunto dos membros do Governo responsáveis pelas áreas da comunicação social, das comunicações e da educação.

2 – O diploma referido no número anterior abrirá concurso público a que apenas podem candidatar-se entidades participadas por instituições do ensino superior e associações de estudantes da área geográfica correspondente às frequências a atribuir, devendo conter o respectivo regulamento.

3 – Havendo lugar a selecção de projectos apresentados ao mesmo concurso, a AACS terá em conta, para efeitos de graduação das candida-

turas, a diversidade e a criatividade do projecto, a promoção do experimentalismo e da formação de novos valores, a capacidade de contribuir para o debate de ideias e de conhecimentos, bem como a de fomentar a aproximação entre a vida académica e a população local, e ainda a cooperação institucional alcançada pelas entidades signatárias do projecto.

4 – Os serviços de programas a que se refere o presente artigo não podem incluir qualquer forma de publicidade comercial, incluindo patrocínios.

5 – Os serviços de programas licenciados ao abrigo deste artigo não são abrangidos pelo artigo 42.º e apenas podem transmitir programação própria, sendo-lhes em tudo o mais aplicável o disposto na presente lei para os serviços de programas temáticos de âmbito local.

ARTIGO 6.º – **Restrições**

A actividade de radiodifusão não pode ser exercida ou financiada por partidos ou associações políticas, autarquias locais, organizações sindicais, patronais ou profissionais, directa ou indirectamente através de entidades em que detenham capital ou por si subsidiadas.

ARTIGO 7.º – **Concorrência e concentração**

1 – É aplicável aos operadores radiofónicos o regime geral de defesa e promoção da concorrência, nomeadamente no que respeita às práticas proibidas, em especial o abuso de posição dominante, e à concentração de empresas, com as especialidades previstas na presente lei.

2 – As operações de concentração entre operadores radiofónicos, sejam horizontais ou verticais, seguem ainda o disposto no artigo 18.º, devendo a AACS, sem prejuízo da aplicação dos critérios de ponderação aí definidos, recusar a sua realização quando coloquem manifestamente em causa a livre expressão e confronto das diversas correntes de opinião.

3 – Cada pessoa singular ou colectiva só pode deter participação, no máximo, em cinco operadores de radiodifusão.

4 – Não são permitidas, no mesmo município, participações superiores a 25% no capital social de mais de um operador radiofónico com serviços de programas de âmbito local.

ARTIGO 8.º – **Transparência da propriedade**

1 – As acções constitutivas do capital social dos operadores radiofó-

nicos que revistam a forma de sociedade anónima têm obrigatoriamente natureza nominativa.

2 – As alterações ao capital social dos operadores que revistam forma societária devem ser comunicadas à AACS, no prazo de 30 dias, pelo notário que efectivou a correspondente escritura pública.

Artigo 9.º – **Fins da actividade de radiodifusão**

1 – Constituem fins dos serviços de programas generalistas de radiodifusão, no quadro dos princípios constitucionais vigentes:

a) Promover o exercício do direito de informar e de ser informado, com rigor e independência, sem impedimentos nem discriminações;

b) Contribuir para o pluralismo político, social e cultural;

c) Contribuir para a formação do público, favorecendo o reconhecimento da cidadania enquanto valor essencial à democracia;

d) Promover a cultura e a língua portuguesa e os valores que exprimem a identidade nacional.

2 – Constitui ainda fim específico dos serviços de programas generalistas de âmbito local a produção e difusão de uma programação destinada especificamente à audiência do espaço geográfico a que corresponde a licença ou autorização.

3 – Os serviços de programas temáticos têm como finalidade contribuir, através do modelo adoptado, para a diversidade da oferta radiofónica na respectiva área de cobertura.

Artigo 10.º – **Serviço público**

O Estado assegura a existência e o funcionamento de um serviço público de radiodifusão, em regime de concessão, nos termos do capítulo IV.

Artigo 11.º – **Incentivos do Estado**

Tendo em vista assegurar a possibilidade de expressão e confronto das diversas correntes de opinião, o Estado organiza um sistema de incentivos não discriminatórios de apoio à radiodifusão sonora local, baseado em critérios gerais e objectivos, determinados em lei específica.

ARTIGO 12.º – **Registo**

1 – Compete ao Instituto da Comunicação Social (ICS) organizar um registo dos operadores radiofónicos e dos respectivos títulos de habilitação para o exercício da actividade de radiodifusão, bem como dos titulares do capital social, quando os operadores revistam forma societária, nos termos fixados em decreto regulamentar.

2 – Os operadores radiofónicos estão obrigados a comunicar ao ICS os elementos necessários para efeitos de registo, bem como a proceder à sua actualização, nos termos previstos no diploma referido no número anterior.

3 – O ICS pode, a qualquer momento, efectuar auditorias para fiscalização e controlo dos elementos fornecidos pelos operadores radiofónicos.

ARTIGO 13.º – **Normas técnicas**

1 – A definição das condições técnicas do exercício da actividade de radiodifusão e dos equipamentos a utilizar, dos termos e prazos da atribuição das necessárias licenças radioeléctricas e dos montantes das respectivas taxas constam de diploma regulamentar.

2 – O diploma referido no número anterior fixa os termos em que, havendo necessidade de melhorar a qualidade técnica de cobertura dos serviços de programas licenciados, é possível solicitar a utilização de estações retransmissoras e a localização da respectiva estação emissora fora do município cuja área pretende cobrir.

CAPÍTULO II – **Acesso à actividade**

SECÇÃO I – **Regras comuns**

ARTIGO 14.º – **Modalidades de acesso**

1 – O acesso à actividade de radiodifusão é objecto de licenciamento, mediante concurso público ou de autorização, consoante os serviços de programas a fornecer utilizem ou não o espectro hertziano terrestre.

2 – As licenças ou autorizações para emissão são individualizadas de acordo com o número de serviços de programas a fornecer por cada operador.

Lei da Rádio 115

3 – As licenças e as autorizações são intransmissíveis.

4 – Exceptua-se do n.° 1 o serviço público de radiodifusão nos termos previstos no capítulo IV.

Artigo 15.° – **Emissão das licenças e autorizações**

1 – Compete à AACS atribuir as licenças e as autorizações para o exercício da actividade de radiodifusão, de acordo com o n.° 2 do artigo anterior, bem como proceder às correspondentes renovações.

2 – O título de habilitação para o exercício da actividade contém, designadamente, a denominação e o tipo do serviço de programas a que respeita, a identificação e sede do titular, bem como a área de cobertura e, se for o caso, as frequências e potência autorizadas.

3 – O modelo do título a que se refere o número anterior é aprovado por despacho conjunto dos membros do Governo responsáveis pelas áreas da comunicação social e das comunicações.

Artigo 16.° – **Instrução dos processos**

1 – Os processos de licenciamento ou autorização são instruídos pelo ICS, que promoverá, para o efeito, a recolha dos necessários pareceres do Instituto das Comunicações de Portugal (ICP), no que respeita às condições técnicas da candidatura.

2 – Os processos que não preencham as condições legais e regulamentares de candidatura não são aceites, sendo a respectiva recusa objecto de despacho do membro do Governo responsável pela área da comunicação social.

3 – O ICS submete os processos à apreciação da AACS no prazo de 45 dias após o termo do prazo de apresentação das candidaturas ou após o saneamento dos processos, ou no prazo de 7 dias após a recepção e saneamento, consoante se trate, respectivamente, de licenciamento ou de autorização de serviços de programas.

4 – A AACS delibera no prazo de 60 ou de 15 dias, consoante se trate, respectivamente, de licenciamento ou de autorização de serviços de programas.

Artigo 17.° – **Prazos**

1 – As licenças e autorizações são emitidas pelo prazo de 10 anos, renováveis por iguais períodos, mediante solicitação, com seis meses de

116   *Direitos, Liberdades e Garantias em Especial*

antecedência, do respectivo titular, devendo a correspondente decisão ser proferida no prazo de três meses a contar da data da apresentação do pedido.

2 – No caso de a AACS não se pronunciar no prazo de três meses, considera-se o pedido de renovação tacitamente aprovado.

Artigo 18.° – **Alterações subjectivas**

1 – A realização de negócios jurídicos que envolvam a alteração do controlo de empresa detentora de habilitação legal para o exercício da actividade de radiodifusão só pode ocorrer três anos depois da atribuição original da licença, ou um ano após a última renovação, e deve ser sujeita à aprovação prévia da AACS.

2 – A AACS decide no prazo de 30 dias, após verificação e ponderação das condições iniciais que foram determinantes para a atribuição do título e dos interesses do auditório potencial dos serviços de programas fornecidos, garantindo a salvaguarda das condições que a habilitaram a decidir sobre o projecto original ou sobre as alterações subsequentes.

3 – Para efeitos do n.° 1, considera-se existir controlo da empresa quando se verifique a possibilidade do exercício, isolado ou conjunto, e tendo em conta as circunstâncias de facto e de direito, de uma influência determinante sobre a sua actividade, designadamente através da existência de direitos de disposição sobre qualquer parte dos respectivos activos ou que confiram o poder de determinar a composição ou decisões dos órgãos da empresa.

4 – O regime estabelecido nos números anteriores é aplicável, com as necessárias adaptações, à fusão de cooperativas, devendo a AACS, caso estejam reunidos os pressupostos para a realização da operação, promover as respectivas alterações ao título de habilitação para o exercício da actividade.

Artigo 19.° – **Observância do projecto aprovado**

1 – O operador radiofónico está obrigado ao cumprimento das condições e termos do serviço de programas licenciado ou autorizado.

2 – A modificação do serviço de programas só pode ocorrer um ano após a atribuição de licença ou autorização e está sujeita a aprovação da AACS.

3 – O pedido de modificação deve ser fundamentado tendo em conta,

Lei da Rádio 117

nomeadamente, a evolução do mercado e as implicações para a audiência potencial do serviço de programas em questão.

4 – No caso de a AACS não se pronunciar no prazo de 90 dias, considera-se a modificação tacitamente aprovada.

ARTIGO 20.º – **Extinção e suspensão**

1 – As licenças e as autorizações extinguem-se pelo decurso do prazo pelo qual foram atribuídas ou por revogação, podendo ainda ser suspensas nos termos do artigo 69.º

2 – A revogação das licenças ou autorizações é da competência da AACS e ocorre nos casos previstos no artigo 70.º

ARTIGO 21.º – **Regulamentação**

O Governo aprovará a regulamentação aplicável ao licenciamento e à autorização de serviços de programas de radiodifusão e respectiva renovação, que fixará a documentação exigível e o valor das cauções e taxas aplicáveis.

SECÇÃO II – **Radiodifusão digital terrestre**

Artigo 22.º – **Emissões digitais**

As licenças detidas pelos operadores de radiodifusão analógica constituem habilitação bastante para o exercício da respectiva actividade por via hertziana digital terrestre, nos termos a definir em legislação específica.

SECÇÃO III – **Radiodifusão analógica**

SUBSECÇÃO I – **Ondas radioeléctricas**

ARTIGO 23.º – **Radiodifusão em ondas quilométricas e decamétricas**

1 – A actividade de radiodifusão em ondas quilométricas (ondas longas) e decamétricas (ondas curtas) é assegurada pela concessionária do serviço público de radiodifusão, sem prejuízo dos actuais operadores concessionários ou devidamente licenciados.

2 – Excepcionalmente, e por razões de interesse público, a actividade a que se refere o número anterior pode ser exercida por outras entidades, mediante contrato de concessão a autorizar por resolução do Conselho de Ministros.

ARTIGO 24.º – **Radiodifusão em ondas hectométricas e métricas**

A actividade de radiodifusão em ondas hectométricas (ondas médias – amplitude modulada) e métricas (ondas muito curtas – frequência modulada) pode ser prosseguida por qualquer operador, nos termos do n.º 1 do artigo 3.º

SUBSECÇÃO II – **Concurso público**

ARTIGO 25.º – **Abertura do concurso**

1 – As licenças para o exercício da actividade de radiodifusão são atribuídas por concurso público.

2 – O concurso público é aberto, após audição da AACS, por despacho conjunto dos membros do Governo responsáveis pelas áreas da comunicação social e das comunicações, o qual deve conter o respectivo objecto e regulamento.

ARTIGO 26.º – **Apresentação de candidaturas**

1 – Os requerimentos para atribuição de licenças para o exercício da actividade de radiodifusão são dirigidos à AACS e entregues, para instrução, no ICS, no prazo fixado no despacho de abertura do concurso público.

2 – Para além de outros documentos exigidos no regulamento do concurso, os requerentes devem apresentar uma descrição detalhada dos meios técnicos e humanos afectos ao projecto e da actividade que se propõem desenvolver.

ARTIGO 27.º – **Limites à classificação**

1 – Em cada um dos municípios que integram as áreas metropolitanas de Lisboa e do Porto existirá, pelo menos, uma frequência afecta a um serviço de programas de âmbito local e de conteúdo generalista.

2 – Fora das áreas metropolitanas de Lisboa e do Porto, os serviços de programas de âmbito local difundidos por via hertziana terrestre apenas

podem ser classificados como temáticos se, no respectivo município, pelo menos duas frequências estiverem afectas a serviços de programas generalistas.

ARTIGO 28.º – **Preferência na atribuição de licenças**

Havendo lugar, para atribuição de licenças, à selecção de projectos apresentados ao mesmo concurso, a AACS terá em conta, para efeitos de graduação de candidaturas:

a) A qualidade do projecto de exploração, aferida em função da ponderação global das linhas gerais de programação, da sua correspondência com a realidade sócio-cultural a que se destina, do estatuto editorial e do número de horas dedicadas à informação de âmbito equivalente ao da área de cobertura pretendida;

b) A criatividade e diversidade do projecto;

c) O menor número de licenças detidas pelo mesmo operador para o exercício da actividade;

d) O maior número de horas destinadas à emissão de música portuguesa.

ARTIGO 29.º – **Início das emissões**

1 – As emissões devem iniciar-se no prazo de seis meses após a data da publicação no *Diário da República* da deliberação de atribuição da respectiva licença.

2 – Os operadores de radiodifusão com serviços de programas de cobertura nacional ficam obrigados a garantir, no prazo de três anos sobre a data de atribuição das respectivas licenças, a cobertura de 75% do correspondente espaço territorial, devendo o restante ser assegurado no prazo de cinco anos.

ARTIGO 30.º – **Associação de serviços de programas temáticos**

Os serviços de programas temáticos que obedeçam a um mesmo modelo específico podem associar-se entre si, até ao limite máximo de quatro, para a difusão simultânea da respectiva programação, não podendo entre os emissores de cada um deles mediar uma distância inferior a 100 km.

SUBSECÇÃO III – Conversão de serviços de programas

ARTIGO 31.º – Alteração da classificação

1 – Os operadores radiofónicos cujos serviços de programas tenham sido classificados como temáticos podem solicitar, um ano após a respectiva classificação, a sua alteração para generalistas, mediante requerimento dirigido à AACS e entregue no ICS.

2 – O ICS notifica os operadores cujos serviços de programas tenham idêntica cobertura na área geográfica servida pelo requerente para que se pronunciem, no prazo de 30 dias, quanto à pretensão de igualmente alterar a classificação dos respectivos serviços de programas, para o que poderão proceder à necessária candidatura no prazo de 60 dias a contar da mesma data.

Artigo 32.º – Processo

1 – O requerimento a que se refere o n.º 1 do artigo anterior deve conter a fundamentação do projecto com a indicação dos objectivos a atingir, a descrição detalhada das linhas gerais da programação a apresentar e a indicação dos recursos humanos e dos equipamentos a utilizar.

2 – Os processos são remetidos, para decisão, à AACS, nos 15 dias seguintes ao termo do prazo na circunstância aplicável, de entre os referidos no n.º 2 do artigo anterior.

3 – Caso as candidaturas excedam o número admissível de serviços de programas temáticos nos termos do artigo 27.º, serão hierarquizadas de acordo com os seguintes critérios de preferência:

a) Maior percentagem de tempo destinada a programas de índole informativa;

b) Maior percentagem de programação própria, tal como definida na alínea g) do artigo 2.º;

c) Adequação do projecto às populações que visa servir;

d) Recursos humanos envolvidos.

4 – A AACS decide no prazo de 30 dias após a recepção dos processos.

Lei da Rádio

SECÇÃO IV – Actividade de radiodifusão via satélite e por cabo

ARTIGO 33.º – **Autorização**

1 – A concessão de autorizações para o exercício da actividade de radiodifusão via satélite ou por cabo depende da verificação da qualidade técnica do projecto.

2 – O pedido de autorização deve ser acompanhado, para além dos documentos indicados no diploma a que se refere o artigo 21.º, dos elementos enunciados no n.º 2 do artigo 26.º

3 – O estabelecimento de redes próprias de transporte e distribuição do sinal de radiodifusão por cabo ou por satélite obedece, respectivamente, ao disposto nos Decretos-Leis n.ºs 241/97, de 18 de Setembro, e 381-A/97, de 31 de Dezembro.

CAPÍTULO III – Programação

SECÇÃO I – Liberdade de programação e de informação

ARTIGO 34.º – **Autonomia dos operadores**

1 – A liberdade de expressão do pensamento, através da actividade de radiodifusão, integra o direito fundamental dos cidadãos a uma informação livre e pluralista, essencial à democracia e ao desenvolvimento social e económico do País.

2 – Salvo os casos previstos na presente lei, o exercício da actividade de radiodifusão assenta na liberdade de programação, não podendo a Administração Pública ou qualquer órgão de soberania, com excepção dos tribunais, impedir, condicionar ou impor a difusão de quaisquer programas.

ARTIGO 35.º – **Limites à liberdade de programação**

1 – Não é permitida qualquer emissão que atente contra a dignidade da pessoa humana, viole direitos, liberdades e garantias fundamentais ou incite à prática de crimes.

2 – É vedada aos operadores radiofónicos a cedência, a qualquer título, de espaços de propaganda política, sem prejuízo do disposto na presente lei em matéria de direito de antena.

122 Direitos, Liberdades e Garantias em Especial

ARTIGO 36.°– **Direito à informação**

1 – O acesso a locais abertos ao público para fins de cobertura jornalística rege-se pelo disposto no Estatuto do Jornalista.

2 – A cobertura informativa de quaisquer eventos através da actividade de radiodifusão está sujeita às normas legais aplicáveis em matéria de direitos de autor e conexos, incluindo as relativas à utilização livre das obras ou prestações protegidas.

3 – Os titulares de direitos decorrentes da organização de espectáculos ou outros eventos públicos não podem opor-se à transmissão radiofónica de breves extractos que se destinem a informar sobre o conteúdo essencial dos acontecimentos em questão.

4 – O exercício do direito à informação sobre acontecimentos desportivos, nomeadamente através do seu relato ou comentário radiofónico, não pode ser limitado ou condicionado pela exigência de quaisquer contrapartidas financeiras, salvo as que se destinem a suportar os custos resultantes da disponibilização de meios técnicos ou humanos para o efeito requeridos.

5 – O disposto no número anterior aplica-se aos operadores radiofónicos licenciados ou autorizados por direito estrangeiro, desde que igual tratamento seja conferido aos operadores nacionais pela legislação ou autoridades a que estejam sujeitos, em acontecimentos desportivos de natureza semelhante.

SECÇÃO II – **Obrigações dos operadores**

ARTIGO 37.° – **Responsável pelo conteúdo das emissões**

Cada serviço de programas deve ter um responsável pela orientação e supervisão do conteúdo das emissões.

ARTIGO 38.° – **Estatuto editorial**

1 – Cada serviço de programas deve adoptar um estatuto editorial que defina claramente a sua orientação e objectivos e inclua o compromisso de respeitar os direitos dos ouvintes, bem como os princípios deontológicos dos jornalistas e a ética profissional.

2 – O estatuto editorial é elaborado pelo responsável a que se refere o artigo anterior, ouvido o conselho de redacção e sujeito a aceitação da

entidade proprietária, devendo ser remetido, nos 60 dias subsequentes ao início das emissões, à AACS.

3 – As alterações introduzidas no estatuto editorial seguem os termos do disposto no número anterior.

4 – No caso de serviços de programas que já tenham iniciado as suas emissões, o prazo referido no n.º 2 conta-se a partir da data da entrada em vigor da presente lei.

Artigo 39.º – **Serviços noticiosos**

1 – Os operadores radiofónicos que forneçam serviços de programas generalistas ou temáticos informativos devem produzir, e neles difundir, serviços noticiosos regulares.

2 – Os serviços de programas referidos no número anterior devem, recorrendo a produção própria, difundir um mínimo de três serviços noticiosos respeitantes à sua área geográfica, obrigatoriamente transmitidos entre as 7 e as 24 horas, mediando entre eles um período de tempo não inferior a três horas.

Artigo 40.º – **Qualificação profissional**

1 – Os serviços noticiosos, bem como as funções de redacção, são obrigatoriamente assegurados pelos jornalistas.

2 – Nos serviços de programas de âmbito local, os serviços noticiosos e as funções de redacção podem também ser assegurados por equiparados a jornalistas.

Artigo 41.º – **Programação própria**

1 – Os serviços de programas de cobertura local devem transmitir um mínimo de oito horas de programação própria, a emitir entre as 7 e as 24 horas, salvo o disposto no artigo 30.º

2 – Durante o tempo de programação própria, os serviços de programas devem indicar a sua denominação, a frequência da emissão, quando exista, bem como a localidade de onde emitem, a intervalos não superiores a uma hora.

Artigo 42.º – **Número de horas de emissão**

Os serviços de programas emitidos por via hertziana terrestre devem funcionar vinte e quatro horas por dia.

Artigo 43.º – Registo das emissões

1 – As emissões devem ser gravadas e conservadas pelo período mínimo de 30 dias, se outro mais longo não for determinado por lei ou por decisão judicial.

2 – Os serviços de programas devem organizar mensalmente um registo das obras difundidas, para efeitos dos correspondentes direitos de autor e conexos, a enviar, durante o mês imediato, quando solicitado, às instituições representativas dos autores.

3 – O registo a que se refere o número anterior compreende os seguintes elementos:

    a) Título da obra;
    b) Autoria e interpretação;
    c) Editora ou procedência da obra;
    d) Data da emissão.

Artigo 44.º – Publicidade

1 – A publicidade radiofónica rege-se pelo disposto no Código da Publicidade, com as especialidades previstas nos números seguintes.

2 – Os espaços de programação patrocinados devem incluir, no seu início e termo, a menção expressa desse facto.

3 – Os programas de informação geral, designadamente os serviços noticiosos, não podem ser patrocinados.

4 – A inserção de publicidade não pode afectar a integridade dos programas, devendo ter em conta as suas pausas próprias, duração e natureza.

5 – A difusão de materiais publicitários não deve ocupar, diariamente, mais de 20 % do tempo total da emissão dos serviços de programas licenciados.

CAPÍTULO IV – Serviço público

Artigo 45.º – Âmbito da concessão

1 – A concessão do serviço público de radiodifusão abrange emissões de cobertura nacional, regional e internacionais, que poderão ser redifundidas localmente, analógicas ou digitais, por via hertziana terrestre, cabo, satélite ou por outro meio apropriado, no quadro das autorizações

Lei da Rádio 125

que lhe sejam conferidas para a utilização do espectro radioeléctrico e para o fornecimento de novos serviços de programas.

2 – Os termos da concessão são definidos por contrato celebrado entre a concessionária e o Estado.

3 – O contrato a que se refere o número anterior carece de parecer da AACS e do conselho de opinião da empresa concessionária, previsto no artigo 51.º, no âmbito das respectivas atribuições.

Artigo 46.º – **Concessionária do serviço público**

1 – A concessão do serviço público de radiodifusão é atribuída à Rádio e Televisão de Portugal, SGPS, S. A., nos termos do contrato de concessão celebrado entre o Estado e a Radiodifusão Portuguesa, S. A.

2 – Os serviços de programas que integram o serviço público de radiodifusão são explorados pela Radiodifusão Portuguesa, S.A.

Artigo 47.º – **Missão do serviço público de radiodifusão**

1 – A Radiodifusão Portuguesa, S. A., deve assegurar uma programação de referência, inovadora e com elevados padrões de qualidade, que satisfaça as necessidades culturais, educativas, formativas, informativas e recreativas dos diversos públicos, obrigando-se, designadamente, a:

a) Assegurar o pluralismo, o rigor e a imparcialidade da informação, bem como a sua independência perante quaisquer poderes, públicos ou privados;

b) Emitir uma programação inovadora e variada, que estimule a formação e a valorização cultural, tendo em especial atenção o público jovem;

c) Difundir uma programação agregadora, acessível a toda a população, tendo em conta os seus estratos etários, ocupações e interesses;

d) Difundir uma programação que exprima a diversidade social e cultural nacional, combatendo todas as formas de exclusão ou discriminação, e que responda aos interesses minoritários das diferentes categorias do público;

e) Garantir a cobertura noticiosa dos principais acontecimentos nacionais e estrangeiros;

f) Promover e divulgar a criação artística nacional e o conhecimento do património histórico e cultural do País;

g) Emitir programas regulares vocacionados para a difusão internacional da língua e cultura portuguesas.

2 – Constitui ainda obrigação da Radiodifusão Portuguesa, S. A., incorporar as inovações tecnológicas que contribuam para melhorar a eficiência e a qualidade do serviço de que está incumbida e da actividade de radiodifusão em geral.

ARTIGO 48.º – **Serviços específicos**

Além de outras obrigações constantes do contrato de concessão, a Radiodifusão Portuguesa, S. A., obriga-se a prestar os seguintes serviços específicos:

a) Assegurar, com o devido relevo e a máxima urgência, a divulgação das mensagens cuja difusão seja solicitada pelo Presidente da República, pelo Presidente da Assembleia da República e pelo Primeiro-Ministro;

b) Assegurar o exercício do direito de antena, bem como do direito de réplica política dos partidos da oposição, nos termos dos artigos 52.º a 57.º;

c) Manter e actualizar os arquivos sonoros;

d) Assegurar o funcionamento do Museu da Rádio;

e) Desenvolver a cooperação com operadores radiofónicos dos países de língua portuguesa;

f) Manter relações de cooperação e intercâmbio com organizações internacionais e entidades estrangeiras ligadas à actividade radiofónica.

ARTIGO 49.º – **Financiamento**

1 – O financiamento do serviço público de radiodifusão é garantido pelo produto da cobrança da taxa de radiodifusão sonora, estabelecida pelo Decreto-Lei n.º 389/76, de 24 de Maio, além de outras formas de pagamento a fixar ao abrigo de protocolos firmados entre a Administração Pública e a concessionária.

2 – A taxa de radiodifusão sonora fica abrangida na alínea *a*) do n.º 1 do artigo 148.º do Código de Procedimento e de Processo Tributário, aprovado pelo Decreto-Lei n.º 433/99, de 26 de Outubro.

Artigo 50.° – **Fiscalização do cumprimento do serviço público**

A fiscalização e a verificação do cumprimento do contrato de concessão entre o Estado e a concessionária do serviço público de radiodifusão, nos termos nele estabelecidos, competem ao Ministro das Finanças e ao membro do Governo responsável pela área da comunicação social.

Artigo 51.° – **Conselho de opinião**

(Revogado)

CAPÍTULO V – Direitos de antena e de resposta ou réplica política

SECÇÃO I – Direito de antena

Artigo 52.° – **Acesso ao direito de antena**

1 – Aos partidos políticos, às organizações sindicais, profissionais e representativas das actividades económicas, bem como às associações de defesa do ambiente e do consumidor, e, ainda, às organizações não governamentais que promovam a igualdade de oportunidades e a não discriminação é garantido o direito a tempo de antena no serviço público de rádio.

2 – Por tempo de antena entende-se o espaço de programação própria da responsabilidade do titular do direito, facto que deve ser expressamente mencionado no início e no termo de cada programa.

3 – As entidades referidas no n.° 1 têm direito, gratuita e anualmente, aos seguintes tempos de antena:

a) Dez minutos por partido representado na Assembleia da República, acrescidos de quinze segundos por cada Deputado eleito;

b) Cinco minutos por partido não representado na Assembleia da República com participação nas mais recentes eleições legislativas, acrescidos de quinze segundos por cada 15 000 votos nelas obtidos;

c) Sessenta minutos, por categoria, para as organizações sindicais, profissionais e representativas das actividades económicas e sessenta minutos para as restantes entidades indicadas no n.° 1, a ratear de acordo com a sua representatividade;

d) Dez minutos por outras entidades que tenham direito de antena atribuído por lei.

4 – Cada titular não pode utilizar o direito de antena mais de uma vez em cada 15 dias, nem em emissões com duração superior a cinco ou inferior a dois minutos, salvo se o seu tempo de antena for globalmente inferior.

5 – Os responsáveis pela programação devem organizar, com a colaboração dos titulares do direito de antena e de acordo com a presente lei, planos gerais da respectiva utilização.

6 – Na impossibilidade insanável de acordo sobre os planos referidos no número anterior e a requerimento dos interessados, cabe a arbitragem à AACS.

Artigo 53.º – **Limitação ao direito de antena**

1 – O exercício do direito de antena não pode ocorrer aos sábados, domingos e feriados oficiais, devendo ainda ser suspenso um mês antes da data fixada para o início do período de campanha em qualquer acto eleitoral ou referendário, nos termos da legislação respectiva.

2 – O direito de antena é intransmissível.

Artigo 54.º – **Emissão e reserva do direito de antena**

1 – Os tempos de antena são emitidos no serviço de programas de cobertura nacional de maior audiência entre as 10 e as 20 horas.

2 – Os titulares do direito de antena devem solicitar a reserva do tempo de antena a que tenham direito até cinco dias úteis antes da transmissão, devendo a respectiva gravação ser efectuada ou os materiais pré-gravados entregues até quarenta e oito horas antes da emissão do programa.

3 – Aos titulares do direito de antena são assegurados os indispensáveis meios técnicos para a realização dos respectivos programas em condições de absoluta igualdade.

Artigo 55.º – **Caducidade do direito de antena**

O não cumprimento dos prazos previstos no artigo anterior determina a caducidade do direito, salvo se tiver ocorrido por facto não imputável ao seu titular, caso em que o tempo não utilizado pode ser acumulado ao da utilização programada posterior à cessação do impedimento.

ARTIGO 56.º – **Direito de antena em período eleitoral**

Nos períodos eleitorais, a utilização do direito de antena é regulada pela lei eleitoral.

SECÇÃO II – Direito de resposta ou réplica política

ARTIGO 57.º – **Direito de réplica política dos partidos da oposição**

1 – Os partidos representados na Assembleia da República que não façam parte do Governo têm direito de réplica, no serviço público de radiodifusão e no mesmo serviço de programas, às declarações políticas proferidas pelo Governo que directamente os atinjam.

2 – A duração e o relevo concedidos para o exercício do direito referido no número anterior serão iguais aos das declarações que lhes tiverem dado origem.

3 – Quando mais de um partido tiver solicitado, através do respectivo representante, o exercício do direito, o tempo é rateado em partes iguais pelos vários titulares, nunca podendo ser inferior a um minuto por cada interveniente.

4 – Ao direito de réplica política são aplicáveis, com as devidas adaptações, os procedimentos previstos na presente lei para o exercício do direito de resposta.

5 – Para efeitos do presente artigo, só se consideram as declarações de política geral ou sectorial feitas pelo Governo em seu nome e como tal identificáveis, não relevando, nomeadamente, as declarações de membros do Governo sobre assuntos relativos à gestão dos respectivos departamentos.

CAPÍTULO VI – Direitos de resposta e de rectificação

ARTIGO 58.º – **Pressupostos dos direitos de resposta e de rectificação**

1 – Tem direito de resposta nos serviços de programas de radiodifusão qualquer pessoa singular ou colectiva, organização, serviço ou organismo público que neles tiver sido objecto de referências, ainda que indirectas, que possam afectar a sua reputação ou bom nome.

2 – As entidades referidas no número anterior têm direito de rectifi-

cação na rádio sempre que aí tenham sido feitas referências inverídicas ou erróneas que lhes digam respeito.

3 – Caso o programa onde as referências aludidas nos números anteriores tenha sido difundido numa emissão em cadeia, os direitos de resposta ou de rectificação podem ser exercidos junto da entidade responsável por essa emissão ou de qualquer operador que a tenha difundido.

4 – O direito de resposta e o de rectificação ficam prejudicados se, com a concordância expressa do interessado, o responsável pelo respectivo serviço de programas tiver corrigido ou esclarecido o texto em questão, ou lhe tiver facultado outro meio de expor eficazmente a sua posição.

5 – O direito de resposta e o de rectificação são independentes de procedimento criminal pelo facto da emissão, bem como do direito à indemnização pelos danos por ela causados.

ARTIGO 59.° – **Direito à audição da emissão**

1 – O titular do direito de resposta ou de rectificação, ou quem legitimamente o represente nos termos do n.° 1 do artigo seguinte, pode exigir, para efeito do seu exercício, a audição do registo da emissão e sua cópia, mediante pagamento do custo do suporte utilizado, que lhe devem ser facultados no prazo máximo de vinte e quatro horas.

2 – O pedido de audição suspende o prazo para o exercício do direito, que volta a correr vinte e quatro horas após o momento em que lhe tiver sido facultada.

ARTIGO 60.° – **Exercício dos direitos de resposta e de rectificação**

1 – O exercício do direito de resposta ou de rectificação deve ser requerido pelo próprio titular, pelo seu representante legal ou pelos herdeiros nos 20 dias seguintes à emissão.

2 – O prazo do número anterior suspende-se quando, por motivo de força maior, as pessoas nele referidas estiverem impedidas de fazer valer o direito cujo exercício estiver em causa.

3 – O texto da resposta ou da rectificação deve ser entregue aos responsáveis pela emissão, com assinatura e identificação do autor, através de procedimento que comprove a sua recepção, invocando expressamente o direito de resposta ou de rectificação ou as competentes disposições legais.

4 – O conteúdo da resposta ou da rectificação é limitado pela relação directa e útil com as referências que as tiverem provocado, não podendo

exceder 300 palavras, ou o número de palavras da intervenção que lhe deu origem, se for superior.

5 – A resposta ou a rectificação não podem conter expressões desproporcionadamente desprimorosas ou que envolvam responsabilidade criminal ou civil, na qual só o autor da resposta ou da rectificação incorre.

ARTIGO 61.° – **Decisão sobre a transmissão da resposta ou da rectificação**

1 – Quando a resposta ou a rectificação forem intempestivas, provierem de pessoa sem legitimidade, carecerem manifestamente de fundamento ou contrariarem o disposto nos n.os 4 e 5 do artigo anterior, o responsável pelo serviço de programas em causa pode recusar a sua emissão, informando o interessado, por escrito, acerca da recusa e da sua fundamentação, nas vinte e quatro horas seguintes à recepção da resposta ou da rectificação.

2 – Caso a resposta ou a rectificação violem o disposto nos n.os 4 ou 5 do artigo anterior, o responsável convidará o interessado, no prazo previsto no número anterior, a proceder à eliminação, nas quarenta e oito horas seguintes, das passagens ou expressões em questão, sem o que ficará habilitado a recusar a difusão da totalidade do texto.

3 – No caso de o direito de resposta ou de rectificação não terem sido satisfeitos ou terem sido infundadamente recusados, o interessado pode recorrer ao tribunal judicial do seu domicílio no prazo de 10 dias a contar da recusa ou do termo do prazo legal para a satisfação do direito, ou à AACS, nos termos da legislação especificamente aplicável.

4 – Requerida a notificação judicial do responsável pela programação que não tenha dado satisfação ao direito de resposta ou de rectificação, é aquele imediatamente notificado por via postal para contestar no prazo de dois dias úteis, após o que será proferida em igual prazo a decisão, da qual cabe recurso com efeito meramente devolutivo.

5 – Só é admitida prova documental, sendo todos os documentos juntos com o requerimento inicial e com a contestação.

6 – No caso de procedência do pedido, o serviço de programas emite a resposta ou a rectificação no prazo fixado no n.° 1 do artigo seguinte, acompanhada da menção de que é efectuada por decisão judicial ou da AACS.

ARTIGO 62.º – **Transmissão da resposta ou da rectificação**

1 – A transmissão da resposta ou da rectificação é feita até vinte e quatro horas após a recepção do respectivo texto pelo responsável do serviço de programas em causa, salvo o disposto nos n.ºs 1 e 2 do artigo anterior.

2 – A resposta ou a rectificação são transmitidas gratuitamente no mesmo programa ou, caso não seja possível, em hora de emissão equivalente.

3 – A resposta ou a rectificação devem ser transmitidas tantas vezes quantas as emissões da referência que as motivaram.

4 – A resposta ou a rectificação são lidas por um locutor do serviço de programas em moldes que assegurem a sua fácil percepção e pode incluir outras componentes áudio sempre que a referência que as motivar tiver utilizado técnica semelhante.

5 – A transmissão da resposta ou da rectificação não pode ser precedida nem seguida de quaisquer comentários, à excepção dos necessários para apontar qualquer inexactidão ou erro de facto, os quais podem originar nova resposta ou rectificação, nos termos dos n.ºs 1 e 2 do artigo 58.º

CAPÍTULO VII – **Normas sancionatórias**

SECÇÃO I – **Formas de responsabilidade**

ARTIGO 63.º – **Responsabilidade civil**

1 – Na determinação das formas de efectivação da responsabilidade civil emergente de factos cometidos através da actividade de radiodifusão observa-se o regime geral.

2 – Os operadores radiofónicos respondem solidariamente com os responsáveis pela transmissão de programas previamente gravados, com excepção dos transmitidos ao abrigo dos direitos de antena, de réplica política ou de resposta e de rectificação.

ARTIGO 64.º – **Responsabilidade criminal**

1 – Os actos ou comportamentos lesivos de bens jurídico-penalmente protegidos, perpetrados através da actividade de radiodifusão, são punidos nos termos da lei penal e do disposto na presente lei.

Lei da Rádio 133

2 – O responsável referido no artigo 37.° apenas responde criminalmente quando não se oponha, podendo fazê-lo, à comissão dos crimes referidos no n.° 1, através das acções adequadas a evitá-los, caso em que são aplicáveis as penas cominadas nos correspondentes tipos legais, reduzidas de um terço nos seus limites.

3 – No caso de emissões não consentidas, responde quem tiver determinado a respectiva transmissão.

4 – Os técnicos ao serviço dos operadores radiofónicos não são responsáveis pelas emissões a que derem o seu contributo profissional, se não lhes for exigível a consciência do carácter criminoso do seu acto.

Artigo 65.° – **Actividade ilegal de radiodifusão**

1 – O exercício da actividade de radiodifusão sem a correspondente habilitação legal determina a punição dos responsáveis com prisão até três anos ou com multa até 320 dias.

2 – São declarados perdidos a favor do Estado os bens utilizados no exercício ilegal da actividade de radiodifusão, sem prejuízo dos direitos de terceiros de boa fé.

Artigo 66.° – **Desobediência qualificada**

O responsável pela programação, ou quem o substitua, incorre no crime de desobediência qualificada quando:

a) Não acatar a decisão do tribunal que ordene a transmissão da resposta ou da rectificação, ao abrigo do disposto no n.° 6 do artigo 61.°;

b) Não promover a difusão de decisões judiciais nos exactos termos a que refere o artigo 76.°;

c) Não cumprir as deliberações da AACS relativas ao exercício dos direitos de antena, de réplica política, de resposta ou de rectificação.

Artigo 67.° – **Atentado contra a liberdade de programação e informação**

1 – Quem impedir ou perturbar a emissão de serviços de programas ou apreender ou danificar materiais necessários ao exercício da actividade de radiodifusão, fora dos casos previstos na lei e com o intuito de atentar

contra a liberdade de programação ou de informação, é punido com prisão até dois anos ou com multa até 240 dias, se pena mais grave lhe não couber nos termos da lei penal.

2 – A aplicação da sanção prevista no número anterior não prejudica a efectivação da responsabilidade civil pelos prejuízos causados ao operador radiofónico.

3 – Se o infractor for agente ou funcionário do Estado ou de pessoa colectiva pública e, no exercício das suas funções, praticar os factos descritos no n.º 1, é punido com prisão até três anos ou com multa até 320 dias, se pena mais grave lhe não couber nos termos da lei penal.

ARTIGO 68.º – **Contra-ordenações**

Constitui contra-ordenação, punível com coima:

a) De 250 000$00 a 2 500 000$00, a inobservância do disposto no n.º 4 do artigo 5.º, no n.º 2 do artigo 12.º, no artigo 37.º, no n.º 2 do artigo 41.º, no n.º 3 do artigo 43.º, no n.º 1 do artigo 77.º, o incumprimento do disposto na primeira parte do n.º 1 do artigo 53.º, bem como o incumprimento do prazo e a omissão da menção referidos no n.º 6 do artigo 61.º;

b) De 750 000$00 a 5 000 000$00, a inobservância do disposto nos n.os 1 a 3 do artigo 38.º, no artigo 42.º, nos n.os 1 e 2 do artigo 43.º, nos n.os 2 a 5 do artigo 44.º, no n.º 4 do artigo 52.º, no n.º 1 do artigo 54.º, no n.º 2 do artigo 57.º, no n.º 1 do artigo 61.º, no artigo 62.º, bem como o exercício da actividade de radiodifusão antes do pagamento das taxas a que se refere o n.º 1 do artigo 13.º, as violações do disposto na segunda parte do n.º 1 e no n.º 2 do artigo 53.º e do prazo fixado no n.º 1 do artigo 59.º;

c) De 2 000 000$00 a 20 000 000$00, a inobservância do disposto nos n.os 3 e 4 do artigo 7.º, nos n.os 1 e 2 do artigo 19.º, no artigo 30.º, nos n.os 1 e 2 do artigo 35.º, nos artigos 39.º e 40.º, no n.º 1 do artigo 41.º, no n.º 3 do artigo 71.º, a violação das obrigações de comunicação a que se referem o n.º 2 do artigo 7.º e o n.º 1 do artigo 18.º, a denegação do direito previsto no n.º 1 do artigo 59.º, assim como a violação dos limites máximos de potência de emissão fixados nos respectivos actos de licenciamento técnico.

Artigo 69.º – Sanções acessórias

1 – O desrespeito reiterado das condições e termos do projecto aprovado, as participações proibidas em mais de um operador, a violação das regras sobre associação de serviços de programas temáticos e o incumprimento das obrigações relativas à produção e difusão de serviços noticiosos, bem como a repetida inobservância da transmissão do número obrigatório de horas de emissão ou de programação própria nos casos não cobertos pela previsão da alínea *d*) do artigo 70.º, poderão dar lugar, atenta a gravidade do ilícito, à sanção acessória de suspensão da licença ou autorização para o exercício da actividade por período não superior a três meses.

2 – A inobservância do disposto no n.º 1 do artigo 35.º, punida nos termos da alínea *c*) do artigo anterior, pode ainda dar lugar à sanção acessória de suspensão das emissões do serviço de programas onde se verificou a prática do ilícito por período não superior a três meses, excepto quando se trate de emissões publicitárias, a que se aplicarão as sanções acessórias e as medidas cautelares previstas no Código da Publicidade.

3 – A inobservância do disposto no artigo 35.º, quando cometida no exercício do direito de antena, e no n.º 2 do artigo 53.º, prevista na alínea *b*) do artigo anterior, pode ainda, consoante a gravidade da infracção, ser punida com a sanção acessória de suspensão do exercício do mesmo direito por períodos de 3 a 12 meses, com um mínimo de 6 meses em caso de reincidência, sem prejuízo de outras sanções previstas na lei.

4 – A aplicação de coima pela violação do disposto nos n.ºs 1 e 2 do artigo 19.º, no artigo 30.º, nos n.ºs 1 e 2 do artigo 35.º, nos artigos 39.º e 40.º e no n.º 1 do artigo 41.º pode ainda dar lugar à sanção acessória de publicitação de decisão condenatória, nos termos fixados pela entidade competente.

5 – O recurso contencioso da aplicação da sanção acessória prevista nos números anteriores tem efeito suspensivo até o trânsito em julgado da respectiva decisão.

Artigo 70.º – Revogação das licenças ou autorizações

A revogação das licenças ou autorizações concedidas é determinada pela AACS quando se verifique:

  a) O não início dos serviços de programas licenciados no prazo fixado no n.º 1 do artigo 29.º ou a ausência de emissões por um período superior a dois meses, salvo autorização devidamente fundamentada, caso fortuito ou de força maior;

b) A exploração do serviço de programas por entidade diversa do titular da licença ou autorização;

c) A realização de negócios jurídicos que impliquem uma alteração do controlo da empresa detentora da correspondente habilitação legal, sem observância das formalidades referidas no artigo 18.° ou antes de decorrido o prazo aí estabelecido;

d) A realização de emissões em cadeia não autorizadas nos termos da presente lei;

e) A reincidência em comportamento que tenha determinado a aplicação de medida de suspensão da licença ou autorização ou, independentemente do facto que lhe deu origem, a aplicação de duas medidas de suspensão no prazo de três anos;

f) A falência do operador radiofónico.

Artigo 71.° – **Fiscalização**

1 – A fiscalização do cumprimento do disposto na presente lei incumbe ao ICS e, em matéria de publicidade, também ao Instituto do Consumidor, sem prejuízo das competências de qualquer outra entidade legalmente habilitada para o efeito.

2 – A fiscalização das instalações das estações emissoras e retransmissoras, das condições técnicas das emissões e da protecção à recepção radioeléctrica das mesmas compete ao ICP, no quadro da regulamentação aplicável.

3 – Os operadores radiofónicos devem facultar o acesso dos agentes fiscalizadores a todas as instalações, equipamentos, documentos e outros elementos necessários ao exercício da sua actividade.

Artigo 72.° – **Processamento das contra-ordenações e aplicação das coimas**

1 – O processamento das contra-ordenações compete à entidade responsável pela aplicação das coimas correspondentes, excepto o das relativas à violação dos artigos 35.°, quando cometida através de emissões publicitárias, e 44.°, o qual incumbe ao Instituto do Consumidor.

Lei da Rádio　　137

2 – Compete ao presidente do ICS a aplicação das coimas e sanções acessórias previstas na presente lei, com excepção das relativas à violação:

a) Dos artigos 18.°, 19.°, 35.°, 37.°, 38.° e 52.° a 62.°, que incumbe à AACS;

b) Do artigo 35.°, quando cometida através de emissões publicitárias, e dos n.°s 2, 3 e 5 do artigo 44.°, da responsabilidade da comissão de aplicação de coimas prevista no Código da Publicidade.

3 – A receita das coimas reverte em 60% para o Estado e em 40% para o ICS, quando competente para a sua aplicação, ou em 60% para o Estado, 20% para a entidade fiscalizadora e 20% para a entidade responsável pelo processamento das contra-ordenações respeitantes à violação dos artigos 35.°, quando cometida através de emissões publicitárias, e 44.°

SECÇÃO II – **Disposições especiais de processo**

ARTIGO 73.° – **Forma do processo**

O procedimento pelas infracções criminais cometidas através da actividade de radiodifusão rege-se pelas disposições do Código de Processo Penal e da legislação complementar, com as especialidades decorrentes da presente lei.

ARTIGO 74.° – **Competência territorial**

1 – Para conhecer dos crimes previstos na presente lei é competente o tribunal da comarca do local onde o operador radiofónico tenha a sua sede ou representação permanente.

2 – Exceptuam-se do disposto no número anterior os crimes cometidos contra o bom nome e reputação, a reserva da vida privada ou outros bens da personalidade, cuja apreciação é da competência do tribunal da comarca do domicílio do ofendido.

3 – No caso de transmissões radiofónicas por entidade não habilitada nos termos da lei, e não sendo conhecido o elemento definidor da competência nos termos do n.° 1, é competente o Tribunal Judicial da Comarca de Lisboa.

138 Direitos, Liberdades e Garantias em Especial

ARTIGO 75.º – **Regime de prova**

1 – Para prova dos pressupostos do exercício dos direitos de resposta ou de rectificação, e sem prejuízo de outros meios admitidos por lei, o interessado pode requerer, nos termos do artigo 528.º do Código de Processo Civil, que o operador radiofónico seja notificado para apresentar, no prazo da contestação, as gravações da emissão em causa.

2 – Para além da referida no número anterior, só é admitida prova documental que se junte com o requerimento inicial ou com a contestação.

ARTIGO 76.º – **Difusão das decisões**

A requerimento do Ministério Público ou do ofendido, e mediante decisão judicial que fixará os prazos e horário para o efeito, a parte decisória das sentenças condenatórias transitadas em julgado por crimes cometidos através da actividade de radiodifusão, assim como a identidade das partes, são difundidas no serviço de programas onde foi praticado o ilícito.

CAPÍTULO VIII – **Conservação do património radiofónico**

ARTIGO 77.º – **Registos de interesse público**

1 – Os operadores radiofónicos devem organizar arquivos sonoros e musicais com o objectivo de conservação dos registos de interesse público.

2 – A cedência e utilização dos registos referidos no número anterior são definidas por portaria conjunta dos membros do Governo responsáveis pela cultura e pela comunicação social, tendo em atenção o seu valor histórico, educacional e cultural para a comunidade, cabendo a responsabilidade pelos direitos de autor à entidade requisitante.

CAPÍTULO IX – **Disposições finais e transitórias**

ARTIGO 78.º – **Contagem dos tempos de emissão**

Os responsáveis pelos serviços de programas de rádio asseguram a contagem dos tempos de antena, de réplica política e de resposta ou de rec-

Lei da Rádio 139

tificação para efeitos da presente lei, dando conhecimento dos respectivos resultados aos interessados.

ARTIGO 79.º – **Norma transitória**

1 – O regime decorrente do disposto no n.º 3 do artigo 14.º entra em vigor seis meses após a publicação da presente lei, mantendo-se vigentes, até essa data, as regras relativas à transmissão dos alvarás, fixadas no artigo 15.º do Decreto-Lei n.º 130/97, de 27 de Maio, no quadro da alteração da competência para a sua autorização introduzida pela Lei n.º 43/98, de 6 de Agosto.

2 – O disposto no artigo 42.º entra em vigor seis meses após a publicação da presente lei, mantendo-se vigente, até essa data, o regime estabelecido no artigo 4.º do Decreto-Lei n.º 130/97, de 27 de Maio.

3 – A Portaria n.º 931/97, de 12 de Setembro, mantém-se em vigor até à publicação da regulamentação a que se refere o artigo 21.º

ARTIGO 80.º – **Norma revogatória**

1 – São revogados a Lei n.º 87/88, de 30 de Julho, e o Decreto-Lei n.º 130/97, de 27 de Maio, e respectivas alterações.

2 – A Portaria n.º 121/99, de 15 de Fevereiro, mantém-se em vigor, salvo quanto às disposições contrárias ao que se estabelece na presente lei.

Aprovada em 21 de Dezembro de 2000.

O Presidente da Assembleia da República, *António de Almeida Santos.*

Promulgada em 12 de Fevereiro de 2001.

Publique-se.

O Presidente da República, JORGE SAMPAIO.

Referendada em 15 de Fevereiro de 2001.

O Primeiro-Ministro, *António Manuel de Oliveira Guterres.*

d) Lei da Televisão

Lei n.° 32/2003, de 22 de Agosto

Lei da Televisão

A Assembleia da República decreta, nos termos da alínea *c*) do artigo 161.° da Constituição, para valer como lei geral da República, o seguinte:

CAPÍTULO I – Disposições gerais

ARTIGO 1.° – **Objecto**

A presente lei tem por objecto regular o acesso à actividade de televisão e o seu exercício no território nacional.

ARTIGO 2.° – **Definições**

1 – Para efeitos da presente lei, entende-se por:

a) "Televisão", a organização de serviços de programas sob a forma de imagens não permanentes e sons através de ondas electromagnéticas ou de qualquer outro veículo apropriado, propagando-se no espaço ou por cabo, e susceptível de recepção pelo público em geral, com exclusão dos serviços de telecomunicações apenas disponibilizados mediante solicitação individual;

b) "Operador de televisão", a pessoa colectiva legalmente habilitada para o exercício da actividade televisiva;

c) "Serviço de programas televisivo", o conjunto dos elementos da programação, sequencial e unitário, fornecido por um operador de televisão;

142   *Direitos, Liberdades e Garantias em Especial*

d) "Autopromoção", a publicidade difundida pelo operador de televisão relativamente aos seus próprios produtos, serviços, serviços de programas televisivos ou programas;

e) "Televenda", a difusão de ofertas directas ao público, tendo como objectivo o fornecimento de produtos ou a prestação de serviços mediante remuneração.

2 – Exceptua-se do disposto na alínea a) do número anterior:

a) A transmissão pontual de eventos, através de dispositivos técnicos instalados nas imediações dos respectivos locais de ocorrência e tendo por alvo o público aí concentrado;

b) A mera retransmissão de emissões alheias.

ARTIGO 3.° – **Âmbito de aplicação**

1 – Estão sujeitas às disposições da presente lei as emissões de televisão transmitidas por operadores de televisão sob a jurisdição do Estado Português.

2 – Consideram-se sob jurisdição do Estado Português os operadores de televisão que satisfaçam os critérios definidos no artigo 2.° da Directiva n.° 89/552/CEE, do Conselho, de 3 de Outubro, na redacção que lhe foi dada pela Directiva n.° 97/36/CE, do Parlamento e do Conselho, de 30 de Junho.

3 – Poderá ser impedida a retransmissão em território português de serviços de programas fornecidos por um operador de televisão que não esteja sujeito à jurisdição de Estados que se encontrem vinculados pela Directiva n.° 89/552/CEE, do Conselho, de 3 de Outubro, na redacção que lhe foi dada pela Directiva n.° 97/36/CE, do Parlamento e do Conselho, de 30 de Junho, ou à Convenção Europeia sobre a Televisão Transfronteiras, aberta para assinatura em Estrasburgo em 5 de Maio de 1989 e respectivo Protocolo de Alteração, quando tais serviços de programas desrespeitem gravemente o disposto no n.° 1 do artigo 24.° ou quaisquer outras normas de direito interno português que tutelem imperativos de interesse geral.

ARTIGO 4.° – **Concorrência e concentração**

1 – É aplicável aos operadores de televisão o regime geral de defesa e promoção da concorrência, nomeadamente no que diz respeito às práti-

Lei da Televisão 143

cas proibidas, em especial o abuso de posição dominante, e à concentração de empresas.

2 – As operações de concentração entre operadores de televisão sujeitas a intervenção da Autoridade da Concorrência são por esta comunicadas à entidade reguladora, que emite parecer prévio vinculativo, o qual só deverá ser negativo quando tais operações apresentarem fundados riscos para a livre expressão e confronto das diversas correntes de opinião.

3 – Estão sujeitas a notificação à entidade reguladora as aquisições, por parte dos operadores de televisão, de quaisquer participações noutras entidades legalmente habilitadas, ou candidatas ao exercício da actividade de televisão, que não configurem uma operação de concentração sujeita a notificação prévia nos termos da legislação da concorrência.

4 – A transmissão de serviços de programas televisivos não pode ficar dependente de qualquer exigência de participação dos operadores de televisão no capital social dos titulares das redes, assim como da participação destes no capital dos primeiros.

5 – A transmissão de serviços de programas televisivos por operadores de redes de telecomunicações deve processar-se com respeito pelos princípios da igualdade, da transparência e da não discriminação, nomeadamente quanto a acesso e condições de remuneração.

6 – As obrigações de transporte de serviços de programas serão fixadas por decreto-lei, ouvidas as entidades reguladoras da comunicação social e das telecomunicações.

Artigo 5.º – **Transparência da propriedade**

1 – As acções representativas do capital social dos operadores de televisão que devam revestir a forma de sociedade anónima têm obrigatoriamente natureza nominativa.

2 – A relação dos detentores de participações qualificadas no capital social dos operadores de televisão e dos titulares de direitos especiais e a respectiva discriminação, bem como a indicação das participações sociais daqueles noutras entidades congéneres, são divulgadas, conjuntamente com o relatório e contas e o respectivo estatuto editorial, em cada ano civil, numa das publicações periódicas de expansão nacional e de informação geral de maior circulação.

3 – Para os efeitos da presente lei, considera-se participação qualificada a participação, directa ou indirecta, isolada ou conjunta, que por qualquer motivo possibilite ao seu detentor, por si mesmo ou em virtude de

144   *Direitos, Liberdades e Garantias em Especial*

especiais relações existentes com os direitos de voto de outro participante, exercer influência significativa na gestão de um operador de televisão.

4 – Para o apuramento da existência de participação qualificada deve
ter-se em consideração o disposto nos artigos 20.° e 21.° do Código dos
Valores Mobiliários, aprovado pelo Decreto-Lei n.° 142-A/91, de 10 de
Abril.

5 – Presume-se haver influência significativa na gestão sempre que o
participante detenha, pelo menos, 10% do capital ou dos direitos de voto
da entidade participada.

ARTIGO 6.° – **Serviço público**

O Estado assegura a existência e o funcionamento de um serviço público de televisão, nos termos do capítulo IV, assim como o
cumprimento, pelos operadores que actuem ao abrigo de concessão do
serviço público de televisão, das obrigações específicas previstas no artigo 47.°

ARTIGO 7.° – **Princípio da cooperação**

O Estado, os concessionários do serviço público e os restantes operadores de televisão devem colaborar entre si na prossecução dos valores
da dignidade da pessoa humana, do Estado de Direito, da sociedade democrática e da coesão nacional e da promoção da língua e da cultura portuguesas, tendo em consideração as necessidades especiais de certas categorias de espectadores.

ARTIGO 8.° – **Áreas de cobertura**

1 – Os serviços de programas televisivos podem ter cobertura de
âmbito internacional, nacional, regional ou local.

2 – São considerados de âmbito internacional os serviços de programas que visem abranger, predominantemente, audiências situadas noutros
países.

3 – São considerados de âmbito nacional os serviços de programas
televisivos que visem abranger, ainda que de forma faseada, a generalidade do território nacional, incluindo as Regiões Autónomas, desde que na
data de apresentação da candidatura ofereçam garantias de efectivação
daquela cobertura.

Lei da Televisão 145

4 – A área geográfica consignada a cada serviço de programas televisivo deve ser coberta com o mesmo programa e sinal recomendado, salvo autorização em contrário, a conceder por deliberação da entidade reguladora.

5 – A deliberação referida no número anterior fixará o limite horário de descontinuidade da emissão até ao máximo de uma hora por dia.

6 – As condições específicas do regime da actividade de televisão com cobertura regional ou local serão definidas por decreto-lei.

7 – As classificações a que se refere o presente artigo competem à entidade reguladora e são atribuídas no acto da licença ou autorização.

ARTIGO 9.º – **Tipologia de serviços de programas televisivos**

1 – Os serviços de programas televisivos podem ser generalistas ou temáticos e de acesso condicionado ou não condicionado.

2 – Consideram-se generalistas os serviços de programas televisivos que apresentem uma programação diversificada e de conteúdo genérico.

3 – São temáticos os serviços de programas televisivos que apresentem um modelo de programação predominantemente centrado num determinado conteúdo, em matérias específicas ou dirigidas a um público determinado.

4 – Os serviços de programas televisivos temáticos de autopromoção e de televenda não podem integrar quaisquer outros elementos de programação convencional, tais como serviços noticiosos, transmissões desportivas, filmes, séries ou documentários.

5 – São de acesso condicionado os serviços de programas televisivos que transmitam sob forma codificada e estejam disponíveis apenas mediante contrapartida específica, não se considerando como tal a quantia devida pelo acesso à infra-estrutura de distribuição, bem como pela sua utilização.

6 – As classificações a que se refere o presente artigo competem à entidade reguladora e são atribuídas no acto da licença ou da autorização.

ARTIGO 10.º – **Fins dos serviços de programas generalistas**

1 – Constituem fins dos serviços de programas televisivos generalistas:

a) Contribuir para a informação, formação e entretenimento do público;

b) Promover o exercício do direito de informar e de ser informado, com rigor e independência, sem impedimentos nem discriminações;

c) Favorecer a criação de hábitos de convivência cívica própria de um Estado democrático e contribuir para o pluralismo político, social e cultural;

d) Promover a cultura e a língua portuguesas e os valores que exprimem a identidade nacional.

2 – Constituem ainda fins dos serviços de programas televisivos generalistas de âmbito regional ou local:

a) Alargar a programação televisiva a conteúdos de índole regional ou local;

b) Preservar e divulgar os valores característicos das culturas regionais ou locais;

c) Difundir informações com particular interesse para o âmbito geográfico da audiência.

ARTIGO 11.º – **Normas técnicas**

A definição das condições técnicas do exercício da actividade televisiva assim como a fixação das quantias a pagar pela emissão das licenças ou autorizações a que haja lugar e pela autorização dos meios técnicos necessários à transmissão constam de diploma regulamentar.

ARTIGO 12.º – **Registo dos operadores**

1 – O registo dos operadores de televisão é organizado pela entidade reguladora e deve conter os seguintes elementos:

a) Pacto social;

b) Composição nominativa dos órgãos sociais;

c) Relação dos titulares do capital social e valor das respectivas participações, devendo identificar-se os detentores de participações qualificadas;

d) Discriminação das participações de capital em outras empresas de comunicação social e do sector das comunicações;

e) Serviços de programas;

f) Identidade dos responsáveis pela programação e pela informação, quando exista;

g) Estatuto editorial.

2 – Os operadores de televisão estão obrigados a comunicar, no 1.º trimestre de cada ano, à entidade reguladora os elementos referidos no número anterior, para efeitos de registo, bem como a proceder à sua actualização nos 30 dias subsequentes à ocorrência que lhe deu origem.

3 – A entidade reguladora pode, a qualquer momento, efectuar auditorias para fiscalização e controlo dos elementos fornecidos pelos operadores de televisão.

CAPÍTULO II – Acesso à actividade

Artigo 13.º – **Requisitos dos operadores**

1 – A actividade de televisão apenas pode ser prosseguida por sociedades ou cooperativas que tenham como objecto principal o seu exercício nos termos da presente lei.

2 – O capital mínimo exigível é de   1 000 000 ou de   5 000 000, consoante se trate de operadores que forneçam serviços de programas temáticos ou generalistas.

3 – Exceptuam-se do disposto no n.º 1 os operadores televisivos que apenas explorem, sem fins lucrativos, serviços de programas destinados à divulgação científica e cultural, os quais podem revestir a forma de associação ou fundação.

4 – O capital dos operadores de televisão deve ser realizado integralmente nos oito dias após a notificação das decisões referidas nos artigos 15.º e seguintes, sob pena de caducidade da licença ou autorização.

Artigo 14.º – **Restrições**

A actividade de televisão não pode ser exercida ou financiada por partidos ou associações políticas, autarquias locais ou suas associações, organizações sindicais, patronais ou profissionais, directa ou indirectamente, através de entidades em que detenham capital ou por si subsidiadas.

Artigo 15.º – **Modalidades de acesso**

1 – O acesso à actividade televisiva é objecto de licenciamento, mediante concurso público, ou de autorização, consoante as emissões a realizar utilizem ou não o espectro hertziano terrestre.

2 – Sem prejuízo do disposto no número anterior, o estabelecimento, a gestão, a exploração de redes de transporte e a difusão do sinal televisivo obedecem ao disposto em diploma próprio.

3 – As licenças ou autorizações são individualizadas de acordo com o número de serviços de programas televisivos a fornecer por cada operador candidato.

4 – Exceptua-se do disposto no n.º 1 o serviço público de televisão, nos termos previstos no capítulo IV.

Artigo 16.º – **Licenciamento e autorização de serviços de programas televisivos**

Compete à entidade reguladora atribuir as licenças e as autorizações para o exercício da actividade de televisão.

Artigo 17.º – **Instrução dos processos**

Os processos de licenciamento ou de autorização são instruídos pela entidade reguladora, que promoverá para o efeito a recolha do parecer do ICP – ANACOM, Autoridade Nacional das Comunicações, no que respeita às condições técnicas da candidatura.

Artigo 18.º – **Atribuição de licenças ou autorizações**

1 – A atribuição de licenças ou autorizações fica condicionada à verificação da qualidade técnica e da viabilidade económica do projecto.

2 – A atribuição de novas licenças ou autorizações, bem como a modificação do quadro legislativo existente, não constituem fundamento para que os operadores de televisão aleguem alteração das condições de exercício da actividade, em termos de equilíbrio económico e financeiro, nem conferem direito a qualquer indemnização.

3 – Na atribuição de licenças para emissões terrestres digitais de cobertura nacional será reservada capacidade de transmissão para os serviços de programas televisivos detidos pelos operadores licenciados ou concessionados à data da entrada em vigor da presente lei.

Lei da Televisão 149

4 – No licenciamento de serviços de programas televisivos de acesso condicionado são objecto de especial ponderação os custos de acesso, quando existam, bem como as condições e as garantias de prestação do serviço aos consumidores.

ARTIGO 19.º – **Observância do projecto aprovado**

1 – O operador de televisão está obrigado ao cumprimento das condições e termos do projecto licenciado ou autorizado, ficando a sua modificação sujeita a aprovação da entidade reguladora.

2 – A modificação dos serviços de programas só pode ocorrer dois anos após a atribuição da licença ou um ano após a atribuição da autorização.

3 – O pedido de modificação deve ser fundamentado tendo em conta, nomeadamente, a evolução do mercado e as implicações para a audiência potencial do serviço de programas em questão.

4 – No caso de a entidade reguladora não se pronunciar no prazo de 60 dias, considera-se a modificação tacitamente aprovada.

ARTIGO 20.º – **Prazo das licenças ou autorizações**

As licenças ou autorizações para o exercício da actividade televisiva de âmbito nacional são emitidas pelo prazo de 15 anos, renovável por iguais períodos.

ARTIGO 21.º – **Extinção e suspensão das licenças ou autorizações**

1 – As licenças ou autorizações podem ser suspensas e extinguem-se pelo decurso do prazo ou por revogação.

2 – A revogação e a suspensão das licenças ou autorizações são da competência da entidade à qual incumbe a sua atribuição.

ARTIGO 22.º – **Regulamentação**

1 – O Governo aprovará, por decreto-lei, o desenvolvimento normativo aplicável ao licenciamento e à autorização de serviços de programas televisivos.

2 – Do diploma previsto no n.º 1 devem constar, nomeadamente:

a) Os critérios de selecção das candidaturas;
b) A documentação exigível e o prazo para apresentação das candidaturas;

150   *Direitos, Liberdades e Garantias em Especial*

c) O valor da caução;
d) As fases de cobertura e especificação das garantias da sua efectivação, bem como o prazo da respectiva execução;
e) O prazo para início das emissões;
f) Os prazos de instrução dos processos e de emissão da respectiva deliberação.

CAPÍTULO III – **Programação e informação**

SECÇÃO I – **Liberdade de programação e de informação**

ARTIGO 23.º – **Autonomia dos operadores**

1 – A liberdade de expressão do pensamento através da televisão integra o direito fundamental dos cidadãos a uma informação livre e pluralista, essencial à democracia e ao desenvolvimento social e económico do País.

2 – Salvo os casos previstos na presente lei, o exercício da actividade de televisão assenta na liberdade de programação, não podendo a Administração Pública ou qualquer órgão de soberania, com excepção dos tribunais, impedir, condicionar ou impor a difusão de quaisquer programas.

ARTIGO 24.º – **Limites à liberdade de programação**

1 – Todos os elementos dos serviços de programas devem respeitar, no que se refere à sua apresentação e ao seu conteúdo, a dignidade da pessoa humana, os direitos fundamentais e a livre formação da personalidade das crianças e adolescentes, não devendo, em caso algum, conter pornografia em serviço de acesso não condicionado, violência gratuita ou incitar ao ódio, ao racismo e à xenofobia.

2 – Quaisquer outros programas susceptíveis de influírem de modo negativo na formação da personalidade das crianças ou de adolescentes ou de afectarem outros públicos vulneráveis só podem ser transmitidos entre as 23 e as 6 horas e acompanhados da difusão permanente de um identificativo visual apropriado.

3 – A difusão televisiva de obras que tenham sido objecto de classificação etária, para efeitos da sua distribuição cinematográfica ou video-

gráfica, deve ser precedida da menção que lhes tiver sido atribuída pela entidade competente, ficando sujeita às demais exigências a que se refere o número anterior sempre que a classificação em causa considere desaconselhável o acesso a tais obras por menores de 16 anos.

4 – Exceptuam-se do disposto nos n.ºs 2 e 3 as transmissões em serviços de programas de acesso condicionado.

5 – O disposto nos números anteriores abrange quaisquer elementos de programação, incluindo a publicidade e as mensagens, extractos ou quaisquer imagens de autopromoção.

6 – As imagens com características a que se refere o n.º 2 podem ser transmitidas em serviços noticiosos quando, revestindo importância jornalística, sejam apresentadas com respeito pelas normas éticas da profissão e antecedidas de uma advertência sobre a sua natureza.

7 – O disposto no n.º 1 é aplicável à retransmissão de serviços de programas, designadamente por meio de rede de distribuição por cabo.

Artigo 25.º – **Anúncio da programação**

O anúncio da programação prevista para os serviços de programas televisivos é obrigatoriamente acompanhado da advertência e da menção de classificação a que se referem os n.ºs 2 a 4 do artigo 24.º

Artigo 26.º – **Divulgação obrigatória**

1 – São obrigatoriamente divulgadas através do serviço público de televisão, com o devido relevo e a máxima urgência, as mensagens cuja difusão seja solicitada pelo Presidente da República, pelo Presidente da Assembleia da República e pelo Primeiro-Ministro.

2 – Em caso de declaração do estado de sítio ou do estado de emergência, a obrigação prevista no número anterior recai também sobre os restantes operadores de televisão.

Artigo 27.º – **Propaganda política**

É vedada aos operadores de televisão a cedência de espaços de propaganda política, sem prejuízo do disposto no capítulo V.

Artigo 28.º – **Aquisição de direitos exclusivos**

1 – É nula a aquisição, por quaisquer operadores de televisão, de

direitos exclusivos para a transmissão de acontecimentos de natureza política.

2 – Em caso de aquisição, por operadores de televisão que emitam em regime de acesso condicionado ou sem cobertura nacional, de direitos exclusivos para a transmissão, integral ou parcial, directa ou em diferido, de outros acontecimentos que sejam objecto de interesse generalizado do público, os titulares dos direitos televisivos ficam obrigados a facultar, em termos não discriminatórios e de acordo com as condições normais do mercado, o seu acesso a outro ou outros operadores interessados na transmissão que emitam por via hertziana terrestre com cobertura nacional e acesso não condicionado.

3 – Na falta de acordo entre o titular dos direitos televisivos e os demais operadores interessados na transmissão do evento, haverá lugar a arbitragem vinculativa da entidade reguladora, mediante requerimento de qualquer das partes.

4 – Os eventos a que se referem os números anteriores, bem como as condições da respectiva transmissão, constam de lista a publicar na 2.ª série do *Diário da República*, até 31 de Outubro de cada ano, pelo membro do Governo responsável pelo sector, ouvida a entidade reguladora, sem prejuízo da publicação de aditamentos excepcionais determinados pela ocorrência superveniente e imprevisível de factos da mesma natureza.

5 – Os titulares de direitos exclusivos para a transmissão de quaisquer eventos ficam obrigados a ceder o respectivo sinal, em directo ou em diferido se assim o exigirem, aos operadores que disponham de emissões internacionais, para utilização restrita a estas, em condições a definir em diploma regulamentar, que estabelecerá os critérios da retribuição pela cedência, havendo lugar, na falta de acordo entre os interessados, a arbitragem vinculativa da entidade reguladora.

6 – Aos operadores de televisão sujeitos à presente lei é vedado o exercício de direitos exclusivos adquiridos após 30 de Julho de 1997 em termos que impeçam uma parte substancial do público de outro Estado membro da União Europeia de acompanhar, na televisão de acesso não condicionado, eventos constantes das listas a que se refere o n.º 8, nas condições nelas fixadas.

7 – A inobservância do disposto nos n.ºs 2 ou 6 não dará lugar à aplicação das respectivas sanções sempre que o titular do exclusivo demonstre a impossibilidade de cumprimento das obrigações neles previstas.

Lei da Televisão

8 – Para efeito do disposto no n.º 6, a lista definitiva das medidas tomadas pelos Estados membros, tal como divulgada no *Jornal Oficial da União Europeia*, será objecto de publicação na 2.ª série do *Diário da República* por iniciativa do membro do Governo responsável pela área da comunicação social.

Artigo 29.º – **Direito a extractos informativos**

1 – Os responsáveis pela realização de espectáculos ou outros eventos públicos, bem como os titulares de direitos exclusivos que sobre eles incidam, não podem opor-se à transmissão de breves extractos dos mesmos, de natureza informativa, por parte de qualquer operador de televisão, nacional ou não.

2 – Para o exercício do direito à informação previsto no número anterior, os operadores podem utilizar o sinal emitido pelos titulares dos direitos exclusivos, suportando apenas os custos que eventualmente decorram da sua disponibilização, ou recorrer, em alternativa, à utilização de meios técnicos próprios, nos termos legais que asseguram o acesso dos órgãos de comunicação social a locais públicos.

3 – Os extractos a que se refere o n.º 1 devem:

a) Limitar-se à duração estritamente indispensável à percepção do conteúdo essencial dos acontecimentos em questão, desde que não exceda noventa segundos, salvo período superior acordado entre os operadores envolvidos, tendo em conta a natureza dos eventos;
b) Ser difundidos exclusivamente em programas regulares de natureza informativa geral, e em momento posterior à cessação do evento, salvo acordo para utilização diversa, a estabelecer entre as partes;
c) Identificar a fonte das imagens, caso sejam difundidas a partir do sinal transmitido pelo titular do exclusivo.

SECÇÃO II – **Obrigações dos operadores**

Artigo 30.º – **Obrigações gerais dos operadores de televisão**

1 – Todos os operadores de televisão devem garantir, na sua programação, designadamente através de práticas de auto-regulação, a observân-

cia de uma ética de antena, consistente, designadamente no respeito pela dignidade da pessoa humana e pelos demais direitos fundamentais, com protecção, em especial, dos públicos mais vulneráveis, designadamente crianças e jovens.

2 – Constituem, nomeadamente, obrigações gerais de todos os operadores de televisão que explorem serviços de programas generalistas:

a) Garantir o exercício do direito de antena em períodos eleitorais, nos termos constitucional e legalmente previstos;

b) Emitir as mensagens referidas na alínea *i*) do n.° 2 do artigo 47.°, em caso de declaração do estado de sítio ou do estado de emergência;

c) Garantir o exercício dos direitos de resposta e de rectificação, nos termos constitucional e legalmente previstos;

d) Garantir o rigor, a objectividade e a independência da informação.

ARTIGO 31.°– **Director**

1 – Cada serviço de programas televisivo deve ter um director responsável pela orientação e supervisão do conteúdo das emissões.

2 – Cada serviço de programas televisivo que inclua programação informativa deve ter um responsável pela informação.

ARTIGO 32.° – **Estatuto editorial**

1 – Cada serviço de programas televisivo deve adoptar um estatuto editorial que defina claramente a sua orientação e objectivos e inclua o compromisso de respeitar os direitos dos espectadores, bem como os princípios deontológicos dos jornalistas e a ética profissional.

2 – O estatuto editorial é elaborado pelo responsável a que se refere o n.° 1 do artigo anterior, ouvido o conselho de redacção, e sujeito a aprovação da entidade proprietária, devendo ser remetido, nos 60 dias subsequentes ao início das emissões, à entidade reguladora.

3 – As alterações introduzidas no estatuto editorial seguem os termos do disposto no número anterior.

4 – O estatuto editorial dos serviços de programas televisivos deve ser publicado nos termos do n.° 2 do artigo 5.°

Lei da Televisão

ARTIGO 33.º – **Serviços noticiosos**

Os serviços de programas generalistas devem apresentar, durante os períodos de emissão, serviços noticiosos regulares, assegurados por jornalistas.

ARTIGO 34.º – **Conselho de redacção e direito de participação dos jornalistas**

Nos serviços de programas televisivos com mais de cinco jornalistas existe um conselho de redacção, a eleger segundo a forma e com as competências definidas por lei.

ARTIGO 35.º – **Número de horas de emissão**

1 – Os serviços de programas televisivos de cobertura nacional devem emitir programas durante pelo menos seis horas diárias.

2 – Excluem-se do apuramento do limite fixado no número anterior as emissões de publicidade e de televenda, sem prejuízo do disposto no n.º 4 do artigo 9.º, bem como as que reproduzam imagens fixas ou meramente repetitivas.

ARTIGO 36.º – **Tempo reservado à publicidade**

1 – Nos serviços de programas televisivos de cobertura nacional e acesso não condicionado, o tempo reservado às mensagens publicitárias não pode exceder 15% do período diário de emissão, salvo quando inclua outras formas de publicidade ou mensagens de televenda, caso em que esse limite pode elevar-se a 20%.

2 – Nos serviços de programas televisivos de cobertura nacional e acesso condicionado, a difusão de publicidade ou de mensagens de televenda não deve exceder 10% do período diário de emissão.

3 – Nos serviços de programas televisivos temáticos de televenda ou de autopromoção, o tempo destinado à publicidade não deve exceder 10% do período diário de emissão.

4 – O tempo de emissão destinado às mensagens publicitárias e de televenda, em cada período compreendido entre duas unidades de hora, não pode exceder 10% ou 20%, consoante se trate ou não de serviços de programas televisivos de acesso condicionado.

5 – Excluem-se dos limites fixados no presente artigo as mensagens difundidas pelos operadores de televisão relacionadas com os seus pró-

prios programas e produtos directamente deles derivados, os patrocínios, os blocos de televenda a que se refere o artigo seguinte, bem como as que digam respeito a serviços públicos ou fins de interesse público e apelos de teor humanitário, transmitidas gratuitamente.

Artigo 37.º – **Blocos de televenda**

1 – Os serviços de programas televisivos de cobertura nacional e de acesso não condicionado podem transmitir diariamente até oito blocos de televenda, desde que a sua duração total não exceda três horas, sem prejuízo do disposto no artigo anterior.

2 – Os blocos de televenda devem ter uma duração ininterrupta de, pelo menos, quinze minutos.

3 – Nos serviços de programas televisivos de autopromoção é proibida a transmissão de blocos de televenda.

Artigo 38.º – **Identificação dos programas**

Os programas devem ser identificados e conter os elementos relevantes das respectivas fichas artística e técnica.

Artigo 39.º – **Gravação das emissões**

1 – Independentemente do disposto no artigo 86.º, as emissões devem ser gravadas e conservadas pelo prazo mínimo de 90 dias, se outro mais longo não for determinado por lei ou por decisão judicial.

2 – A entidade reguladora pode, em qualquer momento, solicitar aos operadores as gravações referidas no número anterior, devendo as mesmas, em caso de urgência devidamente fundamentada, ser enviadas no prazo máximo de quarenta e oito horas.

SECÇÃO III – **Difusão de obras áudio-visuais**

Artigo 40.º – **Defesa da língua portuguesa**

1 – As emissões devem ser faladas ou legendadas em português, sem prejuízo da eventual utilização de qualquer outra língua quando se trate de programas que preencham necessidades pontuais de tipo informativo ou destinados ao ensino de idiomas estrangeiros.

Lei da Televisão   157

2 – Os serviços de programas televisivos de cobertura nacional, com excepção daqueles cuja natureza e temática a tal se opuserem, devem dedicar pelo menos 50% das suas emissões, com exclusão do tempo consagrado à publicidade, televenda e teletexto, à difusão de programas originariamente em língua portuguesa.

3 – Sem prejuízo do disposto no número anterior, os operadores de televisão devem dedicar pelo menos 15% do tempo das suas emissões à difusão de programas criativos de produção originária em língua portuguesa.

4 – As percentagens previstas nos n.os 2 e 3 podem ser preenchidas, até um máximo de 25%, por programas originários de outros países lusófonos para além de Portugal.

5 – Os operadores de televisão devem garantir que o cumprimento das percentagens referidas nos n.os 2 e 3 não se efectue em períodos de audiência reduzida.

ARTIGO 41.º – **Produção europeia**

1 – Os operadores de televisão que explorem serviços de programas televisivos de cobertura nacional devem incorporar uma percentagem maioritária de obras de origem europeia na respectiva programação, uma vez deduzido o tempo de emissão consagrado aos noticiários, manifestações desportivas, concursos, publicidade, televenda e teletexto.

2 – A percentagem a que se refere o número anterior deve ser obtida progressivamente, tendo em conta os critérios a que se referem os n.os 1 e 3 do artigo 4.º da Directiva n.º 89/552/CEE, do Conselho, de 3 de Outubro, na redacção que lhe foi dada pela Directiva n.º 97/36/CE, do Parlamento e do Conselho, de 30 de Junho.

3 – A qualificação prevista no n.º 1 processa-se de acordo com os instrumentos do direito internacional que vinculam o Estado Português.

ARTIGO 42.º – **Produção independente**

Os operadores de televisão que explorem serviços de programas televisivos de cobertura nacional devem assegurar que pelo menos 10% da respectiva programação, com exclusão dos tempos consagrados aos noticiários, manifestações desportivas, concursos, publicidade, televenda e teletexto, sejam preenchidos através da difusão de obras europeias, prove-

158   *Direitos, Liberdades e Garantias em Especial*

nientes de produtores independentes dos organismos de televisão, produzidas há menos de cinco anos.

Artigo 43.º – **Critérios de aplicação**

O cumprimento das percentagens referidas nos artigos 40.º a 42.º é avaliado anualmente, devendo ser tidas em conta a natureza específica dos serviços de programas televisivos temáticos, as responsabilidades do operador em matéria de informação, educação, cultura e diversão e, no caso dos serviços de programas televisivos não concessionários do serviço público, as condições do mercado ou os resultados de exercício apresentados no ano anterior.

Artigo 44.º – **Apoio à produção**

O Estado deve assegurar a existência de medidas de incentivo à produção áudio-visual de ficção, documentário e animação de criação original em língua portuguesa, tendo em vista a criação de condições para o cumprimento do disposto nos artigos 40.º e 42.º, através da adopção dos mecanismos jurídicos, financeiros, fiscais ou de crédito apropriados.

Artigo 45.º – **Dever de informação**

Os operadores de televisão estão obrigados a prestar, no 1.º trimestre de cada ano, à entidade reguladora, de acordo com modelo por ela definido, todos os elementos necessários para o exercício da fiscalização do cumprimento das obrigações previstas nos artigos 40.º a 42.º relativamente ao ano transacto.

CAPÍTULO IV – **Serviço público de televisão**

Artigo 46.º – **Princípios a observar**

O serviço público de televisão observa os princípios da universalidade e da coesão nacional, da excelência da programação e do rigor, objectividade e independência da informação, bem como do seu funcionamento e estrutura.

Artigo 47.º – **Obrigações específicas dos operadores que actuem ao abrigo de concessão do serviço público de televisão**

1 – Os operadores que actuem ao abrigo de concessão do serviço público de televisão devem assegurar uma programação de qualidade, equilibrada e diversificada, que contribua para a formação cultural e cívica dos telespectadores, promovendo o pluralismo político, religioso, social e cultural, e o acesso de todos os telespectadores à informação, à cultura, à educação e ao entretenimento de qualidade.

2 – Aos operadores referidos no número anterior incumbe, designadamente:

a) Fornecer uma programação pluralista e que tenha em conta os interesses das minorias e a promoção da diversidade cultural;

b) Proporcionar uma informação rigorosa, independente e pluralista;

c) Garantir a cobertura noticiosa dos principais acontecimentos nacionais e internacionais;

d) Garantir a produção e transmissão de programas destinados ao público jovem e infantil, educativos e de entretenimento, contribuindo para a sua formação;

e) Emitir programas destinados especialmente aos portugueses residentes fora de Portugal e aos nacionais de países de língua oficial portuguesa, igualmente residentes fora de Portugal;

f) Promover a possibilidade de acompanhamento das emissões por pessoas surdas ou com deficiência auditiva;

g) Apoiar a produção nacional, no respeito pelos compromissos internacionais que vinculam o Estado Português, e a co-produção com outros países, em especial europeus e da comunidade de língua portuguesa;

h) Garantir o exercício dos direitos de antena, de resposta e de réplica política, nos termos constitucional e legalmente previstos;

i) Emitir as mensagens cuja difusão seja solicitada pelo Presidente da República, pelo Presidente da Assembleia da República ou pelo Primeiro-Ministro;

j) Ceder tempo de emissão à Administração Pública, com vista à divulgação de informações de interesse geral, nomeadamente em matéria de saúde e segurança públicas.

3 – Ao operador ao qual seja confiada a exploração do serviço de programas a que se refere o artigo 51.° incumbe, especialmente:

a) Promover a emissão de programas em língua portuguesa e reservar à produção portuguesa uma percentagem considerável do seu tempo de emissão, dentro dos horários de maior audiência;

b) Garantir a transmissão de programas de carácter cultural, educativo e informativo para públicos específicos.

ARTIGO 48.° – **Concessão geral de serviço público de televisão**

1 – A concessão geral do serviço público de televisão é atribuída à Rádio e Televisão de Portugal, SGPS, S. A., pelo prazo de 16 anos, nos termos de contrato de concessão a celebrar entre o Estado e essa sociedade.

2 – A concessão geral do serviço público de televisão realiza-se por meio de serviços de programas de acesso não condicionado, incluindo necessariamente:

a) Um serviço de programas generalista e distribuído em simultâneo em todo o território nacional, incluindo as Regiões Autónomas;

b) Um ou mais serviços de programas que transmitam temas com interesse para telespectadores de língua portuguesa residentes no estrangeiro e temas especialmente vocacionados para os países de língua oficial portuguesa, que promovam a afirmação, valorização e defesa da imagem de Portugal no mundo.

3 – Para cumprimento das obrigações legal e contratualmente estabelecidas, a concessão geral do serviço público de televisão pode integrar ainda serviços de programas que tenham por objecto, designadamente:

a) A divulgação do acervo documental proveniente dos arquivos da Radiotelevisão Portuguesa, S. A.;

b) A divulgação de temas com interesse para regiões e comunidades locais específicas.

4 – A concessão geral do serviço público de televisão inclui ainda a obrigação de transmitir dois serviços de programas, especialmente destinados, respectivamente, à Região Autónoma dos Açores e à Região Autónoma da Madeira.

Lei da Televisão   161

5 – O contrato de concessão a que alude o n.º 1 estabelece os direitos e obrigações de cada uma das partes, tendo em conta os objectivos respeitantes aos serviços de programas mencionados nos n.ºs 2, 3 e 4, devendo os actos ou contratos através dos quais se atribua a terceiros a exploração dos referidos serviços de programas, nos termos dos artigos seguintes, prever a necessidade de assegurar o cumprimento desses mesmos objectivos.

6 – O conteúdo do contrato de concessão e dos actos ou contratos referidos no número anterior deve ser objecto de parecer da entidade reguladora.

ARTIGO 49.º – **Serviços de programas a explorar pela Radiotelevisão Portuguesa – Serviço Público de Televisão, S. A.**

1 – Por deliberação do conselho de administração da Rádio e Televisão de Portugal, SGPS, S. A., nos termos do contrato de concessão, os serviços de programas particularmente vocacionados para a transmissão da programação referida nos n.ºs 2 e 3 do artigo anterior serão explorados pela Radiotelevisão Portuguesa – Serviço Público de Televisão, S. A., ou por sociedade por esta exclusivamente detida.

2 – A programação referida no n.º 3 do artigo anterior pode ser assegurada por apenas um serviço de programas ou por mais de um serviço de programas, de acordo com deliberação do conselho de administração da Rádio e Televisão de Portugal, SGPS, S. A., nos termos do contrato de concessão.

ARTIGO 50.º – **Serviços de programas regionais**

1 – Sem prejuízo do disposto no n.º 2, os serviços de programas referidos no n.º 4 do artigo 48.º serão explorados, em cada Região Autónoma, nos termos do contrato de concessão, por uma sociedade constituída para esse fim específico.

2 – Até à constituição da sociedade referida na parte final do número anterior, o conselho de administração da Rádio e Televisão de Portugal, SGPS, S. A., determinará, nos termos do contrato de concessão, que os serviços de programas referidos no n.º 1 sejam transitoriamente explorados, directa ou indirectamente, pela Radiotelevisão Portuguesa – Serviço Público de Televisão, S. A.

3 – O capital da sociedade referida no n.º 1 será maioritariamente detido pela respectiva Região autónoma e pela Rádio e Televisão de Por-

162   *Direitos, Liberdades e Garantias em Especial*

tugal, SGPS, S. A., podendo nela participar outras entidades públicas ou privadas.

4 – Os estatutos da referida sociedade devem prever mecanismos de garantia do equilíbrio financeiro da respectiva actividade e devem conferir à Rádio e Televisão de Portugal, SGPS, S. A., direitos ou prerrogativas especiais que a habilitem a garantir o respeito das obrigações da concessão.

ARTIGO 51.º – **Concessão especial de serviço público**

1 – Integrará igualmente o serviço público de televisão um serviço de programas particularmente vocacionado para a cultura, a ciência, a investigação, a inovação, a acção social, o desporto amador, as confissões religiosas, a produção independente, o cinema português, o ambiente e a defesa do consumidor e o experimentalismo áudio-visual.

2 – O serviço de programas a que se refere o número anterior será objecto de concessão autónoma, pelo prazo de oito anos, a qual ficará na titularidade da Rádio e Televisão de Portugal, SGPS, S. A.

3 – Findo o prazo referido no número anterior, o serviço de programas será concedido a uma entidade constituída para esse fim específico, cuja organização reflicta a diversidade da sociedade civil, nos termos a definir por lei e pelo respectivo contrato de concessão.

4 – O conselho de administração da Rádio e Televisão de Portugal, SGPS, S. A., determinará, nos termos do respectivo contrato de concessão, que o serviço de programas a que se refere o presente artigo seja explorado pela Radiotelevisão Portuguesa – Serviço Público de Televisão, S. A., ou por sociedade por si exclusivamente detida, a qual, para este efeito, deve integrar um órgão consultivo representativo dos parceiros da sociedade civil cuja actividade se relacione, directa ou indirectamente, com a actividade deste serviço de programas.

ARTIGO 52.º – **Financiamento**

1 – O Estado assegura o financiamento do serviço público de televisão, nos termos estabelecidos na lei e nos contratos de concessão.

2 – O financiamento público deverá respeitar os princípios da proporcionalidade e da transparência.

3 – Os contratos de concessão devem estabelecer um sistema de controlo que verifique o cumprimento das missões de serviço público e a

Lei da Televisão 163

transparência e a proporcionalidade dos fluxos financeiros associados, designadamente através de auditoria externa anual a realizar por entidade especializada a indicar pela entidade reguladora.

4 – Com o objectivo de permitir uma adequada e eficaz gestão de recursos, de acordo com a evolução previsível da conjuntura económica e social, os encargos decorrentes do financiamento do serviço público de rádio e de televisão serão previstos num horizonte plurianual, com a duração de quatro anos.

5 – A previsão referida no número anterior deve identificar, além dos custos totais para o período de quatro anos, a parcela anual desses encargos.

CAPÍTULO V – Direitos de antena, de resposta e de réplica política

SECÇÃO I – Direito de antena

ARTIGO 53.º – **Acesso ao direito de antena**

1 – Aos partidos políticos, ao Governo, às organizações sindicais, às organizações profissionais e representativas das actividades económicas e às associações de defesa do ambiente e do consumidor é garantido o direito a tempo de antena no serviço público de televisão.

2 – As entidades referidas no número anterior têm direito, gratuita e anualmente, aos seguintes tempos de antena:

a) Dez minutos por partido representado na Assembleia da República, acrescidos de trinta segundos por cada deputado eleito;

b) Cinco minutos por partido não representado na Assembleia da República com participação nas mais recentes eleições legislativas, acrescidos de trinta segundos por cada 15000 votos nelas obtidos;

c) Sessenta minutos para o Governo e sessenta minutos para os partidos representados na Assembleia da República que não façam parte do Governo, a ratear segundo a sua representatividade;

d) Noventa minutos para as organizações sindicais, noventa minutos para as organizações profissionais e representativas das actividades económicas e trinta minutos para as associações de defesa do ambiente e do consumidor, a ratear de acordo com a sua representatividade;

e) Quinze minutos para outras entidades que tenham direito de antena atribuído por lei.

3 – Por tempo de antena entende-se o espaço de programação própria da responsabilidade do titular do direito, facto que deve ser expressamente mencionado no início e no termo de cada programa.

4 – Cada titular não pode utilizar o direito de antena mais de uma vez em cada 15 dias, nem em emissões com duração superior a dez ou inferior a três minutos, salvo se o seu tempo de antena for globalmente inferior.

5 – Os responsáveis pela programação devem organizar, com a colaboração dos titulares do direito de antena e de acordo com a presente lei, planos gerais da respectiva utilização.

6 – A falta de acordo sobre os planos referidos no número anterior dará lugar a arbitragem pela entidade reguladora.

ARTIGO 54.º – **Limitação ao direito de antena**

1 – O exercício do direito de antena não pode ocorrer aos sábados, domingos e feriados nacionais, devendo ainda ser suspenso um mês antes da data fixada para o início do período de campanha em qualquer acto eleitoral ou referendário, nos termos da legislação respectiva.

2 – O direito de antena é intransmissível.

ARTIGO 55.º – **Emissão e reserva do direito de antena**

1 – Os tempos de antena são emitidos no serviço de programas televisivo de cobertura nacional de maior audiência entre as 19 e as 22 horas.

2 – Os titulares do direito de antena devem solicitar a reserva do tempo de antena a que tenham direito até 15 dias antes da transmissão, devendo a respectiva gravação ser efectuada ou os materiais pré-gravados entregues até setenta e duas horas antes da emissão do programa.

3 – No caso de programas prontos para emissão, a entrega deve ser feita até quarenta e oito horas antes da transmissão.

4 – Aos titulares do direito de antena são assegurados os indispensáveis meios técnicos para a realização dos respectivos programas em condições de absoluta igualdade.

ARTIGO 56.° – **Caducidade do direito de antena**

O não cumprimento dos prazos previstos no artigo anterior determina a caducidade do direito, salvo se tiver ocorrido por facto não imputável ao seu titular, caso em que o tempo não utilizado pode ser acumulado ao da utilização programada posterior à cessação do impedimento.

ARTIGO 57.° – **Direito de antena em período eleitoral**

Nos períodos eleitorais, o exercício do direito de antena é regulado pela legislação eleitoral aplicável, abrangendo todos os serviços de programas televisivos generalistas de acesso não condicionado.

SECÇÃO II – Direito de réplica política

ARTIGO 58.° – **Direito de réplica política dos partidos da oposição**

1 – Os partidos representados na Assembleia da República e que não façam parte do Governo têm direito de réplica, no mesmo serviço de programas, às declarações políticas proferidas pelo Governo no serviço público de televisão que directamente os atinjam.

2 – A duração e o relevo concedidos para o exercício do direito referido no número anterior serão iguais aos das declarações que lhes tiverem dado origem.

3 – Quando mais de um partido tiver solicitado, através do respectivo representante, o exercício do direito, o tempo é rateado em partes iguais pelos vários titulares, nunca podendo ser inferior a um minuto por cada interveniente.

4 – Ao direito de réplica política são aplicáveis, com as devidas adaptações, os procedimentos previstos na presente lei para o exercício do direito de resposta.

5 – Para efeitos do presente artigo, só se consideram as declarações de política geral ou sectorial feitas pelo Governo em seu nome e como tal identificáveis, não relevando, nomeadamente, as declarações de membros do Governo sobre assuntos relativos à gestão dos respectivos departamentos.

SECÇÃO III – **Direitos de resposta e de rectificação**

ARTIGO 59.º – **Pressupostos dos direitos de resposta e de rectificação**

1 – Tem direito de resposta nos serviços de programas televisivos qualquer pessoa singular ou colectiva, organização, serviço ou organismo público que neles tiver sido objecto de referências, ainda que indirectas, que possam afectar a sua reputação ou bom nome.

2 – As entidades referidas no número anterior têm direito de rectificação nos serviços de programas em que tenham sido feitas referências inverídicas ou erróneas que lhes digam respeito.

3 – O direito de resposta e o de rectificação ficam prejudicados se, com a concordância expressa do interessado, o operador de televisão tiver corrigido ou esclarecido o texto ou imagem em causa ou lhe tiver facultado outro meio de expor eficazmente a sua posição.

4 – O direito de resposta e o de rectificação são independentes de procedimento criminal pelo facto da emissão, bem como do direito à indemnização pelos danos por ela causados.

ARTIGO 60.º – **Direito ao visionamento**

1 – O titular do direito de resposta ou de rectificação, ou quem legitimamente o represente nos termos do n.º 1 do artigo seguinte, pode exigir, para efeito do seu exercício, o visionamento do material da emissão em causa, o qual deve ser facultado ao interessado no prazo máximo de vinte e quatro horas.

2 – O pedido de visionamento suspende o prazo para o exercício do direito de resposta ou de rectificação, que volta a correr vinte e quatro horas após o momento em que a entidade emissora o tiver facultado.

3 – O direito ao visionamento envolve igualmente a obtenção de um registo da emissão em causa, mediante pagamento do custo do suporte que for utilizado.

ARTIGO 61.º – **Exercício dos direitos de resposta e de rectificação**

1 – O direito de resposta e o de rectificação devem ser exercidos pelo próprio titular, pelo seu representante legal ou pelos herdeiros, nos 20 dias seguintes à emissão.

2 – O prazo do número anterior suspende-se quando, por motivo de

Lei da Televisão 167

força maior, as pessoas nele referidas estiverem impedidas de fazer valer o direito cujo exercício estiver em causa.

3 – O texto da resposta ou da rectificação deve ser entregue ao operador de televisão, com assinatura e identificação do autor, através de procedimento que comprove a sua recepção, invocando expressamente o direito de resposta ou de rectificação ou as competentes disposições legais.

4 – O conteúdo da resposta ou da rectificação é limitado pela relação directa e útil com as referências que as tiverem provocado, não podendo exceder o número de palavras do texto que lhes deu origem.

5 – A resposta ou a rectificação não podem conter expressões desproporcionadamente desprimorosas ou que envolvam responsabilidade criminal ou civil, a qual, neste caso, só ao autor da resposta ou rectificação pode ser exigida.

ARTIGO 62.º – **Decisão sobre a transmissão da resposta ou rectificação**

1 – Quando a resposta ou a rectificação forem intempestivas, provierem de pessoas sem legitimidade, carecerem manifestamente de fundamento ou contrariarem o disposto nos n.os 4 ou 5 do artigo anterior, o operador de televisão pode recusar a sua emissão, informando o interessado, por escrito, acerca da recusa e da sua fundamentação, nas vinte e quatro horas seguintes à recepção da resposta ou rectificação.

2 – Caso a resposta ou a rectificação violem o disposto nos n.os 4 ou 5 do artigo anterior, o operador convidará o interessado, no prazo previsto no número anterior, a proceder à eliminação, nas quarenta e oito horas seguintes, das passagens ou expressões em questão, sem o que ficará habilitado a recusar a divulgação da totalidade do texto.

3 – No caso de o direito de resposta ou de rectificação não terem sido satisfeitos ou terem sido infundadamente recusados, o interessado pode recorrer ao tribunal judicial do seu domicílio, no prazo de 10 dias a contar da recusa ou do termo do prazo legal para a satisfação do direito, e à entidade reguladora, nos termos e prazos da legislação especificamente aplicável.

4 – Requerida a notificação judicial do operador que não tenha dado satisfação ao direito de resposta ou de rectificação, é aquele imediatamente notificado por via postal para contestar no prazo de dois dias úteis, após o que será proferida em igual prazo a decisão, da qual há recurso com efeito meramente devolutivo.

5 – Só é admitida prova documental, sendo todos os documentos juntos com o requerimento inicial e com a contestação.

6 – No caso de procedência do pedido, o operador emite a resposta ou a rectificação no prazo fixado no n.° 1 do artigo seguinte, acompanhado da menção de que aquela é efectuada por decisão judicial ou da entidade reguladora.

ARTIGO 63.° – **Transmissão da resposta ou da rectificação**

1 – A transmissão da resposta ou da rectificação é feita até vinte e quatro horas a contar da entrega do respectivo texto ao operador de televisão, salvo o disposto nos n.ºs 1 e 2 do artigo anterior.

2 – A resposta ou a rectificação são transmitidas gratuitamente no mesmo programa ou, caso não seja possível, em hora de emissão equivalente.

3 – A resposta ou a rectificação devem ser transmitidas tantas vezes quantas as emissões da referência que as motivaram.

4 – A resposta ou a rectificação são lidas por um locutor da entidade emissora em moldes que assegurem a sua fácil percepção e pode incluir componentes áudio-visuais sempre que a referência que as motivaram tiver utilizado técnica semelhante.

5 – A transmissão da resposta ou da rectificação não pode ser precedida nem seguida de quaisquer comentários, à excepção dos necessários para apontar qualquer inexactidão ou erro de facto, os quais podem originar nova resposta ou rectificação, nos termos dos n.ºs 1 e 2 do artigo 59.°

CAPÍTULO VI – **Responsabilidade**

SECÇÃO I – **Responsabilidade civil**

ARTIGO 64.° – **Responsabilidade civil**

1 – Na determinação das formas de efectivação da responsabilidade civil emergente de factos cometidos através da televisão observam-se os princípios gerais.

2 – Os operadores de televisão respondem solidariamente com os responsáveis pela transmissão de programas previamente gravados, com excepção dos transmitidos ao abrigo do direito de antena.

Lei da Televisão 169

SECÇÃO II – **Regime sancionatório**

Artigo 65.° – **Crimes cometidos por meio de televisão**

1 – Os actos ou comportamentos lesivos de interesses jurídico-penalmente protegidos perpetrados através da televisão são punidos nos termos gerais, com as adaptações constantes dos números seguintes.

2 – Sempre que a lei não estabelecer agravação mais intensa em razão do meio de perpetração, os crimes cometidos através da televisão são punidos com as penas estabelecidas nas respectivas normas incriminadoras, elevadas de um terço nos seus limites mínimo e máximo.

3 – Os directores referidos no artigo 31.° apenas respondem criminalmente quando não se oponham, podendo fazê-lo, à comissão dos crimes referidos no n.° 1, através das acções adequadas a evitá-los, caso em que são aplicáveis as penas cominadas nos correspondentes tipos legais, reduzidas de um terço nos seus limites.

4 – No caso de emissões não consentidas, responde quem tiver determinado a respectiva transmissão.

5 – Os técnicos ao serviço dos operadores de televisão não são responsáveis pelas emissões a que derem o seu contributo profissional, se não lhes for exigível a consciência do carácter criminoso do seu acto.

Artigo 66.° – **Actividade ilegal de televisão**

1 – Quem exercer a actividade de televisão sem para tal estar legalmente habilitado é punido com prisão até 3 anos ou com multa até 320 dias.

2 – São declarados perdidos a favor do Estado os bens utilizados no exercício da actividade de televisão sem habilitação legal, sem prejuízo dos direitos de terceiros de boa fé, nos termos do artigo 110.° do Código Penal.

3 – O disposto no n.° 1 é aplicável em caso de incumprimento da decisão de revogação da licença ou de interdição da retransmissão de serviço de programas.

Artigo 67.° – **Desobediência qualificada**

Os responsáveis pela programação, ou quem os substitua, incorrem no crime de desobediência qualificada quando:

a) Não acatarem a decisão do tribunal que ordene a transmissão de resposta ou de rectificação, ao abrigo do disposto no n.º 6 do artigo 62.º;

b) Recusarem a difusão de decisões judiciais nos termos do artigo 85.º;

c) Não cumprirem as deliberações da entidade reguladora relativas ao exercício dos direitos de antena, de réplica política, de resposta ou de rectificação;

d) Não cumprirem decisão cautelar ou definitiva de suspensão da transmissão ou retransmissão.

ARTIGO 68.º – **Atentado contra a liberdade de programação e informação**

1 – Quem impedir ou perturbar emissão televisiva ou apreender ou danificar materiais necessários ao exercício da actividade de televisão, fora dos casos previstos na lei e com o intuito de atentar contra a liberdade de programação e informação, é punido com prisão até 2 anos ou com multa até 240 dias, se pena mais grave lhe não couber nos termos da lei penal.

2 – A aplicação da sanção prevista no número anterior não prejudica a efectivação da responsabilidade civil pelos prejuízos causados à entidade emissora.

3 – Se o infractor for agente ou funcionário do Estado ou de pessoa colectiva pública e, no exercício das suas funções, praticar os factos descritos no n.º 1, é punido com prisão até 3 anos ou com multa até 320 dias, se pena mais grave lhe não couber nos termos da lei penal.

Artigo 69.º – **Contra-ordenações leves**

1 – É punível com coima de   7500 a   37 500:

a) A inobservância do disposto no n.º 2 do artigo 5.º, no n.º 2 do artigo 12.º, na segunda parte do n.º 2 e no n.º 3 do artigo 24.º, nos artigos 25.º, 32.º, 38.º, no n.º 5 do artigo 40.º e nos artigos 41.º, 42.º, 45.º e 87.º;

b) O incumprimento do disposto na primeira parte do n.º 1 do artigo 54.º;

c) A omissão da menção a que se refere a segunda parte do n.º 6 do artigo 62.º

2 – A negligência é punível.

Lei da Televisão

ARTIGO 70.º – **Contra-ordenações graves**

1 – É punível com coima de 20 000 a 150 000:

a) A inobservância do disposto no n.º 3 do artigo 4.º, no n.º 1 do artigo 5.º, na primeira parte do n.º 2 e no n.º 6 do artigo 24.º, no n.º 5 do artigo 28.º, no n.º 3 do artigo 29.º, nos artigos 31.º, 33.º, 36.º, 37.º, 39.º, nos n.ᵒˢ 1 a 3 do artigo 40.º, no n.º 4 do artigo 53.º, nos n.ᵒˢ 1 e 4 do artigo 55.º, nos n.ᵒˢ 2 e 3 do artigo 58.º, no artigo 63.º e no n.º 1 do artigo 86.º;

b) A omissão da informação a que se refere o n.º 1 do artigo 62.º;

c) A violação do disposto na segunda parte do n.º 1 do artigo 54.º e dos prazos fixados no n.º 1 do artigo 60.º, no n.º 6 do artigo 62.º e no n.º 1 do artigo 63.º

2 – A negligência é punível.

ARTIGO 71.º – **Contra-ordenações muito graves**

1 – É punível com coima de 75 000 a 375 000 e suspensão da transmissão ou retransmissão do serviço de programas em que forem cometidas por um período de 1 a 10 dias:

a) A inobservância do disposto nos n.ᵒˢ 4 e 5 do artigo 4.º, no n.º 4 do artigo 8.º, no artigo 14.º, no n.º 1 do artigo 19.º, no n.º 1 do artigo 24.º, no artigo 27.º, nos n.ᵒˢ 2 e 6 do artigo 28.º, no n.º 1 do artigo 29.º, no n.º 1 do artigo 35.º e no n.º 2 do artigo 54.º;

b) A violação, por qualquer operador, do disposto no n.º 2 do artigo 26.º e do direito previsto no n.º 1 do artigo 60.º;

c) A exploração de canais televisivos por entidade diversa do titular da licença ou da autorização.

2 – A negligência é punível.

ARTIGO 72.º – **Responsáveis**

Pelas contra-ordenações previstas nos artigos anteriores responde o operador de televisão em cujo serviço de programas tiver sido cometida a infracção ou o operador de distribuição, designadamente por cabo, que proceder à retransmissão de conteúdos em infracção do disposto no n.º 1 do artigo 24.º

Artigo 73.º – **Infracção cometida em tempo de antena**

A violação do disposto no n.º 1 do artigo 24.º e no n.º 2 do artigo 54.º, prevista na alínea *a*) do n.º 1 do artigo 71.º, quando cometida no exercício do direito de antena, é ainda, consoante a gravidade da infracção, punida com a sanção acessória de suspensão do exercício do mesmo direito por períodos de 3 a 12 meses, com um mínimo de 6 a 12 meses em caso de reincidência, sem prejuízo de outras sanções previstas na lei.

Artigo 74.º – **Atenuação especial e dispensa da suspensão e da coima**

1 – Caso se verifiquem as circunstâncias das quais a lei penal geral faz depender a atenuação especial da pena:

a) Em caso de contra-ordenação leve ou grave, aplica-se o disposto no n.º 3 do artigo 18.º do Decreto-Lei n.º 433/82, de 27 de Outubro;

b) Em caso de contra-ordenação muito grave, os limites da coima são reduzidos em um terço, podendo não ser decretada a suspensão da transmissão ou retransmissão.

2 – Em caso de contra-ordenação deve e pode o agente ser dispensado da coima se se verificarem as circunstâncias das quais a lei penal geral faz depender a dispensa da pena.

3 – O operador poderá ser dispensado de coima em caso de violação dos limites de tempo de publicidade estabelecidos no artigo 36.º quando o incumprimento desse limite numa dada hora ocorrer por motivos de carácter excepcional devidamente justificados, designadamente o atraso ou prolongamento imprevisto da emissão, e se verificar que, no conjunto dessa hora, da anterior e da seguinte, foi respeitado o limite acumulado da publicidade previsto naquela disposição.

Artigo 75.º – **Suspensão da execução**

1 – Pode ser suspensa a execução da suspensão da transmissão ou retransmissão, por um período de três meses a um ano, caso se verifiquem os pressupostos de que a lei penal geral faz depender a suspensão da execução das penas e o operador não tiver sido sancionado por contra-ordenação praticada há menos de um ano.

2 – A suspensão da execução pode ser condicionada à prestação de

Lei da Televisão   173

caução de boa conduta, a fixar entre 20 000 a 150 000, tendo em conta a duração da suspensão.

3 – A suspensão da execução é sempre revogada se, durante o respectivo período, o infractor cometer contra-ordenação muito grave.

4 – A revogação determina o cumprimento da suspensão cuja execução estava suspensa e a quebra da caução.

ARTIGO 76.º – **Agravação especial**

Se o operador cometer uma contra-ordenação depois de ter sido sancionado por outra contra-ordenação praticada há menos de um ano, os limites mínimo e máximo da coima e da suspensão da transmissão ou retransmissão são elevados para o dobro.

ARTIGO 77.º – **Revogação da licença e restrição à retransmissão**

1 – Se o operador cometer contra-ordenação muito grave depois de ter sido sancionado por duas outras contra-ordenações muito graves, pode ser revogada a licença de televisão ou, tratando-se de infracção cometida na actividade de retransmissão, interditada definitivamente a retransmissão do serviço de programas em que tiverem sido cometidas.

2 – Qualquer contra-ordenação deixa de ser tomada em conta quando, entre a sua prática e a da contra-ordenação seguinte, tiver decorrido mais de um ano.

ARTIGO 78.º – **Processamento das contra-ordenações**

1 – A fiscalização do cumprimento do disposto na presente lei, o processamento das contra-ordenações e a aplicação das sanções correspondentes incumbem à entidade reguladora.

2 – A suspensão ou interdição da retransmissão de serviço de programas, designadamente por operador de rede de distribuição por cabo, terá em conta, quando aplicáveis, os procedimentos previstos, para efeito de suspensão da retransmissão de programas no Estado de recepção, na Directiva n.º 89/552/CEE, do Conselho, de 3 de Outubro, na redacção que lhe foi dada pela Directiva n.º 97/36/CE, do Parlamento e do Conselho, de 30 de Junho, bem como na Convenção Europeia sobre a Televisão Transfronteiras, aberta para assinatura em Estrasburgo em 5 de Maio de 1989, e respectivo Protocolo de Alteração, aprovados para ratificação pela Resolução da Assembleia da República n.º 50/2001, de 13 de Julho.

174 *Direitos, Liberdades e Garantias em Especial*

3 – A receita das coimas reverte na sua totalidade para a entidade reguladora.

Artigo 79.º – **Processo abreviado**

1 – No caso de infracção ao disposto nos n.ᵒˢ 1 a 4 do artigo 36.º e em qualquer outro em que a entidade reguladora dispuser de gravação ou outro registo automatizado dos factos que constituem a infracção, logo que adquirida a notícia da infracção, o operador será notificado:

a) Dos factos constitutivos da infracção;
b) Da legislação infringida;
c) Das sanções aplicáveis;
d) Do prazo concedido para apresentação da defesa.

2 – O arguido pode, no prazo de 20 dias a contar da notificação, apresentar a sua defesa, por escrito, com a indicação de meios de prova que entenda deverem produzir-se.

Artigo 80.º – **Suspensão cautelar da transmissão ou retransmissão**

1 – Havendo fortes indícios da prática da infracção, se, em concreto, atenta a natureza da transmissão e as demais circunstâncias, se verificar perigo de continuação ou repetição da actividade ilícita indiciada, a entidade reguladora pode ordenar a suspensão imediata da transmissão ou retransmissão do programa ou serviço de programas em que tiver sido cometida a infracção.

2 – A decisão é susceptível de impugnação judicial, que será imediatamente enviada para decisão judicial, devendo ser julgada no prazo máximo de 30 dias a contar do momento em que os autos forem recebidos no tribunal competente.

SECÇÃO III – **Disposições especiais de processo**

Artigo 81.º – **Forma do processo**

O procedimento pelas infracções criminais cometidas através da televisão rege-se pelas disposições do Código de Processo Penal e da legislação complementar, com as especialidades decorrentes da presente lei.

Artigo 82.º – **Competência territorial**

1 – Para conhecer dos crimes previstos na presente lei é competente o tribunal da comarca do local onde o operador tenha a sua sede ou representação permanente.

2 – Exceptuam-se do disposto no número anterior os crimes cometidos contra o bom nome e reputação, a reserva da vida privada ou outros bens da personalidade, cuja apreciação é da competência do tribunal da comarca do domicílio do ofendido.

3 – No caso de transmissões televisivas por entidade não habilitada nos termos da lei, e não sendo conhecido o elemento definidor da competência nos termos do n.º 1, é competente o Tribunal Judicial da Comarca de Lisboa.

Artigo 83.º – **Suspensão cautelar em processo por crime**

O disposto no artigo 80.º é aplicável, com as necessárias adaptações, aos processos por crime previsto na presente lei, cabendo ao Ministério Público requerer a suspensão cautelar durante o inquérito.

Artigo 84.º – **Regime de prova**

1 – Para prova dos pressupostos do exercício dos direitos de resposta ou de rectificação, e sem prejuízo de outros meios admitidos por lei, o interessado pode requerer, nos termos do artigo 528.º do Código de Processo Civil, que a entidade emissora seja notificada para apresentar, no prazo da contestação, as gravações do programa respectivo.

2 – Para além da referida no número anterior, só é admitida prova documental que se junte com o requerimento inicial ou com a contestação.

Artigo 85.º – **Difusão das decisões**

A requerimento do Ministério Público ou do ofendido, e mediante decisão judicial, a parte decisória das sentenças condenatórias transitadas em julgado por crimes cometidos através da televisão, assim como a identidade das partes, é difundida pela entidade emissora.

CAPÍTULO VII – **Conservação do património televisivo**

Artigo 86.º – **Depósito legal**

1 – Os registos das emissões qualificáveis como de interesse público, em função da sua relevância histórica ou cultural, ficam sujeitos a depósito legal, para efeitos de conservação a longo prazo e acessibilidade aos investigadores.

2 – O depósito legal previsto no número anterior será regulado por diploma próprio, que salvaguardará os interesses dos autores, dos produtores e dos operadores de televisão.

3 – O Estado promoverá igualmente a conservação a longo prazo e a acessibilidade pública dos registos considerados de interesse público anteriores à promulgação do diploma regulador do depósito legal, através de protocolos específicos celebrados com cada um dos operadores.

CAPÍTULO VIII – **Disposições finais e transitórias**

Artigo 87.º – **Contagem dos tempos de emissão**

Os responsáveis pelas estações emissoras de televisão asseguram a contagem dos tempos de antena, de resposta e de réplica política, para efeitos da presente lei, dando conhecimento dos respectivos resultados aos interessados.

Artigo 88.º – **Norma transitória**

O disposto nos artigos 48.º a 51.º da presente lei entra em vigor na data da constituição da Rádio e Televisão de Portugal, SGPS, S. A., mantendo-se até essa data em vigor os artigos correspondentes da Lei n.º 31--A/98, de 14 de Julho.

Artigo 89.º – **Competências de regulação**

1 – Cabem à Alta Autoridade para a Comunicação Social as competências de entidade reguladora previstas nos artigos 4.º, 8.º, 9.º, 16.º, 19.º, 28.º, 32.º, 48.º, no n.º 3 do artigo 52.º e nos artigos 53.º, 62.º, 67.º, 79.º e 80.º e ao Instituto da Comunicação Social as previstas nos artigos 12.º, 17.º e 45.º

2 – A competência de entidade reguladora prevista no artigo 39.º

Lei da Televisão 177

poderá ser exercida quer pela Alta Autoridade para a Comunicação Social quer pelo Instituto da Comunicação Social.

3 – A fiscalização do cumprimento do disposto na presente lei incumbe ao Instituto da Comunicação Social e, em matéria de publicidade, também ao Instituto do Consumidor, sem prejuízo das competências de qualquer outra entidade legalmente habilitada para o efeito.

4 – Compete ao presidente do Instituto da Comunicação Social a aplicação das coimas previstas na presente lei, com excepção das relativas à violação:

a) Dos artigos 18.°, 24.°, 25.°, 53.° a 63.°, que incumbe à Alta Autoridade para a Comunicação Social; e

b) Do artigo 24.°, quando cometida através de emissões publicitárias, e dos artigos 36.° e 37.°, da responsabilidade da comissão de aplicação de coimas prevista no Código da Publicidade.

5 – O processamento das contra-ordenações compete à entidade responsável pela aplicação das coimas correspondentes, excepto as relativas à violação do artigo 24.°, quando cometida através de emissões publicitárias, e dos artigos 36.° e 37.°, que incumbe ao Instituto do Consumidor.

6 – A receita das coimas reverte em 60% para o Estado e em 40% para o Instituto da Comunicação Social, quando competente para a sua aplicação, ou em 60% para o Estado, 20% para a entidade fiscalizadora e 20% para a entidade responsável pelo processamento das contra-ordenações respeitantes à violação do artigo 24.°, quando cometida através de emissões publicitárias, e dos artigos 36.° e 37.°

ARTIGO 90.° – **Segunda alteração do Decreto-Lei n.° 241/97, de 18 de Setembro**

Os artigos 16.° e 19.° do Decreto-Lei n.° 241/97, de 18 de Setembro, alterado pela Lei n.° 192/2000, de 18 de Agosto, passam a ter a seguinte redacção:

"ARTIGO 16.° – [...]

1 –...

2 –...

a) ....

b) *(Revogada.)*

c) ....

d) ....

e) ....

f) ....

g) ....

h) ....

i) ....

j) ....

3 – No exercício da sua actividade, o operador de rede de distribuição por cabo está sujeito ao cumprimento do disposto no n.º 1 do artigo 24.º da Lei da Televisão e, bem assim, das normas respeitantes a direitos de autor e conexos, quando aplicáveis.

ARTIGO 19.º – [**...**]

1 -..

a) ....

b) ....

c) ....

2 – É aplicável à distribuição por cabo o disposto nos artigos 65.º a 68.º e 71.º a 85.º da Lei da Televisão.

3 – *(Anterior n.º 2.)*

4 – *(Anterior n.º 3.)*"

ARTIGO 91.º – **Nona alteração do Código da Publicidade**

O artigo 40.º do Código da Publicidade, aprovado pelo Decreto-Lei n.º 330/90, de 23 de Outubro, e alterado pelos Decretos-Leis n.ºs 74/93, de 10 de Março, 6/95, de 17 de Janeiro, e 61/97, de 25 de Março, pela Lei n.º 31-A/98, de 14 de Julho, e pelos Decretos-Leis n.ºs 275/98, de 9 de Setembro, 51/2001, de 15 de Fevereiro, 332/2001, de 24 de Dezembro, e 81/2002, de 4 de Abril, passa a ter a seguinte redacção:

"ARTIGO 40.º – [**...**]

1 – ....

Lei da Televisão 179

2 – A fiscalização do cumprimento do disposto no artigo 24.º na actividade de televisão e, bem assim, nos artigos 25.º e 25.º-A, a instrução dos respectivos processos e a aplicação das correspondentes coimas e sanções acessórias competem à entidade administrativa independente reguladora da comunicação social.

3 – As receitas das coimas aplicadas ao abrigo do disposto nos números anteriores revertem em 40% para a entidade instrutora e em 60% para o Estado."

ARTIGO 92.º – **Norma revogatória**

Sem prejuízo do disposto no artigo 88.º, é revogada a Lei n.º 31-A/98, de 14 de Julho.

Aprovada em 15 de Julho de 2003.

O Presidente da Assembleia da República, *João Bosco Mota Amaral.*

Promulgada em 6 de Agosto de 2003.

Publique-se.

O Presidente da República, JORGE SAMPAIO.

Referendada em 8 de Agosto de 2003.

O Primeiro-Ministro, *José Manuel Durão Barroso.*

7. DIREITO AO CONTROLO DOS DADOS PESSOAIS INFORMATIZADOS

Lei n.º 67/98, de 26 de Outubro

Lei da Protecção de Dados Pessoais

A Assembleia da República decreta, nos termos da alínea *c*) do artigo 161.º, das alíneas *b*) e *c*) do n.º 1 do artigo 165.º e do n.º 3 do artigo 166.º da Constituição, para valer como lei geral da República, o seguinte:

CAPITULO I – Disposições gerais

ARTIGO 1.º – **Objecto**

A presente lei transpõe para a ordem jurídica interna a Directiva n.º 95/46/CE, do Parlamento Europeu e do Conselho, de 24 de Outubro de 1995, relativa à protecção das pessoas singulares no que diz respeito ao tratamento de dados pessoais e à livre circulação desses dados.

ARTIGO 2.º – **Princípio geral**

O tratamento de dados pessoais deve processar-se de forma transparente e no estrito respeito pela reserva da vida privada, bem como pelos direitos, liberdades e garantias fundamentais.

Artigo 3.º – **Definições**

Para efeitos da presente lei, entende-se por:

a) «Dados pessoais»: qualquer informação, de qualquer natureza e independentemente do respectivo suporte, incluindo som e imagem, relativa a uma pessoa singular identificada ou identificável («titular dos dados») ; é considerada identificável a pessoa que possa ser identificada directa ou indirectamente, designadamente por referência a um número de identificação ou a um ou mais elementos específicos da sua identidade física, fisiológica, psíquica, económica, cultural ou social;

b) «Tratamento de dados pessoais» («tratamento»): qualquer operação ou conjunto de operações sobre dados pes-soais, efectuadas com ou sem meios automatizados, tais como a recolha, o registo, a organização, a conservação, a adaptação ou alteração, a recuperação, a consulta, a utilização, a comunicação por transmissão, por difusão ou por qualquer outra forma de colocação à disposição, com comparação ou interconexão, bem como o bloqueio, apagamento ou destruição;

c) «Ficheiro de dados pessoais» («ficheiro»): qualquer conjunto estruturado de dados pessoais, acessível segundo critérios determinados, quer seja centralizado, descentralizado ou repartido de modo funcional ou geográfico;

d) «Responsável pelo tratamento»: a pessoa singular ou colectiva, a autoridade pública, o serviço ou qualquer outro organismo que, individualmente ou em conjunto com outrem, determine as finalidades e os meios de tratamento dos dados pessoais; sempre que as finalidades e os meios do tratamento sejam determinados por disposições legislativas ou regulamentares, o responsável pelo tratamento deve ser indicado na lei de organização e funcionamento ou no estatuto da entidade legal ou estatutariamente competente para tratar os dados pessoais em causa;

e) «Subcontratante»: a pessoa singular ou colectiva, a autoridade pública, o serviço ou qualquer outro organismo que trate os dados pessoais por conta do responsável pelo tratamento;

f) «Terceiro»: a pessoa singular ou colectiva, a autoridade pública, o serviço ou qualquer outro organismo que, não sendo o titular dos dados, o responsável pelo tratamento, o subcontratante ou outra

Direito ao Controlo dos Dados Pessoais Informatizados

pessoa sob autoridade directa do responsável pelo tratamento ou do subcontratante, esteja habilitado a tratar os dados;

g) «Destinatário»: a pessoa singular ou colectiva, a autoridade pública, o serviço ou qualquer outro organismo a quem sejam comunicados dados pessoais, independentemente de se tratar ou não de um terceiro, sem prejuízo de não serem consideradas destinatários as autoridades a quem sejam comunicados dados no âmbito de uma disposição legal;

h) «Consentimento do titular dos dados»: qualquer manifestação de vontade, livre, específica e informada, nos termos da qual o titular aceita que os seus dados pessoais sejam objecto de tratamento;

i) «Interconexão de dados»: forma de tratamento que consiste na possibilidade de relacionamento dos dados de um ficheiro com os dados de um ficheiro ou ficheiros mantidos por outro ou outros responsáveis, ou mantidos pelo mesmo responsável com outra finalidade.

ARTIGO 4.º – Âmbito de aplicação

1. – A presente lei aplica-se ao tratamento de dados pessoais por meios total ou parcialmente automatizados, bem como ao tratamento por meios não automatizados de dados pessoais contidos em ficheiros manuais ou a estes destinados.

2 – A presente lei não se aplica ao tratamento de dados pessoais efectuado por pessoa singular no exercício de actividades exclusivamente pessoais ou domésticas.

3 – A presente lei aplica-se ao tratamento de dados pessoais efectuado:

a) No âmbito das actividades de estabelecimento do responsável do tratamento situado em território português;

b) Fora do território nacional, em local onde a legislação portuguesa seja aplicável por força do direito internacional;

c) Por responsável que, não estando estabelecido no território da União Europeia, recorra, para tratamento de dados pessoais, a meios, automatizados ou não, situados no território português, salvo se esses meios só forem utilizados para trânsito através do território da União Europeia.

4 – A presente lei aplica-se à videovigilância e outras formas de captação, tratamento e difusão de sons e imagens que permitam identificar pessoas sempre que o responsável pelo tratamento esteja domiciliado ou sediado em Portugal ou utilize um fornecedor de acesso a redes informáticas e telemáticas estabelecido em território português.

5 – No caso referido na alínea *c*) do n.º 3, o responsável pelo tratamento deve designar, mediante comunicação à Comissão Nacional de Protecção de Dados (CNPD), um representante estabelecido em Portugal, que se lhe substitua em todos os seus direitos e obrigações, sem prejuízo da sua própria responsabilidade.

6 – O disposto no número anterior aplica-se no caso de o responsável pelo tratamento estar abrangido por estatuto de extraterritorialidade, de imunidade ou por qualquer outro que impeça o procedimento criminal.

7 – A presente lei aplica-se ao tratamento de dados pessoais que tenham por objectivo a segurança pública, a defesa nacional e a segurança do Estado, sem prejuízo do disposto em normas especiais constantes de instrumentos de direito internacional a que Portugal se vincule e de legislação específica atinente aos respectivos sectores.

CAPÍTULO II – **Tratamento de dados pessoais**

SECÇÃO I – **Qualidade dos dados e legitimidade do seu tratamento**

ARTIGO 5.º – **Qualidade dos dados**

1 – Os dados pessoais devem ser:

a) Tratados de forma lícita e com respeito pelo princípio da boa fé;

b) Recolhidos para finalidades determinadas, explícitas e legítimas, não podendo ser posteriormente tratados de forma incompatível com essas finalidades;

c) Adequados, pertinentes e não excessivos relativamente às finalidades para que são recolhidos e posteriormente tratados;

d) Exactos e, se necessário, actualizados, devendo ser tomadas as medidas adequadas para assegurar que sejam apagados ou rectificados os dados inexactos ou incompletos, tendo em conta as finalidades para que foram recolhidos ou para que são tratados posteriormente;

Direito ao Controlo dos Dados Pessoais Informatizados 185

e) Conservados de forma a permitir a identificação dos seus titulares apenas durante o período necessário para a prossecução das finalidades da recolha ou do tratamento posterior.

2 – Mediante requerimento do responsável pelo tratamento, e caso haja interesse legítimo, a CNPD pode autorizar a conservação de dados para fins históricos, estatísticos ou científicos por período superior ao referido na alínea e) do número anterior.

3 – Cabe ao responsável pelo tratamento assegurar a observância do disposto nos números anteriores.

ARTIGO 6.º – **Condições de legitimidade do tratamento de dados**

O tratamento de dados pessoais só pode ser efectuado se o seu titular tiver dado de forma inequívoca o seu consentimento ou se o tratamento for necessário para:

a) Execução de contrato ou contratos em que o titular dos dados seja parte ou de diligências prévias à formação do contrato ou declaração da vontade negociai efectuadas a seu pedido;

b) Cumprimento de obrigação legal a que o responsável pelo tratamento esteja sujeito;

c) Protecção de interesses vitais do titular dos dados, se este estiver física ou legalmente incapaz de dar o seu consentimento;

d) Execução de uma missão de interesse público ou no exercício de autoridade pública em que esteja investido o responsável pelo tratamento ou um terceiro a quem os dados sejam comunicados;

e) Prossecução de interesses legítimos do responsável pelo tratamento ou de terceiro a quem os dados sejam comunicados, desde que não devam prevalecer os interesses ou os direitos, liberdades e garantias do titular dos dados.

ARTIGO 7.º – **Tratamento de dados sensíveis**

1 – É proibido o tratamento de dados pessoais referentes a convicções filosóficas ou políticas, filiação partidária ou sindical, fé religiosa, vida privada e origem racial ou étnica, bem como o tratamento de dados relativos à saúde e à vida sexual, incluindo os dados genéticos.

2 – Mediante disposição legal ou autorização da CNPD, pode ser permitido o tratamento dos dados referidos no número anterior quando por

motivos de interesse público importante esse tratamento for indispensável ao exercício das atribuições legais ou estatutárias do seu responsável, ou quando o titular dos dados tiver dado o seu consentimento expresso para esse tratamento, em ambos os casos com garantias de não discriminação e com as medidas de segurança previstas no artigo 15.º

3 – O tratamento dos dados referidos no n.º 1 é ainda permitido quando se verificar uma das seguintes condições:

a) Ser necessário para proteger interesses vitais do titular dos dados ou de uma outra pessoa e o titular dos dados estiver física ou legalmente incapaz de dar o seu consentimento;

b) Ser efectuado, com o consentimento do titular, por fundação, associação ou organismo sem fins lucrativos de carácter político, filosófico, religioso ou sindical, no âmbito das suas actividades legítimas, sob condição de o tratamento respeitar apenas aos membros desse organismo ou às pessoas que com ele mantenham contactos periódicos ligados às suas finalidades, e de os dados não serem comunicados a terceiros sem consentimento dos seus titulares;

c) Dizer respeito a dados manifestamente tornados públicos pelo seu titular, desde que se possa legitimamente deduzir das suas declarações o consentimento para o tratamento dos mesmos;

d) Ser necessário à declaração, exercício ou defesa de um direito em processo judicial e for efectuado exclusivamente com essa finalidade.

4 – O tratamento dos dados referentes à saúde e à vida sexual, incluindo os dados genéticos, é permitido quando for necessário para efeitos de medicina preventiva, de diagnóstico médico, de prestação de cuidados ou tratamentos médicos ou de gestão de serviços de saúde, desde que o tratamento desses dados seja efectuado por um profissional de saúde obrigado a sigilo ou por outra pessoa sujeita igualmente a segredo profissional, seja notificado à CNPD, nos termos do artigo 27.º, e sejam garantidas medidas adequadas de segurança da informação.

ARTIGO 8.º – **Suspeitas de actividades ilícitas, infracções penais e contra-ordenações**

1 – A criação e a manutenção de registos centrais relativos a pessoas suspeitas de actividades ilícitas, infracções penais, contra-ordenações e

decisões que apliquem penas, medidas de segurança, coimas e sanções acessórias só podem ser mantidas por serviços públicos com competência específica prevista na respectiva lei de organização e funcionamento, observando normas procedimentais e de protecção de dados previstas em diploma legal, com prévio parecer da CNPD.

2 – O tratamento de dados pessoais relativos a suspeitas de actividades ilícitas, infracções penais, contra-ordenações e decisões que apliquem penas, medidas de segurança, coimas e sanções acessórias pode ser autorizado pela CNPD, observadas as normas de protecção de dados e de segurança da informação, quando tal tratamento for necessário à execução de finalidades legítimas do seu responsável, desde que não prevaleçam os direitos, liberdades e garantias do titular dos dados.

3 – O tratamento de dados pessoais para fins de investigação policial deve limitar-se ao necessário para a prevenção de um perigo concreto ou repressão de uma infracção determinada, para o exercício de competências previstas no respectivo estatuto orgânico ou noutra disposição legal e ainda nos termos de acordo ou convenção internacional de que Portugal seja parte.

ARTIGO 9.º – **Interconexão de dados pessoais**

1 – A interconexão de dados pessoais que não esteja prevista em disposição legal está sujeita a autorização da CNPD solicitada pelo responsável ou em conjunto pelos correspondentes responsáveis dos tratamentos, nos termos previstos no artigo 27.º

2 – A interconexão de dados pessoais deve ser adequada à prossecução das finalidades legais ou estatutárias e de interesses legítimos dos responsáveis dos tratamentos, não implicar discriminação ou diminuição dos direitos, liberdades e garantias dos titulares dos dados, ser rodeada de adequadas medidas de segurança e ter em conta o tipo de dados objecto de interconexão.

SECÇÃO II – **Direitos do titular dos dados**

ARTIGO 10.º – **Direito de informação**

1 – Quando recolher dados pessoais directamente do seu titular, o

responsável pelo tratamento ou o seu representante deve prestar-lhe, salvo se já dele forem conhecidas, as seguintes informações:

a) Identidade do responsável pelo tratamento e, se for caso disso, do seu representante;
b) Finalidades do tratamento;
c) Outras informações, tais como:
Os destinatários ou categorias de destinatários dos dados;
O carácter obrigatório ou facultativo da resposta, bem como as possíveis consequências se não responder;
A existência e as condições do direito de acesso e de rectificação, desde que sejam necessárias, tendo em conta as circunstâncias específicas da recolha dos dados, para garantir ao seu titular um tratamento leal dos mesmos.

2 – Os documentos que sirvam de base à recolha de dados pessoais devem conter as informações constantes do número anterior.

3 – Se os dados não forem recolhidos junto do seu titular, e salvo se dele já forem conhecidas, o responsável pelo tratamento, ou o seu representante, deve prestar-lhe as informações previstas no n.° 1 no momento do registo dos dados ou, se estiver prevista a comunicação a terceiros, o mais tardar aquando da primeira comunicação desses dados.

4 – No caso de recolha de dados em redes abertas, o titular dos dadas deve ser informado, salvo se disso já tiver conhecimento, de que os seus dados pessoais podem circular na rede sem condições de segurança, correndo o risco de serem vistos e utilizados por terceiros não autorizados.

5 – A obrigação de informação pode ser dispensada, mediante disposição legal ou deliberação da CNPD, por motivos de segurança do Estado e prevenção ou investigação criminal, e, bem assim, quando, nomeadamente no caso do tratamento de dados com finalidades estatísticas, históricas ou de investigação científica, a informação do titular dos dados se revelar impossível ou implicar esforços desproporcionados ou ainda quando a lei determinar expressamente o registo dos dados ou a sua divulgação.

6 – A obrigação de informação, nos termos previstos no presente artigo, não se aplica ao tratamento de dados efectuado para fins exclusivamente jornalísticos ou de expressão, artística ou literária.

Artigo 11.º – **Direito de acesso**

1 – O titular dos dados tem o direito de obter do responsável pelo tratamento, livremente e sem restrições, com periodicidade razoável e sem demoras ou custos excessivos:

a) A confirmação de serem ou não tratados dados que lhe digam respeito, bem como informação sobre as finalidades desse tratamento, as categorias de dados sobre que incide e os destinatários ou categorias de destinatários a quem são comunicados os dados;
b) A comunicação, sob forma inteligível, dos seus dados sujeitos a tratamento e de quaisquer informações disponíveis sobre a origem desses dados;
c) O conhecimento da lógica subjacente ao tratamento automatizado dos dados que lhe digam respeito;
d) A rectificação, o apagamento ou o bloqueio dos dados cujo tratamento não cumpra o disposto na presente lei, nomeadamente devido ao carácter incompleto ou inexacto desses dados;
e) A notificação aos terceiros a quem os dados tenham sido comunicados de qualquer rectificação, apagamento ou bloqueio efectuado nos termos da alínea d), salvo se isso for comprovadamente impossível.

2 – No caso de tratamento de dados pessoais relativos à segurança do Estado e à prevenção ou investigação criminal, o direito de acesso é exercido através da CNPD ou de outra autoridade independente a quem a lei atribua a verificação do cumprimento da legislação de protecção de dados pessoais.

3 – No caso previsto no n.º 6 do artigo anterior, o direito de acesso é exercido através da CNPD com salvaguarda das normas constitucionais aplicáveis, designadamente as que garantem a liberdade de expressão e informação, a liberdade de imprensa e a independência e sigilo profissionais dos jornalistas.

4 – Nos casos previstos nos n.ºs 2 e 3, se a comunicação dos dados ao seu titular puder prejudicar a segurança do Estado, a prevenção ou a investigação criminal ou ainda a liberdade de expressão e informação ou a liberdade de imprensa, a CNPD limita-se a informar o titular dos dados das diligências efectuadas.

5 – O direito de acesso à informação relativa a dados da saúde,

incluindo os dados genéticos, é exercido por intermédio de médico escolhido pelo titular dos dados.

6 – No caso de os dados não serem utilizados para tomar medidas ou decisões em relação a pessoas determinadas, a lei pode restringir o direito de acesso nos casos em que manifestamente não exista qualquer perigo de violação dos direitos, liberdades e garantias do titular dos dados, designadamente do direito à vida privada, e os referidos dados forem exclusivamente utilizados para fins de investigação científica ou conservados sob forma de dados pessoais durante um período que não exceda o necessário à finalidade exclusiva de elaborar estatísticas.

ARTIGO 12.° – **Direito de oposição do titular dos dados**

O titular dos dados tem o direito de:

a) Salvo disposição legal em contrário, e pelo menos nos casos referidos nas alíneas *d)* e *e)* do artigo 6.°, se opor em qualquer altura, por razões ponderosas e legítimas relacionadas com a sua situação particular, a que os dados que lhe digam respeito sejam objecto de tratamento, devendo, em caso de oposição justificada, o tratamento efectuado pelo responsável deixar de poder incidir sobre esses dados;

b) Se opor, a seu pedido e gratuitamente, ao tratamento dos dados pessoais que lhe digam respeito previsto pelo responsável pelo tratamento para efeitos de *marketing* directo ou qualquer outra forma de prospecção, ou de ser informado, antes de os dados pessoais serem comunicados pela primeira vez a terceiros para fins de *marketing* directo ou utilizados por conta de terceiros, e de lhe ser expressamente facultado o direito de se opor, sem despesas, a tais comunicações ou utilizações.

ARTIGO 13.° – **Decisões individuais automatizadas**

1 – Qualquer pessoa tem o direito de não ficar sujeita a uma decisão que produza efeitos na sua esfera jurídica ou que a afecte de modo significativo, tomada exclusivamente com base num tratamento automatizado de dados destinado a avaliar determinados aspectos da sua personalidade, designadamente a sua capacidade profissional, o seu crédito, a confiança de que é merecedora ou o seu comportamento.

Direito ao Controlo dos Dados Pessoais Informatizados 191

2 – Sem prejuízo do cumprimento das restantes disposições da presente lei, uma pessoa pode ficar sujeita a uma decisão tomada nos termos do n.º 1, desde que tal ocorra no âmbito da celebração ou da execução de um contrato, e sob condição de o seu pedido de celebração ou execução do contrato ter sido satisfeito, ou de existirem medidas adequadas que garantam a defesa dos seus interesses legítimos, designadamente o seu direito de representação e expressão.

3 – Pode ainda ser permitida a tomada de uma decisão nos termos do n.º 1 quando a CNPD o autorize, definindo medidas de garantia da defesa dos interesses legítimos do titular dos dados.

SECÇÃO III – **Segurança e confidencialidade do tratamento**

ARTIGO 14.º – **Segurança do tratamento**

1 – O responsável pelo tratamento deve pôr em prática as medidas técnicas e organizativas adequadas para proteger os dados pessoais contra a destruição, acidental ou ilícita, a perda acidental, a alteração, a difusão ou o acesso não autorizados, nomeadamente quando o tratamento implicar a sua transmissão por rede, e contra qualquer outra forma de tratamento ilícito; estas medidas devem assegurar, atendendo aos conhecimentos técnicos disponíveis e aos custos resultantes da sua aplicação, um nível de segurança adequado em relação aos riscos que o tratamento apresenta e à natureza dos dados a proteger.

2 – O responsável pelo tratamento, em caso de tratamento por sua conta, deverá escolher um subcontratante que ofereça garantias suficientes em relação às medidas de segurança técnica e de organização do tratamento a efectuar, e deverá zelar pelo cumprimento dessas medidas.

3 – A realização de operações de tratamento em subcontratação deve ser regida por um contrato ou acto jurídico que vincule o subcontratante ao responsável pelo tratamento e que estipule, designadamente, que o subcontratante apenas actua mediante instruções do responsável pelo tratamento e que lhe incumbe igualmente o cumprimento das obrigações referidas no n.º 1.

4 – Os elementos de prova da declaração negocial, do contrato ou do acto jurídico relativos à protecção dos dados, bem como as exigências relativas às medidas referidas no n.º 1, são consignados por escrito em documento em suporte com valor probatório legalmente reconhecido.

ARTIGO 15.° – **Medidas especiais de segurança**

1 – Os responsáveis pelo tratamento dos dados referidos no n.° 2 do artigo 7.° e no n.° 1 do artigo 8.° devem tomar as medidas adequadas para:

a) Impedir o acesso de pessoa não autorizada às instalações utilizadas para o tratamento desses dados (controlo da entrada nas instalações);

b) Impedir que suportes de dados possam ser lidos, copiados, alterados ou retirados por pessoa não autorizada (controlo dos suportes de dados);

c) Impedir a introdução não autorizada, bem como a tomada de conhecimento, a alteração ou a eliminação não autorizadas de dados pessoais inseridos (controlo da inserção);

d) Impedir que sistemas de tratamento automatizados de dados possam ser utilizados por pessoas não autorizadas através de instalações de transmissão de dados (controlo da utilização);

e) Garantir que as pessoas autorizadas só possam ter acesso aos dados abrangidos pela autorização (controlo de acesso);

f) Garantir a verificação das entidades a quem possam ser transmitidos os dados pessoais através das instalações de transmissão de dados (controlo da transmissão);

g) Garantir que possa verificar-se *a posteriori,* em prazo adequado à natureza do tratamento, a fixar na regulamentação aplicável a cada sector, quais os dados pessoais introduzidos quando e por quem (controlo da introdução);

h) Impedir que, na transmissão de dados pessoais, bem como no transporte do seu suporte, os dados possam ser lidos, copiados, alterados ou eliminados de forma não autorizada (controlo do transporte).

2 – Tendo em conta a natureza das entidades responsáveis pelo tratamento e o tipo das instalações em que é efectuado, a CNPD pode dispensar a existência de certas medidas de segurança, garantido que se mostre o respeito pelos direitos, liberdades e garantias dos titulares dos dados.

3 – Os sistemas devem garantir a separação lógica entre os dados referentes à saúde e à vida sexual, incluindo os genéticos, dos restantes dados pessoais.

Direito ao Controlo dos Dados Pessoais Informatizados 193

4 – A CNPD pode determinar que, nos casos em que a circulação em rede de dados pessoais referidos nos artigos 7.º e 8.º possa pôr em risco direitos, liberdades e garantias dos respectivos titulares, a transmissão seja cifrada.

ARTIGO 16.º – **Tratamento por subcontratante**

Qualquer pessoa que, agindo sob a autoridade do responsável pelo tratamento ou do subcontratante, bem como o próprio subcontratante, tenha acesso a dados pessoais não pode proceder ao seu tratamento sem instruções do responsável pelo tratamento, salvo por força de obrigações legais.

ARTIGO 17.º – **Sigilo profissional**

1 – Os responsáveis do tratamento de dados pessoais, bem como as pessoas que, no exercício das suas funções, tenham conhecimento dos dados pessoais tratados, ficam obrigados a sigilo profissional, mesmo após o termo das suas funções.

2 – Igual obrigação recai sobre os membros da CNPD, mesmo após o termo do mandato.

3 – O disposto nos números anteriores não exclui o dever do fornecimento das informações obrigatórias, nos termos legais, excepto quando constem de ficheiros organizados para fins estatísticos.

4 – Os funcionários, agentes ou técnicos que exerçam funções de assessoria à CNPD ou aos seus vogais estão sujeitos à mesma obrigação de sigilo profissional.

CAPÍTULO III – **Transferência de dados pessoais**

SECÇÃO I – **Transferência de dados pessoais na União Europeia**

ARTIGO 18.º – **Princípio**

É livre a circulação de dados pessoais entre Estados membros da União Europeia, sem prejuízo do disposto nos actos comunitários de natureza fiscal e aduaneira.

SECÇÃO II – **Transferência de dados pessoais para fora da União Europeia**

ARTIGO 19.º – **Princípios**

1 – Sem prejuízo do disposto no artigo seguinte, a transferência, para um Estado que não pertença à União Europeia, de dados pessoais que sejam objecto de tratamento ou que se destinem a sê-lo só pode realizar-se com o respeito das disposições da presente lei e se o Estado para onde são transferidos assegurar um nível de protecção adequado.

2 – A adequação do nível de protecção num Estado que não pertença à União Europeia é apreciada em função de todas as circunstâncias que rodeiem a transferência ou o conjunto de transferências de dados; em especial, devem ser tidas em consideração a natureza dos dados, a finalidade e a duração do tratamento ou tratamentos projectados, os países de origem e de destino final, as regras de Direito, gerais ou sectoriais, em vigor no Estado em causa, bem como as regras profissionais e as medidas de segurança que são respeitadas nesse Estado.

3 – Cabe à CNPD decidir se um Estado que não pertença à União Europeia assegura um nível de protecção adequado.

4 – A CNPD comunica, através do Ministério dos Negócios Estrangeiros, à Comissão Europeia os casos em que tenha considerado que um Estado não assegura um nível de protecção adequado.

5 – Não é permitida a transferência de dados pessoais de natureza idêntica aos que a Comissão Europeia tiver considerado que não gozam de protecção adequada no Estado a que se destinam.

ARTIGO 20.º – **Derrogações**

1 – A transferência de dados pessoais para um Estado que não assegure um nível de protecção adequado na acepção do n.º 2 do artigo 19.º pode ser permitida pela CNPD se o titular dos dados tiver dado de forma inequívoca o seu consentimento à transferência ou se essa transferência:

a) For necessária para a execução de um contrato entre o titular dos dados e o responsável pelo tratamento ou de diligências prévias à formação do contrato decididas a pedido do titular dos dados;

b) For necessária para a execução ou celebração de um contrato celebrado ou a celebrar, no interesse do titular dos dados, entre o responsável pelo tratamento e um terceiro; ou

c) For necessária ou legalmente exigida para a protecção de um interesse público importante, ou para a declaração, o exercício ou a defesa de um direito num processo judicial; ou

d) For necessária para proteger os interesses vitais do titular dos dados; ou

e) For realizada a partir de um registo público que, nos termos de disposições legislativas ou regulamentares, se destine à informação do público e se encontre aberto à consulta do público em geral ou de qualquer pessoa que possa provar um interesse legítimo, desde que as condições estabelecidas na lei para a consulta sejam cumpridas no caso concreto.

2 – Sem prejuízo do disposto no n.º 1, a CNPD pode autorizar uma transferência ou um conjunto de transferências de dados pessoais para um Estado que não assegure um nível de protecção adequado na acepção do n.º 2 do artigo 19.º desde que o responsável pelo tratamento assegure mecanismos suficientes de garantia de protecção da vida privada e dos direitos e liberdades fundamentais das pessoas, bem como do seu exercício, designadamente, mediante cláusulas contratuais adequadas.

3 – A CNPD informa a Comissão Europeia, através do Ministério dos Negócios Estrangeiros, bem como as autoridades competentes dos restantes Estados da União Europeia, das autorizações que conceder nos termos do n.º 2.

4 – A concessão ou derrogação das autorizações previstas no n.º 2 efectua-se pela CNPD nos termos de processo próprio e de acordo com as decisões da Comissão Europeia.

5 – Sempre que existam cláusulas contratuais tipo aprovadas pela Comissão Europeia, segundo procedimento próprio, por oferecerem as garantias suficientes referidas no n.º 2, a CNPD autoriza a transferência de dados pessoais que se efectue ao abrigo de tais cláusulas.

6 – A transferência de dados pessoais que constitua medida necessária à protecção da segurança do Estado, da defesa, da segurança pública e da prevenção, investigação e repressão das infracções penais é regida por disposições legais específicas ou pelas convenções e acordos internacionais em que Portugal é parte.

CAPITULO IV – **Comissão Nacional de Protecção de Dados**

SECÇÃO I – **Natureza, atribuições e competências**

ARTIGO 21.º – **Natureza**

1 – A CNPD é uma entidade administrativa independente, com poderes de autoridade, que funciona junto da Assembleia da República.

2 – A CNPD, independentemente do direito nacional aplicável a cada tratamento de dados em concreto, exerce as suas competências em todo o território nacional.

3 – A CNPD pode ser solicitada a exercer os seus poderes por uma autoridade de controlo de protecção de dados de outro Estado membro da União Europeia ou do Conselho da Europa.

4 – A CNPD coopera com as autoridades de controlo de protecção de dados de outros Estados na difusão do direito e das regulamentações nacionais em matéria de protecção de dados pessoais, bem como na defesa e no exercício dos direitos de pessoas residentes no estrangeiro.

ARTIGO 22.º – **Atribuições**

1 – A CNPD é a autoridade nacional que tem como atribuição controlar e fiscalizar o cumprimento das disposições legais e regulamentares em matéria de protecção de dados pessoais, em rigoroso respeito pelos direitos do homem e pelas liberdades e garantias consagradas na Constituição e na lei.

2 – A CNPD deve ser consultada sobre quaisquer disposições legais, bem como sobre instrumentos jurídicos em preparação em instituições comunitárias ou internacionais, relativos ao tratamento de dados pessoais.

3 – A CNPD dispõe:

a) De poderes de investigação e de inquérito, podendo aceder aos dados objecto de tratamento e recolher todas as informações necessárias ao desempenho das suas funções de controlo;

b) De poderes de autoridade, designadamente o de ordenar o bloqueio, apagamento ou destruição dos dados, bem como o de proibir, temporária ou definitivamente, o tratamento de dados pessoais, ainda que incluídos em redes abertas de transmissão de dados a partir de servidores situados em território português;

Direito ao Controlo dos Dados Pessoais Informatizados 197

c) Do poder de emitir pareceres prévios ao tratamento de dados pessoais, assegurando a sua publicitação.

4 – Em caso de reiterado não cumprimento das disposições legais em matéria de dados pessoais, a CNPD pode advertir ou censurar publicamente o responsável pelo tratamento, bem como suscitar a questão, de acordo com as respectivas competências, à Assembleia da República, ao Governo ou a outros órgãos ou autoridades.

5 – A CNPD tem legitimidade para intervir em processos judiciais no caso de violação das disposições da presente lei e deve denunciar ao Ministério Público as infracções penais de que tiver conhecimento, no exercício das suas funções e por causa delas, bem como praticar os actos cautelares necessários e urgentes para assegurar os meios de prova.

6 – A CNPD é representada em juízo pelo Ministério Público e está isenta de custas nos processos em que intervenha.

ARTIGO 23.º – **Competências**

1 – Compete em especial à CNPD:

a) Emitir parecer sobre disposições legais, bem como sobre instrumentos jurídicos em preparação em instituições comunitárias e internacionais, relativos ao tratamento de dados pessoais;

b) Autorizar ou registar, consoante os casos, os tratamentos de dados pessoais;

c) Autorizar excepcionalmente a utilização de dados pessoais para finalidades não determinantes da recolha, com respeito pelos princípios definidos no artigo 5.º;

d) Autorizar, nos casos previstos no artigo 9.º, a interconexão de tratamentos automatizados de dados pessoais;

e) Autorizar a transferência de dados pessoais nos casos previstos no artigo 20.º;

f) Fixar o tempo da conservação dos dados pessoais em função da finalidade, podendo emitir directivas para determinados sectores de actividade;

g) Fazer assegurar o direito de acesso à informação, bem como do exercício do direito de rectificação e actualização;

h) Autorizar a fixação de custos ou de periodicidade para o exercício do direito de acesso, bem como fixar os prazos máximos de cumprimento, em cada sector de actividade, das obrigações que, por força dos artigos 11.º a 13.º, incumbem aos responsáveis pelo tratamento de dados pessoais;

i) Dar seguimento ao pedido efectuado por qualquer pessoa, ou por associação que a represente, para protecção dos seus direitos e liberdades no que diz respeito ao tratamento de dados pessoais e informá-la do resultado;

j) Efectuar, a pedido de qualquer pessoa, a verificação de licitude de um tratamento de dados, sempre que esse tratamento esteja sujeito a restrições de acesso ou de informação, e informá-la da realização da verificação;

k) Apreciar as reclamações, queixas ou petições dos particulares;

l) Dispensar a execução de medidas de segurança, nos termos previstos no n.º 2 do artigo 15.º, podendo emitir directivas para determinados sectores de actividade;

m) Assegurar a representação junto de instâncias comuns de controlo e em reuniões comunitárias e internacionais de entidades independentes de controlo da protecção de dados pessoais, bem como participar em reuniões internacionais no âmbito das suas competências, designadamente exercer funções de representação e fiscalização no âmbito dos sistemas Schengen e Europol, nos termos das disposições aplicáveis;

n) Deliberar sobre a aplicação de coimas;

o) Promover e apreciar códigos de conduta;

p) Promover a divulgação e esclarecimento dos direitos relativos à protecção de dados e dar publicidade periódica à sua actividade, nomeadamente através da publicação de um relatório anual;

q) Exercer outras competências legalmente previstas.

2 – No exercício das suas competências de emissão de directivas ou de apreciação de códigos de conduta, a CNPD deve promover a audição das associações de defesa dos interesses em causa.

3 – No exercício das suas funções, a CNPD profere decisões com força obrigatória, passíveis de reclamação e de recurso para o Tribunal Central Administrativo.

4 – A CNPD pode sugerir à Assembleia da República as providências que entender úteis à prossecução das suas atribuições e ao exercício das suas competências.

Direito ao Controlo dos Dados Pessoais Informatizados 199

ARTIGO 24.º – **Dever de colaboração**

1 – As entidades públicas e privadas devem prestar a sua colaboração à CNPD, facultando-lhe todas as informações que por esta, no exercício das suas competências, lhes forem solicitadas.

2 – O dever de colaboração é assegurado, designadamente, quando a CNPD tiver necessidade, para o cabal exercício das suas funções, de examinar o sistema informático e os ficheiros de dados pessoais, bem como toda a documentação relativa ao tratamento e transmissão de dados pessoais.

3 – A CNPD ou os seus vogais, bem como os técnicos por ela mandatados, têm direito de acesso aos sistemas informáticos que sirvam de suporte ao tratamento dos dados, bem como à documentação referida no número anterior, no âmbito das suas atribuições e competências.

SECÇÃO II – Composição e funcionamento

ARTIGO 25.º – **Composição e mandato**

1 – A CNPD é composta por sete membros de integridade e mérito reconhecidos, dos quais o presidente e dois dos vogais são eleitos pela Assembleia da República segundo o método da média mais alta de Hondt.

2 – Os restantes vogais são:

a) Dois magistrados com mais de 10 anos de carreira, sendo um magistrado judicial, designado pelo Conselho Superior da Magistratura, e um magistrado do Ministério Público, designado pelo Conselho Superior do Ministério Público;

b) Duas personalidades de reconhecida competência designadas pelo Governo.

3 – O mandato dos membros da CNPD é de cinco anos e cessa com a posse dos novos membros.

4 – Os membros da CNPD constam de lista publicada na 1.ª série do *Diário da República.*

5 – Os membros da CNPD tornam posse perante o Presidente da Assembleia da República nos 10 dias seguintes à publicação da lista referida no número anterior.

Artigo 26.º – **Funcionamento**

1 – São aprovados por lei da Assembleia da República:

a) A lei orgânica e o quadro de pessoal da CNPD;

b) O regime de incompatibilidades, de impedimentos, de suspeições e de perda de mandato, bem como o estatuto remuneratório dos membros da CNPD.

2 – O estatuto dos membros da CNPD garante a independência do exercício das suas funções.

3 – A Comissão dispõe de quadro próprio para apoio técnico e administrativo, beneficiando os seus funcionários e agentes do estatuto e regalias do pessoal da Assembleia da República.

SECÇÃO III – **Notificação**

Artigo 27.º – **Obrigação de notificação à CNPD**

1 – O responsável pelo tratamento ou, se for caso disso, o seu representante deve notificar a CNPD antes da realização de um tratamento ou conjunto de tratamentos, total ou parcialmente autorizados, destinados à prossecução de uma ou mais finalidades interligadas.

2 – A CNPD pode autorizar a simplificação ou a isenção da notificação para determinadas categorias de tratamentos que, tendendo aos dados a tratar, não sejam susceptíveis de pôr em causa os direitos e liberdades dos titulares dos dados e tenham em conta critérios de celeridade, economia e eficiência.

3 – A autorização, que está sujeita a publicação no *Diário da República,* deve especificar as finalidades do tratamento, os dados ou categorias de dados a tratar, a categoria ou categorias de titulares dos dados, os destinatários ou categorias de destinatários a quem podem ser comunicados os dados e o período de conservação dos dados.

4 – Estão isentos de notificação os tratamentos cuja única finalidade seja a manutenção de registos que, nos termos de disposições legislativas ou regulamentares, se destinem a informação do público e possam ser consultados pelo público em geral ou por qualquer pessoa que provar um interesse legítimo.

5 – Os tratamentos não automatizados dos dados pessoais previstos

Direito ao Controlo dos Dados Pessoais Informatizados 201

no n.º 1 do artigo 7.º estão sujeitos a notificação quando tratados ao abrigo da alínea *a*) do n.º 3 do mesmo artigo.

ARTIGO 28.º – **Controlo prévio**

1 – Carecem de autorização da CNPD:

a) O tratamento dos dados pessoais a que se referem o n.º 2 do artigo 7.º e o n.º 2 do artigo 8.º;

b) O tratamento dos dados pessoais relativos ao crédito e à solvabilidade dos seus titulares;

c) A interconexão de dados pessoais prevista no artigo 9.º;

d) A utilização de dados pessoais para fins não determinantes da recolha.

2 – Os tratamentos a que se refere o número anterior podem ser autorizados por diploma legal, não carecendo neste caso de autorização da CNPD.

ARTIGO 29.º – **Conteúdo dos pedidos de parecer ou de autorização e da notificação**

Os pedidos de parecer ou de autorização, bem como as notificações, remetidos à CNPD devem conter as seguintes informações:

a) Nome e endereço do responsável pelo tratamento e, se for o caso, do seu representante;

b) As finalidades do tratamento;

c) Descrição da ou das categorias de titulares dos dados e dos dados ou categorias de dados pessoais que lhes respeitem;

d) Destinatários ou categorias de destinatários a quem os dados podem ser comunicados e em que condições;

e) Entidade encarregada do processamento da informação, se não for o próprio responsável do tratamento;

f) Eventuais interconexões de tratamentos de dados pessoais;

g) Tempo de conservação dos dados pessoais;

h) Forma e condições como os titulares dos dados podem ter conhecimento ou fazer corrigir os dados pessoais que lhes respeitem;

i) Transferências de dados previstas para países terceiros;

j) Descrição geral que permita avaliar de forma preliminar a adequação das medidas tomadas para garantir a segurança do tratamento em aplicação dos artigos 14.° e 15.°

ARTIGO 30.° – **Indicações obrigatórias**

1 – Os diplomas legais referidos no n.° 2 do artigo 7.° e no n.° 1 do artigo 8.°, bem como as autorizações da CNPD e os registos de tratamentos de dados pessoais, devem, pelo menos, indicar:

a) O responsável do ficheiro e, se for caso disso, o seu representante;
b) As categorias de dados pessoais tratados;
c) As finalidades a que se destinam os dados e as categorias de entidades a quem podem ser transmitidos;
d) A forma de exercício do direito de acesso e de rectificação;
e) Eventuais interconexões de tratamentos de dados pessoais;
f) Transferências de dados previstas para países terceiros.

2 – Qualquer alteração das indicações constantes do n.° 1 está sujeita aos procedimentos previstos nos artigos 27.° e 28.°

ARTIGO 31.° – **Publicidade dos tratamentos**

1 – O tratamento dos dados pessoais, quando não for objecto de diploma legal e dever ser autorizado ou notificado, consta de registo na CNPD, aberto à consulta por qualquer pessoa.

2 – O registo contém as informações enumeradas nas alíneas *a*) a *d*) e *i*) do artigo 29.°

3 – O responsável por tratamento de dados não sujeito a notificação está obrigado a prestar, de forma adequada, a qualquer pessoa que lho solicite, pelo menos as informações referidas no n.° 1 do artigo 30.°

4 – O disposto no presente artigo não se aplica a tratamentos cuja única finalidade seja a manutenção de registos que, nos termos de disposições legislativas ou regulamentares, se destinem à informação do público e se encontrem abertos à consulta do público em geral ou de qualquer pessoa que possa provar um interesse legítimo.

5 – A CNPD deve publicar no seu relatório anual todos os pareceres e autorizações elaborados ou concedidas ao abrigo da presente lei, designadamente as autorizações previstas no n.° 2 do artigo 7.° e no n.° 2 do artigo 9.°

CAPÍTULO V – Códigos de conduta

Artigo 32.º – **Códigos de conduta**

1 – A CNPD apoia a elaboração de códigos de conduta destinados a contribuir, em função das características dos diferentes sectores, para a boa execução das disposições da presente lei.

2 – As associações profissionais e outras organizações representativas de categorias de responsáveis pelo tratamento de dados que tenham elaborado projectos de códigos de conduta podem submetê-los à apreciação da CNPD.

3 – A CNPD pode declarar a conformidade dos projectos com as disposições legais e regulamentares vigentes em matéria de protecção de dados pessoais.

CAPÍTULO VI – Tutela administrativa e jurisdicional

SECÇÃO I – Tutela administrativa e Jurisdicional

Artigo 33.º – **Tutela administrativa e jurisdicional**

Sem prejuízo do direito de apresentação de queixa à CNPD, qualquer pessoa pode, nos termos da lei, recorrer a meios administrativos ou jurisdicionais para garantir o cumprimento das disposições legais em matéria de protecção de dados pessoais.

Artigo 34.º – **Responsabilidade civil**

1 – Qualquer pessoa que tiver sofrido um prejuízo devido ao tratamento ilícito de dados ou a qualquer outro acto que viole disposições legais em matéria de protecção de dados pessoais tem o direito de obter do responsável a reparação pelo prejuízo sofrido.

2 – O responsável pelo tratamento pode ser parcial ou totalmente exonerado desta responsabilidade se provar que o facto que causou o dano lhe não é imputável.

SECÇÃO II – Contra-ordenações

ARTIGO 35.º – **Legislação subsidiária**

Às infracções previstas na presente secção é subsidiariamente aplicável o regime geral das contra-ordenações, com as adaptações constantes dos artigos seguintes.

ARTIGO 36.º – **Cumprimento do dever omitido**

Sempre que a contra-ordenação resulte de omissão de um dever, a aplicação da sanção e o pagamento da coima não dispensam o infractor do seu cumprimento, se este ainda for possível.

ARTIGO 37.º – **Omissão ou defeituoso cumprimento de obrigações**

1 – As entidades que, por negligência, não cumpram a obrigação de notificação à CNPD do tratamento de dados pessoais a que se referem os n.ºs 1 e 5 do artigo 27.º, prestem fias informações ou cumpram a obrigação de notificação com inobservância dos termos previstos no artigo 29.º, ou ainda quando, depois de notificadas pela CNPD, mantiverem o acesso às redes abertas de transmissão de dados a responsáveis por tratamento de dados pessoais que não cumpram as disposições da presente lei, praticam contra-ordenação punível com as seguintes coimas:

a) Tratando-se de pessoa singular, no mínimo de 50 000$ e no máximo de 500 000$;

b) Tratando-se de pessoa colectiva ou de entidade sem personalidade jurídica, no mínimo de 300 000$ e no máximo de 3 000 000$.

2 – A coima é agravada para o dobro dos seus limites quando se trate de dados sujeitos a controlo prévio, nos termos do artigo 28.º

ARTIGO 38.º – **Contra-ordenações**

1 – Praticam contra-ordenação punível com a coima mínima de 100 000$ e máxima de 1 000 000$, as entidades que não cumprirem alguma das seguintes disposições da presente lei:

a) Designar representante nos termos previstos no n.º 5 do artigo 4.º;

Direito ao Controlo dos Dados Pessoais Informatizados 205

b) Observar as obrigações estabelecidas nos artigos 5.º, 10.º, 11.º, 12.º, 13.º, 15.º, 16.º e 31.º, n.º 3.

2 – A pena é agravada para o dobro dos seus limites quando não forem cumpridas as obrigações constantes dos artigos 6.º, 7.º, 8.º, 9.º, 19.º e 20.º

ARTIGO 39.º – **Concurso de infracções**

1 – Se o mesmo facto constituir, simultaneamente, crime e contra--ordenação, o agente é punido sempre a título de crime.

2 – As sanções aplicadas às contra-ordenações em concurso são sempre cumuladas materialmente.

ARTIGO 40.º – **Punição de negligência e da tentativa**

1 – A negligência é sempre punida nas contra-ordenações previstas no artigo 38.º

2 – A tentativa é sempre punível nas contra-ordenações previstas nos artigos 37.º e 38.º

ARTIGO 41.º – **Aplicação das coimas**

1 – A aplicação das coimas previstas na presente lei compete ao presidente da CNPD, sob prévia deliberação da Comissão.

2 – A deliberação da CNPD, depois de homologada pelo presidente, constitui título executivo, no caso de não ser impugnada no prazo legal.

ARTIGO 42.º – **Destino das receitas cobradas**

O montante das importâncias cobradas, em resultado da aplicação das coimas, reverte, em partes iguais, para o Estado e para a CNPD.

SECÇÃO III – Crimes

ARTIGO 43.º – **Não cumprimento de obrigações relativas a protecção de dados**

1 – É punido com prisão até um ano ou multa até 120 dias quem intencionalmente:

a) Omitir a notificação ou o pedido de autorização a que se referem os artigos 27.º e 28.º;

206 Direitos, Liberdades e Garantias em Especial

b) Fornecer falsas informações na notificação ou nos pedidos de autorização para o tratamento de dados pessoais ou neste proceder a modificações não consentidas pelo instrumento de legalização;

c) Desviar ou utilizar dados pessoais, de forma incompatível com a finalidade determinante da recolha ou com o instrumento de legalização;

d) Promover ou efectuar uma interconexão ilegal de dados pessoais;

e) Depois de ultrapassado o prazo que lhes tiver sido fixado pela CNPD para cumprimento das obrigações previstas na presente lei ou em outra legislação de protecção de dados, as não cumprir;

f) Depois de notificado pela CNPD para o não fazer, mantiver o acesso a redes abertas de transmissão de dados a responsáveis pelo tratamento de dados pessoais que não cumpram as disposições da presente lei.

2 – A pena é agravada para o dobro dos seus limites quando se tratar de dados pessoais a que se referem os artigos 7.º e 8.º

ARTIGO 44.º – **Acesso indevido**

1 – Quem, sem a devida autorização, por qualquer modo, aceder a dados pessoais cujo acesso lhe está vedado é punido com prisão até um ano ou multa até 120 dias.

2 – A pena é agravada para o dobro dos seus limites quando o acesso:

a) For conseguido através de violação de regras técnicas de segurança;

b) Tiver possibilitado ao agente ou a terceiros o conhecimento de dados pessoais;

c) Tiver proporcionado ao agente ou a terceiros benefício ou vantagem patrimonial.

3 – No caso do n.º 1 o procedimento criminal depende de queixa.

ARTIGO 45.º – **Viciação ou destruição de dados pessoais**

1 – Quem, sem a devida autorização, apagar, destruir, danificar, suprimir ou modificar dados pessoais, tornando-os inutilizáveis ou afec-

tando a sua capacidade de uso, é punido com prisão até dois anos ou multa até 240 dias.

2 – A pena é agravada para o dobro nos seus limites se o dano produzido for particularmente grave.

3 – Se o agente actuar com negligência, a pena é, em ambos os casos, de prisão até um ano ou multa até 120 dias.

Artigo 46.º – **Desobediência qualificada**

1 – Quem, depois de notificado para o efeito, não interromper, cessar ou bloquear o tratamento de dados pessoais é punido com a pena correspondente ao crime de desobediência qualificada.

2 – Na mesma pena incorre quem, depois de notificado:

a) Recusar, sem justa causa, a colaboração que concretamente lhe for exigida nos termos do artigo 24.º;

b) Não proceder ao apagamento, destruição total ou parcial de dados pessoais;

c) Não proceder à destruição de dados pessoais, findo o prazo de conservação previsto no artigo 5.º

Artigo 47.º – **Violação do dever de sigilo**

1 – Quem, obrigado a sigilo profissional, nos termos da lei, sem justa causa e sem o devido consentimento, revelar ou divulgar no todo ou em parte dados pessoais é punido com prisão até dois anos ou multa até 240 dias.

2 – A pena é agravada de metade dos seus limites se o agente:

a) For funcionário público ou equiparado, nos termos da lei penal;

b) For determinado pela intenção de obter qualquer vantagem patrimonial ou outro benefício ilegítimo;

c) Puser em perigo a reputação, a honra e consideração ou a intimidade da vida privada de outrem.

3 – A negligência é punível com prisão até seis meses ou multa até 120 dias.

4 – Fora dos casos previstos no n.º 2, o procedimento criminal depende de queixa.

208 Direitos, Liberdades e Garantias em Especial

ARTIGO 48.º – **Punição da tentativa**

Nos crimes previstos nas disposições anteriores, a tentativa é sempre punível.

ARTIGO 49.º– **Pena acessória**

1 – Conjuntamente com as coimas e penas aplicadas pode, acessoriamente, ser ordenada:

a) A proibição temporária ou definitiva do tratamento, o bloqueio, o apagamento ou a destruição total ou parcial dos dados;
b) A publicidade da sentença condenatória;
c) A advertência ou censura públicas do responsável pelo tratamento, nos termos do n.º 4 do artigo 22.º

2 – A publicidade da decisão condenatória faz-se a expensas do condenado, na publicação periódica de maior expansão editada na área da comarca da prática da infracção ou, na sua falta, em publicação periódica da comarca mais próxima, bem como através da afixação de edital em suporte adequado, por período não inferior a 30 dias.

3 – A publicação é feita por extracto de que constem os elementos da infracção e as sanções aplicadas, bem como a identificação do agente.

CAPÍTULO VII – **Disposições finais**

ARTIGO 50.º – **Disposição transitória**

1 – Os tratamentos de dados existentes em ficheiros manuais à data da entrada em vigor da presente lei devem cumprir o disposto nos artigos 7.º, 8.º, 10.º e 11.º no prazo de cinco anos.

2 – Em qualquer caso, o titular dos dados pode obter, a seu pedido e, nomeadamente, aquando do exercício do direito de acesso, a rectificação, o apagamento ou o bloqueio dos dados incompletos, inexactos ou conservados de modo incompatível com os fins legítimos prosseguidos pelo responsável pelo tratamento.

3 – A CNPD pode autorizar que os dados existentes em ficheiros manuais e conservados unicamente com finalidades de investigação histó-

rica não tenham que cumprir os artigos 7.º, 8.º e 9.º, desde que não sejam em nenhum caso reutilizados para finalidade diferente.

ARTIGO 51.º – **Disposição revogatória**

São revogadas as Leis n.ºs 10/91, de 29 de Abril, e 28/94, de 29 de Agosto.

ARTIGO 52.º – **Entrada em vigor**

A presente lei entra em vigor no dia seguinte ao da sua publicação.

Aprovada em 24 de Setembro de 1998.

O Presidente da Assembleia da República, *António de Almeida Santos*.

Promulgada em 7 de Outubro de 1998.

Publique-se.

O Presidente da República, JORGE SAMPAIO.

Referendada em 14 de Outubro de 1998.

O Primeiro-Ministro, *António Manuel de Oliveira Guterres*.

8. LIBERDADE DE CONSCIÊNCIA E DE RELIGIÃO

a) Lei da liberdade religiosa

Lei n.º 16/2001, de 22 de Junho

Lei da Liberdade Religiosa

A Assembleia da República decreta, nos termos da alínea *c*) do artigo 161.º da Constituição, para valer como lei geral da República, o seguinte:

CAPÍTULO I – Princípios

ARTIGO 1.º – Liberdade de consciência, de religião e de culto

A liberdade de consciência, de religião e de culto é inviolável e garantida a todos em conformidade com a Constituição, a Declaração Universal dos Direitos do Homem, o Direito Internacional aplicável e a presente lei.

ARTIGO 2.º – Princípio da igualdade

1 – Ninguém pode ser privilegiado, beneficiado, prejudicado, perseguido, privado de qualquer direito ou isento de qualquer dever por causa das suas convicções ou prática religiosa.

2 – O Estado não discriminará nenhuma igreja ou comunidade religiosa relativamente às outras.

Artigo 3.º – **Princípio da separação**

As igrejas e demais comunidades religiosas estão separadas do Estado e são livres na sua organização e no exercício das suas funções e do culto.

Artigo 4.º – **Princípio da não confessionalidade do Estado**

1 – O Estado não adopta qualquer religião nem se pronuncia sobre questões religiosas.

2 – Nos actos oficiais e no protocolo de Estado será respeitado o princípio da não confessionalidade.

3 – O Estado não pode programar a educação e a cultura segundo quaisquer directrizes religiosas.

4 – O ensino público não será confessional.

Artigo 5.º – **Princípio da cooperação**

O Estado cooperará com as igrejas e comunidades religiosas radicadas em Portugal, tendo em consideração a sua representatividade, com vista designadamente à promoção dos direitos humanos, do desenvolvimento integral de cada pessoa e dos valores da paz, da liberdade, da solidariedade e da tolerância.

Artigo 6.º – **Força jurídica**

1 – A liberdade de consciência, de religião e de culto só admite as restrições necessárias para salvaguardar direitos ou interesses constitucionalmente protegidos.

2 – A liberdade de consciência, de religião e de culto não autoriza a prática de crimes.

3 – Os limites do direito à objecção de consciência demarcam para o objector o comportamento permitido.

4 – A lei pode regular, sempre que necessário, o exercício da liberdade de consciência, de religião e de culto, sem prejuízo da existência de tal liberdade.

5 – A declaração do estado de sítio ou do estado de emergência em nenhum caso pode afectar a liberdade de consciência e de religião.

Artigo 7.º – **Princípio da tolerância**

Os conflitos entre a liberdade de consciência, de religião e de culto

Lei da Liberdade Religiosa 213

de uma pessoa e a de outra ou outras resolver-se-ão com tolerância, de modo a respeitar quanto possível a liberdade de cada uma.

CAPÍTULO II – **Direitos individuais de liberdade religiosa**

ARTIGO 8.º – **Conteúdo da liberdade de consciência, de religião e de culto**

A liberdade de consciência, de religião e de culto compreende o direito de:

a) Ter, não ter e deixar de ter religião;
b) Escolher livremente, mudar ou abandonar a própria crença religiosa;
c) Praticar ou não praticar os actos do culto, particular ou público, próprios da religião professada;
d) Professar a própria crença religiosa, procurar para ela novos crentes, exprimir e divulgar livremente, pela palavra, pela imagem ou por qualquer outro meio, o seu pensamento em matéria religiosa;
e) Informar e se informar sobre religião, aprender e ensinar religião;
f) Reunir-se, manifestar-se e associar-se com outros de acordo com as próprias convicções em matéria religiosa, sem outros limites além dos previstos nos artigos 45.º e 46.º da Constituição;
g) Agir ou não agir em conformidade com as normas da religião professada, no respeito pelos direitos humanos e pela lei;
h) Escolher para os filhos os nomes próprios da onomástica religiosa da religião professada;
i) Produzir obras científicas, literárias e artísticas em matéria de religião.

ARTIGO 9.º – **Conteúdo negativo da liberdade religiosa**

1 – Ninguém pode:

a) Ser obrigado a professar uma crença religiosa, a praticar ou a assistir a actos de culto, a receber assistência religiosa ou propaganda em matéria religiosa;
b) Ser coagido a fazer parte, a permanecer ou a sair de associação religiosa, igreja ou comunidade religiosa, sem prejuízo das respectivas normas sobre a filiação e a exclusão de membros;

c) Ser perguntado por qualquer autoridade acerca das suas convicções ou prática religiosa, salvo para recolha de dados estatísticos não individualmente identificáveis, nem ser prejudicado por se recusar a responder;

d) Ser obrigado a prestar juramento religioso.

2 – A informática não pode ser utilizada para tratamento de dados referentes a convicções pessoais ou fé religiosa, salvo mediante consentimento expresso do titular ou para processamento de dados estatísticos não individualmente identificáveis.

Artigo 10.º – **Direitos de participação religiosa**

A liberdade de religião e de culto compreende o direito de, de acordo com os respectivos ministros do culto e segundo as normas da igreja ou comunidade religiosa escolhida:

a) Aderir à igreja ou comunidade religiosa que escolher, participar na vida interna e nos ritos religiosos praticados em comum e receber a assistência religiosa que pedir;

b) Celebrar casamento e ser sepultado com os ritos da própria religião;

c) Comemorar publicamente as festividades religiosas da própria religião.

Artigo 11.º – **Educação religiosa dos menores**

1 – Os pais têm o direito de educação dos filhos em coerência com as próprias convicções em matéria religiosa, no respeito da integridade moral e física dos filhos e sem prejuízo da saúde destes.

2 – Os menores, a partir dos 16 anos de idade, têm o direito de realizar por si as escolhas relativas a liberdade de consciência, de religião e de culto.

Artigo 12.º – **Objecção de consciência**

1 – A liberdade de consciência compreende o direito de objectar ao cumprimento de leis que contrariem os ditames impreteríveis da própria consciência, dentro dos limites dos direitos e deveres impostos pela Constituição e nos termos da lei que eventualmente regular o exercício da objecção de consciência.

Lei da Liberdade Religiosa 215

2 – Consideram-se impreteríveis aqueles ditames da consciência cuja violação implica uma ofensa grave à integridade moral que torne inexigível outro comportamento.

3 – Os objectores de consciência ao serviço militar, sem exceptuar os que invocam também objecção de consciência ao serviço cívico, têm direito a um regime do serviço cívico que respeite, na medida em que isso for compatível com o princípio da igualdade, os ditames da sua consciência.

ARTIGO 13.º – **Assistência religiosa em situações especiais**

1 – A qualidade de membro das Forças Armadas, das forças de segurança ou de polícia, a prestação de serviço militar ou de serviço cívico, o internamento em hospitais, asilos, colégios, institutos ou estabelecimentos de saúde, de assistência, de educação ou similares, a detenção em estabelecimento prisional ou outro lugar de detenção não impedem o exercício da liberdade religiosa e, nomeadamente, do direito à assistência religiosa e à prática dos actos de culto.

2 – As restrições imprescindíveis por razões funcionais ou de segurança só podem ser impostas mediante audiência prévia, sempre que possível, do ministro do culto respectivo.

3 – O Estado, com respeito pelo princípio da separação e de acordo com o princípio da cooperação, deverá criar as condições adequadas ao exercício da assistência religiosa nas instituições públicas referidas no n.º 1.

ARTIGO 14.º – **Dispensa do trabalho, de aulas e de provas por motivo religioso**

1 – Os funcionários e agentes do Estado e demais entidades públicas, bem como os trabalhadores em regime de contrato de trabalho, têm o direito de, a seu pedido, suspender o trabalho no dia de descanso semanal, nos dias das festividades e nos períodos horários que lhes sejam prescritos pela confissão que professam, nas seguintes condições:

a) Trabalharem em regime de flexibilidade de horário;

b) Serem membros de igreja ou comunidade religiosa inscrita que enviou no ano anterior ao membro do Governo competente em razão da matéria a indicação dos referidos dias e períodos horários no ano em curso;

c) Haver compensação integral do respectivo período de trabalho.

2 – Nas condições previstas na alínea *b*) do número anterior, são dispensados da frequência das aulas nos dias de semana consagrados ao repouso e culto pelas respectivas confissões religiosas os alunos do ensino público ou privado que as professam, ressalvadas as condições de normal aproveitamento escolar.

3 – Se a data de prestação de provas de avaliação dos alunos coincidir com o dia dedicado ao repouso ou ao culto pelas respectivas confissões religiosas, poderão essas provas ser prestadas em segunda chamada, ou em nova chamada, em dia em que se não levante a mesma objecção.

Artigo 15.º – **Ministros do culto**

1 – Ministros do culto são as pessoas como tais consideradas segundo as normas da respectiva igreja ou comunidade religiosa.

2 – A qualidade de ministro do culto é certificada pelos órgãos competentes da respectiva igreja ou comunidade religiosa, que igualmente credenciam os respectivos ministros para a prática de actos determinados.

3 – A autenticação dos certificados e das credenciais referidos no número anterior compete ao registo das pessoas colectivas religiosas.

Artigo 16.º – **Direitos dos ministros do culto**

1 – Os ministros do culto têm a liberdade de exercer o seu ministério.

2 – Os ministros do culto não podem ser perguntados pelos magistrados ou outras autoridades sobre factos e coisas de que tenham tido conhecimento por motivo do seu ministério.

3 – O exercício do ministério é considerado actividade profissional do ministro do culto quando lhe proporciona meios de sustento, bastando como prova destes para efeito da autorização de residência a ministros do culto estrangeiros a sua garantia pela respectiva igreja ou comunidade religiosa.

4 – Os ministros do culto das igrejas e demais comunidades religiosas inscritas têm direito às prestações do sistema de segurança social nos termos da lei, sendo obrigatoriamente inscritos pela igreja ou comunidade

religiosa a que pertençam, salvo se exercerem por forma secundária a actividade religiosa e o exercício da actividade principal não religiosa determinar a inscrição obrigatória num regime de segurança social.

5 – Para os efeitos dos dois números anteriores, equiparam-se aos ministros do culto os membros de institutos de vida consagrada e outras pessoas que exercem profissionalmente actividades religiosas e que, como tais, sejam certificadas pela igreja ou comunidade religiosa a que pertençam.

ARTIGO 17.º – **Serviço militar dos ministros do culto**

1 – As obrigações militares dos alunos dos estabelecimentos de formação de ministros do culto, dos membros dos institutos de vida consagrada, bem como dos ministros do culto das igrejas e demais comunidades religiosas inscritas, são cumpridas nos serviços de assistência religiosa, de saúde e de acção social das Forças Armadas, a não ser que manifestem o desejo de prestarem serviço efectivo.

2 – Constitui motivo de dispensa das provas de classificação e selecção para o serviço militar, bem como de adiamento da incorporação, a frequência de cursos de formação de ministros do culto de igreja ou comunidade religiosa inscrita.

3 – Fica ressalvado o direito a objecção de consciência ao serviço militar, nos termos gerais.

ARTIGO 18.º – **Escusa de intervenção como jurado**

Os ministros do culto, os membros dos institutos de vida consagrada e outras pessoas que exerçam profissionalmente actividades religiosas de igrejas ou de outras comunidades religiosas inscritas podem pedir escusa de intervenção como jurados.

ARTIGO 19.º – **Casamento por forma religiosa**

1 – São reconhecidos efeitos civis ao casamento celebrado por forma religiosa perante o ministro do culto de uma igreja ou comunidade religiosa radicada no País.

O ministro do culto deverá ter a nacionalidade portuguesa ou, sendo estrangeiro, não nacional de Estado membro da União Europeia, ter autorização de residência temporária ou permanente em Portugal.

2 – Aqueles que pretendam contrair casamento por forma religiosa deverão declará-lo, pessoalmente ou por intermédio de procurador, no

requerimento de instauração do respectivo processo de publicações na conservatória do registo civil competente, indicando o ministro do culto credenciado para o acto. A declaração para casamento pode ainda ser prestada pelo ministro do culto, mediante requerimento por si assinado.

3 – Autorizada a realização do casamento, o conservador passa o certificado para casamento, nos termos dos artigos 146.º e 147.º do Código do Registo Civil, com as necessárias adaptações. O certificado não é passado sem que o conservador se tenha assegurado de que os nubentes têm conhecimento dos artigos 1577.º, 1600.º, 1671.º e 1672.º do Código Civil. O certificado deve conter menção deste facto, bem como do nome e da credenciação do ministro do culto. O certificado é remetido oficiosamente ao ministro do culto, a quem são igualmente comunicados os impedimentos de conhecimento superveniente.

4 – É indispensável para a celebração do casamento a presença:

a) Dos contraentes, ou de um deles e do procurador do outro;
b) Do ministro do culto, devidamente credenciado;
c) De duas testemunhas.

5 – Logo após a celebração do casamento, o ministro do culto lavra assento em duplicado no livro de registo da igreja ou da comunidade religiosa e envia à conservatória competente, dentro do prazo de três dias, o duplicado do assento, a fim de ser transcrito no livro de assentos de casamento.

6 – O conservador deve efectuar a transcrição do duplicado dentro do prazo de dois dias e comunicá-la ao ministro do culto até ao termo do dia imediato àquele em que foi feita.

CAPÍTULO III – **Direitos colectivos de liberdade religiosa**

Artigo 20.º – **Igrejas e comunidades religiosas**

As igrejas e as comunidades religiosas são comunidades sociais organizadas e duradouras em que os crentes podem realizar todos os fins religiosos que lhes são propostos pela respectiva confissão.

Artigo 21.º – **Fins religiosos**

1 – Independentemente de serem propostos como religiosos

pela confissão, consideram-se, para efeitos da determinação do regime jurídico:

a) Fins religiosos, os de exercício do culto e dos ritos, de assistência religiosa, de formação dos ministros do culto, de missionação e difusão da confissão professada e de ensino da religião;
b) Fins diversos dos religiosos, entre outros, os de assistência e de beneficência, de educação e de cultura, além dos comerciais e de lucro.

2 – As actividades com fins não religiosos das igrejas e comunidades religiosas estão sujeitas ao regime jurídico e, em especial, ao regime fiscal desse género de actividades.

Artigo 22.º – **Liberdade de organização das igrejas e comunidades religiosas**

1 – As igrejas e demais comunidades religiosas são livres na sua organização, podendo dispor com autonomia sobre:

a) A formação, a composição, a competência e o funcionamento dos seus órgãos;
b) A designação, funções e poderes dos seus representantes, ministros, missionários e auxiliares religiosos;
c) Os direitos e deveres religiosos dos crentes, sem prejuízo da liberdade religiosa destes;
d) A adesão ou a participação na fundação de federações ou associações interconfessionais, com sede no País ou no estrangeiro.

2 – São permitidas cláusulas de salvaguarda da identidade religiosa e do carácter próprio da confissão professada.

3 – As igrejas e demais comunidades religiosas inscritas podem com autonomia fundar ou reconhecer igrejas ou comunidades religiosas de âmbito regional ou local, institutos de vida consagrada e outros institutos, com a natureza de associações ou de fundações, para o exercício ou para a manutenção das suas funções religiosas.

Artigo 23.º – **Liberdade de exercício das funções religiosas e do culto**

As igrejas e demais comunidades religiosas são livres no exercício das suas funções e do culto, podendo, nomeadamente, sem interferência do Estado ou de terceiros:

a) Exercer os actos de culto, privado ou público, sem prejuízo das exigências de polícia e trânsito;

b) Estabelecer lugares de culto ou de reunião para fins religiosos;

c) Ensinar na forma e pelas pessoas por si autorizadas a doutrina da confissão professada;

d) Difundir a confissão professada e procurar para ela novos crentes;

e) Assistir religiosamente os próprios membros;

f) Comunicar e publicar actos em matéria religiosa e de culto;

g) Relacionar-se e comunicar com as organizações da mesma ou de outras confissões no território nacional ou no estrangeiro;

h) Designar e formar os seus ministros;

i) Fundar seminários ou quaisquer outros estabelecimentos de formação ou cultura religiosa.

ARTIGO 24.º – **Ensino religioso nas escolas públicas**

1 – As igrejas e demais comunidades religiosas ou, em sua vez, as organizações representativas dos crentes residentes em território nacional, desde que inscritas, por si, ou conjuntamente, quando para o efeito professem uma única confissão ou acordem num programa comum, podem requerer ao membro do Governo competente em razão da matéria que lhes seja permitido ministrar ensino religioso nas escolas públicas do ensino básico e do ensino secundário que indicarem.

2 – A educação moral e religiosa é opcional e não alternativa relativamente a qualquer área ou disciplina curricular.

3 – O funcionamento das aulas de ensino religioso de certa confissão ou programa depende da existência de um número mínimo de alunos, que tenham, pelo encarregado de educação ou por si, sendo maiores de 16 anos, manifestado, expressa e positivamente, o desejo de frequentar a disciplina.

4 – Os professores a quem incumbe ministrar o ensino religioso não leccionarão cumulativamente aos mesmos alunos outras áreas disciplinares ou de formação, salvo situações devidamente reconhecidas de manifesta dificuldade na aplicação do princípio, e serão nomeados ou contratados, transferidos e excluídos do exercício da docência da disciplina pelo Estado, de acordo com os representantes das igrejas, comunidades ou

Lei da Liberdade Religiosa

organizações representativas. Em nenhum caso o ensino será ministrado por quem não seja considerado idóneo pelos respectivos representantes.

5 – Compete às igrejas e demais comunidades religiosas formar os professores, elaborar os programas e aprovar o material didáctico, em harmonia com as orientações gerais do sistema do ensino.

ARTIGO 25.º – **Tempos de emissão religiosa**

1 – Nos serviços públicos de televisão e de radiodifusão é garantido às igrejas e demais comunidades religiosas inscritas, por si, através da respectiva organização representativa, ou conjuntamente, quando preferirem participar como se fossem uma única confissão, um tempo de emissão, fixado globalmente para todas, para prossecução dos seus fins religiosos.

2 – A atribuição e distribuição do tempo de emissão referido no número anterior é feita tendo em conta a representatividade das respectivas confissões e o princípio da tolerância, por meio de acordos entre a Comissão do Tempo de Emissão das Confissões Religiosas e as empresas titulares dos serviços públicos de televisão e de radiodifusão.

3 – A Comissão do Tempo de Emissão das Confissões Religiosas é constituída por representantes da Igreja Católica e das igrejas e comunidades religiosas radicadas no País ou das federações em que as mesmas se integrem, designados por três anos por despacho conjunto dos membros do Governo responsáveis pelas áreas da justiça e da comunicação social, depois de ouvida a Comissão da Liberdade Religiosa.

ARTIGO 26.º – **Abate religioso de animais**

O abate religioso de animais deve respeitar as disposições legais aplicáveis em matéria de protecção dos animais.

ARTIGO 27.º – **Actividades com fins não religiosos das igrejas e demais comunidades religiosas**

As igrejas e outras comunidades religiosas podem ainda exercer actividades com fins não religiosos que sejam instrumentais, consequenciais ou complementares das suas funções religiosas, nomeadamente:

a) Criar escolas particulares e cooperativas;
b) Praticar beneficência dos crentes, ou de quaisquer pessoas;

c) Promover as próprias expressões culturais ou a educação e a cultura em geral;

d) Utilizar meios de comunicação social próprios para o prosseguimento das suas actividades.

ARTIGO 28.º – **Direito de audiência sobre instrumentos de planeamento territorial**

1 – As igrejas e demais comunidades religiosas inscritas têm o direito de serem ouvidas quanto às decisões relativas à afectação de espaço a fins religiosos em instrumentos de planeamento territorial daquelas áreas em que tenham presença social organizada.

2 – Os planos municipais de ordenamento do território e demais instrumentos de planeamento territorial devem prever a afectação de espaços a fins religiosos.

ARTIGO 29.º – **Utilização para fins religiosos de prédios destinados a outros fins**

1 – Havendo acordo do proprietário, ou da maioria dos condóminos no caso de edifício em propriedade horizontal, a utilização para fins religiosos do prédio ou da fracção destinados a outros fins não pode ser fundamento de objecção, nem da aplicação de sanções, pelas autoridades administrativas ou autárquicas, enquanto não existir uma alternativa adequada à realização dos mesmos fins.

2 – O disposto no n.º 1 não prejudica os direitos dos condóminos recorrerem a juízo nos termos gerais.

ARTIGO 30.º – **Bens religiosos**

1 – Nenhum templo, edifício, dependência ou objecto do culto pode ser demolido ou destinado a outro fim, a não ser por acordo prévio com a respectiva igreja ou comunidade religiosa, por expropriação por utilidade pública ou por requisição, em caso de urgente necessidade pública, salvo quando a demolição se torne necessária por a construção ameaçar ruína ou oferecer perigo para a saúde pública.

2 – Nos casos de expropriação, de requisição e de demolição referidos no número anterior, é ouvida, sempre que possível, a respectiva igreja ou comunidade religiosa.

Lei da Liberdade Religiosa 223

Esta tem igualmente direito de audição prévia na determinação da execução de obras necessárias para corrigir más condições de salubridade, solidez ou segurança contra o risco de incêndio e na classificação de bens religiosos como de valor cultural.

3 – Em qualquer caso, não será praticado acto algum de apropriação ou de utilização não religiosa sem que previamente os bens tenham sido privados da sua natureza religiosa pela respectiva igreja ou comunidade religiosa.

ARTIGO 31.º – **Prestações livres de imposto**

1 – As igrejas e demais comunidades religiosas podem livremente, sem estarem sujeitas a qualquer imposto:

a) Receber prestações dos crentes para o exercício do culto e ritos, bem como donativos para a realização dos seus fins religiosos, com carácter regular ou eventual;

b) Fazer colectas públicas, designadamente dentro ou à porta dos lugares de culto, assim como dos edifícios ou lugares que lhes pertençam;

c) Distribuir gratuitamente publicações com declarações, avisos ou instruções em matéria religiosa e afixá-las nos lugares de culto.

2 – Não está abrangido pelo disposto no número anterior o preço de prestações de formação, terapia ou aconselhamento espiritual, oferecidas empresarialmente.

ARTIGO 32.º – **Benefícios fiscais**

1 – As pessoas colectivas religiosas inscritas estão isentas de qualquer imposto ou contribuição geral, regional ou local, sobre:

a) Os lugares de culto ou outros prédios ou partes deles directamente destinados à realização de fins religiosos;

b) As instalações de apoio directo e exclusivo às actividades com fins religiosos;

c) Os seminários ou quaisquer estabelecimentos efectivamente destinados à formação dos ministros do culto ou ao ensino da religião;

d) As dependências ou anexos dos prédios descritos nas alíneas *a) a c)* a uso de instituições particulares de solidariedade social;

e) Os jardins e logradouros dos prédios descritos nas alíneas *a*) a *d*) desde que não estejam destinados a fins lucrativos.

2 – As pessoas colectivas religiosas inscritas estão igualmente isentas do imposto municipal de sisa e sobre as sucessões e doações ou quaisquer outros com incidência patrimonial substitutivos destes, quanto:

a) Às aquisições de bens para fins religiosos;
b) Aos actos de instituição de fundações, uma vez inscritas como pessoas colectivas religiosas.

3 – Os donativos atribuídos pelas pessoas singulares às pessoas colectivas religiosas inscritas para efeitos de imposto sobre o rendimento das pessoas singulares são dedutíveis à colecta em valor correspondente a 25% das importâncias atribuídas, até ao limite de 15% da colecta.

4 – Uma quota equivalente a 0,5% do imposto sobre o rendimento das pessoas singulares, liquidado com base nas declarações anuais, pode ser destinada pelo contribuinte, para fins religiosos ou de beneficência, a uma igreja ou comunidade religiosa radicada no País, que indicará na declaração de rendimentos, desde que essa igreja ou comunidade religiosa tenha requerido o benefício fiscal.

5 – As verbas destinadas, nos termos do número anterior, às igrejas e comunidades religiosas são entregues pelo Tesouro às mesmas ou às suas organizações representativas, que apresentarão na Direcção-Geral dos Impostos relatório anual do destino dado aos montantes recebidos.

6 – O contribuinte que não use a faculdade prevista no n.° 4 pode fazer uma consignação fiscal equivalente a favor de uma pessoa colectiva de utilidade pública de fins de beneficência ou de assistência ou humanitários ou de uma instituição particular de solidariedade social, que indicará na sua declaração de rendimentos.

7 – As verbas a entregar às entidades referidas nos n.os 4 e 6 devem ser inscritas em rubrica própria no Orçamento do Estado.

CAPÍTULO IV – **Estatuto das igrejas e comunidades religiosas**

Artigo 33.° – **Personalidade jurídica das pessoas colectivas religiosas**

Podem adquirir personalidade jurídica pela inscrição no registo das pessoas colectivas religiosas, que é criado no departamento governamental competente:

a) As igrejas e demais comunidades religiosas de âmbito nacional ou, em sua vez, as organizações representativas dos crentes residentes em território nacional;

b) As igrejas e demais comunidades religiosas de âmbito regional ou local;

c) Os institutos de vida consagrada e outros institutos, com a natureza de associações ou de fundações, fundados ou reconhecidos pelas pessoas colectivas referidas nas alíneas a) e b) para a prossecução dos seus fins religiosos;

d) As federações ou as associações de pessoas colectivas referidas nas alíneas anteriores.

ARTIGO 34.º – **Requisitos da inscrição no registo**

O pedido de inscrição é dirigido ao departamento governamental competente e instruído com os estatutos e outros documentos que permitam inscrever:

a) O nome, que deverá permitir distingui-lo de qualquer outra pessoa colectiva religiosa existente em Portugal;

b) A constituição, instituição ou estabelecimento em Portugal da organização correspondente à igreja ou comunidade religiosa ou o acto de constituição ou fundação e, eventualmente, também o de reconhecimento da pessoa colectiva religiosa;

c) A sede em Portugal;

d) Os fins religiosos;

e) Os bens ou serviços que integram ou deverão integrar o património;

f) As disposições sobre formação, composição, competência e funcionamento dos seus órgãos;

g) As disposições sobre a extinção da pessoa colectiva;

h) O modo de designação e os poderes dos seus representantes;

i) A identificação dos titulares dos órgãos em efectividade de funções e dos representantes e especificação da competência destes últimos.

ARTIGO 35.º – **Inscrição de igrejas ou comunidades religiosas**

A inscrição das igrejas ou comunidades religiosas de âmbito nacional, ou de âmbito regional ou local, quando não sejam criadas ou reconhecidas pelas anteriores, é ainda instruída com prova documental:

a) Dos princípios gerais da doutrina e da descrição geral de prática religiosa e dos actos do culto e, em especial, dos direitos e deveres dos crentes relativamente à igreja ou comunidade religiosa, devendo ser ainda apresentado um sumário de todos estes elementos;

b) Da sua existência em Portugal, com especial incidência sobre os factos que atestam a presença social organizada, a prática religiosa e a duração em Portugal.

ARTIGO 36.º – **Inscrição de organização representativa dos crentes residentes em território nacional**

1 – As igrejas e comunidades religiosas que tenham âmbito supranacional podem instituir uma organização representativa dos crentes residentes no território nacional, que requererá a sua própria inscrição no registo, em vez da inscrição da parte da igreja ou comunidade religiosa existente no território nacional.

2 – A inscrição está sujeita às mesmas condições da inscrição de igrejas ou comunidades religiosas de âmbito nacional.

ARTIGO 37.º – **Igrejas e comunidades religiosas radicadas no País**

1 – Consideram-se radicadas no País as igrejas e comunidades religiosas inscritas com garantia de duração, sendo a qualificação atestada pelo membro do Governo competente em razão da matéria, em vista do número de crentes e da história da sua existência em Portugal, depois de ouvir a Comissão da Liberdade Religiosa.

2 – O atestado não poderá ser requerido antes de 30 anos de presença social organizada no País, salvo se se tratar de igreja ou comunidade religiosa fundada no estrangeiro há mais de 60 anos. O atestado é averbado no registo.

3 – O requerimento do atestado será instruído com a prova dos factos que o fundamentam, aplicando-se o disposto no artigo 38.º

ARTIGO 38.º – **Diligências instrutórias complementares**

1 – Se o requerimento de inscrição ou atestado estiver insuficiente-

Lei da Liberdade Religiosa 227

mente instruído, será o requerente convidado a suprir as faltas no prazo de 60 dias.

2 – Com vista à prestação de esclarecimentos ou de provas adicionais, o requerente poderá igualmente ser convidado para uma audiência da Comissão da Liberdade Religiosa, especificando-se a matéria e a ordem de trabalhos.

3 – Qualquer dos convites deverá ser feito no prazo de 90 dias da entrada do requerimento de inscrição.

ARTIGO 39.° – **Recusa da inscrição**

A inscrição só pode ser recusada por:

a) Falta dos requisitos legais;
b) Falsificação de documento;
c) Violação dos limites constitucionais da liberdade religiosa.

ARTIGO 40.° – **Inscrição obrigatória**

1 – Torna-se obrigatória a inscrição, passado um ano sobre a entrega do requerimento de inscrição, se entretanto não for enviada notificação da recusa de inscrição por carta registada ao requerente.

2 – O prazo referido no número anterior, no caso da inscrição de igrejas ou comunidades religiosas ou da respectiva organização representativa, é suspenso pelo prazo do suprimento das faltas ou da audiência referido no artigo 38.°

ARTIGO 41.° – **Modificação dos elementos ou circunstâncias do assento**

As modificações dos elementos do assento da pessoa colectiva religiosa, ou das circunstâncias em que ele se baseou, devem ser comunicadas ao registo.

ARTIGO 42.° – **Extinção das pessoas colectivas religiosas**

1 – As pessoas colectivas religiosas extinguem-se:

a) Por deliberação dos seus órgãos representativos;
b) Pelo decurso do prazo, se tiverem sido constituídas temporariamente;
c) Pela verificação de qualquer outra causa extintiva prevista no acto da constituição ou nas suas normas internas;

d) Por decisão judicial, pelas causas de extinção judicial das associações civis.

2 – A extinção da pessoa colectiva religiosa implica o cancelamento do assento no respectivo registo.

ARTIGO 43.º – **Capacidade das pessoas colectivas religiosas**

A capacidade das pessoas colectivas religiosas abrange todos os direitos e obrigações necessários ou convenientes à prossecução dos seus fins.

ARTIGO 44.º – **Pessoas colectivas privadas com fins religiosos**

As associações e fundações com fins religiosos podem ainda adquirir personalidade jurídica nos termos previstos no Código Civil para as pessoas colectivas privadas, ficando então sujeitas às respectivas normas, excepto quanto à sua actividade com fins religiosos.

CAPÍTULO V – **Acordos entre pessoas colectivas religiosas e o Estado**

ARTIGO 45.º – **Acordos entre igrejas ou comunidades religiosas e o Estado**

As igrejas ou comunidades religiosas radicadas no País ou as federações em que as mesmas se integram podem propor a celebração de acordos com o Estado sobre matérias de interesse comum.

ARTIGO 46.º – **Processo de celebração dos acordos**

1 – A proposta de acordo é apresentada em requerimento de abertura de negociações dirigido ao membro do Governo responsável pela área da justiça, acompanhado de documentação comprovativa da verificação da conformidade referida na alínea *a*) do artigo 47.º

2 – Depois de ouvir sobre a proposta de acordo a Comissão da Liberdade Religiosa, o membro do Governo responsável pela área da justiça pode:

a) Recusar justificadamente a negociação do acordo;

Lei da Liberdade Religiosa 229

b) Nomear uma comissão negociadora, composta por representantes dos ministérios interessados e por igual número de cidadãos portugueses designados pela igreja ou comunidade religiosa, com o encargo de elaborar um projecto de acordo ou um relato das razões da sua impraticabilidade. O presidente da Comissão é designado pelo Ministro.

ARTIGO 47.º – **Fundamentos de recusa da negociação do acordo**

São fundamentos de recusa da negociação do acordo:

a) Não estar assegurado que as normas internas ou a prática religiosa da igreja ou comunidade religiosa se conformem com as normas da ordem jurídica portuguesa;

b) Não terem decorrido cinco anos sobre a recusa de proposta anterior;

c) Não ser necessária a aprovação de uma nova lei para alcançar os objectivos práticos da proposta;

d) Não merecer aprovação o conteúdo essencial da proposta.

ARTIGO 48.º – **Celebração do acordo**

1 – Uma vez aprovado em Conselho de Ministros, o acordo é assinado pelo Primeiro-Ministro e pelos ministros competentes em razão da matéria, do lado do Governo, e pelos representantes da igreja ou da comunidade religiosa ou da federação.

2 – O acordo só entrará em vigor depois da sua aprovação por lei da Assembleia da República.

ARTIGO 49.º – **Proposta de lei de aprovação do acordo**

O acordo é apresentado à Assembleia da República com a proposta da lei que o aprova.

ARTIGO 50.º – **Alterações do acordo**

Até à deliberação da Assembleia da República que aprovar o acordo, este pode ser alterado por acordo das partes, devendo qualquer alteração ser imediatamente comunicada à Assembleia da República.

230   *Direitos, Liberdades e Garantias em Especial*

ARTIGO 51.º – **Outros acordos**

As pessoas colectivas religiosas podem celebrar outros acordos com o Estado, as Regiões Autónomas e as autarquias locais para a realização dos seus fins que não envolvam a aprovação de uma lei.

CAPÍTULO VI – **Comissão da Liberdade Religiosa**

ARTIGO 52.º – **Comissão da Liberdade Religiosa**

É criada a Comissão da Liberdade Religiosa, órgão independente de consulta da Assembleia da República e do Governo.

ARTIGO 53.º – **Funções**

1 – A Comissão tem funções de estudo, informação, parecer e proposta em todas as matérias relacionadas com a aplicação da Lei de Liberdade Religiosa, com o desenvolvimento, melhoria e eventual revisão da mesma lei e, em geral, com o direito das religiões em Portugal.

2 – A Comissão tem igualmente funções de investigação científica das igrejas, comunidades e movimentos religiosos em Portugal.

ARTIGO 54.º – **Competência**

1 – No exercício das suas funções compete, nomeadamente, à Comissão:

a) Emitir parecer sobre os projectos de acordos entre igrejas ou comunidades religiosas e o Estado;

b) Emitir parecer sobre a radicação no País de igrejas ou comunidades religiosas;

c) Emitir parecer sobre a composição da Comissão do Tempo de Emissão das Confissões Religiosas;

d) Emitir os pareceres sobre a inscrição de igrejas ou comunidades religiosas que forem requeridos pelo serviço do registo das pessoas colectivas religiosas;

e) Estudar a evolução dos movimentos religiosos em Portugal e, em especial, reunir e manter actualizada a informação sobre novos movimentos religiosos, fornecer a informação científica e estatís-

Lei da Liberdade Religiosa 231

tica necessária aos serviços, instituições e pessoas interessadas e publicar um relatório anual sobre a matéria;

f) Elaborar estudos, informações, pareceres e propostas que lhe forem cometidos por lei, pela Assembleia da República, pelo Governo ou por própria iniciativa.

2 – A Comissão elabora o seu próprio regulamento interno.

ARTIGO 55.° – **Coadjuvação de serviços e entidades públicas**

No exercício das suas funções a Comissão tem direito a coadjuvação dos serviços e outras entidades públicas.

ARTIGO 56.° – **Composição e funcionamento**

1 – A Comissão é constituída pelas pessoas agrupadas nas duas alíneas seguintes:

a) O presidente, dois membros designados pela Conferência Episcopal Portuguesa e três membros designados pelo membro do Governo competente na área da justiça de entre as pessoas indicadas pelas igrejas ou comunidades religiosas não católicas radicadas no País e pelas federações em que as mesmas se integrem, tendo em consideração a representatividade de cada uma e o princípio da tolerância;

b) Cinco pessoas de reconhecida competência científica nas áreas relativas às funções da Comissão designadas pelo membro do Governo competente na área da justiça, de modo a assegurar o pluralismo e a neutralidade do Estado em matéria religiosa.

2 – Terão assento na Comissão, sempre que esta o entender necessário ou conveniente, representantes governamentais nas áreas da justiça, das finanças, da administração interna e do trabalho e solidariedade designados a título permanente, que não terão direito a voto.

3 – Quando a questão sob apreciação diga respeito a ministério diferente dos indicados no n.° 2, pode participar nas sessões correspondentes um representante do ministério em causa.

4 – O mandato dos membros da Comissão é trienal e poderá ser renovado.

5 – Os membros da Comissão têm o direito de fazer lavrar voto de

vencido nos pareceres referidos nas alíneas *a*), *b*), *c*) e *d*) do artigo 54.º, quando tenham participado na deliberação que os aprovou.

6 – A Comissão pode funcionar em plenário ou em comissão permanente.

ARTIGO 57.º – **Presidente e regime de funcionamento**

1 – O presidente da Comissão é designado pelo Conselho de Ministros por períodos de três anos, renováveis, de entre juristas de reconhecido mérito.

2 – As funções de presidente são consideradas de investigação científica de natureza jurídica e podem ser exercidas em regime de acumulação com a docência em regime de dedicação exclusiva.

3 – O regime de funcionamento da Comissão e dos seus serviços de apoio e o estatuto jurídico do respectivo pessoal são objecto de diploma do Governo.

CAPÍTULO VII – **Igreja Católica**

ARTIGO 58.º – **Legislação aplicável à Igreja Católica**

Fica ressalvada a Concordata entre a Santa Sé e a República Portuguesa de 7 de Maio de 1940, o Protocolo Adicional à mesma de 15 de Fevereiro de 1975, bem como a legislação aplicável à Igreja Católica, não lhe sendo aplicáveis as disposições desta lei relativas às igrejas ou comunidades religiosas inscritas ou radicadas no País, sem prejuízo da adopção de quaisquer disposições por acordo entre o Estado e a Igreja Católica ou por remissão da lei.

CAPÍTULO VIII – **Disposições complementares e transitórias**

ARTIGO 59.º – **Alteração do artigo 1615.º do Código Civil**

O artigo 1615.º do Código Civil passa a ter a seguinte redacção:

«Artigo 1615.º **Publicidade e forma**

Lei da Liberdade Religiosa 233

A celebração do casamento é pública e está sujeita, segundo a vontade dos nubentes:

a) À forma fixada neste Código e nas leis do registo civil;
b) À forma religiosa, nos termos de legislação especial.»

ARTIGO 60.º – **Alteração da alínea *b*) do artigo 1654.º do Código Civil**

A alínea b) do artigo 1654.º do Código Civil passa a ter a seguinte redacção:

«*b*) Os assentos dos casamentos civis urgentes ou por forma religiosa celebrados em Portugal;»

ARTIGO 61.º – **Alteração do n.º 2 do artigo 1670.º do Código Civil**

O n.º 2 do artigo 1670.º do Código Civil passa a ter a seguinte redacção:

«2 – Ficam, porém, ressalvados os direitos de terceiro que sejam compatíveis com os direitos e deveres de natureza pessoal dos cônjuges e dos filhos, a não ser que, tratando-se de registo por transcrição, esta tenha sido feita dentro dos sete dias subsequentes à celebração.»

ARTIGO 62.º – **Legislação expressamente revogada**

Ficam expressamente revogados a Lei n.º 4/71, de 21 de Agosto, e o Decreto n.º 216/72, de 27 de Junho.

ARTIGO 63.º – **Confissões religiosas e associações religiosas não católicas actualmente inscritas**

1 – As confissões religiosas e as associações religiosas não católicas inscritas no correspondente registo do departamento governamental competente conservam a sua personalidade jurídica e a sua capacidade, passando a estar sujeitas à presente lei quanto às suas actividades religiosas, nos termos do artigo 44.º

2 – As mesmas confissões e associações podem requerer a sua conversão em uma pessoa colectiva religiosa, nos termos dos artigos 34.º a 40.º, mediante o preenchimento dos respectivos requisitos, no prazo de três anos desde a entrada em vigor da presente lei.

234   *Direitos, Liberdades e Garantias em Especial*

3 – Se o não fizerem, passarão a estar inscritas apenas no Registo Nacional das Pessoas Colectivas, para onde serão remetidos os processos e os documentos que serviram de base aos respectivos registos.

4 – Passado o prazo referido no n.º 2, é extinto o actual registo de confissões religiosas e associações religiosas não católicas do Ministério da Justiça.

ARTIGO 64.º – **Segurança social**

Aos ministros que vêm beneficiando do regime de segurança social instituído pelo Decreto Regulamentar n.º 5/83, de 31 de Janeiro, e que pertençam a confissões religiosas ou associações religiosas referidas no artigo anterior, que não se convertam em pessoas colectivas religiosas, continua aplicável o respectivo regime.

ARTIGO 65.º – **Isenção do imposto sobre o valor acrescentado**

1 – As igrejas e comunidades religiosas radicadas no País, bem como os institutos de vida consagrada e outros institutos, com a natureza de associações ou fundações, por aquelas fundados ou reconhecidos, e ainda as federações e as associações em que as mesmas se integrem, poderão optar pelo regime previsto no artigo 1.º do Decreto-Lei n.º 20/90, de 13 de Janeiro, enquanto vigorar, não se lhes aplicando, nesse caso, o n.º 3 e n.º 4 do artigo 32.º da presente lei.

2 – As instituições particulares de solidariedade social que tenham pedido a restituição do imposto sobre o valor acrescentado no período a que respeita a colecta não poderão beneficiar da consignação prevista no n.º 5 do artigo 32.º

ARTIGO 66.º – **Entrada em vigor dos benefícios fiscais**

Os artigos 32.º e 65.º entram em vigor na data do início do ano económico seguinte ao da entrada em vigor da presente lei.

ARTIGO 67.º – **Radicação no País**

O tempo de presença social organizada no País necessário para as igrejas e comunidades religiosas inscritas requererem o atestado de que estão radicadas no País a que se refere a regra da primeira parte do n.° 2 do artigo 37.° é de 26 anos em 2001, de 27 anos em 2002, de 28 anos em 2003 e de 29 anos em 2004.

Artigo 68.° – **Códigos e leis fiscais**

O Governo fica autorizado a introduzir nos códigos e leis fiscais respectivos o regime fiscal decorrente da presente lei.

Artigo 69.° – **Legislação complementar**

O Governo deve tomar as medidas necessárias para assegurar o cumprimento da presente lei e publicar, no prazo de 60 dias, a legislação sobre o registo das pessoas colectivas religiosas e sobre a Comissão da Liberdade Religiosa.

Aprovada em 26 de Abril de 2001.

O Presidente da Assembleia da República, *António de Almeida Santos.*

Promulgada em 6 de Junho de 2001.

Publique-se.

O Presidente da República, Jorge Sampaio.

Referendada em 8 de Junho de 2001.

O Primeiro-Ministro, *António Manuel de Oliveira Guterres.*

b) **Objecção de consciência perante o serviço militar obrigatório**

Lei n.° 7/92, de 12 de Maio[8]

Lei sobre Objecção de Consciência

A Assembleia da República decreta, nos termos dos artigos 164.°, alínea *d*), 168.°, n.° 1, alínea *b*), e 169.°, n.° 3, da Constituição, o seguinte:

CAPÍTULO I – Disposições gerais

ARTIGO 1.° – **Direito à objecção de consciência**

1 – O direito à objecção de consciência perante o serviço militar rege-se pelo presente diploma e pela legislação complementar nele prevista.

2 – O direito à objecção de consciência comporta a isenção do serviço militar, quer em tempo de paz, quer em tempo de guerra, e implica, necessariamente, para os respectivos titulares o dever de prestar um serviço cívico adequado à sua situação.

3 – Em tempo de paz estão dispensados da prestação de serviço cívico os cidadãos que tenham obtido o estatuto de objector de consciência após o cumprimento do serviço militar obrigatório.

---

[8] Alterada pela Lei n.° 138/99, de 28 de Agosto.

Artigo 2.º – **Conceito de objector de consciência**

Consideram-se objectores de consciência os cidadãos convictos de que, por motivos de ordem religiosa, moral, humanística ou filosófica, lhes não é legítimo usar de meios violentos de qualquer natureza contra o seu semelhante, ainda que para fins de defesa nacional colectiva ou pessoal.

Artigo 3.º – **Informação**

1 – Os cidadãos são adequada e obrigatoriamente informados das regras e prescrições da presente lei, designadamente no acto de recenseamento militar.

2 – O dever de prestar informações, por sua iniciativa ou a solicitação dos interessados, compete ainda ao Gabinete do Serviço Cívico dos Objectores de Consciência, aos órgãos próprios das Regiões Autónomas, às autarquias locais, aos distritos de recrutamento e mobilização e aos consulados de Portugal no estrangeiro.

CAPÍTULO II – Serviço cívico

Artigo 4.º – **Conceito de serviço cívico**

1 – Entende-se por serviço cívico adequado à situação de objector de consciência aquele que, sendo exclusivamente de natureza civil, não esteja vinculado ou subordinado a instituições militares ou militarizadas, que constitua uma participação útil em tarefas necessárias à colectividade e possibilite uma adequada aplicação das habilitações e interesses vocacionais dos objectores.

2 – O serviço cívico é organizado nos termos do diploma previsto no artigo 35.º e efectua-se, preferentemente, nos seguintes domínios:

a) Assistência em hospitais e outros estabelecimentos de saúde;

b) Rastreio de doenças e acções de defesa da saúde pública;

c) Acções de profilaxia contra a droga, o tabagismo e o alcoolismo;

d) Assistência a deficientes, crianças e idosos;

e) Prevenção e combate a incêndios e socorros a náufragos;

f) Assistência a populações sinistradas por cheias, terramotos, epidemias e outras calamidades públicas;

g) Primeiros socorros, em caso de acidentes de viação;

Objecção de Consciência Perante o Serviço Militar Obrigatório   239

h) Manutenção, repovoamento e conservação de parques, reservas naturais e outras áreas classificadas;

i) Manutenção e construção de estradas ou de caminhos com interesse local;

j) Protecção do meio ambiente e do património cultural e natural;

l) Colaboração nas acções de estatística civil;

m) Colaboração em acções de alfabetização e promoção cultural;

n) Trabalho em associações de carácter social, cultural e religioso com fins não lucrativos, com primazia para as que sejam dotadas do estatuto de utilidade pública ou de solidariedade social;

o) Assistência em estabelecimentos prisionais e em acções de reinserção social.

3 – O regime de prestação de trabalho é o dos trabalhadores do sector em que for prestado o serviço cívico, com as adaptações previstas nos artigos 5.° a 8.° do presente diploma.

4 – Os cidadãos em regime de prestação de serviço cívico não podem ser destinados à substituição dos titulares de postos de trabalho, designadamente nos casos de exercício do direito à greve por parte dos respectivos trabalhadores.

ARTIGO 5.° – **Duração e penosidade do serviço prestado pelos objectores de consciência**

1 – O serviço cívico a prestar pelos objectores de consciência tem duração e penosidade equivalentes à do serviço militar obrigatório.

2 – Como forma de realizar a equivalência prevista no número anterior, o serviço cívico a prestar pelos objectores de consciência compreende um período de formação, com a duração de três meses, e um período de serviço efectivo, com duração igual à do serviço militar obrigatório.

3 – O período de formação abrange uma fase de formação geral e uma fase de formação específica, onde serão tidas em conta as habilitações literárias e profissionais dos objectores e as características da instituição onde vai ser prestado o serviço cívico.

ARTIGO 6.° – **Serviço de cooperação**

1 – O serviço cívico pode também, desde que para o efeito seja dado consentimento expresso por parte do objector de consciência, ser prestado

240   *Direitos, Liberdades e Garantias em Especial*

em território estrangeiro, nos termos que vierem a ser definidos por decreto-lei e privilegiando a cooperação com os territórios sob administração portuguesa, os países africanos de língua oficial portuguesa e a mobilidade dentro da Comunidade Europeia.

2 – Os termos em que será prestado o serviço cívico, de acordo com o estabelecido no número anterior, serão definidos pelo Governo, nomeadamente quanto ao regime de prestação de trabalho e estatuto remuneratório.

ARTIGO 7.º – **Equiparações**

1 – O regime remuneratório e de segurança social dos objectores de consciência é definido em estrito paralelismo com as disposições aplicáveis à prestação do serviço militar obrigatório, sem prejuízo do disposto no n.º 2 do artigo anterior.

2 – O regime remuneratório inclui as prestações de alimentação, alojamento e descontos nos transportes em condições equivalentes às dos cidadãos em prestação do serviço militar.

3 – Os objectores de consciência gozam dos regimes de amparo, de adiamento, de interrupção e de dispensa nos mesmos termos que os cidadãos sujeitos à prestação do serviço militar.

4 – O mesmo princípio da equiparação aplica-se no caso da prestação de provas e realização de exames escolares.

5 – Os objectores de consciência gozam ainda dos direitos e garantias referidos no artigo 34.º da Lei n.º 30/87, de 7 de Julho, alterada pela Lei n.º 22/91, de 19 de Junho.

ARTIGO 8.º – **Tarefas e funções do serviço cívico**

Na definição das tarefas a incluir no serviço cívico e na atribuição das funções concretas a cada objector de consciência, as autoridades competentes devem ter em conta os interesses, a capacidade de abnegação, as habilitações literárias e profissionais do objector de consciência, bem como as preferências manifestadas pelo interessado.

ARTIGO 9.º – **Recusa ou abandono do serviço cívico**

1 – A recusa de prestação do serviço cívico por quem tenha obtido o estatuto de objector de consciência ou o seu abandono sem justificação adequada são puníveis nos termos da presente lei.

Objecção de Consciência Perante o Serviço Militar Obrigatório   241

2 – Considera-se abandonada a prestação do serviço cívico quando o objector de consciência falte injustificadamente, durante 5 dias seguidos ou 10 interpolados, ao seu cumprimento.

3 – Nenhum cidadão poderá conservar nem obter emprego do Estado ou de outra entidade pública se deixar de cumprir o serviço cívico, quando obrigatório.

CAPÍTULO III – Situação jurídica do objector de consciência

ARTIGO 10.º – **Aquisição do estatuto de objector de consciência**

O estatuto de objector de consciência adquire-se por decisão administrativa, proferida nos termos do presente diploma, a partir da declaração do interessado.

ARTIGO 11.º – **Princípio da igualdade**

Os objectores de consciência gozam de todos os direitos e estão sujeitos a todos os deveres consignados na Constituição e na lei para os cidadãos em geral que não sejam incompatíveis com a situação de objector de consciência.

ARTIGO 12.º – **Convocação extraordinária e requisição**

1 – Nos mesmos termos e prazos previstos para os cidadãos que prestam o serviço militar, os objectores de consciência podem ser convocados extraordinariamente para prestar novamente serviço cívico adequado à sua situação, se assim o decidirem as entidades competentes, em caso de guerra, estado de sítio ou de emergência.

2 – A situação de objector de consciência não dispensa o cidadão da requisição, nos termos da lei geral, para a realização de tarefas colectivas de carácter exclusivamente civil.

ARTIGO 13.º – **Inabilidades**

1 – O objector de consciência é inábil para:

a) Desempenhar qualquer função, pública ou privada, que imponha o uso e porte de arma de qualquer natureza;

b) Ser titular de licença administrativa de detenção, uso e porte de arma de qualquer natureza;

c) Ser titular de autorização de uso e porte de arma de defesa quando, por lei, tal autorização seja inerente à função pública ou privada que exerça;

d) Trabalhar no fabrico, reparação ou comércio de armas de qualquer natureza ou no fabrico e comércio das respectivas munições, bem como trabalhar em investigação científica relacionada com essas actividades.

2 – A infracção ao disposto no número anterior corresponde ao crime de desobediência qualificada e determina a cessação das funções e a revogação das licenças e autorizações referidas no número anterior.

ARTIGO 14.º – **Cessação da situação de objector de consciência**

1 – A situação de objector de consciência cessa:

a) Em consequência da condenação judicial em pena de prisão superior a 1 ano por crimes contra a vida, contra a integridade física, contra a liberdade das pessoas, contra a paz e a humanidade, contra a paz pública e contra o Estado, bem como pelo crime de roubo e por crimes de perigo comum, nos termos previstos e punidos no Código Penal, quando os comportamentos criminosos traduzam ou pressuponham uma intenção contrária à convicção de consciência anteriormente manifestada pelo objector e aos deveres dela decorrentes;

b) Pelo exercício comprovado de funções ou tarefas para que é inábil, nos termos previstos na presente lei;

c) Nos demais casos previstos na presente lei.

2 – Em qualquer dos casos referidos no número anterior far-se-á oficiosamente a comunicação ao Gabinete do Serviço Cívico dos Objectores de Consciência e ao centro de recrutamento onde o objector estiver recenseado para neles se efectuar o cancelamento do registo da situação de objector de consciência.

ARTIGO 15.º – **Efeitos da cessação**

A cessação da situação de objector de consciência determina a sujeição do seu ex-titular ao cumprimento das obrigações militares normais,

Objecção de Consciência Perante o Serviço Militar Obrigatório   243

sendo tomado em consideração o cumprimento total ou parcial do serviço cívico.

ARTIGO 16.° – **Cartão de identificação**

Os objectores de consciência têm direito a cartão especial de identificação.

ARTIGO 17.° – **Registo**

1 – O Gabinete de Serviço Cívico dos Objectores de Consciência mantém um registo devidamente actualizado de todos os processos relativos à concessão do estatuto de objector de consciência.

2 – Os cidadãos directamente interessados têm o direito de, a todo o tempo, consultar os dados que sobre eles constarem no referido registo.

CAPÍTULO IV – **Processo**

ARTIGO 18.° – **Princípios gerais**

1 – O processo de aquisição do estatuto de objector de consciência tem natureza administrativa e inicia-se com a apresentação pelo interessado de uma declaração de objecção de consciência.

2 – A declaração pode ser apresentada por qualquer cidadão maior ou emancipado.

3 – A declaração de objecção de consciência deve conter:

a) A identificação completa do declarante, com indicação do número e data de emissão do bilhete de identidade, estado civil, residência, habilitações literárias e profissionais, bem como a freguesia e o distrito de recrutamento e mobilização a que se encontra adstrito;

b) A formulação das razões de ordem religiosa, moral, humanística ou filosófica que fundamentam a objecção e a referência a comportamentos do declarante demonstrativos da sua coerência com aquelas razões;

c) A indicação da situação militar do declarante;

d) A declaração expressa da disponibilidade do declarante para cumprir o serviço cívico alternativo;

244 *Direitos, Liberdades e Garantias em Especial*

e) A declaração expressa da não existência de qualquer das inabilidades previstas na presente lei;

f) A assinatura do declarante reconhecida notarialmente.

4 – A declaração de objecção de consciência deve ser instruída com os seguintes elementos:

a) Declarações de três cidadãos no pleno gozo dos seus direitos civis e políticos, com assinatura reconhecida notarialmente, confirmativas dos comportamentos referidos na alínea *b*) do número anterior;

b) Certidão de nascimento do declarante;

c) Certificado do registo criminal do declarante;

d) Outros documentos que o declarante considere relevantes.

5 – A falsidade das declarações previstas na alínea *a*) do n.º 4 é punível nos termos do n.º 1 do artigo 402.º do Código Penal.

ARTIGO 19.º – **Reconhecimento**

O reconhecimento do estatuto de objector de consciência compete à Comissão Nacional de objecção de Consciência e é isento de quaisquer taxas ou emolumentos.

ARTIGO 20.º – **Prazos e locais de apresentação**

1 – A declaração pode ser apresentada a todo o tempo.

2 – A declaração de objecção de consciência pode ser apresentada na Comissão Nacional, nas delegações regionais do Instituto Português da Juventude, nos postos consulares ou nos serviços competentes das Regiões Autónomas.

3 – Se não tiver sido apresentada directamente na Comissão Nacional, a declaração de objecção de consciência é-lhe enviada pelas entidades referidas no número anterior no prazo de cinco dias após a sua recepção.

ARTIGO 21.º – **Apreciação e suprimento de deficiências**

1 – Recebida a declaração, a Comissão Nacional aprecia, no prazo de 15 dias, a sua regularidade formal.

2 – Sempre que a declaração de objecção de consciência se encontrar incompleta ou irregularmente instruída, a Comissão Nacional notifica o

declarante para que, no prazo máximo de 20 dias, supra as respectivas deficiências, sob pena de ser liminarmente indeferida.

3 – Se o declarante não suprir as deficiências da declaração no prazo previsto no n.º 2, a Comissão Nacional comunicará oficiosamente, no prazo de cinco dias, a ineficácia da mesma ao distrito de recrutamento e mobilização competente.

ARTIGO 22.º – **Efeitos da declaração**

1 – A apresentação da declaração de objecção de consciência suspende o cumprimento das obrigações militares do declarante subsequentes ao acto de recenseamento, sendo, para o efeito, oficiosamente comunicado ao centro de recrutamento competente.

2 – Se a declaração não for apresentada até aos 30 dias anteriores à incorporação, o cumprimento das obrigações militares do declarante só se suspende após a conclusão da prestação do serviço militar.

ARTIGO 23.º – **Recusa de estatuto e audiência**

1 – Sem prejuízo do disposto no n.º 2 do artigo 21.º, o reconhecimento do estatuto de objector de consciência só pode ser recusado com base na falsidade de elementos constantes da declaração ou na existência de qualquer das inabilidades previstas na presente lei.

2 – O reconhecimento do estatuto de objector de consciência não pode ser denegado sem que ao declarante seja dada a possibilidade de ser ouvido em audiência perante a Comissão Nacional, podendo fazer-se acompanhar de advogado.

3 – Na audiência a que se refere o número anterior a Comissão Nacional ouvirá também as testemunhas apresentadas.

4 – A audiência prevista nos números anteriores poderá ser pública, a requerimento do declarante feito por escrito ou oralmente no início da mesma.

5 – A audiência deve incidir sobre os motivos subjacentes à declaração e sobre a prática de vida do declarante que demonstre a sua coerência com tais motivos.

6 – A falta injustificada do declarante à audiência prevista neste artigo equivale à renúncia do direito a ser ouvido.

Artigo 24.º – **Averiguações**

1 – A Comissão Nacional de Objecção de Consciência procederá às averiguações que considere necessárias para a comprovação da veracidade dos elementos constantes da declaração.

2 – A Administração Pública e os interessados na obtenção do estatuto devem cooperar nas referidas averiguações.

Artigo 25.º – **Decisão**

1 – No exercício das suas funções, a Comissão Nacional decide de acordo com critérios de objectividade e imparcialidade.

2 – A decisão da Comissão Nacional referente ao reconhecimento do estatuto de objector de consciência é tomada por maioria de votos dos seus membros e devidamente fundamentada em acta, não podendo haver abstenções.

3 – A Comissão Nacional tem de decidir no prazo máximo de três meses contados da apresentação da declaração de objecção de consciência.

Artigo 26.º – **Notificação e comunicação**

1 – A deliberação da Comissão Nacional é notificada ao declarante, acompanhada da acta respectiva, no prazo de cinco dias.

2 – A deliberação que reconheça o estatuto de objector de consciência é comunicada, oficiosamente, ao Gabinete do Serviço Cívico dos Objectores de Consciência e ao centro de recrutamento onde o requerente estiver recenseado.

3 – O não reconhecimento definitivo do estatuto de objector de consciência é comunicado, oficiosamente, pela Comissão Nacional ao centro de recrutamento onde o interessado estiver recenseado.

Artigo 27.º – **Recursos**

1 – Da deliberação da Comissão Nacional cabe recurso contencioso, com efeito suspensivo das obrigações militares, a interpor nos termos gerais, no prazo de 20 dias, para o tribunal administrativo de círculo.

2 – O recurso tem a natureza de processo urgente, para todos os efeitos e em qualquer instância.

3 – O processo de recurso é isento de quaisquer taxas, custas e emolumentos, salvo quando o interessado for condenado como litigante de má

Objecção de Consciência Perante o Serviço Militar Obrigatório　247

fé, caso em que será responsável pelas custas do processo calculadas nos termos gerais.

CAPÍTULO V – Órgãos específicos da objecção de consciência

ARTIGO 28.° – **Comissão Nacional de Objecção de Consciência**

1 – A Comissão Nacional de Objecção de Consciência funciona em Lisboa, junto do Gabinete do Serviço Cívico dos Objectores de Consciência.

2 – Compõem a Comissão Nacional de Objecção de Consciência:

a) Um juiz de direito, designado pelo Conselho Superior da Magistratura, como presidente;
b) Um cidadão de reconhecido mérito, designado pelo Provedor de Justiça;
c) O director do Gabinete do Serviço Cívico dos Objectores de Consciência.

3 – O apoio logístico e administrativo à Comissão Nacional de Objecção de Consciência é assegurado pelo Gabinete do Serviço Cívico dos Objectores de Consciência.

ARTIGO 29.° – **Estatuto dos membros da Comissão**

Os membros da Comissão Nacional de Objecção de Consciência são designados por três anos e gozam dos direitos e garantias a estabelecer em diploma especial.

ARTIGO 30.° – **Gabinete do Serviço Cívico dos Objectores de Consciência**

1 – A organização e o funcionamento do serviço cívico são assegurados pelo Gabinete do Serviço Cívico dos Objectores de Consciência.

2 – O Gabinete do Serviço Cívico dos Objectores de Consciência pode abrir as delegações regionais que se revelem necessárias ao bom funcionamento dos serviços.

CAPÍTULO VI – **Regime disciplinar e penal**

ARTIGO 31.º – **Regime disciplinar**

1 – Os objectores de consciência ficam, durante a prestação do serviço cívico e sem prejuízo do n.º 3 do artigo 4.º desta lei, sujeitos ao Estatuto Disciplinar dos Funcionários e Agentes da Administração Central e Local, com as seguintes adaptações:

a) À pena de multa corresponde a perda de 3 a 30 dias de metade do abono diário;
b) Às penas de suspensão e de inactividade corresponde a multa de 30 a 90 dias de metade do abono diário;
c) Às penas de aposentação compulsiva e de demissão corresponde a multa de 90 a 180 dias de metade do abono diário.

2 – A aplicação de multa superior a 30 dias determina a transferência do objector de consciência para outro serviço.

ARTIGO 32.º – **Competência disciplinar**

1 – A instauração e instrução de processos disciplinares cabe à entidade competente do serviço ou do organismo onde o serviço cívico estiver a ser prestado.

2 – Finda a instrução e relatado o processo, será o mesmo remetido, num prazo de três dias, ao Gabinete do Serviço Cívico dos Objectores de Consciência para decisão.

3 – O Primeiro-Ministro pode delegar a sua competência disciplinar no membro do Governo de quem ficar dependente o Gabinete do Serviço Cívico dos Objectores de Consciência, com a possibilidade de subdelegação.

ARTIGO 33.º – **Disposições penais**

1 – Incorre na pena de prisão até dois anos, mas nunca inferior ao tempo de duração do serviço cívico, aquele que, tendo obtido o estatuto de objector de consciência, injustificadamente se recuse à prestação de serviço cívico a que esteja obrigado nos termos da presente lei.

2 – Em igual pena incorre o objector de consciência que, sem justificação adequada, abandone o serviço cívico a que esteja obrigado, mas

Objecção de Consciência Perante o Serviço Militar Obrigatório   249

deve ser levado em conta na respectiva graduação o tempo de serviço já prestado.

3 – Os objectores de consciência que não comparecerem à convocação extraordinária para a prestação do novo serviço cívico para efeitos de reciclagem serão punidos com prisão até seis meses.

4 – Os objectores de consciência que, nos estados de excepção e nos termos legalmente definidos, não comparecerem à convocação extraordinária para prestação do novo serviço cívico serão punidos com prisão de seis meses até três anos.

5 – As penas de prisão aplicadas nos termos dos números anteriores não podem ser substituídas por multas.

6 – Serão punidos com multa até 30 dias os objectores de consciência que, a partir da data do conhecimento da decisão, não informem o Gabinete do Serviço Cívico dos Objectores de Consciência das mudanças de residência, que não preenchem ou não dêem seguimento aos boletins de inscrição, que se não apresentem quando convocados ou que, tendo requerido o adiamento da prestação, não apresentem anualmente prova documental da subsistência dos pressupostos justificativos do adiamento.

7 – O cumprimento das penas previstas no n.os 1, 2, 3 e 4 do presente artigo contará como tempo de prestação de serviço cívico.

8 – Nos casos em que, após o cumprimento da pena, haja ainda um período de serviço cívico a cumprir, o objector de consciência será colocado, de acordo com a conveniência do serviço e as necessidades das entidades disponíveis.

CAPÍTULO VII – **Disposições finais e transitórias**

ARTIGO 34.º – **Processos pendentes**

1 – Os processos apresentados em tribunal, no âmbito da Lei n.º 6/85, de 4 de Maio, cuja decisão não tenha ainda transitado em julgado serão apreciados pela Comissão Nacional de Objecção de Consciência.

2 – No prazo de 60 dias após a entrada em vigor do presente diploma, os tribunais enviarão oficiosamente ao Gabinete do Serviço Cívico dos Objectores de Consciência uma listagem dos processos pendentes.

250 · *Direitos, Liberdades e Garantias em Especial*

ARTIGO 35.º – **Regulamentação**

No prazo máximo de 60 dias contados da sua entrada em vigor, a presente lei será regulamentada por decreto-lei.

ARTIGO 36.º – **Norma revogatória**

São revogadas a Lei n.º 6/85, de 4 de Maio, e Lei n.º 101/88, de 25 de Agosto.

Aprovada em 12 de Março de 1992.

O Presidente da Assembleia da República, *António Moreira Barbosa de Melo.*

Promulgada em 22 de Abril de 1992.

Publique-se.

O Presidente da República, MÁRIO SOARES.

Referendada em 24 de Abril de 1992.

Pelo Primeiro-Ministro, *Joaquim Fernando Nogueira,* Ministro da Presidência.

c) Comissão da Liberdade Religiosa

Decreto-Lei n.° 308/2003, de 10 de Dezembro

A Lei da Liberdade Religiosa, aprovada pela Lei n.° 16/2001, de 22 de Junho, prevê, no seu artigo 69.°, a publicação de diplomas relativos ao registo de pessoas colectivas religiosas e à Comissão da Liberdade Religiosa. Incumbe, pois, ao Governo proceder à regulamentação da Comissão da Liberdade Religiosa, designadamente no que se refere às suas atribuições, ao estatuto dos seus membros e às regras do seu funcionamento, incluindo os aspectos relativos ao apoio administrativo e logístico.

Considerando que o essencial destas matérias está já disposto nos artigos 52.° a 57.° da citada lei, optou-se por assegurar o respeito pela natureza de órgão independente e consultivo da Comissão, o que se traduz quer no estatuto dos membros da Comissão quer na dignidade e flexibilidade da estrutura administrativa que a serve.

Foram consultadas diversas confissões e associações religiosas.

Assim:

Nos termos da alínea *a*) do n.° 1 do artigo 198.° da Constituição e do n.° 3 do artigo 57.° e do artigo 69.° da Lei n.° 16/2001, de 22 de Junho, o Governo decreta o seguinte:

CAPÍTULO I – Natureza, atribuições e competências

ARTIGO 1.° – **Natureza**

1 – A Comissão da Liberdade Religiosa é um órgão independente, de consulta da Assembleia da República e do Governo.

2 – O funcionamento da Comissão é assegurado pela Secretaria-
-Geral do Ministério da Justiça, que presta o apoio administrativo e
logístico necessário ao desempenho das suas atribuições, incluindo nos
domínios informático, bibliográfico e documental.

ARTIGO 2.º – **Atribuições**

1 – A Comissão tem atribuições no âmbito da protecção do exercício da liberdade religiosa, de controlo da aplicação, desenvolvimento e
revisão da Lei da Liberdade Religiosa, de pronúncia sobre as matérias
relacionadas com a mesma lei e, em geral, com o direito das confissões
religiosas em Portugal.

2 – A Comissão tem igualmente atribuições no âmbito do estudo e
investigação científica das igrejas, comunidades e movimentos religiosos
em Portugal.

ARTIGO 3.º – **Competências**

1 – No exercício das suas atribuições, compete, nomeadamente, à
Comissão:

a) Emitir parecer sobre os projectos de acordos entre igrejas ou
comunidades religiosas e o Estado;

b) Emitir parecer sobre a radicação no País de igrejas ou comunidades religiosas;

c) Emitir parecer sobre a composição da Comissão do Tempo de
Emissão das Confissões Religiosas;

d) Emitir parecer sobre a inscrição de igrejas ou comunidades religiosas que for requerido pelo serviço do registo das pessoas
colectivas religiosas;

e) Alertar e prevenir as autoridades competentes em caso de violação ou atentado contra a liberdade religiosa ou de qualquer tipo
de discriminação religiosa;

f) Estudar a evolução dos movimentos religiosos em Portugal e, em
especial, reunir e manter actualizada a informação sobre novos
movimentos religiosos, fornecer a informação científica e estatística necessária aos serviços, instituições e pessoas interessadas e
publicar um relatório anual sobre a matéria;

g) Elaborar estudos, informações, pareceres e propostas que lhe

Comissão da Liberdade Religiosa 253

forem cometidos por lei, pela Assembleia da República, pelo Governo ou por própria iniciativa;

h) Colaborar com os serviços competentes na recolha e processamento de dados estatísticos, não individualmente identificáveis referentes a convicções pessoais ou de fé religiosa, bem como na publicação de relatórios de análise de dados disponíveis;

i) Organizar, promover e colaborar na realização por outras entidades de cursos, seminários, colóquios e conferências sobre direito e sociologia das religiões;

j) Promover e colaborar em debates e acções de formação da opinião pública com vista, nomeadamente, a combater a intolerância e a discriminação por motivos religiosos;

l) Trocar informação e cooperar com serviços e instituições nacionais, estrangeiras ou internacionais;

m) Celebrar acordos ou propor a celebração de contratos, visando a realização de trabalhos de investigação ou o apoio à sua realização;

n) Promover a edição de publicações.

2 – Compete ainda à Comissão:

a) Elaborar o seu próprio regulamento interno;

b) Exercer as demais funções atribuídas por lei.

CAPÍTULO II – **Organização**

Artigo 4.º – **Composição**

1 – A Comissão é constituída pelos seguintes membros:

a) Presidente;

b) Dois membros designados pela Conferência Episcopal Portuguesa;

c) Três membros designados pelo Ministro da Justiça de entre as pessoas indicadas pelas igrejas ou comunidades religiosas não católicas radicadas no País e pelas federações em que as mesmas se integrem, tendo em consideração a representatividade de cada uma e o princípio da tolerância;

d) Cinco pessoas de reconhecida competência científica nas áreas relativas às funções da Comissão designadas pelo Ministro da

Justiça, de modo a assegurar o pluralismo e a neutralidade do Estado em matéria religiosa.

2 – Têm assento na Comissão, quando a questão sob apreciação diga respeito a uma igreja ou comunidade religiosa sem assento na Comissão, um representante daquela igreja ou comunidade religiosa, na qualidade de observador e sem direito de voto.

3 – Têm igualmente assento na Comissão, sempre que esta o entender necessário ou conveniente, representantes governamentais nas áreas da justiça, das finanças, da administração interna e da segurança social e do trabalho, designados pelo respectivo membro do Governo, que não terão direito a voto.

4 – Quando a questão sob apreciação diga respeito a uma área distinta das indicadas no número anterior, pode participar nas sessões correspondentes um representante do ministério em causa convocado pela Comissão.

ARTIGO 5.º – **Presidente**

1 – O presidente da Comissão é designado pelo Conselho de Ministros de entre juristas de reconhecido mérito.

2 – Ao presidente compete promover e orientar as actividades da Comissão e, em especial:

a) Representar a Comissão e assegurar as suas relações com os demais órgãos e autoridades públicas;

b) Presidir às reuniões da Comissão e dirigir os trabalhos;

c) Convocar reuniões extraordinárias;

d) Elaborar os projectos de planos anuais e plurianuais de actividades e assegurar a sua execução;

e) Elaborar o projecto de relatório anual de actividades e submetê-lo à aprovação da Comissão;

f) Exercer as demais competências que lhe sejam conferidas.

ARTIGO 6.º – **Vice-presidente**

1 – O vice-presidente da Comissão é designado pelo presidente, de entre os membros da Comissão, ouvidos os membros da comissão permanente.

Comissão da Liberdade Religiosa 255

2 – Compete ao vice-presidente:

a) Substituir o presidente nas suas faltas e impedimentos;
b) Coadjuvar o presidente no exercício das suas funções, nomeadamente presidindo às reuniões da comissão permanente em que o substitua.

3 – Compete ainda ao vice-presidente exercer as competências que lhe sejam delegadas pelo presidente.

ARTIGO 7.° – **Mandatos**

O mandato dos membros da Comissão é trienal e renovável.

ARTIGO 8.° – **Estatuto dos membros da Comissão**

1 – Os presidente e vice-presidente da Comissão têm direito a senhas de presença, de valor a fixar por despacho conjunto dos Ministros das Finanças e da Justiça, por cada dia de reunião em que participem.

2 – Todos os membros da Comissão têm direito, em termos a fixar por despacho conjunto dos Ministros das Finanças e da Justiça, ao reembolso das despesas feitas em função da sua participação nas actividades da Comissão.

3 – O exercício do mandato na Comissão não prejudica o exercício de funções em regime de dedicação exclusiva e corresponde, nos termos do disposto no n.° 2 do artigo 57.° da Lei n.° 16/2001, de 22 de Junho, ao exercício de funções de investigação científica de natureza jurídica.

CAPÍTULO III – **Funcionamento**

ARTIGO 9.° – **Funcionamento da Comissão**

1 – A Comissão pode funcionar em plenário ou em comissão permanente.

2 – Estão reservadas ao plenário da Comissão, no que se refere à aprovação final dos pareceres, as competências referidas na alínea *a*) a alínea *d*) do n.° 1 do artigo 3.°, assim como o exercício da competência prevista na alínea *a*) do n.° 2 do mesmo artigo.

3 – A Comissão pode constituir grupos de trabalho, presididos por

256   *Direitos, Liberdades e Garantias em Especial*

um dos seus membros, para a realização de tarefas determinadas no âmbito das suas funções.

ARTIGO 10.° – **Comissão permanente**

1 – A comissão permanente é constituída pelos membros da Comissão referidos na artigo *a*), artigo *b*) e artigo *c*) do n.° 1 do artigo 4.°

2 – O presidente preside à comissão permanente, podendo fazer-se substituir pelo vice-presidente.

3 – Cada um dos outros membros da comissão permanente pode fazer-se substituir nas respectivas sessões por aquele dos membros da Comissão referido na alínea *d*) do n.° 1 do artigo 4.° que para o efeito designar.

ARTIGO 11.° – **Sessões**

1 – A Comissão reúne ordinariamente em sessão plenária nos dias e horas que fixar e extraordinariamente quando convocada pelo presidente, por sua iniciativa ou a requerimento de cinco dos seus membros.

2 – A comissão permanente reúne ordinariamente nos dias e horas que fixar, tendo em atenção o determinado quanto às sessões plenárias, e extraordinariamente quando convocada pelo presidente.

ARTIGO 12.° – **Quórum e deliberações**

1 – A Comissão, em plenário ou em comissão permanente, só pode funcionar estando presente a maioria dos respectivos membros em efectividade de funções, incluindo o presidente ou o vice-presidente.

2 – As deliberações são tomadas à pluralidade de votos dos membros presentes.

3 – Cada membro dispõe de um voto e o presidente, ou o vice-presidente quando o substitua, dispõe de voto de qualidade.

4 – Os membros da Comissão têm o direito de fazer lavrar voto de vencido nos pareceres referidos nas alíneas *a*), *c*) e *d*) do n.° 1 do artigo 3.°, quando tenham participado na deliberação que o aprovou.

Visto e aprovado em Conselho de Ministros de 18 de Setembro de 2003. – *José Manuel Durão Barroso – Maria Manuela Dias Ferreira Leite – António Jorge de Figueiredo Lopes – Maria Celeste Ferreira Lopes Car-*

dona – Nuno Albuquerque Morais Sarmento – António José de Castro Bagão Félix.

Promulgado em 20 de Novembro de 2003.

Publique-se.

O Presidente da República, JORGE SAMPAIO.

Referendado em 24 de Novembro de 2003.

O Primeiro-Ministro, *José Manuel Durão Barroso.*

9. LIBERDADE DE ENSINO

a) Garantia da liberdade de ensino

Lei n.º 65/79, de 4 de Outubro

Liberdade do ensino

A Assembleia da República decreta, nos termos da alínea *n*) do artigo 167.º da Constituição, o seguinte:

CAPÍTULO I – Garantias de liberdade do ensino

Artigo 1.º

A liberdade do ensino compreende a liberdade de aprender e de ensinar consagrada na Constituição, é expressão da liberdade da pessoa humana e implica que o Estado, no exercício das suas funções educativas, respeite os direitos dos pais de assegurarem a educação e o ensino dos seus filhos em conformidade com as suas convicções.

Artigo 2.º

A liberdade do ensino exerce-se nos termos da Constituição e da lei e traduz-se, designadamente, por:

a) Não poder o Estado atribuir-se o direito de programar a educação e a cultura segundo quaisquer directrizes filosóficas, estéticas, políticas, ideológicas ou religiosas;

b) Não confessionalidade do ensino público;

c) Organização adequada dos estabelecimentos de ensino, em especial quanto à sua orientação pedagógica e à sua gestão;

d) Liberdade de criação e funcionamento de estabelecimentos particulares e cooperativos de ensino que satisfaçam os requisitos constitucionais e legais;

e) Existência progressiva de condições de livre acesso aos estabelecimentos públicos, privados e cooperativos, na medida em que contribuam para o progresso do sistema nacional de educação, sem discriminações de natureza económica, social ou regional;

f) Possibilidade de os pais, os professores e os alunos se pronunciarem sobre o ensino e os métodos pedagógicos;

g) Acesso a qualquer tipo de estabelecimento de ensino por parte de alunos e professores, sem qualquer tipo de discriminação, nomeadamente ideológica ou política;

h) Liberdade de definição de discurso científico e pedagógico, dentro dos preceitos legais adequados, por parte dos docentes;

i) Ausência de qualquer tipo de discriminação, nomeadamente ideológica ou política, na autorização, financiamento e apoio por parte do Estado às escolas particulares e cooperativas, nos termos da Lei n.º 9/79, de 19 de Março, e respectiva legislação complementar.

CAPÍTULO II – Conselho para a liberdade do ensino

ARTIGO 3.º

É criado junto da Assembleia da República o Conselho para a Liberdade do Ensino, com a atribuição de velar pelo respeito da liberdade do ensino e de apreciar quaisquer infracções à mesma, nos termos da presente lei.

ARTIGO 4.º

1 – O Conselho é composto por cidadãos indicados pelos partidos políticos com representação parlamentar, na proporção de um por cada

vinte Deputados por cada partido, com o mínimo de um, podendo ser designado um suplente por cada dois membros efectivos.

2 – Os membros do Conselho são designados pelo período de um ano, mantêm-se em funções até à posse dos membros que os hão-de substituir e as vagas são preenchidas por indicação do partido que os tiver designado.

ARTIGO 5.º

Compete ao Conselho para a Liberdade do Ensino:

a) Pronunciar-se, mediante queixas dos cidadãos ou por iniciativa própria, sobre as infracções contra a liberdade do ensino, designadamente as violações das garantias enunciadas no artigo 2.º;

b) Fazer recomendações às entidades competentes para que sejam respeitadas a liberdade do ensino e as respectivas garantias.

ARTIGO 6.º

1 – As deliberações e recomendações do Conselho são remetidas para a Assembleia da República, para o Governo e, através do Ministério da Educação e Investigação Científica, para as entidades interessadas.

2 – Trimestral e anualmente o Conselho elabora relatórios da sua actividade, que são remetidos à Assembleia da República, para sua apreciação, e ao Governo, para seu conhecimento.

ARTIGO 7.º

1 – O Conselho e os seus membros têm direito, para o exercício das suas funções, a requerer ao Governo as informações de que careçam.

2 – O Conselho pode solicitar a presença e admitir a participação nas suas reuniões de funcionários, professores, pais de alunos e alunos, ou de outros cidadãos cujo depoimento possa interessar aos seus trabalhos.

ARTIGO 8.º

1 – Os membros do Conselho tomam posse perante o Presidente da Assembleia de República, que promoverá as diligências indispensáveis à

sua entrada em exercício no prazo máximo de sessenta dias, a contar da data da publicação da presente lei.

2 – Marcado o acto de posse com uma antecedência mínima de trinta dias, a falta ou recusa de indicação de representantes por parte de qualquer partido não impedirá o normal funcionamento do Conselho com os membros que tiverem sido empossados, desde que se verifique a presença da maioria destes.

Artigo 9.º

1 – Compete ao Conselho elaborar o respectivo regimento, que é homologado pelo Presidente da Assembleia da República no prazo máximo de trinta dias, a contar da data do parecer favorável da comissão parlamentar competente.

2 – O regimento será publicado no *Diário da Assembleia da República.*

Artigo 10.º

O presidente e o secretário do Conselho são eleitos pelos respectivos membros, na primeira reunião anual.

Artigo 11.º

Compete ao presidente convocar as reuniões do Conselho, por sua iniciativa ou a requerimento dos representantes de qualquer partido político nele representado.

Artigo 12.º

1 – Por cada reunião a que assistirem, os membros do Conselho têm direito a ajudas de custo e a uma senha de presença de montante igual às atribuídas aos Deputados quando assistem às reuniões das comissões parlamentares, até ao limite de quatro reuniões por mês.

2 – Os membros do Conselho têm igualmente direito ao reembolso das despesas de transporte nos mesmos termos que os Deputados.

Artigo 13.º

Os encargos previstos nesta lei com o funcionamento do Conselho são cobertos pela dotação orçamental atribuída à Assembleia da República, à qual o Conselho poderá requisitar as instalações e o pessoal técnico e administrativo de que necessite para o desempenho das suas funções.

Aprovada em 26 de Julho de 1979.

O Presidente da Assembleia da República, *Teófilo Carvalho dos Santos.*

Promulgada em 3 de Setembro de 1979.

Publique-se.

O Presidente da República, ANTÓNIO RAMALHO EANES. – O Primeiro-Ministro, *Maria de Lourdes Ruivo da Silva Matos Pintasilgo.*

b) Lei de Bases do Ensino Particular e Cooperativo

Lei n.° 9/79, de 19 de Março

Bases do ensino particular e cooperativo

A Assembleia da República decreta, nos termos da alínea *n*) do artigo 167.° da Constituição, o seguinte:

CAPÍTULO I – Disposições gerais

ARTIGO 1.°

1 – É direito fundamental de todo o cidadão o pleno desenvolvimento da sua personalidade, aptidões e potencialidades, nomeadamente através da garantia do acesso à educação e à cultura e do exercício da liberdade de aprender e de ensinar.

2 – Ao Estado incumbe criar condições que possibilitem o acesso de todos à educação e à cultura e que permitam igualdade de oportunidades no exercício da livre escolha entre pluralidade de opções de vias educativas e de condições de ensino.

3 – É reconhecida aos pais a prioridade na escolha do processo educativo e de ensino para os seus filhos.

CAPÍTULO II – **Dos estabelecimentos**

ARTIGO 2.º

As actividades e os estabelecimentos de ensino enquadrados no âmbito do sistema nacional de educação são de interesse público.

ARTIGO 3.º

1 – Para efeitos desta lei, consideram-se escolas públicas, escolas particulares e escolas cooperativas:

a) Escolas públicas – aquelas cujo funcionamento seja da responsabilidade exclusiva do Estado, das regiões autónomas, das autarquias locais ou de outra pessoa de direito público;
b) Escolas particulares – aquelas cuja criação e funcionamento seja da responsabilidade de pessoas singulares ou colectivas de natureza privada;
c) Escolas cooperativas – aquelas que forem constituídas de acordo com as disposições legais respectivas.

2 – As escolas particulares e as escolas cooperativas, quando ministrem ensino colectivo que se enquadre nos objectivos do Sistema Nacional de Educação, gozam das prerrogativas das pessoas colectivas de utilidade pública e, consequentemente, são abrangidas pela Lei n.º 2/78, de 17 de Janeiro.

3 – As remunerações pelo exercício de funções docentes nas escolas referidas no n.º 2 são isentas de imposto profissional, nos termos da alínea c) do artigo 4.º do Código do Imposto Profissional.

ARTIGO 4.º

1 – A presente lei aplica-se às escolas particulares e cooperativas de qualquer nível educativo.

2 – A aplicação dos princípios desta lei às escolas de nível superior será regulada por decreto-lei, a publicar pelo Governo no prazo de cento e oitenta dias.

3 – As acções sistemáticas de ensino não ministrado em estabelecimentos, dada a sua especificidade, devem ser objecto de legislação especial.

Artigo 5.º

1 – Esta lei não se aplica aos estabelecimentos de ensino eclesiástico, cujo regime está previsto na Concordata entre a Santa Sé e o Estado Português, nem aos estabelecimentos de formação de ministros pertencentes a outras confissões religiosas.

2 – A presente lei também não se aplica aos estabelecimentos de formação de quadros de partidos ou organizações políticas.

Artigo 6.º

1 – O Estado apoia e coordena o ensino nas escolas particulares e cooperativas, respeitando inteiramente os direitos consignados no artigo 1.º desta lei, de modo que as desigualdades sociais, económicas e geográficas não possam constituir entrave à consecução dos objectivos nacionais de educação.

2 – No âmbito desta competência são, designadamente, atribuições do Estado:

a) Conceder a autorização para a criação e assegurar-se do normal funcionamento das escolas particulares e cooperativas, segundo critérios a definir no Estatuto dos Ensinos Particular e Cooperativo, o qual deve salvaguardar a idoneidade civil e pedagógica das entidades responsáveis e os requisitos técnicos, pedagógicos e sanitários adequados;

b) Proporcionar o apoio pedagógico e técnico necessário ao seu efectivo funcionamento, nos termos previstos por lei;

c) Garantir o nível pedagógico e científico dos programas e métodos, de acordo com as orientações gerais da política educativa;

d) Conceder subsídios e celebrar contratos para o funcionamento de escolas particulares e cooperativas, de forma a garantir progressivamente a igualdade de condições de frequência com o ensino público nos níveis gratuitos e a atenuar as desigualdades existentes nos níveis não gratuitos.

Artigo 7.º

1 – Podem requerer autorização para a criação de escolas particulares e de escolas cooperativas as pessoas singulares ou colectivas que se encontrem nas condições legalmente exigidas.

2 – A concessão de licenças para a criação de escolas particulares de ensino obedece aos seguintes requisitos fundamentais:

a) Possuir o requerente grau académico bastante para reger cursos de categoria não inferior ao curso de nível mais elevado a ministrar na escola, ou, quando pessoa colectiva, oferecer quem possua esse grau;

b) Estar a escola dotada de instalações e de equipamento suficiente e adequado aos objectivos que se propõe;

c) Comprometer-se o requerente a recrutar pessoal docente com as habilitações legalmente exigidas.

CAPÍTULO III – **Dos contratos e subsídios**

Artigo 8.º

1 – Para efeitos do disposto no artigo 6.º, o Estado celebra contratos e concede subsídios a escolas particulares e cooperativas.

2 – Na celebração de contratos entre o Estado e as escolas particulares e cooperativas são consideradas as seguintes modalidades:

a) Contratos com estabelecimentos que, integrando-se nos objectivos e planos do Sistema Nacional de Educação e sem prejuízo da respectiva autonomia institucional e administrativa, se localizem em áreas carenciadas de rede pública escolar;

b) Contratos com estabelecimentos que obedeçam aos requisitos anteriores mas que se encontrem localizados em áreas suficientemente equipadas de estabelecimentos públicos;

c) Contratos com estabelecimentos em que, para além dos planos oficiais de ensino aos vários níveis, sejam ministradas outras matérias no quadro de experiências de actualização pedagógica e educativa.

3 – É concedida prioridade à celebração de contratos e atribuição de subsídios aos estabelecimentos referidos na alínea a) do n.º 2, bem como a jardins-de-infância e a escolas de ensino especial, nomeadamente em áreas geográficas carenciadas.

4 – Aos alunos de qualquer nível ou ramo de ensino que frequentem as escolas referidas na alínea a) do n.º 2 é garantida igualdade com os alu-

nos do ensino oficial no que se refere a despesas com propinas e matrículas.

5 – Incumbe ao Governo estabelecer a regulamentação adequada para a celebração dos contratos e concessão dos apoios e subsídios previstos neste artigo, com especificação dos compromissos a assumir por ambas as partes, bem como a fiscalização do cumprimento dos contratos estabelecidos.

CAPÍTULO IV – **Da publicidade**

ARTIGO 9.º

As acções de publicidade dos estabelecimentos de ensino particular e cooperativo devem ser regulamentadas pelo Governo em termos que garantam o respeito pela ética e pela dignidade da acção educativa.

CAPÍTULO V – **Da direcção pedagógica**

ARTIGO 10.º

1 – É condição de funcionamento das escolas particulares e cooperativas a existência de uma direcção pedagógica, exercida por pessoa singular ou por órgão colegial, que inclua um representante da entidade a quem haja sido outorgada a licença para a constituição da escola.

2 – Ao director pedagógico ou, no caso da direcção colegial, a um dos seus membros, pelo menos, são exigidos grau académico suficiente para leccionar cursos de categoria não inferior ao curso de nível mais elevado ministrado na escola e experiência pedagógica de, pelo menos, dois anos.

CAPÍTULO VI – **Dos professores**

ARTIGO 11.º

Todo aquele que exerce funções docentes em escolas particulares e cooperativas de ensino, qualquer que seja a sua natureza ou grau, tem os direitos e está sujeito aos específicos deveres emergentes do exercício da función docente, para além daqueles que se encontram fixados na legislação do trabalho aplicável.

ARTIGO 12.º

Os contratos de trabalho dos professores do ensino particular e cooperativo e a legislação relativa aos profissionais de ensino, nomeadamente nos domínios salarial, de segurança social e assistência, devem ter na devida conta a função de interesse público que lhes é reconhecida e a conveniência de harmonizar as suas carreiras com as do ensino público.

ARTIGO 13.º

1 – É admitida a transferência de professores das escolas públicas para as escolas particulares e cooperativas e vice-versa.

2 – Aos professores do ensino particular e cooperativo que transitem para o ensino público é garantida a contagem do tempo de serviço, designadamente para obtenção de diuturnidades e fases, em igualdade de circunstâncias com o serviço prestado em estabelecimentos de ensino públicos.

3 – A qualificação e classificação de trabalho docente prestado pelos professores no ensino particular e cooperativo obedece às normas vigentes para o ensino público, nomeadamente para o acesso a estágios e concursos de qualquer tipo de estabelecimentos.

4 – É reconhecida a possibilidade de os professores frequentarem os estágios previstos por lei em escolas particulares ou cooperativas segundo regulamentação especial.

5 – Para o efeito do disposto nos números anteriores, o Governo deve regular as condições da sua aplicação de forma a proporcionar a progressiva integração dos docentes numa carreira profissional comum, garantindo na medida do possível a manutenção dos direitos adquiridos, desde que devidamente comprovados.

ARTIGO 14.º

1 – A experiência na leccionação e a demonstração de capacidade intelectual, independentemente da posse de graus académicos dos professores das escolas particulares e cooperativas, poderão fundamentar o reconhecimento da faculdade de ensinar.

2 – O Governo deve publicar a regulamentação adequada para a aplicação do número anterior.

CAPÍTULO VII – **Do paralelismo pedagógico**

ARTIGO 15.º

1 – A verificação do aproveitamento e o processo de avaliação dos alunos competem às escolas particulares e cooperativas, em igualdade com as escolas públicas, desde que obedeçam aos requisitos legais adequados.

2 – São permitidas as transferências de alunos entre as escolas públicas, particulares e cooperativas.

CAPÍTULO VIII – **Dos benefícios e regalias sociais**

ARTIGO 16.º

1 – Aos alunos das escolas particulares e cooperativas, estejam ou não sob regime de contrato, são reconhecidos e concedidos, sem quaisquer discriminações, os benefícios e regalias previstos para os alunos das escolas oficiais no âmbito da Acção Social Escolar.

2 – Na regulamentação para a aplicação do n.º 1, o Governo velará pela progressiva extensão desses benefícios e regalias a todos os alunos que frequentem as escolas particulares e cooperativas.

CAPÍTULO IX – **Disposições finais**

ARTIGO 17.º

No prazo de cento e oitenta dias a contar da data da publicação desta lei, deve o Governo publicar, por decreto-lei, o Estatuto dos Ensinos Particular e Cooperativo, de acordo com os princípios estabelecidos nesta lei e integrando, na medida do possível, a regulamentação prevista no âmbito dos diversos artigos, ouvidos os órgãos dos representantes dos estabelecimentos particulares e cooperativos e os sindicatos dos professores.

ARTIGO 18.º

O Governo promoverá anualmente a introdução no Orçamento Geral do Estado dos dispositivos adequados à execução desta lei.

Aprovada em 18 de Janeiro de 1979.

O Presidente da Assembleia da República, *Teófilo Carvalho dos Santos.*

Promulgada em 19 de Fevereiro de 1979.

Publique-se.

O Presidente da República, ANTÓNIO RAMALHO EANES. – O Prmeiro--Ministro, *Carlos Alberto da Mota Pinto.*

c) **Lei de Bases do Sistema Educativo**

Lei n.º 46/86, de 14 de Outubro[9]

Lei de Bases do Sistema Educativo

A Assembleia da República decreta, nos termos da alínea *d*) do artigo 164.º e da alínea *e*) do artigo 167.º da Constituição, o seguinte:

CAPÍTULO I – Âmbito e princípios

ARTIGO 1.º – **Âmbito e definição**

1 – A presente lei estabelece o quadro geral do sistema educativo.

2 – O sistema educativo é o conjunto de meios pelo qual se concretiza o direito à educação, que se exprime pela garantia de uma permanente acção formativa orientada para favorecer o desenvolvimento global da personalidade, o progresso social e a democratização da sociedade.

3 – O sistema educativo desenvolve-se segundo um conjunto organizado de estruturas e de acções diversificadas, por iniciativa e sob responsabilidade de diferentes instituições e entidades públicas, particulares e cooperativas.

4 – O sistema educativo tem por âmbito geográfico a totalidade do território português – continente e regiões autónomas –, mas deve ter uma

---

[9] Alterada pela Lei n.º 115/97, de 19 de Setembro.

expressão suficientemente flexível e diversificada, de modo a abranger a generalidade dos países e dos locais em que vivam comunidades de portugueses ou em que se verifique acentuado interesse pelo desenvolvimento e divulgação da cultura portuguesa.

5 – A coordenação da política relativa ao sistema educativo, independentemente das instituições que o compõem, incumbe a um ministério especialmente vocacionado para o efeito.

ARTIGO 2.º – **Princípios gerais**

1 – Todos os portugueses têm direito à educação e à cultura, nos termos da Constituição da República.

2 – É da especial responsabilidade do Estado promover a democratização do ensino, garantindo o direito a uma justa e efectiva igualdade de oportunidades no acesso e sucesso escolares.

3 – No acesso à educação e na sua prática é garantido a todos os portugueses o respeito pelo princípio da liberdade de aprender e de ensinar, com tolerância para com as escolhas possíveis, tendo em conta, designadamente, os seguintes princípios:

a) O Estado não pode atribuir-se o direito de programar a educação e a cultura segundo quaisquer directrizes filosóficas, estéticas, políticas, ideológicas ou religiosas;

b) O ensino público não será confessional;

c) É garantido o direito de criação de escolas particulares e cooperativas.

4 – O sistema educativo responde às necessidades resultantes da realidade social, contribuindo para o desenvolvimento pleno e harmonioso da personalidade dos indivíduos, incentivando a formação de cidadãos livres, responsáveis, autónomos e solidários e valorizando a dimensão humana do trabalho.

5 – A educação promove o desenvolvimento do espírito democrático e pluralista, respeitador dos outros e das suas ideias, aberto ao diálogo e à livre troca de opiniões, formando cidadãos capazes de julgarem com espírito crítico e criativo o meio social em que se integram e de se empenharem na sua transformação progressiva.

ARTIGO 3.º – **Princípios organizativos**

O sistema educativo organiza-se de forma a:

a) Contribuir para a defesa da identidade nacional e para o reforço da fidelidade à matriz histórica de Portugal, através da consciencialização relativamente ao património cultural do povo português, no quadro da tradição universalista europeia e da crescente interdependência e necessária solidariedade entre todos os povos do Mundo;

b) Contribuir para a realização do educando, através do pleno desenvolvimento da personalidade, da formação do carácter e da cidadania, preparando-o para uma reflexão consciente sobre os valores espirituais, estéticos, morais e cívicos e proporcionando-lhe um equilibrado desenvolvimento físico;

c) Assegurar a formação cívica e moral dos jovens;

d) Assegurar o direito à diferença, mercê do respeito pelas personalidades e pelos projectos individuais da existência, bem como da consideração e valorização dos diferentes saberes e culturas;

e) Desenvolver a capacidade para o trabalho e proporcionar, com base numa sólida formação geral, uma formação específica para a ocupação de um justo lugar na vida activa que permita ao indivíduo prestar o seu contributo ao progresso da sociedade em consonância com os seus interesses, capacidades e vocação;

f) Contribuir para a realização pessoal e comunitária dos indivíduos, não só pela formação para o sistema de ocupações socialmente úteis, mas ainda pela prática e aprendizagem da utilização criativa dos tempos livres;

g) Descentralizar, desconcentrar e diversificar as estruturas e acções educativas, de modo a proporcionar uma correcta adaptação às realidades, um elevado sentido de participação das populações, uma adequada inserção no meio comunitário e níveis de decisão eficientes;

h) Contribuir para a correcção das assimetrias de desenvolvimento regional e local, devendo incrementar em todas as regiões do País a igualdade no acesso aos benefícios da educação, da cultura e da ciência;

i) Assegurar uma escolaridade de segunda oportunidade aos que dela não usufruíram na idade própria, aos que procuram o sistema educativo por razões profissionais ou de promoção cultural, devidas, nomeadamente, a necessidades de reconversão ou aperfeiçoamento decorrentes da evolução dos conhecimentos científicos e tecnológicos;

j) Assegurar a igualdade de oportunidade para ambos os sexos, nomeadamente através das práticas de coeducação e da orientação escolar e profissional, e sensibilizar, para o efeito, o conjunto dos intervenientes no processo educativo;

l) Contribuir para desenvolver o espírito e a prática democráticos, através da adopção de estruturas e processos participativos na definição da política educativa, na administração e gestão do sistema escolar e na experiência pedagógica quotidiana, em que se integram todos os intervenientes no processo educativo, em especial os alunos, os docentes e as famílias.

CAPÍTULO II – **Organização do sistema educativo**

ARTIGO 4.º – **Organização geral do sistema educativo**

1 – O sistema educativo compreende a educação pré-escolar, a educação escolar e a educação extra-escolar.

2 – A educação pré-escolar, no seu aspecto formativo, é complementar e ou supletiva da acção educativa da família, com a qual estabelece estreita cooperação.

3 – A educação escolar compreende os ensinos básico, secundário e superior, integra modalidades especiais e inclui actividades de ocupação de tempos livres.

4 – A educação extra-escolar engloba actividades de alfabetização e de educação de base, de aperfeiçoamento e actualização cultural e científica e a iniciação, reconversão e aperfeiçoamento profissional e realiza-se num quadro aberto de iniciativas múltiplas, de natureza formal e não formal.

SECÇÃO I – **Educação pré-escolar**

Artigo 5.° – **Educação pré-escolar**

1 – São objectivos da educação pré-escolar:

a) Estimular as capacidades de cada criança e favorecer a sua formação e o desenvolvimento equilibrado de todas as suas potencialidades;

b) Contribuir para a estabilidade e segurança afectivas da criança;

c) Favorecer a observação e a compreensão do meio natural e humano para melhor integração e participação da criança;

d) Desenvolver a formação moral da criança e o sentido da responsabilidade, associado ao da liberdade;

e) Fomentar a integração da criança em grupos sociais diversos, complementares da família, tendo em vista o desenvolvimento da sociabilidade;

f) Desenvolver as capacidades de expressão e comunicação da criança, assim como a imaginação criativa, e estimular a actividade lúdica;

g) Incutir hábitos de higiene e de defesa da saúde pessoal e colectiva;

h) Proceder à despistagem de inadaptações, deficiências ou precocidades e promover a melhor orientação e encaminhamento da criança.

2 – A prossecução dos objectivos enunciados far-se-á de acordo com conteúdos, métodos e técnicas apropriados, tendo em conta a articulação com o meio familiar.

3 – A educação pré-escolar destina-se às crianças com idades compreendidas entre os 3 anos e a idade de ingresso no ensino básico.

4 – Incumbe ao Estado assegurar a existência de uma rede de educação pré-escolar.

5 – A rede de educação pré-escolar é constituída por instituições próprias, de iniciativa do poder central, regional ou local e de outras entidades, colectivas ou individuais, designadamente associações de pais e de moradores, organizações cívicas e confessionais, organizações sindicais e de empresa e instituições de solidariedade social.

6 – O Estado deve apoiar as instituições de educação pré-escolar

278 *Direitos, Liberdades e Garantias em Especial*

integradas na rede pública, subvencionando, pelo menos, uma parte dos seus custos de funcionamento.

7 – Ao ministério responsável pela coordenação da política educativa compete definir as normas gerais da educação pré-escolar, nomeadamente nos seus aspectos pedagógico e técnico, e apoiar e fiscalizar o seu cumprimento e aplicação.

8 – A frequência da educação pré-escolar é facultativa, no reconhecimento de que à família cabe um papel essencial no processo da educação pré-escolar.

SECÇÃO II – **Educação escolar**

SUBSECÇÃO I – **Ensino básico**

Artigo 6.º – **Universalidade**

1 – O ensino básico é universal, obrigatório e gratuito e tem a duração de nove anos.

2 – Ingressam no ensino básico as crianças que completem 6 anos de idade até 15 de Setembro.

3 – As crianças que completem os 6 anos de idade entre 16 de Setembro e 31 de Dezembro podem ingressar no ensino básico se tal for requerido pelo encarregado de educação, em termos a regulamentar.

4 – A obrigatoriedade de frequência do ensino básico termina aos 15 anos de idade.

5 – A gratuitidade no ensino básico abrange propinas, taxas e emolumentos relacionados com a matrícula, frequência e certificação, podendo ainda os alunos dispor gratuitamente do uso de livros e material escolar, bem como de transporte, alimentação e alojamento, quando necessários.

Artigo 7.º – **Objectivos**

São objectivos do ensino básico:

a) Assegurar uma formação geral comum a todos os portugueses que lhes garanta a descoberta e o desenvolvimento dos seus inte-

Lei de Bases do Sistema Educativo 279

resses e aptidões, capacidade de raciocínio, memória e espírito crítico, criatividade, sentido moral e sensibilidade estética, promovendo a realização individual em harmonia com os valores da solidariedade social;

b) Assegurar que nesta formação sejam equilibradamente inter--relacionados o saber e o saber fazer, a teoria e a prática, a cultura escolar e a cultura do quotidiano;

c) Proporcionar o desenvolvimento físico e motor, valorizar as actividades manuais e promover a educação artística, de modo a sensibilizar para as diversas formas de expressão estética, detectando e estimulando aptidões nesses domínios;

d) Proporcionar a aprendizagem de uma primeira língua estrangeira e a iniciação de uma segunda;

e) Proporcionar a aquisição dos conhecimentos basilares que permitam o prosseguimento de estudos ou a inserção do aluno em esquemas de formação profissional, bem como facilitar a aquisição e o desenvolvimento de métodos e instrumentos de trabalho pessoal e em grupo, valorizando a dimensão humana do trabalho;

f) Fomentar a consciência nacional aberta à realidade concreta numa perspectiva de humanismo universalista, de solidariedade e de cooperação internacional;

g) Desenvolver o conhecimento e o apreço pelos valores característicos da identidade, língua, história e cultura portuguesas;

h) Proporcionar aos alunos experiências que favoreçam a sua maturidade cívica e sócio-afectiva, criando neles atitudes e hábitos positivos de relação e cooperação, quer no plano dos seus vínculos de família, quer no da intervenção consciente e responsável na realidade circundante;

i) Proporcionar a aquisição de atitudes autónomas, visando a formação de cidadãos civicamente responsáveis e democraticamente intervenientes na vida comunitária;

j) Assegurar às crianças com necessidades educativas específicas, devidas, designadamente, a deficiências físicas e mentais, condições adequadas ao seu desenvolvimento e pleno aproveitamento das suas capacidades;

l) Fomentar o gosto por uma constante actualização de conhecimentos;

m) Participar no processo de informação e orientação educacionais em colaboração com as famílias;

n) Proporcionar, em liberdade de consciência, a aquisição de noções de educação cívica e moral;

o) Criar condições de promoção do sucesso escolar e educativo a todos os alunos.

ARTIGO 8.º – **Organização**

1 – O ensino básico compreende três ciclos sequenciais, sendo o 1.º de quatro anos, o 2.º de dois anos e o 3.º de três anos, organizados nos seguintes termos:

a) No 1.º ciclo, o ensino é globalizante, da responsabilidade de um professor único, que pode ser coadjuvado em áreas especializadas;

b) No 2.º ciclo, o ensino organiza-se por áreas interdisciplinares de formação básica e desenvolve-se predominantemente em regime de professor por área;

c) No 3.º ciclo, o ensino organiza-se segundo um plano curricular unificado, integrando áreas vocacionais diversificadas, e desenvolve-se em regime de um professor por disciplina ou grupo de disciplinas.

2 – A articulação entre os ciclos obedece a uma sequencialidade progressiva, conferindo a cada ciclo a função de completar, aprofundar e alargar o ciclo anterior, numa perspectiva de unidade global do ensino básico.

3 – Os objectivos específicos de cada ciclo integram-se nos objectivos gerais do ensino básico, nos termos dos números anteriores e de acordo com o desenvolvimento etário correspondente, tendo em atenção as seguintes particularidades:

a) Para o 1.º ciclo, o desenvolvimento da linguagem oral e a iniciação e progressivo domínio da leitura e da escrita, das noções essenciais da aritmética e do cálculo, do meio físico e social, das expressões plástica, dramática, musical e motora;

b) Para o 2.º ciclo, a formação humanística, artística, física e desportiva, científica e tecnológica e a educação moral e cívica, visando habilitar os alunos a assimilar e interpretar crítica e criativamente a informação, de modo a possibilitar a aquisição de

Lei de Bases do Sistema Educativo 281

métodos e instrumentos de trabalho e de conhecimento que permitam o prosseguimento da sua formação, numa perspectiva do desenvolvimento de atitudes activas e conscientes perante a comunidade e os seus problemas mais importantes;

c) Para o 3.º ciclo, a aquisição sistemática e diferenciada da cultura moderna, nas suas dimensões humanística, literária, artística, física e desportiva, científica e tecnológica, indispensável ao ingresso na vida activa e ao prosseguimento de estudos, bem como a orientação escolar e profissional que faculte a opção de formação subsequente ou de inserção na vida activa, com respeito pela realização autónoma da pessoa humana.

4 – Em escolas especializadas do ensino básico podem ser reforçadas componentes de ensino artístico ou de educação física e desportiva, sem prejuízo da formação básica.

5 – A conclusão com aproveitamento do ensino básico confere o direito à atribuição de um diploma, devendo igualmente ser certificado o aproveitamento de qualquer ano ou ciclo, quando solicitado.

SUBSECÇÃO II – **Ensino secundário**

ARTIGO 9.º – **Objectivos**

O ensino secundário tem por objectivos:

a) Assegurar o desenvolvimento do raciocínio, da reflexão e da curiosidade científica e o aprofundamento dos elementos fundamentais de uma cultura humanística, artística, científica e técnica que constituam suporte cognitivo e metodológico apropriado para o eventual prosseguimento de estudos e para a inserção na vida activa;

b) Facultar aos jovens conhecimentos necessários à compreensão das manifestações estéticas e culturais e possibilitar o aperfeiçoamento da sua expressão artística;

c) Fomentar a aquisição e aplicação de um saber cada vez mais aprofundado assente no estudo, na reflexão crítica, na observação e na experimentação;

d) Formar, a partir da realidade concreta da vida regional e nacional, e no apreço pelos valores permanentes da sociedade, em geral, e

da cultura portuguesa, em particular, jovens interessados na resolução dos problemas do País e sensibilizados para os problemas
da comunidade internacional;

e) Facultar contactos e experiências com o mundo do trabalho, for-
talecendo os mecanismos de aproximação entre a escola, a vida
activa e a comunidade e dinamizando a função inovadora e inter-
ventora da escola;

f) Favorecer a orientação e formação profissional dos jovens, através
da preparação técnica e tecnológica, com vista à entrada no
mundo do trabalho;

g) Criar hábitos de trabalho, individual e em grupo, e favorecer o
desenvolvimento de atitudes de reflexão metódica, de abertura de
espírito, de sensibilidade e de disponibilidade e adaptação à
mudança.

ARTIGO 10.°– **Organização**

1 – Têm acesso a qualquer curso do ensino secundário os que completarem com aproveitamento o ensino básico.

2 – Os cursos do ensino secundário têm a duração de três anos.

3 – O ensino secundário organiza-se segundo formas diferenciadas,
contemplando a existência de cursos predominantemente orientados para
a vida activa ou para o prosseguimento de estudos, contendo todas elas
componentes de formação de sentido técnico, tecnológico e profissionali-
zante e de língua e cultura portuguesas adequadas à natureza dos diversos
cursos.

4 – É garantida a permeabilidade entre os cursos predominantemente
orientados para a vida activa e os cursos predominantemente orientados
para o prosseguimento de estudos.

5 – A conclusão com aproveitamento do ensino secundário confere
direito à atribuição de um diploma, que certificará a formação adquirida e,
nos casos dos cursos predominantemente orientados para a vida activa, a
qualificação obtida para efeitos do exercício de actividades profissionais
determinadas.

6 – No ensino secundário cada professor é responsável, em princípio,
por uma só disciplina.

7 – Podem ser criados estabelecimentos especializados destinados ao
ensino e prática de cursos de natureza técnica e tecnológica ou de índole
artística.

Subsecção III – **Ensino superior**

ARTIGO 11.º– **Âmbito e objectivos**

1 – O ensino superior compreende o ensino universitário e o ensino politécnico.

2 – São objectivos do ensino superior:

a) Estimular a criação cultural e o desenvolvimento do espírito científico e do pensamento reflexivo;

b) Formar diplomados nas diferentes áreas de conhecimento, aptos para a inserção em sectores profissionais e para a participação no desenvolvimento da sociedade portuguesa, e colaborar na sua formação contínua;

c) Incentivar o trabalho de pesquisa e investigação científica, visando o desenvolvimento da ciência e da tecnologia e a criação e difusão da cultura, e, desse modo, desenvolver o entendimento do homem e do meio em que vive;

d) Promover a divulgação de conhecimentos culturais, científicos e técnicos que constituem património da humanidade e comunicar o saber através do ensino, de publicações ou de outras formas de comunicação;

e) Suscitar o desejo permanente de aperfeiçoamento cultural e profissional e possibilitar a correspondente concretização, integrando os conhecimentos que vão sendo adquiridos numa estrutura intelectual sistematizadora do conhecimento de cada geração;

f) Estimular o conhecimento dos problemas do mundo de hoje, em particular os nacionais e regionais, prestar serviços especializados à comunidade e estabelecer com esta uma relação de reciprocidade;

g) Continuar a formação cultural e profissional dos cidadãos pela promoção de formas adequadas de extensão cultural.

3 – O ensino universitário visa assegurar uma sólida preparação científica e cultural e proporcionar uma formação técnica que habilite para o exercício de actividades profissionais e culturais e fomente o desenvolvimento das capacidades de concepção, de inovação e de análise crítica.

4 – O ensino politécnico visa proporcionar uma sólida formação cultural e técnica de nível superior, desenvolver a capacidade de inovação e

284 *Direitos, Liberdades e Garantias em Especial*

de análise crítica e ministrar conhecimentos científicos de índole teórica e prática e as suas aplicações com vista ao exercício de actividades profissionais.

ARTIGO 12.° – **Acesso**

1 – Têm acesso ao ensino superior os indivíduos habilitados com o curso do ensino secundário ou equivalente que façam prova de capacidade para a sua frequência.

2 – O Governo define, através de decreto-lei, os regimes de acesso e ingresso no ensino superior, em obediência aos seguintes princípios:

a) Democraticidade, equidade e igualdade de oportunidades;
b) Objectividade dos critérios utilizados para a selecção e seriação dos candidatos;
c) Universalidade de regras para cada um dos subsistemas de ensino superior;
d) Valorização do percurso educativo do candidato no ensino secundário, nas suas componentes de avaliação contínua e provas nacionais, traduzindo a relevância para o acesso ao ensino superior do sistema de certificação nacional do ensino secundário;
e) Utilização obrigatória da classificação final do ensino secundário no processo de seriação;
f) Coordenação dos estabelecimentos de ensino superior para a realização da avaliação, selecção e seriação por forma a evitar a proliferação de provas a que os candidatos venham a submeter-se;
g) Carácter nacional do processo de candidatura à matrícula e inscrição nos estabelecimentos de ensino superior público, sem prejuízo da realização, em casos devidamente fundamentados, de concursos de natureza local;
h) Realização das operações de candidatura pelos serviços da administração central e regional da educação.

3 – Nos limites definidos no número anterior, o processo de avaliação da capacidade para a frequência, bem como o de selecção e seriação dos candidatos ao ingresso em cada curso e estabelecimento de ensino superior é da competência dos estabelecimentos de ensino superior.

4 – O Estado deve progressivamente assegurar a eliminação de restrições quantitativas de carácter global no acesso ao ensino superior

(*numerus clausus*) e criar as condições para que os cursos existentes e a criar correspondam globalmente às necessidades em quadros qualificados, às aspirações individuais e à elevação do nível educativo, cultural e científico do País e para que seja garantida a qualidade do ensino ministrado.

5 – Têm igualmente acesso ao ensino superior os indivíduos maiores de 25 anos que, não estando habilitados com um curso do ensino secundário ou equivalente, e não sendo titulares de um curso do ensino superior, façam prova, especialmente adequada, de capacidade para a sua frequência.

6 – O Estado deve criar as condições que garantam aos cidadãos a possibilidade de frequentar o ensino superior, de forma a impedir os efeitos discriminatórios decorrentes das desigualdades económicas e regionais ou de desvantagens sociais prévias.

ARTIGO 13.º – **Graus académicos e diplomas**

1 – No ensino superior são conferidos os graus académicos de bacharel, licenciado, mestre e doutor.

2 – No ensino universitário são conferidos os graus académicos de bacharel, licenciado, mestre e doutor.

3 – No ensino politécnico são conferidos os graus académicos de bacharel e de licenciado.

4 – Os cursos conducentes ao grau de bacharel têm a duração normal de três anos podendo, em casos especiais, ter uma duração inferior em um a dois semestres.

5 – Os cursos conducentes ao grau de licenciado têm a duração normal de quatro anos, podendo, em casos especiais, ter uma duração de mais um a quatro semestres.

6 – O Governo regulará, através de decreto-lei, ouvidos os estabelecimentos de ensino superior, as condições de atribuição dos graus académicos de forma a garantir o nível científico da formação adquirida.

7 – Os estabelecimentos de ensino superior podem realizar cursos não conferentes de grau académico cuja conclusão com aproveitamento conduza à atribuição de um diploma.

8 – A mobilidade entre o ensino universitário e o ensino politécnico é assegurada com base no princípio do reconhecimento mútuo do valor da formação e das competências adquiridas.

Artigo 14.º– **Estabelecimentos**

1 – O ensino universitário realiza-se em universidades e em escolas universitárias não integradas.

2 – O ensino politécnico realiza-se em escolas superiores especializadas nos domínios da tecnologia, das artes e da educação, entre outros.

3 – As universidades podem ser constituídas por escolas, institutos ou faculdades diferenciados e ou por departamentos ou outras unidades, podendo ainda integrar escolas superiores do ensino politécnico.

4 – As escolas superiores do ensino politécnico podem ser associadas em unidades mais amplas, com designações várias, segundo critérios de interesse regional e ou de natureza das escolas.

Artigo 15.º – **Investigação científica**

1 – O Estado deve assegurar as condições materiais e culturais de criação e investigação científicas.

2 – Nas instituições de ensino superior serão criadas as condições para a promoção da investigação científica e para a realização de actividades de investigação e desenvolvimento.

3 – A investigação científica no ensino superior deve ter em conta os objectivos predominantes da instituição em que se insere, sem prejuízo da sua perspectivação em função do progresso, do saber e da resolução dos problemas postos pelo desenvolvimento social, económico e cultural do País.

4 – Devem garantir-se as condições de publicação dos trabalhos científicos e facilitar-se a divulgação dos novos conhecimentos e perspectivas do pensamento científico, dos avanços tecnológicos e da criação cultural.

5 – Compete ao Estado incentivar a colaboração entre as entidades públicas, privadas e cooperativas no sentido de fomentar o desenvolvimento da ciência, da tecnologia e da cultura, tendo particularmente em vista os interesses da colectividade.

SUBSECÇÃO IV – **Modalidades especiais de educação escolar**

Artigo 16.º – **Modalidades**

1 – Constituem modalidades especiais de educação escolar:

a) A educação especial;

Lei de Bases do Sistema Educativo 287

b) A formação profissional;
c) O ensino recorrente de adultos;
d) O ensino a distância;
e) O ensino português no estrangeiro.

2 – Cada uma destas modalidades é parte integrante da educação escolar, mas rege-se por disposições especiais.

ARTIGO 17.º – **Âmbito e objectivos da educação especial**

1 – A educação especial visa a recuperação e integração sócio-educativas dos indivíduos com necessidades educativas específicas devidas a deficiências físicas e mentais.

2 – A educação especial integra actividades dirigidas aos educandos e acções dirigidas às famílias, aos educadores e às comunidades.

3 – No âmbito dos objectivos do sistema educativo, em geral, assumem relevo na educação especial:

a) O desenvolvimento das potencialidades físicas e intelectuais;
b) A ajuda na aquisição da estabilidade emocional;
c) O desenvolvimento das possibilidades de comunicação;
d) A redução das limitações provocadas pela deficiência;
e) O apoio na inserção familiar, escolar e social de crianças e jovens deficientes;
f) O desenvolvimento da independência a todos os níveis em que se possa processar;
g) A preparação para uma adequada formação profissional e integração na vida activa.

ARTIGO 18.º – **Organização da educação especial**

1 – A educação especial organiza-se preferencialmente segundo modelos diversificados de integração em estabelecimentos regulares de ensino, tendo em conta as necessidades de atendimento específico, e com apoios de educadores especializados.

2 – A educação especial processar-se-á também em instituições específicas quando comprovadamente o exijam o tipo e o grau de deficiência do educando.

3 – São também organizadas formas de educação especial visando a integração profissional do deficiente.

4 – A escolaridade básica para crianças e jovens deficientes deve ter currículos e programas devidamente adaptados às características de cada tipo e grau de deficiência, assim como formas de avaliação adequadas às dificuldades específicas.

5 – Incumbe ao Estado promover e apoiar a educação especial para deficientes.

6 – As iniciativas de educação especial podem pertencer ao poder central, regional ou local ou a outras entidades colectivas, designadamente associações de pais e de moradores, organizações cívicas e confessionais, organizações sindicais e de empresa e instituições de solidariedade social.

7 – Ao ministério responsável pela coordenação da política educativa compete definir as normas gerais da educação especial, nomeadamente nos seus aspectos pedagógicos e técnicos, e apoiar e fiscalizar o seu cumprimento e aplicação.

8 – Ao Estado cabe promover, a nível nacional, acções que visem o esclarecimento, a prevenção e o tratamento precoce da deficiência.

ARTIGO 19.º – **Formação profissional**

1 – A formação profissional, para além de complementar a preparação para a vida activa iniciada no ensino básico, visa uma integração dinâmica no mundo do trabalho pela aquisição de conhecimentos e de competências profissionais, por forma a responder às necessidades nacionais de desenvolvimento e à evolução tecnológica.

2 – Têm acesso à formação profissional:

a) Os que tenham concluído a escolaridade obrigatória;
b) Os que não concluíram a escolaridade obrigatória até à idade limite desta;
c) Os trabalhadores que pretendam o aperfeiçoamento ou a reconversão profissionais.

3 – A formação profissional estrutura-se segundo um modelo institucional e pedagógico suficientemente flexível que permita integrar os alunos com níveis de formação e características diferenciados.

4 – A formação profissional estrutura-se por forma a desenvolver acções de:

a) Iniciação profissional;

Lei de Bases do Sistema Educativo

b) Qualificação profissional;

c) Aperfeiçoamento profissional;

d) Reconversão profissional.

5 – A organização dos cursos de formação profissional deve adequar--se às necessidades conjunturais nacionais e regionais de emprego, podendo integrar módulos de duração variável e combináveis entre si, com vista à obtenção de níveis profissionais sucessivamente mais elevados.

6 – O funcionamento dos cursos e módulos pode ser realizado segundo formas institucionais diversificadas, designadamente:

a) Utilização de escolas de ensino básico e secundário;

b) Protocolos com empresas e autarquias;

c) Apoios a instituições e iniciativas estatais e não estatais;

d) Dinamização de acções comunitárias e de serviços à comunidade;

e) Criação de instituições específicas.

7 – A conclusão com aproveitamento de um módulo ou curso de formação profissional confere direito à atribuição da correspondente certificação.

8 – Serão estabelecidos processos que favoreçam a recorrência e a progressão no sistema de educação escolar dos que completarem cursos de formação profissional.

ARTIGO 20.° – **Ensino recorrente de adultos**

1 – Para os indivíduos que já não se encontram na idade normal de frequência dos ensinos básico e secundário é organizado um ensino recorrente.

2 – Este ensino é também destinado aos indivíduos que não tiveram oportunidade de se enquadrar no sistema de educação escolar na idade normal de formação, tendo em especial atenção a eliminação do analfabetismo.

3 – Têm acesso a esta modalidade de ensino os indivíduos:

a) Ao nível do ensino básico, a partir dos 15 anos;

b) Ao nível do ensino secundário, a partir dos 18 anos.

4 – Este ensino atribui os mesmos diplomas a certificados que os conferidos pelo ensino regular, sendo as formas de acesso e os planos e

métodos de estudos organizados de modo distinto, tendo em conta os grupos etários a que se destinam, a experiência de vida entretanto adquirida e o nível de conhecimentos demonstrados.

5 – A formação profissional referida no artigo anterior pode ser também organizada de forma recorrente.

Artigo 21.º – **Ensino a distância**

1 – O ensino a distância, mediante o recurso aos *multimédia* e às novas tecnologias da informação, constitui não só uma forma complementar do ensino regular, mas pode constituir também uma modalidade alternativa da educação escolar.

2 – O ensino a distância terá particular incidência na educação recorrente e na formação contínua de professores.

3 – Dentro da modalidade de ensino a distância situa se a universidade aberta.

Artigo 22.º – **Ensino português no estrangeiro**

1 – O Estado promoverá a divulgação e o estudo da língua e da cultura portuguesas no estrangeiro mediante acções e meios diversificados que visem, nomeadamente, a sua inclusão nos planos curriculares de outros países e a criação e a manutenção de leitorados de português, sob orientação de professores portugueses, em universidades estrangeiras.

2 – Será incentivada a criação de escolas portuguesas nos países de língua oficial portuguesa e junto das comunidades de emigrantes portugueses.

3 – O ensino da língua e da cultura portuguesas aos trabalhadores emigrantes e seus filhos será assegurado através de cursos e actividades promovidos nos países de imigração em regime de integração ou de complementaridade relativamente aos respectivos sistemas educativos.

4 – Serão incentivadas e apoiadas pelo Estado as iniciativas de associações de portugueses e as de entidades estrangeiras, públicas e privadas, que contribuam para a prossecução dos objectivos enunciados neste artigo.

SECÇÃO III – **Educação extra-escolar**

ARTIGO 23.º – **Educação extra-escolar**

1 – A educação extra-escolar tem como objectivo permitir a cada indivíduo aumentar os seus conhecimentos e desenvolver as suas potencialidades, em complemento da formação escolar ou em suprimento da sua carência.

2 – A educação extra-escolar integra-se numa perspectiva de educação permanente e visa a globalidade e a continuidade da acção educativa.

3 – São vectores fundamentais da educação extra-escolar:

a) Eliminar o analfabetismo literal e funcional;

b) Contribuir para a efectiva igualdade de oportunidades educativas e profissionais dos que não frequentaram o sistema regular do ensino ou o abandonaram precocemente, designadamente através da alfabetização e da educação de base de adultos;

c) Favorecer atitudes de solidariedade social e de participação na vida da comunidade;

d) Preparar para o emprego, mediante acções de reconversão e de aperfeiçoamento profissionais, os adultos cujas qualificações ou treino profissional se tornem inadequados face ao desenvolvimento tecnológico;

e) Desenvolver as aptidões tecnológicas e o saber técnico que permitam ao adulto adaptar se à vida contemporânea;

f) Assegurar a ocupação criativa dos tempos livres de jovens e adultos com actividades de natureza cultural.

4 – As actividades de educação extra-escolar podem realizar-se em estruturas de extensão cultural do sistema escolar, ou em sistemas abertos, com recurso a meios de comunicação social e a tecnologias educativas específicas e adequadas.

5 – Compete ao Estado promover a realização de actividades extra--escolares e apoiar as que, neste domínio, sejam da iniciativa das autarquias, associações culturais e recreativas, associações de pais, associações de estudantes e organismos juvenis, associações de educação popular, organizações sindicais e comissões de trabalhadores, organizações cívicas e confessionais e outras.

6 – O Estado, para além de atender à dimensão educativa da programação televisiva e radiofónica em geral, assegura a existência e funcionamento da rádio e da televisão educativas, numa perspectiva de pluralidade de programas, cobrindo tempos diários de emissão suficientemente alargados e em horários diversificados.

CAPÍTULO III – Apoios e complementos educativos

ARTIGO 24.º – **Promoção do sucesso escolar**

1 – São estabelecidas e desenvolvidas actividades e medidas de apoio e complemento educativos visando contribuir para a igualdade de oportunidades de acesso e sucesso escolar.

2 – Os apoios e complementos educativos são aplicados prioritariamente na escolaridade obrigatória.

ARTIGO 25.º – **Apoios a alunos com necessidades escolares específicas**

Nos estabelecimentos de ensino básico é assegurada a existência de actividades de acompanhamento e complemento pedagógicos, de modo positivamente diferenciado, a alunos com necessidades escolares específicas.

ARTIGO 26.º – **Apoio psicológico e orientação escolar e profissional**

O apoio ao desenvolvimento psicológico dos alunos e à sua orientação escolar e profissional, bem como o apoio psicopedagógico às actividades educativas e ao sistema de relações da comunidade escolar, são realizados por serviços de psicologia e orientação escolar profissional inseridos em estruturas regionais escolares.

ARTIGO 27.º – **Acção social escolar**

1 – São desenvolvidos, no âmbito da educação pré-escolar e da educação escolar, serviços de acção social escolar, concretizados através da aplicação de critérios de discriminação positiva que visem a compensação social e educativa dos alunos economicamente mais carenciados.

2 – Os serviços de acção social escolar são traduzidos por um conjunto diversificado de acções, em que avultam a comparticipação em refeições, serviços de cantina, transportes, alojamento, manuais e material escolar, e pela concessão de bolsas de estudo.

Artigo 28.°– **Apoio de saúde escolar**

Será realizado o acompanhamento do saudável crescimento e desenvolvimento dos alunos, o qual é assegurado, em princípio, por serviços especializados dos centros comunitários de saúde em articulação com as estruturas escolares.

Artigo 29.° – **Apoio a trabalhadores-estudantes**

Aos trabalhadores-estudantes será proporcionado um regime especial de estudos que tenha em consideração a sua situação de trabalhadores e de estudantes e que lhes permita a aquisição de conhecimentos, a progressão no sistema do ensino e a criação de oportunidades de formação profissional adequadas à sua valorização pessoal.

CAPÍTULO IV – **Recursos humanos**

Artigo 30.° – **Princípios gerais sobre a formação de educadores e professores**

1 – A formação de educadores e professores assenta nos seguintes princípios:

a) Formação inicial de nível superior, proporcionando aos educadores e professores de todos os níveis de educação e ensino a informação, os métodos e as técnicas científicos e pedagógicos de base, bem como a formação pessoal e social adequadas ao exercício da função;

b) Formação contínua que complemente e actualize a formação inicial numa perspectiva de educação permanente;

c) Formação flexível que permita a reconversão e mobilidade dos educadores e professores dos diferentes níveis de educação e ensino, nomeadamente o necessário complemento de formação profissional;

d) Formação integrada quer no plano da preparação científico--pedagógica quer no da articulação teórico-prática;

e) Formação assente em práticas metodológicas afins das que o educador e o professor vierem a utilizar na prática pedagógica;

f) Formação que, em referência à realidade social, estimule uma atitude simultaneamente crítica e actuante;

294 *Direitos, Liberdades e Garantias em Especial*

g) Formação que favoreça e estimule a inovação e a investigação, nomeadamente em relação com a actividade educativa;

h) Formação participada que conduza a uma prática reflexiva e continuada de auto-informação e auto-aprendizagem.

2 – A orientação e as actividades pedagógicas na educação pré-escolar são asseguradas por educadores de infância, sendo a docência em todos os níveis e ciclos de ensino assegurada por professores detentores de diploma que certifique a formação profissional específica com que se encontram devidamente habilitados para o efeito.

ARTIGO 31.º – **Formação inicial de educadores de infância e de professores dos ensinos básico e secundário**

1 – Os educadores de infância e os professores dos ensinos básico e secundário adquirem a qualificação profissional através de cursos superiores que conferem o grau de licenciatura, organizados de acordo com as necessidades do desempenho profissional no respectivo nível de educação e ensino.

2 – O Governo define, por decreto-lei, os perfis de competência e de formação de educadores e professores para ingresso na carreira docente.

3 – A formação dos educadores de infância e dos professores do 1.º, 2.º e 3.º ciclos do ensino básico realiza-se em escolas superiores de educação e em estabelecimentos de ensino universitário.

4 – O Governo define, por decreto-lei, os requisitos a que as escolas superiores de educação devem satisfazer para poderem ministrar cursos de formação inicial de professores do 3.º ciclo do ensino básico, nomeadamente no que se refere a recursos humanos e materiais, de forma que seja garantido o nível científico da formação adquirida.

5 – A formação de professores do ensino secundário realiza-se em estabelecimentos de ensino universitário.

6 – A qualificação profissional dos professores de disciplinas de natureza profissional, vocacional ou artística dos ensinos básico ou secundário pode adquirir-se através de cursos de licenciatura que assegurem a formação na área da disciplina respectiva, complementados por formação pedagógica adequada.

7 – A qualificação profissional dos professores do ensino secundário pode ainda adquirir-se através de cursos de licenciatura que assegurem

Lei de Bases do Sistema Educativo 295

a formação científica na área de docência respectiva complementados por formação pedagógica adequada.

ARTIGO 32.º – **Qualificação para professor do ensino superior**

1 – Adquirem qualificação para a docência no ensino superior os habilitados com os graus de doutor ou de mestre, bem como os licenciados que tenham prestado provas de aptidão pedagógica e capacidade científica, podendo ainda exercer a docência outras individualidades reconhecidamente qualificadas.

2 – Podem coadjuvar na docência do ensino superior os indivíduos habilitados com o grau de licenciado ou equivalente.

ARTIGO 33.º – **Qualificação para outras funções educativas**

1 – Adquirem qualificação para a docência em educação especial os educadores de infância e os professores do ensino básico e secundário com prática de educação ou de ensino regular ou especial que obtenham aproveitamento em cursos especialmente vocacionados para o efeito realizados em estabelecimentos de ensino superior que disponham de recursos próprios nesse domínio.

2 – Nas instituições de formação referidas nos n.ºs 3 e 5 do artigo 31.º podem ainda ser ministrados cursos especializados de administração e inspecção escolares, de animação sócio-cultural, de educação de base de adultos e outros necessários ao desenvolvimento do sistema educativo.

3 – São qualificados para o exercício das actividades de apoio educativo os indivíduos habilitados com formação superior adequada.

ARTIGO 34.º – **Pessoal auxiliar de educação**

O pessoal auxiliar de educação deve possuir como habilitação mínima o ensino básico ou equivalente, devendo ser-lhe proporcionada uma formação complementar adequada.

ARTIGO 35.º – **Formação contínua**

1 – A todos os educadores, professores e outros profissionais da educação é reconhecido o direito à formação contínua.

2 – A formação contínua deve ser suficientemente diversificada, de modo a assegurar o complemento, aprofundamento e actualização de

296 *Direitos, Liberdades e Garantias em Especial*

conhecimentos e de competências profissionais, bem como a possibilitar a mobilidade e a progressão na carreira.

3 – A formação contínua é assegurada predominantemente pelas respectivas instituições de formação inicial, em estreita cooperação com os estabelecimentos onde os educadores e professores trabalham.

4 – Serão atribuídos aos docentes períodos especialmente destinados à formação contínua, os quais poderão revestir a forma de anos sabáticos.

ARTIGO 36.º – **Princípios gerais das carreiras de pessoal docente e de outros profissionais da educação**

1 – Os educadores, professores e outros profissionais da educação têm direito a retribuição e carreira compatíveis com as suas habilitações e responsabilidades profissionais, sociais e culturais.

2 – A progressão na carreira deve estar ligada à avaliação de toda a actividade desenvolvida, individualmente ou em grupo, na instituição educativa, no plano da educação e do ensino e da prestação de outros serviços à comunidade, bem como às qualificações profissionais, pedagógicas e científicas.

3 – Aos educadores, professores e outros profissionais da educação é reconhecido o direito de recurso das decisões da avaliação referida no número anterior.

CAPÍTULO V – **Recursos materiais**

ARTIGO 37.º – **Rede escolar**

1 – Compete ao Estado criar uma rede de estabelecimentos públicos de educação e ensino que cubra as necessidades de toda a população.

2 – O planeamento da rede de estabelecimentos escolares deve contribuir para a eliminação de desigualdades e assimetrias locais e regionais, por forma a assegurar a igualdade de oportunidades de educação e ensino a todas as crianças e jovens.

ARTIGO 38.º – **Regionalização**

O planeamento e reorganização da rede escolar, assim como a construção e manutenção dos edifícios escolares e seu equipamento, devem assentar numa política de regionalização efectiva, com definição clara das

Lei de Bases do Sistema Educativo 297

competências dos intervenientes, que, para o efeito, devem contar com os recursos necessários.

ARTIGO 39.º – **Edifícios escolares**

1 – Os edifícios escolares devem ser planeados na óptica de um equipamento integrado e ter suficiente flexibilidade para permitir, sempre que possível, a sua utilização em diferentes actividades da comunidade e a sua adaptação em função das alterações dos diferentes níveis de ensino, dos currículos e métodos educativos.

2 – A estrutura dos edifícios escolares deve ter em conta, para além das actividades escolares, o desenvolvimento de actividades de ocupação de tempos livres e o envolvimento da escola em actividades extra-escolares.

3 – A densidade da rede e as dimensões dos edifícios escolares devem ser ajustadas às características e necessidades regionais e à capacidade de acolhimento de um número equilibrado de alunos, de forma a garantir as condições de uma boa prática pedagógica e a realização de uma verdadeira comunidade escolar.

4 – Na concepção dos edifícios e na escolha do equipamento devem ser tidas em conta as necessidades especiais dos deficientes.

5 – A gestão dos espaços deve obedecer ao imperativo de, também por esta via, se contribuir para o sucesso educativo e escolar dos alunos.

ARTIGO 40.º – **Estabelecimentos de educação e de ensino**

1 – A educação pré-escolar realiza-se em unidades distintas ou incluídas em unidades escolares onde também seja ministrado o 1.º ciclo do ensino básico ou ainda em edifícios onde se realizem outras actividades sociais, nomeadamente de educação extra escolar.

2 – O ensino básico é realizado em estabelecimentos com tipologias diversas que abarcam a totalidade ou parte dos ciclos que o constituem, podendo, por necessidade de racionalização de recursos, ser ainda realizado neles o ensino secundário.

3 – O ensino secundário realiza-se em escolas secundárias pluricurriculares, sem prejuízo de, relativamente a certas matérias, se poder recorrer à utilização de instalações de entidades privadas ou de outras entidades públicas não responsáveis pela rede de ensino público para a realização de aulas ou outras acções de ensino e formação.

298 *Direitos, Liberdades e Garantias em Especial*

4 – A rede escolar do ensino secundário deve ser organizada de modo que em cada região se garanta a maior diversidade possível de cursos, tendo em conta os interesses locais ou regionais.

5 – O ensino secundário deve ser predominantemente realizado em estabelecimentos distintos, podendo, com o objectivo de racionalização dos respectivos recursos, ser aí realizados ciclos do ensino básico, especialmente o 3.º

6 – As diversas unidades que integram a mesma instituição de ensino superior podem dispersar-se geograficamente, em função da sua adequação às necessidades de desenvolvimento da região em que se inserem.

7 – A flexibilidade da utilização dos edifícios prevista neste artigo em caso algum se poderá concretizar em colisão com o n.º 3 do artigo anterior.

ARTIGO 41.º – **Recursos educativos**

1 – Constituem recursos educativos todos os meios materiais utilizados para conveniente realização da actividade educativa.

2 – São recursos educativos privilegiados, a exigirem especial atenção:

a) Os manuais escolares;
b) As bibliotecas e mediatecas escolares;
c) Os equipamentos laboratoriais e oficinais;
d) Os equipamentos para educação física e desportos;
e) Os equipamentos para educação musical e plástica;
f) Os centros regionais de recursos educativos.

3 – Para o apoio e complementaridade dos recursos educativos existentes nas escolas e ainda com o objectivo de racionalizar o uso dos meios disponíveis será incentivada a criação de centros regionais que disponham de recursos apropriados e de meios que permitam criar outros, de acordo com as necessidades de inovação educativa.

ARTIGO 42.º – **Financiamento da educação**

1 – A educação será considerada, na elaboração do Plano e do Orçamento do Estado, como uma das prioridades nacionais.

2 – As verbas destinadas à educação devem ser distribuídas em função das prioridades estratégicas do desenvolvimento do sistema educativo.

CAPÍTULO VI – **Administração do sistema educativo**

ARTIGO 43.° – **Princípios gerais**

1 – A administração e gestão do sistema educativo devem assegurar o pleno respeito pelas regras de democraticidade e de participação que visem a consecução de objectivos pedagógicos e educativos, nomeadamente no domínio da formação social e cívica.

2 – O sistema educativo deve ser dotado de estruturas administrativas de âmbito nacional, regional autónomo, regional e local, que assegurem a sua interligação com a comunidade mediante adequados graus de participação dos professores, dos alunos, das famílias, das autarquias, de entidades representativas das actividades sociais, económicas e culturais e ainda de instituições de carácter científico.

3 – Para os efeitos do número anterior serão adoptadas orgânicas e formas de descentralização e de desconcentração dos serviços, cabendo ao Estado, através do ministério responsável pela coordenação da política educativa, garantir a necessária eficácia e unidade de acção.

ARTIGO 44.° – **Níveis de administração**

1 – Leis especiais regulamentarão a delimitação e articulação de competências entre os diferentes níveis de administração, tendo em atenção que serão da responsabilidade da administração central, designadamente, as funções de:

a) Concepção, planeamento e definição normativa do sistema educativo, com vista a assegurar o seu sentido de unidade e de adequação aos objectivos de âmbito nacional;

b) Coordenação global e avaliação da execução das medidas da política educativa a desenvolver de forma descentralizada ou desconcentrada;

c) Inspecção e tutela, em geral, com vista, designadamente, a garantir a necessária qualidade do ensino;

d) Definição dos critérios gerais de implantação da rede escolar, da tipologia das escolas e seu apetrechamento, bem como das normas pedagógicas a que deve obedecer a construção de edifícios escolares;

e) Garantia da qualidade pedagógica e técnica dos vários meios didácticos, incluindo os manuais escolares.

300 — *Direitos, Liberdades e Garantias em Especial*

2 – A nível regional, e com o objectivo de integrar, coordenar e acompanhar a actividade educativa, será criado em cada região um departamento regional de educação, em termos a regulamentar por decreto--lei.

ARTIGO 45.° – **Administração e gestão dos estabelecimentos de educação e ensino**

1 – O funcionamento dos estabelecimentos de educação e ensino, nos diferentes níveis, orienta-se por uma perspectiva de integração comunitária, sendo, nesse sentido, favorecida a fixação local dos respectivos docentes.

2 – Em cada estabelecimento ou grupo de estabelecimentos de educação e ensino a administração e gestão orientam-se por princípios de democraticidade e de participação de todos os implicados no processo educativo, tendo em atenção as características específicas de cada nível de educação e ensino.

3 – Na administração e gestão dos estabelecimentos de educação e ensino devem prevalecer critérios de natureza pedagógica e científica sobre critérios de natureza administrativa.

4 – A direcção de cada estabelecimento ou grupo de estabelecimentos dos ensinos básico e secundário é assegurada por órgãos próprios, para os quais são democraticamente eleitos os representantes de professores, alunos e pessoal não docente, e apoiada por órgãos consultivos e por serviços especializados, num e noutro caso segundo modalidades a regulamentar para cada nível de ensino.

5 – A participação dos alunos nos órgãos referidos no número anterior circunscreve-se ao ensino secundário.

6 – A direcção de todos os estabelecimentos de ensino superior orienta-se pelos princípios de democraticidade e representatividade e de participação comunitária.

7 – Os estabelecimentos de ensino superior gozam de autonomia científica, pedagógica e administrativa.

8 – As universidades gozam ainda de autonomia financeira, sem prejuízo da acção fiscalizadora do Estado.

9 – A autonomia dos estabelecimentos de ensino superior será compatibilizada com a inserção destes no desenvolvimento da região e do País.

Artigo 46.° – **Conselho Nacional de Educação**

É instituído o Conselho Nacional de Educação, com funções consultivas, sem prejuízo das competências próprias dos órgãos de soberania, para efeitos de participação das várias forças sociais, culturais e económicas na procura de consensos alargados relativamente à política educativa, em termos a regular por lei.

CAPÍTULO VII – **Desenvolvimento e avaliação do sistema educativo**

Artigo 47.°– **Desenvolvimento curricular**

1 – A organização curricular da educação escolar terá em conta a promoção de uma equilibrada harmonia, nos planos horizontal e vertical, entre os níveis de desenvolvimento físico e motor, cognitivo, afectivo, estético, social e moral dos alunos.

2 – Os planos curriculares do ensino básico incluirão em todos os ciclos e de forma adequada uma área de formação pessoal e social, que pode ter como componentes a educação ecológica, a educação do consumidor, a educação familiar, a educação sexual, a prevenção de acidentes, a educação para a saúde, a educação para a participação nas instituições, serviços cívicos e outros do mesmo âmbito.

3 – Os planos curriculares dos ensinos básico e secundário integram ainda o ensino da moral e da religião católica, a título facultativo, no respeito dos princípios constitucionais da separação das igrejas e do Estado e da não confessionalidade do ensino público.

4 – Os planos curriculares do ensino básico devem ser estabelecidos à escala nacional, sem prejuízo da existência de conteúdos flexíveis integrando componentes regionais.

5 – Os planos curriculares do ensino secundário terão uma estrutura de âmbito nacional, podendo as suas componentes apresentar características de índole regional e local, justificadas nomeadamente pelas condições sócio económicas e pelas necessidades em pessoal qualificado.

6 – Os planos curriculares do ensino superior respeitam a cada uma das instituições de ensino que ministram os respectivos cursos estabelecidos, ou a estabelecer, de acordo com as necessidades nacionais e regionais e com uma perspectiva de planeamento integrado da respectiva rede.

7 – O ensino aprendizagem da língua materna deve ser estruturado de forma que todas as outras componentes curriculares dos ensinos básico e secundário contribuam de forma sistemática para o desenvolvimento das capacidades do aluno ao nível da compreensão e produção de enunciados orais e escritos em português.

ARTIGO 48.° – **Ocupação dos tempos livres e desporto escolar**

1 – As actividades curriculares dos diferentes níveis de ensino devem ser complementadas por acções orientadas para a formação integral e a realização pessoal dos educandos no sentido da utilização criativa e formativa dos seus tempos livres.

2 – Estas actividades de complemento curricular visam, nomeadamente, o enriquecimento cultural e cívico, a educação física e desportiva, a educação artística e a inserção dos educandos na comunidade.

3 – As actividades de complemento curricular podem ter âmbito nacional, regional ou local e, nos dois últimos casos, ser da iniciativa de cada escola ou grupo de escolas.

4 – As actividades de ocupação dos tempos livres devem valorizar a participação e o envolvimento das crianças e dos jovens na sua organização, desenvolvimento e avaliação.

5 – O desporto escolar visa especificamente a promoção da saúde e condição física, a aquisição de hábitos e condutas motoras e o entendimento do desporto como factor de cultura, estimulando sentimentos de solidariedade, cooperação, autonomia e criatividade, devendo ser fomentada a sua gestão pelos estudantes praticantes, salvaguardando-se a orientação por profissionais qualificados.

ARTIGO 49.° – **Avaliação do sistema educativo**

1 – O sistema educativo deve ser objecto de avaliação continuada, que deve ter em conta os aspectos educativos e pedagógicos, psicológicos e sociológicos, organizacionais, económicos e financeiros e ainda os de natureza político-administrativa e cultural.

2 – Esta avaliação incide, em especial, sobre o desenvolvimento, regulamentação e aplicação da presente lei.

ARTIGO 50.º – **Investigação em educação**

A investigação em educação destina-se se a avaliar e interpretar cientificamente a actividade desenvolvida no sistema educativo, devendo ser incentivada, nomeadamente, nas instituições de ensino superior que possuam centros ou departamentos de ciências da educação, sem prejuízo da criação de centros autónomos especializados neste domínio.

ARTIGO 51.º – **Estatísticas da educação**

1 – As estatísticas da educação são instrumento fundamental para a avaliação e o planeamento do sistema educativo, devendo ser organizadas de modo a garantir a sua realização em tempo oportuno e de forma universal.

2 – Para este efeito devem ser estabelecidas as normas gerais e definidas as entidades responsáveis pela recolha, tratamento e difusão das estatísticas da educação.

ARTIGO 52.º – **Estruturas de apoio**

1 – O Governo criará estruturas adequadas que assegurem e apoiem actividades de desenvolvimento curricular, de fomento da inovação e de avaliação do sistema e das actividades educativas.

2 – Estas estruturas devem desenvolver a sua actividade em articulação com as escolas e com as instituições de investigação em educação e de formação de professores.

ARTIGO 53.º – **Inspecção escolar**

A inspecção escolar goza de autonomia no exercício da sua actividade e tem como função avaliar e fiscalizar a realização da educação escolar, tendo em vista a prossecução dos fins e objectivos estabelecidos na presente lei e demais legislação complementar.

CAPÍTULO VIII – **Ensino particular e cooperativo**

ARTIGO 54.º – **Especificidade**

1 – É reconhecido pelo Estado o valor do ensino particular e cooperativo, como uma expressão concreta da liberdade de aprender e ensinar e do direito da família a orientar a educação dos filhos.

2 – O ensino particular e cooperativo rege-se por legislação e estatuto próprios, que devem subordinar-se ao disposto na presente lei.

ARTIGO 55.º – **Articulação com a rede escolar**

1 – Os estabelecimentos do ensino particular e cooperativo que se enquadrem nos princípios gerais, finalidades, estruturas e objectivos do sistema educativo são considerados parte integrante da rede escolar.

2 – No alargamento ou no ajustamento da rede o Estado terá também em consideração as iniciativas e os estabelecimentos particulares e cooperativos, numa perspectiva de racionalização de meios, de aproveitamento de recursos e de garantia de qualidade.

ARTIGO 56.º – **Funcionamento de estabelecimentos e cursos**

1 – As instituições de ensino particular e cooperativo podem, no exercício da liberdade de ensinar e aprender, seguir os planos curriculares e conteúdos programáticos do ensino a cargo do Estado ou adoptar planos e programas próprios, salvaguardadas as disposições constantes do n.º 1 do artigo anterior.

2 – Quando o ensino particular e cooperativo adoptar planos e programas próprios, o seu reconhecimento oficial é concedido caso a caso, mediante avaliação positiva resultante da análise dos respectivos currículos e das condições pedagógicas da realização do ensino, segundo normas a estabelecer por decreto-lei.

3 – A autorização para a criação e funcionamento de instituições e cursos de ensino superior particular e cooperativo, bem como a aprovação dos respectivos planos de estudos e o reconhecimento oficial dos correspondentes diplomas, faz-se, caso a caso, por decreto-lei.

ARTIGO 57.º – **Pessoal docente**

1 – A docência nos estabelecimentos de ensino particular e cooperativo integrados na rede escolar requer, para cada nível de educação e ensino, a qualificação académica e a formação profissional estabelecidas na presente lei.

2 – O Estado pode apoiar a formação contínua dos docentes em exercício nos estabelecimentos de ensino particular e cooperativo que se integram na rede escolar.

ARTIGO 58.º – **Intervenção do Estado**

1 – O Estado fiscaliza e apoia pedagógica e tecnicamente o ensino particular e cooperativo.

2 – O Estado apoia financeiramente as iniciativas e os estabelecimentos de ensino particular e cooperativo quando, no desempenho efectivo de uma função de interesse público, se integrem no plano de desenvolvimento da educação, fiscalizando a aplicação das verbas concedidas.

CAPÍTULO IX – **Disposições finais e transitórias**

ARTIGO 59.º – **Desenvolvimento da lei**

1 – O Governo fará publicar no prazo de um ano, sob a forma de decreto-lei, a legislação complementar necessária para o desenvolvimento da presente lei que contemple, designadamente, os seguintes domínios:

a) Gratuitidade da escolaridade obrigatória;

b) Formação de pessoal docente;

c) Carreiras de pessoal docente e de outros profissionais da educação;

d) Administração e gestão escolares;

e) Planos curriculares dos ensinos básico e secundário;

f) Formação profissional;

g) Ensino recorrente de adultos;

h) Ensino a distância;

i) Ensino português no estrangeiro;

j) Apoios e complementos educativos;

l) Ensino particular e cooperativo;

m) Educação física e desporto escolar;

n) Educação artística.

2 – Quando as matérias referidas no número anterior já constarem da lei da Assembleia da República, deverá o Governo, em igual prazo, apresentar as necessárias propostas de lei.

3 – O Conselho Nacional de Educação deve acompanhar a aplicação e o desenvolvimento do disposto na presente lei.

Artigo 60.º – **Plano de desenvolvimento do sistema educativo**

O Governo, no prazo de dois anos, deve elaborar e apresentar, para aprovação na Assembleia da República, um plano de desenvolvimento do sistema educativo, com um horizonte temporal a médio prazo e limite no ano 2000, que assegure a realização faseada da presente lei e demais legislação complementar.

Artigo 61.º – **Regime de transição**

O regime de transição do sistema actual para o previsto na presente lei constará de disposições regulamentares a publicar em tempo útil pelo Governo, não podendo professores, alunos e pessoal não docente ser afectados nos direitos adquiridos.

Artigo 62.º – **Disposições transitórias**

1 – Serão tomadas medidas no sentido de dotar os ensinos básico e secundário com docentes habilitados profissionalmente, mediante modelos de formação inicial conformes com o disposto na presente lei, de forma a tornar desnecessária a muito curto prazo a contratação em regime permanente de professores sem habilitação profissional.

2 – Será organizado um sistema de profissionalização em exercício para os docentes devidamente habilitados actualmente em exercício ou que venham a ingressar no ensino, de modo a garantir-lhes uma formação profissional equivalente à ministrada nas instituições de formação inicial para os respectivos níveis de ensino.

3 – Na determinação dos contingentes a estabelecer para os cursos de formação inicial de professores a entidade competente deve ter em consideração a relação entre o número de professores habilitados já em exercício e a previsão de vagas disponíveis no termo de um período transitório de cinco anos.

4 – Enquanto não forem criadas as regiões administrativas, as competências e o âmbito geográfico dos departamentos regionais de educação referidos no n.º 2 do artigo 44.º serão definidos por decreto-lei, a publicar no prazo de um ano.

5 – O Governo elaborará um plano de emergência de construção e recuperação de edifícios escolares e seu apetrechamento, no sentido de serem satisfeitas as necessidades da rede escolar, com prioridade para o ensino básico.

Lei de Bases do Sistema Educativo 307

6 – No 1.º ciclo do ensino básico as funções dos actuais directores de distrito escolar e dos delegados escolares são exclusivamente de natureza administrativa.

ARTIGO 63.º – **Disposições finais**

1 – As disposições relativas à duração da escolaridade obrigatória aplicam se aos alunos que se inscreverem no 1.º ano do ensino básico no ano lectivo de 1987-1988 e para os que o fizerem nos anos lectivos subsequentes.

2 – Lei especial determinará as funções de administração e apoio educativos que cabem aos municípios.

3 – O Governo deve definir por decreto-lei o sistema de equivalência entre os estudos, graus e diplomas do sistema educativo português e os de outros países, bem como as condições em que os alunos do ensino superior podem frequentar em instituições congéneres estrangeiras parte dos seus cursos, assim como os critérios de determinação das unidades de crédito transferíveis.

4 – Devem ser criadas condições que facilitem aos jovens regressados a Portugal filhos de emigrantes a sua integração no sistema educativo.

ARTIGO 64.º – **Norma revogatória**

É revogada toda a legislação que contrarie o disposto na presente lei.

Aprovada em 24 de Julho de 1986.

O Presidente da Assembleia da República, *Fernando Monteiro do Amaral.*

Promulgada em Guimarães em 23 de Setembro de 1986.

Publique-se.

O Presidente da República, MÁRIO SOARES.

Referendada em 30 de Setembro de 1986.

O Primeiro-Ministro, *Aníbal António Cavaco Silva.*

10. LIBERDADE DE REUNIÃO E DE MANIFES-TAÇÃO

Decreto-Lei n.º 406/74, de 29 de Agosto

A fim de dar cumprimento ao disposto no Programa do Movimento das Forças Armadas, B, n.º 5, alínea *b*);

Usando da faculdade conferida pelo n.º 1, 3.º, do artigo 16.º da Lei Constitucional n.º 3/74, de 14 de Maio, o Governo Provisório decreta e eu promulgo, para valer como lei, o seguinte:

ARTIGO 1.º

1 – A todos os cidadãos é garantido o livre exercício do direito de se reunirem pacificamente em lugares públicos, abertos ao público e particulares, independentemente de autorizações, para fins não contrários à lei, à moral, aos direitos das pessoas singulares ou colectivas e à ordem e à tranquilidade públicas.

2 – Sem prejuízo do direito à crítica, serão interditas as reuniões que pelo seu objecto ofendam a honra e a consideração devidas aos órgãos de soberania e às Forças Armadas.

ARTIGO 2.º

1 – As pessoas ou entidades que pretendam realizar reuniões, comícios, manifestações ou desfiles em lugares públicos ou abertos ao público deverão avisar por escrito e com a antecedência mínima de dois dias úteis o governador civil do distrito ou o presidente da câmara municipal, conforme o local da aglomeração se situe ou não na capital do distrito.

2 – O aviso deverá ser assinado por três dos promotores devidamente

identificados pelo nome, profissão e morada ou, tratando-se de associações, pelas respectivas direcções.

3 – A entidade que receber o aviso passará recibo comprovativo da sua recepção.

Artigo 3.º

1 – O aviso a que alude o artigo anterior deverá ainda conter a indicação da hora, do local e do objecto da reunião e, quando se trate de manifestações ou desfiles, a indicação do trajecto a seguir.

2 – As autoridades competentes só poderão impedir as reuniões cujo objecto ou fim contrarie o disposto no artigo 1.º, entendendo-se que não são levantadas quaisquer objecções, nos termos dos artigos 1.º, 6.º, 9.º e 13.º, se estas não forem entregues por escrito nas moradas indicadas pelos promotores no prazo de vinte e quatro horas.

Artigo 4.º

Os cortejos e desfiles só poderão ter lugar aos domingos e feriados, aos sábados, depois das 12 horas, e nos restantes dias, depois das 19 horas e 30 minutos.

Artigo 5.º

1 – As autoridades só poderão interromper a realização de reuniões, comícios, manifestações ou desfiles realizados em lugares públicos ou abertos ao público quando forem afastados da sua finalidade pela prática de actos contrários à lei ou à moral ou que perturbem grave e efectivamente a ordem e a tranquilidade públicas, o livre exercício dos direitos das pessoas ou infrinjam o disposto no n.º 2 do artigo 1.º

2 – Em tal caso, deverão as autoridades competentes lavrar auto em que descreverão «os fundamentos» da ordem de interrupção, entregando cópia desse auto aos promotores.

Artigo 6.º

1 – As autoridades poderão, se tal for indispensável ao bom ordenamento do trânsito de pessoas e de veículos nas vias públicas, alterar os trajectos programados ou determinar que os desfiles ou cortejos se façam só por uma das metades das faixas de rodagem.

Liberdade de Reunião e de Manifestação 311

2 – A ordem de alteração dos trajectos será dada por escrito aos promotores.

ARTIGO 7.º

As autoridades deverão tomar as necessárias providências para que as reuniões, comícios, manifestações ou desfiles em lugares públicos decorram sem a interferência de contramanifestações que possam perturbar o livre exercício dos direitos dos participantes, podendo, para tanto, ordenar a comparência de representantes ou agentes seus nos locais respectivos.

ARTIGO 8.º

1 – As pessoas que forem surpreendidas armadas em reuniões, comícios, manifestações ou desfiles em lugares públicos ou abertos ao público incorrerão nas penalidades do crime de desobediência, independentemente de outras sanções que caibam ao caso.

2 – Os promotores deverão pedir as armas aos portadores delas e entregá-las às autoridades.

ARTIGO 9.º

As autoridades referidas no artigo 2.º deverão reservar para a realização de reuniões ou comícios determinados lugares públicos devidamente identificados e delimitados.

ARTIGO 10.º

1 – Nenhum agente de autoridade poderá estar presente nas reuniões realizadas em recinto fechado, a não ser mediante solicitação dos promotores.

2 – Os promotores de reuniões ou comícios públicos em lugares fechados, quando não solicitem a presença de agentes de autoridade, ficarão responsáveis, nos termos legais comuns, pela manutenção da ordem dentro do respectivo recinto.

ARTIGO 11.º

As reuniões de outros ajuntamentos objectos deste diploma não poderão prolongar-se para além das 0,30 horas, salvo se realizadas em recinto fechado, em salas de espectáculos, em edifícios sem moradores ou, em caso de terem moradores, se forem estes os promotores ou tiverem dado o seu assentimento por escrito.

ARTIGO 12.º

Não é permitida a realização de reuniões, comícios ou manifestações com ocupação abusiva de edifícios públicos ou particulares.

ARTIGO 13.º

As autoridades referidas no n.º 1 do artigo 2.º, solicitando quando necessário ou conveniente o parecer das autoridades militares ou outras entidades, poderão, por razões de segurança, impedir que se realizem reuniões, comícios, manifestações ou desfiles em lugares públicos situados a menos de 100 m das sedes dos órgãos de soberania, das instalações e acampamentos militares ou de forças militarizadas, dos estabelecimentos prisionais, das sedes de representações diplomáticas ou consulares e das sedes de partidos políticos.

ARTIGO 14.º

1 – Das decisões das autoridades tomadas com violação do disposto neste diploma cabe recurso para os tribunais ordinários, a interpor no prazo de quinze dias, a contar da data da decisão impugnada.

2 – O recurso só poderá ser interposto pelos promotores.

ARTIGO 15.º

1 – As autoridades que impeçam ou tentem impedir, fora do condicionalismo legal, o livre exercício do direito de reunião incorrerão na pena do artigo 291.º do Código Penal e ficarão sujeitas a procedimento disciplinar.

2 – Os contramanifestantes que interfiram nas reuniões, comícios, manifestações ou desfiles e impedindo ou tentando impedir o livre exercício do direito de reunião incorrerão nas sanções do artigo 329.º do Código Penal.

3 – Aqueles que realizarem reuniões, comícios, manifestações ou desfiles contrariamente ao disposto neste diploma incorrerão no crime da desobediência qualificada.

Artigo 16.°

1 – Este diploma não é aplicável às reuniões religiosas realizadas em recinto fechado.

2 – Os artigos 2.°, 3.° e 13.° deste diploma não são aplicáveis às reuniões privadas, quando realizadas em local fechado mediante convites individuais.

Visto e aprovado em Conselho de Ministros. – *Vasco dos Santos Gonçalves – Manuel da Costa Brás – Francisco Salgado Zenha.*

Visto e aprovado em Conselho de Estado.

Promulgado em 27 de Agosto de 1974.

Publique-se.

O Presidente da República, ANTÓNIO DE SPÍNOLA.

11. LIBERDADE DE ASSOCIAÇÃO

a) Liberdade de associação em geral

Decreto-Lei n.° 594/74, de 7 de Novembro[10]

O direito à livre associação constitui uma garantia básica de realização pessoal dos indivíduos na vida em sociedade. O Estado de Direito, respeitador da pessoa, não pode impor limites à livre constituição de associações, senão os que forem directa e necessariamente exigidos pela salvaguarda de interesses superiores e gerais da comunidade política. No processo democrático em curso, há que suprimir a exigência de autorizações administrativas que condicionavam a livre constituição de associações e o seu normal desenvolvimento.

O direito à constituição de associações passa a ser livre e a personalidade jurídica adquire-se por mero acto de depósito dos estatutos. Exige-se das associações que se subordinem ao princípio da especificidade dos fins e ao respeito pelos valores normativos que são a base e garantia da liberdade de todos os cidadãos. Revogam-se, assim, expressamente o Decreto-Lei n.° 39660, de 20 de Maio de 1954, sobre controlo administrativo das associações, e o Decreto-Lei n.° 520/71, de 24 de Novembro, que sujeitou as cooperativas, em certos casos, ao regime das associações.

Nestes termos:

Usando da faculdade conferida pelo n.° 1, 3.°, do artigo 16.° da Lei Constitucional n.° 3/74, de 14 de Maio, o Governo Provisório decreta e eu promulgo, para valer como lei, o seguinte:

---

[10] Alterado pelo Decreto-Lei n.° 71/77, de 25 de Fevereiro.

Artigo 1.º

1 – A todos os cidadãos maiores de 18 anos, no gozo dos seus direitos civis, é garantido o livre exercício do direito de se associarem para fins não contrários à lei ou à moral pública, sem necessidade de qualquer autorização prévia.

2 – Leis especiais poderão autorizar o exercício do direito de associação a cidadãos de idade inferior ao limite consignado no número anterior.

Artigo 2.º

1 – Ninguém poderá ser obrigado ou coagido por qualquer modo a fazer parte de uma associação, seja qual for a sua natureza.

2 – Aquele que, mesmo que seja autoridade pública ou administrativa, obrigue, ou exerça coacção para obrigar, alguém a inscrever-se numa associação incorrerá nas penalidades cominadas no artigo 291.º do Código Penal.

Artigo 3.º

Não são permitidas as associações que tenham por finalidade o derrubamento das instituições democráticas ou a apologia do ódio ou da violência.

Artigo 4.º

1 – As associações adquirem personalidade jurídica pelo depósito, contra recibo, de um exemplar do acto de constituição e dos estatutos, no governo civil da área da respectiva sede, após prévia publicação, no *Diário da República* e num dos jornais diários mais lidos na região, de um extracto, autenticado por notário, do seu título constitutivo, que deverá mencionar a denominação, sede social, fins, duração e as condições essenciais para a admissão, exoneração e exclusão de associados.

2 – Dentro de oito dias a contar da data do depósito, deve ser remetida, em carta registada com aviso de recepção, uma cópia do título constitutivo, autenticada por notário, ao agente do Ministério Público junto do tribunal da comarca da sede da associação, para que este, no caso de os estatutos ou a associação não serem conformes à lei ou à moral pública, promova a declaração judicial de extinção.

Artigo 5.º

1 – As alterações do acto de constituição e dos estatutos só produzem efeitos em relação a terceiros depois de depositadas nos termos indicados no artigo anterior.

2 – É aplicável às alterações referidas no número anterior o disposto no n.º 2 do artigo anterior.

Artigo 6.º

1 – As associações extinguem-se:

a) Por deliberação da assembleia geral ou do órgão que estatutariamente lhe equivalha;

b) Pelo decurso do prazo, se tiverem sido constituídas temporariamente;

c) Pela verificação de qualquer outra causa extintiva prevista no acto de constituição ou nos estatutos.

2 – As associações devem também ser extintas, por decisão do competente tribunal comum de jurisdição ordinária:

a) Quando sejam falecidos ou tenham desaparecido todos os associados;

b) Quando seja declarada a sua insolvência;

c) Quando o seu fim se tenha esgotado ou se haja tornado impossível;

d) Quando o fim real seja ilícito ou contrário à moral pública ou quando não coincida com o fim expresso no acto de constituição ou nos estatutos;

e) Quando o fim seja sistematicamente prosseguido por meios ilícitos, contrários à moral pública ou que perturbem a disciplina das Forças Armadas.

Artigo 7.º

Nos casos previstos nas alíneas b) e c) do n.º 1 do artigo anterior, a extinção não se produzirá se a assembleia geral deliberar a prorrogação da associação ou a modificação dos estatutos nos trinta dias subsequentes à data em que devia operar-se a extinção.

Artigo 8.º

1 – Nos casos previstos no n.º 2 do artigo 6.º, a declaração de insolvência pode ser requerida nos termos gerais da lei processual, e quanto aos demais, pelo Ministério Público, mediante participação de qualquer autoridade civil ou militar ou de qualquer cidadão que invoque interesse legítimo.

2 – Nos casos do número anterior e do n.º 2 do artigo 4.º, a associação considera-se extinta a partir do trânsito em julgado da decisão que decrete a insolvência ou a extinção, a qual será comunicada pelo tribunal ao governador civil da sede da associação extinta.

Artigo 9.º

São ilícitas as associações que exercerem a sua actividade com violação do disposto no artigo 4.º ou a prosseguirem após o trânsito da decisão judicial que as extinguir, ficando os participantes nessa actividade sujeitos às penas previstas no artigo 282.º do Código Penal.

Artigo 10.º

As associações políticas podem adquirir livremente, a título gratuito ou oneroso, os bens imóveis indispensáveis à consecução dos seus fins.

Artigo 11.º

As associações publicarão anualmente as suas contas no mês seguinte àquele em que elas forem aprovadas.

Artigo 12.º

1 – É lícito a uma associação de natureza política associar-se a um partido político.

2 – Se uma associação decidir elaborar um programa político de governo e concorrer, por si, a eleições, seja para autarquias locais, Assembleia Legislativa ou Presidente da República, deverá transformar-se em partido político, passando a sua actividade a ficar sujeita às disposições da lei que disciplina o regime jurídico dos partidos políticos.

Artigo 13.°

1 – É livre a filiação de associações portuguesas em associações ou organismos internacionais que não prossigam fins contrários.

2 – A promoção e constituição de associações internacionais em Portugal depende de autorização do Governo.

Artigo 14.°

As associações legalmente constituídas em país estrangeiro serão reconhecidas em Portugal desde que satisfaçam aos requisitos requeridos para as associações nacionais, ficando sujeitas à legislação portuguesa quanto à sua actividade em território nacional.

Artigo 15.°

1 – Nos governos civis será organizado um registo das associações referidas nos artigos anteriores, com sede na respectiva área de jurisdição, onde serão averbados todos os actos modificativos ou extintivos.

2 – Compete ao Ministro da Administração Interna tomar, por simples despacho, as medidas necessárias à organização do registo, especialmente quanto às associações existentes à data da entrada em vigor deste diploma.

Artigo 16.°

As associações reger-se-ão pelas normas do artigo 157.° e seguintes do Código Civil em tudo o que não for contrário a este diploma.

Artigo 17.°

As associações e comissões especiais previstas nos artigos 195.° e seguintes do Código Civil e as comissões organizadoras das associações referidas nos artigos anteriores comunicarão, para efeito do disposto no n.° 2 do artigo 4.° e no n.° 1 do artigo 8.° deste diploma, ao agente do Ministério Público da comarca da respectiva sede, em carta registada com aviso de recepção, a sua constituição, sede e programa.

Artigo 18.°

Ficam expressamente revogados a Lei n.° 1901, de 21 de Maio de

1935, e o Decreto-Lei n.º 39660, de 20 de Maio de 1954, e o Decreto--Lei n.º 520/71, de 24 de Novembro.

Visto e aprovado em Conselho de Ministros. – *Vasco dos Santos Gonçalves – Manuel da Costa Brás.*

Visto e aprovado em Conselho de Estado.

Promulgado em 4 de Novembro de 1974.

Publique-se.

O Presidente da República, FRANCISCO DA COSTA GOMES.

b) Partidos políticos

Lei Orgânica n.° 2/2003, de 22 de Agosto

Lei dos Partidos Políticos

A Assembleia da República decreta, nos termos da alínea *c*) do artigo 161.° da Constituição, para valer como lei geral da República, a lei orgânica seguinte:

CAPÍTULO I – Princípios fundamentais

ARTIGO 1.° – Função político-constitucional

Os partidos políticos concorrem para a livre formação e o pluralismo de expressão da vontade popular e para a organização do poder político, com respeito pelos princípios da independência nacional, da unidade do Estado e da democracia política.

ARTIGO 2.° – Fins

São fins dos partidos políticos:

a) Contribuir para o esclarecimento plural e para o exercício das liberdades e direitos políticos dos cidadãos;

b) Estudar e debater os problemas da vida política, económica, social e cultural, a nível nacional e internacional;

c) Apresentar programas políticos e preparar programas eleitorais de governo e de administração;

d) Apresentar candidaturas para os órgãos electivos de representação democrática;

e) Fazer a crítica, designadamente de oposição, à actividade dos órgãos do Estado, das Regiões Autónomas, das autarquias locais e das organizações internacionais de que Portugal seja parte;

f) Participar no esclarecimento das questões submetidas a referendo nacional, regional ou local;

g) Promover a formação e a preparação política de cidadãos para uma participação directa e activa na vida pública democrática;

h) Em geral, contribuir para a promoção dos direitos e liberdades fundamentais e o desenvolvimento das instituições democráticas.

ARTIGO 3.º – **Natureza e duração**

Os partidos políticos gozam de personalidade jurídica, têm a capacidade adequada à realização dos seus fins e são constituídos por tempo indeterminado.

ARTIGO 4.º – **Princípio da liberdade**

1 – É livre e sem dependência de autorização a constituição de um partido político.

2 – Os partidos políticos prosseguem livremente os seus fins sem interferência das autoridades públicas, salvo os controlos jurisdicionais previstos na Constituição e na lei.

ARTIGO 5.º – **Princípio democrático**

1 – Os partidos políticos regem-se pelos princípios da organização e da gestão democráticas e da participação de todos os seus filiados.

2 – Todos os filiados num partido político têm iguais direitos perante os estatutos.

ARTIGO 6.º – **Princípio da transparência**

1 – Os partidos políticos prosseguem publicamente os seus fins.

2 – A divulgação pública das actividades dos partidos políticos abrange obrigatoriamente:

a) Os estatutos;

b) A identidade dos titulares dos órgãos;

c) As declarações de princípios e os programas;

d) As actividades gerais a nível nacional e internacional.

Partidos Políticos 323

3 – Cada partido político comunica ao Tribunal Constitucional, para efeito de anotação, a identidade dos titulares dos seus órgãos nacionais após a respectiva eleição, assim como os estatutos, as declarações de princípios e o programa, uma vez aprovados ou após cada modificação.

4 – A proveniência e a utilização dos fundos dos partidos são publicitadas nos termos estabelecidos na lei do financiamento dos partidos políticos e das campanhas eleitorais.

ARTIGO 7.º – **Princípio da cidadania**

Os partidos políticos são integrados por cidadãos titulares de direitos políticos.

ARTIGO 8.º – **Salvaguarda da ordem constitucional democrática**

Não são consentidos partidos políticos armados nem de tipo militar, militarizados ou paramilitares, nem partidos racistas ou que perfilhem a ideologia fascista.

ARTIGO 9.º – **Carácter nacional**

Não podem constituir-se partidos políticos que, pela sua designação ou pelos seus objectivos programáticos, tenham índole ou âmbito regional.

ARTIGO 10.º – **Direitos dos partidos políticos**

1 – Os partidos políticos têm direito, nos termos da lei:

a) A apresentar candidaturas à eleição da Assembleia da República, dos órgãos electivos das Regiões Autónomas e das autarquias locais e do Parlamento Europeu e a participar, através dos eleitos, nos órgãos baseados no sufrágio universal e directo, de acordo com a sua representatividade eleitoral;

b) A acompanhar, fiscalizar e criticar a actividade dos órgãos do Estado, das Regiões Autónomas, das autarquias locais e das organizações internacionais de que Portugal seja parte;

c) A tempos de antena na rádio e na televisão;

d) A constituir coligações.

2 – Aos partidos políticos representados nos órgãos electivos e que

não façam parte dos correspondentes órgãos executivos é reconhecido o direito de oposição com estatuto definido em lei especial.

Artigo 11.º – **Coligações**

1 – É livre a constituição de coligações de partidos políticos.

2 – As coligações têm a duração estabelecida no momento da sua constituição, a qual pode ser prorrogada ou antecipada

3 – Uma coligação não constitui entidade distinta da dos partidos políticos que a integram.

4 – A constituição das coligações é comunicada ao Tribunal Constitucional para os efeitos previstos na lei.

5 – As coligações para fins eleitorais regem-se pelo disposto na lei eleitoral.

Artigo 12.º – **Denominações, siglas e símbolos**

1 – Cada partido político tem uma denominação, uma sigla e um símbolo, os quais não podem ser idênticos ou semelhantes aos de outro já constituído.

2 – A denominação não pode basear-se no nome de uma pessoa ou conter expressões directamente relacionadas com qualquer religião ou com qualquer instituição nacional.

3 – O símbolo não pode confundir-se ou ter relação gráfica ou fonética com símbolos e emblemas nacionais nem com imagens e símbolos religiosos.

4 – Os símbolos e as siglas das coligações reproduzem rigorosamente o conjunto dos símbolos e das siglas dos partidos políticos que as integram.

Artigo 13.º – **Organizações internas ou associadas**

Os partidos políticos podem constituir no seu interior organizações ou estabelecer relações de associação com outras organizações, segundo critérios definidos nos estatutos e sujeitas aos princípios e limites estabelecidos na Constituição e na lei

CAPÍTULO II – Constituição e extinção

SECÇÃO I – Constituição

ARTIGO 14.º – Inscrição no Tribunal Constitucional

O reconhecimento, com atribuição da personalidade jurídica, e o início das actividades dos partidos políticos dependem de inscrição no registo existente no Tribunal Constitucional.

ARTIGO 15.º – Requerimento

1– A inscrição de um partido político tem de ser requerida por, pelo menos, 7500 cidadãos eleitores.

2 – O requerimento de inscrição de um partido político é feito por escrito, acompanhado do projecto de estatutos, da declaração de princípios ou programa político e da denominação, sigla e símbolo do partido e inclui, em relação a todos os signatários, o nome completo, o número do bilhete de identidade e o número do cartão de eleitor.

ARTIGO 16.º – Inscrição e publicação dos estatutos

1 – Aceite a inscrição, o Tribunal Constitucional envia extracto da sua decisão, juntamente com os estatutos do partido político, para publicação no *Diário da República.*

2 – Da decisão prevista no número anterior consta a verificação da legalidade por parte do Tribunal Constitucional.

3 – A requerimento do Ministério Público, o Tribunal Constitucional pode, a todo o tempo, apreciar e declarar a ilegalidade de qualquer norma dos estatutos dos partidos políticos.

SECÇÃO II – Extinção

ARTIGO 17.º – Dissolução

1 – A dissolução de qualquer partido político depende de deliberação dos seus órgãos, nos termos das normas estatutárias respectivas.

2 – A deliberação de dissolução determina o destino dos bens, só podendo estes reverter para partido político ou associação de natureza política, sem fins lucrativos, e, subsidiariamente, para o Estado.

3 – A dissolução é comunicada ao Tribunal Constitucional, para efeito de cancelamento do registo.

ARTIGO 18.º – **Extinção judicial**

1 – O Tribunal Constitucional decreta, a requerimento do Ministério Público, a extinção de partidos políticos nos seguintes casos:

a) Qualificação como partido armado ou de tipo militar, militarizado ou paramilitar, ou como organização racista ou que perfilha a ideologia fascista;

b) Redução do número de filiados a menos de 5000;

c) Não apresentação de candidaturas em quaisquer eleições gerais e durante um período de seis anos consecutivos, em pelo menos um terço dos círculos eleitorais, ou um quinto das assembleias municipais, no caso de eleições para as autarquias locais;

d) Não comunicação de lista actualizada dos titulares dos órgãos nacionais por um período superior a seis anos;

e) Não apresentação de contas em três anos consecutivos;

f) Impossibilidade de citar ou notificar, de forma reiterada, na pessoa de qualquer dos titulares dos seus órgãos nacionais, conforme a anotação constante do registo existente no Tribunal.

2 – A decisão de extinção fixa, a requerimento do Ministério Público ou de qualquer membro, o destino dos bens que serão atribuídos ao Estado.

ARTIGO 19.º – **Verificação do número de filiados**

O Tribunal Constitucional verifica regularmente, com a periodicidade máxima de cinco anos, o cumprimento do requisito do número mínimo de filiados previsto na alínea *b*) do n.º 1 do artigo anterior.

CAPÍTULO III – Filiados

ARTIGO 20.º – **Liberdade de filiação**

1 – Ninguém pode ser obrigado a filiar-se ou a deixar de se filiar em algum partido político, nem por qualquer meio ser coagido a nele permanecer.

Partidos Políticos   327

2 – A ninguém pode ser negada a filiação em qualquer partido político ou determinada a expulsão, em razão de ascendência, sexo, raça, língua, território de origem, religião, instrução, situação económica ou condição social.

3 – Ninguém pode ser privilegiado, beneficiado, prejudicado, privado de qualquer direito ou isento de qualquer dever em razão da sua filiação partidária.

4 – Os estrangeiros e os apátridas legalmente residentes em Portugal e que se filiem em partido político gozam dos direitos de participação compatíveis com o estatuto de direitos políticos que lhe estiver reconhecido.

ARTIGO 21.º – **Filiação**

1 – A qualidade de filiado num partido político é pessoal e intransmissível, não podendo conferir quaisquer direitos de natureza patrimonial.

2 – Ninguém pode estar filiado simultaneamente em mais de um partido político.

ARTIGO 22.º – **Restrições**

1 – Não podem requerer a inscrição nem estar filiados em partidos políticos:

a) Os militares ou agentes militarizados dos quadros permanentes em serviço efectivo;

b) Os agentes dos serviços ou das forças de segurança em serviço efectivo.

2 – É vedada a prática de actividades político-partidárias de carácter público aos:

a) Magistrados judiciais na efectividade;

b) Magistrados do Ministério Público na efectividade;

c) Diplomatas de carreira na efectividade.

3 – Não podem exercer actividade dirigente em órgão de direcção política de natureza executiva dos partidos:

a) Os directores-gerais da Administração Pública;

b) Os presidentes dos órgãos executivos dos institutos públicos;

c) Os membros das entidades administrativas independentes.

ARTIGO 23.º – **Disciplina interna**

1 – A disciplina interna dos partidos políticos não pode afectar o exercício de direitos e o cumprimento de deveres prescritos na Constituição e na lei.

2 – Compete aos órgãos próprios de cada partido a aplicação das sanções disciplinares, sempre com garantias de audiência e defesa e possibilidade de reclamação ou recurso.

ARTIGO 24.º – **Eleitos dos partidos**

Os cidadãos eleitos em listas de partidos políticos exercem livremente o seu mandato, nas condições definidas no estatuto dos titulares e no regime de funcionamento e de exercício de competências do respectivo órgão electivo.

CAPÍTULO IV – **Organização interna**

SECÇÃO I – **Órgãos dos partidos**

ARTIGO 25.º – **Órgãos nacionais**

Nos partidos políticos devem existir, com âmbito nacional e com as competências e a composição definidas nos estatutos:

a) Uma assembleia representativa dos filiados;
b) Um órgão de direcção política;
c) Um órgão de jurisdição.

ARTIGO 26.º – **Assembleia representativa**

1 – A assembleia representativa é integrada por membros democraticamente eleitos pelos filiados.

2 – Os estatutos podem ainda dispor sobre a integração na assembleia de membros por inerência.

3 – À assembleia compete, sem prejuízo de delegação, designadamente:

a) Aprovar os estatutos e a declaração de princípios ou programa político;

Partidos Políticos 329

b) Deliberar sobre a eventual dissolução ou a eventual fusão com outro ou outros partidos políticos.

Artigo 27.º – **Órgão de direcção política**

O órgão de direcção política é eleito democraticamente, com a participação directa ou indirecta de todos os filiados.

Artigo 28.º – **Órgão de jurisdição**

Os membros do órgão de jurisdição democraticamente eleito gozam de garantia de independência e dever de imparcialidade, não podendo, durante o período do seu mandato, ser titulares de órgãos de direcção política ou mesa de assembleia.

Artigo 29.º – **Participação política**

Os estatutos devem assegurar uma participação directa, activa e equilibrada de mulheres e homens na actividade política e garantir a não discriminação em função do sexo no acesso aos órgãos partidários e nas candidaturas apresentadas pelos partidos políticos.

Artigo 30.º – **Princípio da renovação**

1 – Os cargos partidários não podem ser vitalícios.

2 – Exceptuam-se do disposto no número anterior os cargos honorários.

3 – Os mandatos dos titulares de órgãos partidários têm a duração prevista nos estatutos, podendo estes fixar limites à sua renovação sucessiva.

Artigo 31.º – **Deliberações de órgãos partidários**

1 – As deliberações de qualquer órgão partidário são impugnáveis com fundamento em infracção de normas estatutárias ou de normas legais, perante o órgão de jurisdição competente.

2 – Da decisão do órgão de jurisdição pode o filiado lesado e qualquer outro órgão do partido recorrer judicialmente, nos termos da lei de organização, funcionamento e processo do Tribunal Constitucional.

Artigo 32.º – **Destituição**

1 – A destituição de titulares de órgãos partidários pode ser decre-

330   *Direitos, Liberdades e Garantias em Especial*

tada em sentença judicial, a título de sanção acessória, nos seguintes casos:

    a) Condenação judicial por crime de responsabilidade no exercício de funções em órgãos do Estado, das Regiões Autónomas ou do poder local;

    b) Condenação judicial por participação em associações armadas ou de tipo militar, militarizadas ou paramilitares, em organizações racistas ou em organizações que perfilhem a ideologia fascista.

2 – Fora dos casos enunciados no número anterior, a destituição só pode ocorrer nas condições e nas formas previstas nos estatutos.

ARTIGO 33.º – **Referendo interno**

1 – Os estatutos podem prever a realização de referendos internos sobre questões políticas relevantes para o partido.

2 – Os referendos sobre questões de competência estatutariamente reservada à assembleia representativa só podem ser realizados por deliberação desta.

SECÇÃO II – Eleições

ARTIGO 34.º – **Sufrágio**

As eleições e os referendos partidários realizam-se por sufrágio pessoal e secreto.

Artigo 35.º – **Procedimentos eleitorais**

1 – As eleições partidárias devem observar as seguintes regras:

    a) Elaboração e garantia de acesso aos cadernos eleitorais em prazo razoável;

    b) Igualdade de oportunidades e imparcialidade no tratamento de candidaturas;

    c) Apreciação jurisdicionalizada da regularidade e da validade dos actos de procedimento eleitoral.

2 – Os actos de procedimento eleitoral são impugnáveis perante o órgão de jurisdição próprio por qualquer filiado que seja eleitor ou candidato.

Partidos Políticos

3 – Das decisões definitivas proferidas ao abrigo do disposto no número anterior cabe recurso para o Tribunal Constitucional.

CAPÍTULO V – Actividades e meios de organização

ARTIGO 36.° – **Formas de colaboração**

1 – Os partidos políticos podem estabelecer formas de colaboração com entidades públicas e privadas no respeito pela autonomia e pela independência mútuas.

2 – A colaboração entre partidos políticos e entidades públicas só pode ter lugar para efeitos específicos e temporários.

3 – As entidades públicas estão obrigadas a um tratamento não discriminatório perante todos os partidos políticos.

Artigo 37.° – **Filiação internacional**

Os partidos políticos podem livremente associar-se com partidos estrangeiros ou integrar federações internacionais de partidos.

ARTIGO 38.° – **Regime financeiro**

O financiamento dos partidos políticos e das campanhas eleitorais é regulado em lei própria.

Artigo 39.° – **Relações de trabalho**

1 – As relações laborais entre os partidos políticos e os seus funcionários estão sujeitas às leis gerais de trabalho.

2 – Considera-se justa causa de despedimento o facto de um funcionário se desfiliar ou fazer propaganda contra o partido que o emprega ou a favor de uma candidatura sua concorrente.

CAPÍTULO VI – Disposições finais

ARTIGO 40.° – **Aplicação aos partidos políticos existentes**

1 – A presente lei aplica-se aos partidos políticos existentes à data da sua entrada em vigor, devendo os respectivos estatutos beneficiar das necessárias adaptações no prazo máximo de dois anos.

2 – Para efeitos do disposto no artigo 19.°, o prazo aí disposto conta--se a partir da data da entrada em vigor da presente lei.

Artigo 41.° – **Revogação**

São revogados:

a) O Decreto-Lei n.° 595/74, de 7 de Novembro, e as alterações introduzidas pelo Decreto-Lei n.° 126/75, de 13 de Março, pelo Decreto-Lei n.° 195/76, de 16 de Março, e pela Lei n.° 110/97, de 16 de Setembro;
b) O Decreto-Lei n.° 692/74, de 5 de Dezembro;
c) A Lei n.° 5/89, de 17 de Março.

Aprovada em 15 de Julho de 2003.

O Presidente da Assembleia da República, *João Bosco Mota Amaral.*

Promulgada em 7 de Agosto de 2003.

Publique-se.

O Presidente da República, JORGE SAMPAIO.

Referendada em 8 de Agosto de 2003

O Primeiro-Ministro, *José Manuel Durão Barroso.*

c) **Organizações fascistas**

Lei n.° 64/78, de 6 de Outubro

Organizações fascistas

A Assembleia da República decreta, nos termos da alínea *d*) do artigo 164.° e n.° 2 do artigo 169.° da Constituição, o seguinte:

Artigo 1.°

São proibidas as organizações que perfilhem a ideologia fascista.

Artigo 2.°

1 – Para o efeito do disposto no presente decreto, considera-se que existe uma organização sempre que se verifique qualquer concertação ou conjugação de vontades ou esforços, com ou sem auxílio de meios materiais, com existência jurídica, independentemente da forma, ou apenas de facto, de carácter permanente ou apenas eventual.

2 – Consideram-se, nomeadamente, como constituindo organizações ou associações, ainda que sem personalidade jurídica, os partidos e movimentos políticos, as comissões especiais, as sociedades e as empresas.

Artigo 3.°

1 – Para o efeito do disposto no presente decreto, considera-se que perfilham a ideologia fascista as organizações que, pelos seus estatutos, pelos seus manifestos e comunicados, pelas declarações dos seus dirigentes ou responsáveis ou pela sua actuação, mostrem adoptar, defender, pretender difundir ou difundir efectivamente os valores, os princípios, os

expoentes, as instituições e os métodos característicos dos regimes fascistas que a História regista, nomeadamente o belicismo, a violência como forma de luta política, o colonialismo, o racismo, o corporativismo ou a exaltação das personalidades mais representativas daqueles regimes.

2 – Considera-se, nomeadamente, que perfilham a ideologia fascista as organizações que combatam por meios antidemocráticos, nomeadamente com recurso à violência, a ordem constitucional, as instituições democráticas e os símbolos da soberania, bem como aquelas que perfilhem ou difundam ideias ou adoptem formas de luta contrária à unidade nacional.

ARTIGO 4.º

1 – As organizações que perfilhem a ideologia fascista e como tal sejam declaradas por decisão judicial serão no mesmo acto declaradas extintas e, consequentemente, impedidas do exercício de toda e qualquer actividade, por si ou através da iniciativa de qualquer dos seus membros.

2 – Os bens patrimoniais das organizações declaradas extintas, nos termos do número anterior, serão declarados perdidos a favor do Estado, sem prejuízo dos direitos de terceiros de boa fé.

ARTIGO 5.º

1 – Os que tiverem organizado ou desempenhado cargos directivos ou funções de responsabilidade em organização declarada extinta por perfilhar a ideologia fascista serão punidos com pena de prisão de dois a oito anos.

2 – Em igual pena serão condenados os membros de organização declarada extinta que tenham tomado parte em acções violentas enquadráveis no âmbito do artigo 3.º

3 – Os membros de organização declarada extinta que, após a extinção, ajam com desacatamento da decisão declaratória, ainda que no âmbito de nova organização similar, serão punidos com a pena de dois a oito anos de prisão, agravada quando se trate de organizadores, dirigentes ou responsáveis.

4 – Aquele que, não sendo membro de qualquer organização declarada extinta, tiver participado na sua actividade ilícita será punido com pena de prisão até dois anos.

Artigo 6.º

1 – Compete ao Supremo Tribunal de Justiça, funcionando em pleno, declarar que uma qualquer organização perfilha a ideologia fascista e decretar a respectiva extinção, nos termos do artigo 4.º

2 – Têm legitimidade para requerer ao Presidente do Supremo Tribunal de Justiça a declaração e decisão referidas no número anterior o Presidente da República, o Conselho da Revolução, a Assembleia da República, o Governo, o Provedor de Justiça e o procurador-geral da República.

3 – Relativamente a organizações cuja actividade se localize exclusivamente no território de região autónoma ou nele se localize, têm ainda legitimidade os respectivos órgãos de governo próprio.

Artigo 7.º

1 – Compete ao Tribunal Criminal da Comarca de Lisboa, o julgamento dos crimes previstos no artigo 5.º

2 – Para o efeito do disposto no número antecedente, o Supremo Tribunal de Justiça remeterá ao tribunal competente os processos em que tiver declarado extinta qualquer organização, por perfilhar a ideologia fascista, no prazo de oito dias a contar daquele em que tiver sido lavrado o respectivo acórdão.

Artigo 8.º

1 – No Supremo Tribunal de Justiça, o processo regular-se-á, em tudo quanto seja aplicável, e com as necessárias adaptações, pelas normas relativas ao processo por infracções cometidas por juízes do mesmo Supremo Tribunal no exercício de funções, mas o juiz instrutor intervirá no julgamento sem direito de voto.

2 – Se o requerimento for julgado fundado, o Supremo declarará que a organização em causa perfilha a ideologia fascista e decretará a sua extinção, com a consequente proibição de, quer directamente, quer através de outra organização que lhe sirva de adjuvante ou de sucedâneo, continuar a exercer qualquer actividade.

3 – A extinção e consequente proibição de actividade podem ser limitadas a uma parte jurídica ou organicamente autónoma da organização, desde que a limitação não ponha em risco a eficácia da proibição.

4 – Na hipótese prevista no número anterior, poderá igualmente ser limitada a perda de bens patrimoniais prevista no n.º 2 do artigo 4.º

Artigo 9.º

O processo previsto no artigo anterior tem natureza urgente.

Artigo 10.º

1 – A representação da organização acusada de perfilhar a ideologia fascista determina-se pelas normas em geral aplicáveis.

2 – Não existindo ou sendo difícil a determinação dos representantes legítimos, serão como tais sucessivamente consideradas as pessoas que por último tiverem dirigido a actividade da organização de que se trate ou agido como se fossem seus dirigentes.

3 – Mostrando-se difícil a identificação, aceitação ou a notificação dos representantes referidos nos números anteriores, serão os mesmos citados, editalmente como incertos, por éditos de oito dias, e por este meio igualmente notificados.

4 – Em todos os casos a notificação para julgamento será feita com a cominação de que, em caso de não representação bastante na data designada, o julgamento terá lugar, à revelia, no oitavo dia útil seguinte.

Artigo 11.º

O julgamento dos agentes referidos no artigo 5.º pode ser feito conjuntamente, desde que sem prejuízo da celeridade do processo, ou em separado, e não poderá ser adiado por mais de uma vez por falta do réu, que neste caso será julgado à revelia, nos termos da lei de processo.

Aprovada em 15 de Junho de 1978. – O Presidente da Assembleia da República, *Vasco da Gama Fernandes.*

Promulgada em 11 de Setembro de 1978.

Publique-se.

O Presidente da República, *António Ramalho Eanes.* – O Primeiro-Ministro, *Alfredo Jorge Nobre da Costa.*

12. DIREITO DE PETIÇÃO

Lei n.° 43/90, de 10 de Agosto[11]

Exercício do direito de petição

A Assembleia da República decreta, nos termos dos artigos 52.°, 164.°, alínea *d*), 168.°, alínea *b*), e 169.°, n.° 3, da Constituição, o seguinte:

CAPÍTULO I – Disposições gerais

ARTIGO 1.° – **Âmbito da presente lei**

1 – A presente lei regula e garante o exercício do direito de petição, para defesa dos direitos dos cidadãos, da Constituição, das leis ou do interesse geral, mediante a apresentação aos órgãos de soberania, ou a quaisquer autoridades públicas, com excepção dos tribunais, de petições, representações, reclamações ou queixas.

2 – São regulados por legislação especial:

a) A impugnação dos actos administrativos, através de reclamação ou de recurso hierárquicos;

b) O direito de queixa ao Provedor de Justiça e à Alta Autoridade para a Comunicação Social;

---

[11] Alterada pelas Lei n.° 6/93, de 1 de Março, e Lei n.°15/2003, de 4 de Junho.

c) O direito de petição das organizações de moradores perante as autarquias locais;

d) O direito de petição colectiva dos militares e agentes militarizados dos quadros permanentes em serviço efectivo.

ARTIGO 2.º – **Definições**

1 – Entende-se por petição, em geral, a apresentação de um pedido ou de uma proposta, a um órgão de soberania ou a qualquer autoridade pública, no sentido de que tome, adopte ou proponha determinadas medidas.

2 – Entende-se por representação a exposição destinada a manifestar opinião contrária da perfilhada por qualquer entidade, ou a chamar a atenção de uma autoridade pública relativamente a certa situação ou acto, com vista à sua revisão ou à ponderação dos seus efeitos.

3 – Entende-se por reclamação a impugnação de um acto perante o órgão, funcionário ou agente que o praticou, ou perante o seu superior hierárquico.

4 – Entende-se por queixa a denúncia de qualquer inconstitucionalidade ou ilegalidade, bem como do funcionamento anómalo de qualquer serviço, com vista à adopção de medidas contra os responsáveis.

5 – As petições, representações, reclamações e queixas dizem-se colectivas quando apresentadas por um conjunto de pessoas através de um único instrumento, em nome colectivo quando apresentadas por uma pessoa colectiva em representação dos respectivos membros.

6 – Sempre que, nesta lei, se empregue unicamente o termo petição, entende-se que o mesmo se aplica a todas as modalidades referidas no presente artigo.

ARTIGO 3.º – **Cumulação**

O direito de petição é cumulável com outros meios de defesa de direitos e interesses previstos na Constituição e na lei e não pode ser limitado ou restringido no seu exercício por qualquer órgão de soberania ou por qualquer autoridade pública.

ARTIGO 4.º – **Titularidade**

1 – O direito de petição, enquanto instrumento de participação política democrática, é exclusivo dos cidadãos portugueses.

Direito de Petição

2 – Os estrangeiros e os apátridas que residam em Portugal gozam do direito de petição, para defesa dos seus direitos e interesses legalmente protegidos.

3 – O direito de petição é exercido individual ou colectivamente.

4 – Gozam igualmente do direito de petição quaisquer pessoas colectivas legalmente constituídas.

ARTIGO 5.º – **Universalidade e gratuitidade**

A apresentação de petições constitui direito universal e gratuito e não pode, em caso algum, dar lugar ao pagamento de quaisquer impostos ou taxas.

ARTIGO 6.º – **Liberdade de petição**

Nenhuma entidade, pública ou privada, pode proibir, ou por qualquer forma impedir ou dificultar, o exercício do direito de petição, designadamente na livre recolha de assinaturas e na prática dos demais actos necessários.

ARTIGO 7.º – **Garantias**

1 – Ninguém pode ser prejudicado, privilegiado ou privado de qualquer direito em virtude do exercício do direito de petição.

2 – O disposto no número anterior não exclui a responsabilidade criminal, disciplinar ou civil do peticionante se do seu exercício resultar ofensa ilegítima de interesse legalmente protegido.

ARTIGO 8.º – **Dever de exame e de comunicação**

1 – O exercício do direito de petição obriga a entidade destinatária a receber e examinar as petições, representações, reclamações ou queixas, bem como a comunicar as decisões que forem tomadas.

2 – O erro na qualificação da modalidade do direito de petição, de entre as que se referem no artigo 2.º, não justifica a recusa da sua apreciação pela entidade destinatária.

CAPÍTULO II – **Forma e tramitação**

Artigo 9.º – **Forma**

1 – O exercício do direito de petição não está sujeito a qualquer forma ou a processo específico.

2 – A petição, a representação, a reclamação e a queixa devem, porém, ser reduzidas a escrito devidamente assinado pelos titulares, ou por outrem a seu rogo, se aqueles não souberem ou não puderem assinar.

3 – O direito de petição pode ser exercido por via postal, ou através de telégrafo, telex, telefax e outros meios de telecomunicação.

4 – Os órgãos de soberania, de governo próprio das Regiões Autónomas e das autarquias locais, bem como os departamentos da Administração Pública onde ocorra a entrega de instrumentos do exercício do direito de petição, organizarão sistemas de recepção electrónica de petições.

5 – A entidade destinatária convida o peticionante a completar o escrito apresentado quando:

a) Aquele não se mostre correctamente identificado e não contenha menção do seu domicílio;

b) O texto seja ininteligível ou não especifique o objecto de petição.

6 – Para os efeitos do número anterior, a entidade destinatária fixa um prazo não superior a 20 dias, com a advertência de que o não suprimento das deficiências apontadas determina o arquivamento liminar da petição.

7 – Em caso de petição colectiva, ou em nome colectivo, é suficiente a identificação completa de um dos signatários.

Artigo 10.º – **Apresentação em território nacional**

1 – As petições devem, em regra, ser apresentadas nos serviços das entidades a quem são dirigidas.

2 – As petições dirigidas a órgãos centrais de entidades públicas podem ser apresentadas nos serviços dos respectivos órgãos locais, quando os interessados residam na respectiva área ou nela se encontrem.

3 – Quando sejam dirigidas a órgãos da Administração Pública que não disponham de serviços nas áreas do distrito ou do município de residência do interessado ou interessados ou onde eles se encontram, as

Direito de Petição 341

petições podem ser entregues na secretaria do governo civil do distrito respectivo.

4 – As petições apresentadas nos termos dos números anteriores são remetidas, pelo registo do correio, aos órgãos a quem sejam dirigidas no prazo de 24 horas após a sua entrega, com a indicação da data desta.

ARTIGO 11.º – **Apresentação no estrangeiro**

1 – As petições podem também ser apresentadas nos serviços das representações diplomáticas e consulares portuguesas, no país em que se encontrem ou residam os interessados.

2 – As representações diplomáticas ou consulares remeterão os requerimentos às entidades a quem sejam dirigidas, nos termos fixados no n.º 4 do artigo anterior.

ARTIGO 12.º – **Indeferimento liminar**

A petição é liminarmente indeferida quando for manifesto que:

a) A pretensão deduzida é ilegal;
b) Visa a reapreciação de decisões dos tribunais, ou de actos administrativos insusceptíveis de recurso;
c) Visa a reapreciação, pela mesma entidade, de casos já anteriormente apreciados na sequência do exercício do direito de petição, salvo se forem invocados ou tiverem ocorrido novos elementos de apreciação.

2 – A petição é ainda liminarmente indeferida se:

a) For apresentada a coberto de anonimato e do seu exame não for possível a identificação da pessoa ou pessoas de quem provém;
b) Carecer de qualquer fundamento.

ARTIGO 13.º – **Tramitação**

1 – A entidade que recebe a petição, se não ocorrer indeferimento liminar referido no artigo anterior, decide sobre o seu conteúdo, com a máxima brevidade compatível com a complexidade do assunto nela versado.

2 – Se a mesma entidade se julgar incompetente para conhecer da

matéria que é objecto da petição, remete-a à entidade para o efeito competente, informando do facto o autor da petição.

3 – Para ajuizar sobre os fundamentos invocados, a entidade competente pode proceder às averiguações que se mostrem necessárias e, conforme os casos, tomar providências adequadas à satisfação da pretensão ou arquivar o processo.

ARTIGO 13.°- A – **Controlo informático e divulgação da tramitação**

Os órgãos de soberania, de governo próprio das Regiões Autónomas e das autarquias locais, bem como os departamentos da Administração Pública onde ocorra a entrega de instrumentos do exercício do direito de petição, organizarão sistemas de controlo informático de petições, bem como de divulgação das providências tomadas, nos respectivos sítios da Internet.

ARTIGO 14.° – **Enquadramento orgânico**

Sem prejuízo do disposto em especial para a Assembleia da República, os órgãos de soberania, do governo próprio das regiões autónomas e das autarquias locais, bem como os departamentos da Administração Pública onde seja mais frequente a entrega de instrumentos do exercício do direito de petição, organizarão esquemas adequados de recepção, tratamento e decisão das petições.

CAPÍTULO III – **Petições dirigidas à Assembleia da República**

ARTIGO 15.° – **Tramitação**

1 – As petições dirigidas à Assembleia da República são endereçadas ao Presidente da Assembleia da República e apreciadas pelas comissões competentes em razão da matéria ou por comissão especialmente constituída para o efeito, que poderá ouvir aquelas.

2 – A composição e o funcionamento da comissão ou comissões referidas no número anterior constam do Regimento da Assembleia da República.

3 – Recebida a petição, a comissão competente procede ao seu exame para verificar:

a) Se ocorre algumas das causas legalmente previstas que determinem o seu indeferimento liminar;

Direito de Petição   343

b) Se foram observados os requisitos mencionados nos n.ºs 2 e 4 do artigo 9.°

4 – A comissão competente deve apreciar as petições no prazo de 60 dias a contar da data da reunião a que se refere o número anterior.

5 – Se ocorrer o caso previsto no n.° 5 do artigo 9.°, o prazo estabelecido no número anterior só começa a correr na data em que se mostrem supridas as deficiências verificadas.

6 – Findo o exame da petição é elaborado um relatório final, que deverá ser enviado ao Presidente da Assembleia da República com a proposta das providências que julgue adequadas, se for caso disso.

ARTIGO 15.°-A – **Registo informático**

1 – Por forma a assegurar a gestão e publicitação adequadas das petições que lhe sejam remetidas, a Assembleia da República organiza e mantém actualizado um sistema de registo informático da recepção e tramitação de petições.

2 – O sistema faculta informação completa sobre os dados constantes das petições apresentadas, incluindo o seu texto integral e informação sobre cada uma das fases da sua tramitação, devendo centralizar os dados disponíveis em todos os serviços envolvidos.

ARTIGO 16.° – **Efeitos**

1 – Do exame das petições e dos respectivos elementos de instrução feito pela comissão pode, nomeadamente, resultar:

a) A sua apreciação pelo Plenário da Assembleia da República, nos termos do artigo 20.°;

b) A sua remessa, por cópia, à entidade competente em razão da matéria para a sua apreciação e para eventual tomada de decisão que no caso lhe caiba;

c) A elaboração, para ulterior subscrição por qualquer Deputado ou grupo parlamentar, da medida legislativa que se mostre justificada;

d) O conhecimento dado ao ministro competente em razão da matéria, através do Primeiro-Ministro, para eventual medida legislativa ou administrativa;

e) O conhecimento dado, pelas vias legais, a qualquer outra autoridade competente em razão da matéria na perspectiva de ser tomada qualquer medida conducente à solução do problema suscitado;

f) A remessa ao Procurador-Geral da República, no pressuposto da existência de indícios para o exercício de acção penal;

g) A sua remessa ao Provedor de Justiça, para os efeitos do disposto no artigo 23.º da Constituição;

i) A iniciativa do inquérito parlamentar;

j) A informação ao peticionante de direitos que revele desconhecer, de vias que eventualmente possa tomar para obter o reconhecimento de um direito, a protecção de um interesse ou a reparação de um prejuízo;

l) O esclarecimento dos peticionantes, ou do público em geral, sobre qualquer acto do Estado e demais entidades públicas relativo à gestão dos assuntos públicos que a petição tenha colocado em causa ou em dívida;

m) O seu arquivamento, com conhecimento ao peticionante ou peticionantes.

2 – As diligências previstas nas alíneas *b)*, *d)*, *e)*, *f)*, *g)*, *h)*, *j)* e *l)* do número anterior são efectuadas pelo Presidente da Assembleia da República, a solicitação e sob proposta da comissão.

ARTIGO 17.º – **Poderes da comissão**

1 – A comissão pode ouvir os peticionantes, solicitar depoimentos de quaisquer cidadãos e requerer e obter informações e documentos de outros órgãos de soberania ou de quaisquer entidades públicas ou privadas, sem prejuízo do disposto na lei sobre segredo de Estado, segredo de justiça ou sigilo profissional, podendo solicitar à Administração Pública as diligências que se mostrem necessárias.

2 – A audição dos peticionantes é obrigatória sempre que a petição seja subscrita por mais de 2000 cidadãos.

3 – Após exame da questão suscitada pelo peticionante, a comissão poderá solicitar, sob proposta do relator, que as entidades competentes tomem posição sobre a matéria.

4 – O cumprimento do solicitado tem prioridade sobre quaisquer outros serviços da Administração Pública, devendo ser efectuado no prazo máximo de 20 dias.

Direito de Petição

5 – As solicitações previstas neste artigo devem referir a presente lei e transcrever o número anterior, bem como o artigo 19.º

ARTIGO 18.º – **Diligência conciliadora**

1 – Concluídos os procedimentos previstos no artigo 17.º, a comissão pode ainda realizar uma diligência conciliadora, desde que esta seja devidamente justificada.

2 – Havendo diligência conciliadora, o presidente da comissão convidará a entidade em causa no sentido de poder corrigir a situação ou reparar os efeitos que deram origem à petição.

ARTIGO 19.º – **Sanções**

1 – A falta de comparência injustificada, a recusa de depoimento ou o não comprimento das diligências previstas no n.º 1 do artigo 17.º constituem crime de desobediência, sem prejuízo do procedimento disciplinar que no caso couber.

2 – A falta de comparência injustificada por parte dos peticionantes poderá ter como consequência o arquivamento do respectivo processo, não lhes sendo aplicado o previsto no número anterior.

ARTIGO 20.º – **Apreciação pelo Plenário**

1 – As petições são apreciadas em Plenário sempre que se verifique uma das condições seguintes:

a) Sejam subscritas por mais de 4000 cidadãos;

b) Seja elaborado relatório e parecer favorável à sua apreciação em Plenário, devidamente fundamentado, tendo em conta, em especial, a sua importância social, económica ou cultural e a gravidade da situação objecto de petição.

2 – As petições que, nos temos do número anterior, estejam em condições de serem apreciadas pelo Plenário são enviadas ao Presidente da Assembleia da República, para agendamento, acompanhadas dos relatórios devidamente fundamentados e dos elementos instrutórios, se os houver.

3 – As petições são agendadas para Plenário no prazo máximo de 0 dias após o seu envio ao Presidente da Assembleia da República, nos termos do número anterior.

4 – A matéria constante da petição não é submetida a votação, sem prejuízo do disposto nos números seguintes.

5 – A comissão competente pode apresentar, juntamente com o relatório, um projecto de resolução, o qual é debatido e votado aquando da apreciação da petição pelo Plenário.

6 – Com base na petição, pode igualmente qualquer deputado tomar uma iniciativa, a qual, se requerido pelo apresentante, é debatida e votada nos termos referidos no número anterior.

7 – Se a iniciativa a que se refere o número anterior vier a ser agendada para momento diferente, a petição é avocada a Plenário para apreciação conjunta.

8 – Do que se passar é dado conhecimento ao primeiro signatário da petição, a quem é enviado um exemplar do número do *Diário da Assembleia da República* em que se mostre reproduzido o debate, a eventual apresentação de qualquer proposta com ele conexa e o resultado da respectiva votação.

Artigo 20.º-A – **Não caducidade**

As petições não apreciadas na legislatura em que foram apresentadas não carecem de ser renovadas na legislatura seguinte.

Artigo 21.º – **Publicação**

1 – São publicadas na íntegra no *Diário da Assembleia da República* as petições:

a) Assinadas por um mínimo de 2000 cidadãos;
b) As que o Presidente da Assembleia da República, sob proposta da comissão, entender que devem ser publicadas.

2 – São igualmente publicados os relatórios relativos às petições referidas no número anterior ou que o Presidente da Assembleia da República, sob proposta da comissão, entenda que devem ser publicados.

3 – O Plenário será informado do sentido essencial das petições recebidas e das medidas sobre elas tomadas pelo menos duas vezes por sessão legislativa.

Capítulo IV – **Disposição final**

ARTIGO 22.º – **Regulamentação complementar**

No âmbito das respectivas competências constitucionais, os órgãos e autoridades abrangidos pela presente lei elaborarão normas e outras medidas tendentes ao seu eficaz cumprimento.

Aprovada em 12 de Julho de 1990.

O Presidente da Assembleia da República, *Vítor Pereira Crespo.*

Promulgada em 24 de Julho de 1990.

Publique-se.

O Presidente da República, MÁRIO SOARES

Referendada em 26 de Julho de 1990.

O Primeiro-Ministro, *Aníbal António Cavaco Silva.*

13. DIREITO DE VOTAR EM REFERENDO NACIONAL

Lei n.º 15-A/98, de 3 de Abril

LEI ORGÂNICA
DO REGIME DO REFERENDO NACIONAL

A Assembleia da República decreta, nos termos dos artigos 161.º, alínea *c*), 164.º, alínea *b*), 166.º, n.º 2, 115.º, 256.º, n.º 3, e 112.º, n.º 5, da Constituição, para valer como lei geral da República, o seguinte:

ARTIGO 1.º – **Âmbito da presente lei**

1 – A presente lei orgânica rege os casos e os termos da realização do referendo de âmbito nacional previsto no artigo 115.º da Constituição.

2 – A presente lei regula ainda as condições e os termos das consultas directas para a instituição em concreto das regiões administrativas previstas no artigo 256.º da Constituição.

ARTIGO 2.º – **Objecto do referendo**

O referendo só pode ter por objecto questões de relevante interesse nacional que devam ser decididas pela Assembleia da República ou pelo Governo através da aprovação de convenção internacional ou de acto legislativo.

ARTIGO 3.º – **Matérias excluídas**

1 – São excluídas do âmbito do referendo:

a) As alterações à Constituição;

b) As questões e os actos de conteúdo orçamental, tributário ou financeiro;

c) As matérias previstas no artigo 161.° da Constituição, sem prejuízo do disposto no número seguinte;

d) As matérias previstas no artigo 164.° da Constituição, com excepção do disposto na alínea *i*) sobre bases do sistema de ensino.

2 – O disposto no número anterior não prejudica a submissão a referendo das questões de relevante interesse nacional que devam ser objecto de convenção internacional, nos termos da alínea *i*) do artigo 161.° da Constituição, excepto quando relativas à paz e à rectificação de fronteiras.

ARTIGO 4.° – **Actos em processo de apreciação**

1 – As questões suscitadas por convenções internacionais ou por actos legislativos em processo de apreciação, mas ainda não definitivamente aprovados, podem constituir objecto de referendo.

2 – Se a Assembleia da República ou o Governo apresentarem proposta de referendo sobre convenção internacional submetida a apreciação ou sobre projecto ou proposta de lei, o respectivo processo suspende-se até à decisão do Presidente da República sobre a convocação do referendo e, em caso de convocação efectiva, até à respectiva realização.

ARTIGO 5.° – **Delimitação em razão da competência**

O Governo, sem prejuízo da faculdade de iniciativa perante a Assembleia da República, pode apresentar proposta de referendo que tenha por objecto matéria da sua competência, incidindo:

a) Sobre acordo internacional que não tenha submetido à Assembleia da República;

b) Sobre acto legislativo em matérias não incluídas na reserva de competência da Assembleia da República.

ARTIGO 6.° – **Delimitação em razão da matéria**

Cada referendo recai sobre uma só matéria.

ARTIGO 7.° – **Formulação**

1 – Nenhum referendo pode comportar mais de três perguntas.

2 – As perguntas são formuladas com objectividade, clareza e precisão e para respostas de sim ou não, sem sugerirem, directa ou indirectamente, o sentido das respostas.

3 – As perguntas não podem ser precedidas de quaisquer considerandos, preâmbulos ou notas explicativas.

Artigo 8.° – **Limites temporais**

Não pode ser aprovada iniciativa, praticado acto de convocação ou realizado o referendo entre a data da convocação e a da realização de eleições gerais para os órgãos de soberania, de governo próprio das regiões autónomas e do poder local, bem como de Deputados ao Parlamento Europeu.

Artigo 9.° – **Limites circunstanciais**

1 – Não pode ser praticado nenhum acto relativo à convocação ou à realização de referendo na vigência de estado de sítio ou de estado de emergência.

2 – O Presidente da República interino não pode decidir a convocação de referendo.

TÍTULO II – Convocação do referendo

CAPÍTULO I – Proposta

SECÇÃO I – Proposta da Assembleia da República

Artigo 10.° – **Poder de iniciativa**

A iniciativa da proposta de referendo da Assembleia da República compete aos Deputados, aos grupos parlamentares, ao Governo ou a grupos de cidadãos eleitores.

Artigo 11.° – **Limites da iniciativa**

Os Deputados, os grupos parlamentares e os grupos de cidadãos eleitores não podem apresentar iniciativas de referendo que envolvam, no ano económico em curso, aumento de despesas ou diminuição de receitas do Estado previstas no Orçamento.

Artigo 12.º – **Discussão e votação**

1 – O Regimento da Assembleia da República regula o processo de discussão e votação de projectos e propostas de resolução de referendo.

2 – A resolução a votar em Plenário da Assembleia da República integra as perguntas a formular e a definição do universo eleitoral da consulta.

3 – A aprovação faz-se à pluralidade dos votos, não contando as abstenções para o apuramento da maioria.

Artigo 13.º – **Forma e publicação**

Os projectos e as propostas aprovados tomam a forma de resolução, publicada na 1.ª Série-A do *Diário da República* no dia seguinte ao da sua aprovação.

DIVISÃO I – Iniciativa parlamentar ou governamental

Artigo 14.º – **Forma da iniciativa**

Quando exercida pelos Deputados ou pelos grupos parlamentares, a iniciativa toma a forma de projecto de resolução e, quando exercida pelo Governo, a de proposta de resolução, aprovada pelo Conselho de Ministros.

Artigo 15.º – **Renovação da iniciativa**

1 – Os projectos e as propostas de resolução de referendo não votados na sessão legislativa em que tiverem sido apresentados não carecem de ser renovados na sessão legislativa seguinte, salvo termo da legislatura.

2·– Os projectos e as propostas de resolução definitivamente rejeitados não podem ser renovados na mesma sessão legislativa.

DIVISÃO II – Iniciativa popular

Artigo 16.º – **Titularidade**

O referendo pode resultar de iniciativa dirigida à Assembleia da República por cidadãos eleitores portugueses, em número não inferior a 75 000, regularmente recenseados no território nacional, bem como nos casos previstos no artigo 37.º, n.º 2, por cidadãos aí referidos.

Artigo 17.º – **Forma**

1 – A iniciativa popular assume a forma escrita e é dirigida à Assembleia da República, contendo, em relação a todos os signatários, os seguintes elementos:

a) Nome completo;
b) Número do bilhete de identidade.

2 – A Assembleia da República pode solicitar aos serviços competentes da Administração Pública, nos termos do Regimento, a verificação administrativa, por amostragem, da autenticidade das assinaturas e da identificação dos subscritores da iniciativa referida no número anterior.

3 – Da iniciativa constará a explicitação da pergunta ou perguntas a submeter a referendo, devidamente instruídas pela identificação dos actos em processo de apreciação na Assembleia da República.

4 – Quando não se encontre pendente acto sobre o qual possa incidir referendo, deve a iniciativa popular ser acompanhada da apresentação de projecto de lei relativo à matéria a referendar.

5 – A iniciativa de grupos de cidadãos eleitores, verificada que seja a observância das disposições constitucionais, legais e regimentais aplicáveis, toma a forma de projecto de resolução para efeitos de discussão e votação em Plenário da Assembleia da República.

Artigo 18.º – **Publicação**

Após admissão, a iniciativa popular é publicada no *Diário da Assembleia da República*.

Artigo 19.º – **Representação**

1 – A iniciativa deve mencionar, na parte inicial, a identificação dos mandatários designados pelo grupo de cidadãos subscritores, em número não inferior a 25.

2 – Os mandatários referidos no número anterior designam, de entre si, uma comissão executiva para os efeitos de responsabilidade e de representação previstos nas leis.

Artigo 20.º – **Tramitação**

1 – No prazo de dois dias o Presidente da Assembleia da República

354 *Direitos, Liberdades e Garantias em Especial*

pede à Comissão competente em razão da matéria parecer sobre a iniciativa de referendo, no prazo que lhe cominar.

2 – Recebido o parecer da Comissão, o Presidente da Assembleia da República decide da admissão da iniciativa ou manda notificar o representante do grupo de cidadãos para aperfeiçoamento do texto, no prazo máximo de 20 dias.

3 – São notificados do despacho do Presidente da Assembleia da República os grupos parlamentares e os mandatários do grupo de cidadãos proponentes.

4 – Uma vez admitida, a iniciativa é enviada à Comissão competente.

5·– A Comissão ouve o representante do grupo de cidadãos eleitores, para os esclarecimentos julgados necessários à compreensão e formulação das questões apresentadas.

6 – A Comissão elabora, no prazo de 20 dias, o projecto de resolução que incorpora o texto da iniciativa de referendo, enviando-o ao Presidente da Assembleia da República para agendamento.

7 – O Presidente da Assembleia da República deve agendar o projecto de resolução para uma das 10 sessões Plenárias seguintes.

8 – A iniciativa popular é, obrigatoriamente, apreciada e votada em Plenário.

ARTIGO 21.º – **Efeitos**

Da apreciação e votação da iniciativa em Plenário resulta a aprovação ou a rejeição do projecto de resolução que incorpora a iniciativa popular.

ARTIGO 22.º – **Renovação e caducidade**

1 – À iniciativa popular é aplicável, com as necessárias adaptações, o disposto no artigo 15.º

2 – A iniciativa popular pendente de votação não caduca com o termo da legislatura, reiniciando-se novo prazo de apreciação nos termos do artigo 20.º

SECÇÃO II – **Proposta do Governo**

ARTIGO 23.º – **Competência, forma e publicação**

1 – Compete ao Conselho de Ministros aprovar as propostas de referendo do Governo.

Direito de Votar em Referendo Nacional 355

2 – As propostas tomam a forma de resolução do Conselho de Ministros, publicada na 1.ª Série-A do *Diário da República*.

ARTIGO 24.º – **Conteúdo da resolução**

A resolução do Conselho de Ministros integra as perguntas a formular e a definição do universo eleitoral da consulta.

ARTIGO 25.º – **Caducidade**

As propostas de referendo caducam com a demissão do Governo.

CAPÍTULO II – **Fiscalização preventiva da constitucionalidade e da legalidade e apreciação dos requisitos relativos ao universo eleitoral**

SECÇÃO I – **Sujeição ao Tribunal Constitucional**

ARTIGO 26.º – **Iniciativa**

Nos oito dias subsequentes à publicação da resolução da Assembleia da República ou do Conselho de Ministros, o Presidente da República submete ao Tribunal Constitucional a proposta de referendo, para efeitos de fiscalização preventiva da constitucionalidade e da legalidade, incluindo a apreciação dos requisitos relativos ao respectivo universo eleitoral.

ARTIGO 27.º – **Prazo para a fiscalização e apreciação**

O Tribunal Constitucional procede à fiscalização e apreciação no prazo de 25 dias, o qual pode ser encurtado pelo Presidente da República por motivo de urgência.

ARTIGO 28.º – **Efeitos da decisão**

1 – Se o Tribunal Constitucional verificar a inconstitucionalidade ou a ilegalidade da proposta de referendo, designadamente por desrespeito das normas respeitantes ao universo eleitoral, o Presidente da República não pode promover a convocação de referendo e devolve a proposta ao órgão que a tiver formulado.

356 *Direitos, Liberdades e Garantias em Especial*

2 – A Assembleia da República ou o Governo podem reapreciar e reformular a sua proposta, expurgando-a da inconstitucionalidade ou da ilegalidade.

3 – No prazo de oito dias após a publicação da proposta de referendo que tiver sido reformulada, o Presidente da República submete-a ao Tribunal Constitucional para nova apreciação preventiva da constitucionalidade e da legalidade, incluindo a apreciação dos requisitos relativos ao respectivo universo eleitoral.

4 – No prazo de oito dias a contar da data do conhecimento da decisão do Tribunal Constitucional, o Presidente da Assembleia da República deverá comunicá-la aos representantes do grupo de cidadãos subscritores de iniciativa popular referendária.

SECÇÃO II – **Processo de fiscalização preventiva**

ARTIGO 29.º – **Pedido de fiscalização e de apreciação**

1 – O pedido de fiscalização da constitucionalidade e da legalidade da proposta de referendo, incluindo a apreciação dos requisitos relativos ao respectivo universo eleitoral, é acompanhado da correspondente resolução da Assembleia da República ou do Conselho de Ministros e dos demais elementos de instrução que o Presidente da República tenha por convenientes.

2 – Autuado pela secretaria e registado no correspondente livro, o requerimento é imediatamente concluso ao Presidente do Tribunal Constitucional.

3 – É de um dia o prazo para o Presidente do Tribunal Constitucional admitir o pedido, verificar qualquer irregularidade processual e notificar o Presidente da República para a suprir no prazo de dois dias.

ARTIGO 30.º – **Distribuição**

1 – A distribuição é feita no prazo de um dia, contado da data da admissão do pedido.

2 – O processo é imediatamente concluso ao relator, a fim de, no prazo de cinco dias, elaborar um memorando contendo o enunciado das questões sobre as quais o Tribunal Constitucional se deve pronunciar e da solução que para elas propõe, com indicação sumária dos respectivos fundamentos.

3 – Distribuído o processo, são entregues cópias do pedido a todos os juízes, do mesmo modo se procedendo com o memorando logo que recebido pelo secretário.

ARTIGO 31.° – **Formação da decisão**

1 – Com a entrega ao Presidente do Tribunal Constitucional da cópia do memorando é-lhe concluso o respectivo processo para o inscrever na ordem do dia de sessão plenária a realizar no prazo de oito dias a contar da data do recebimento do pedido.

2 – A decisão não deve ser proferida antes de decorridos dois dias sobre a entrega das cópias do memorando a todos os juízes.

3 – Concluída a discussão, e tomada uma decisão pelo Tribunal Constitucional, é o processo concluso ao relator ou, no caso de este ficar vencido, ao juiz que deva substituí-lo, para a elaboração do acórdão no prazo de cinco dias e sua subsequente assinatura.

ARTIGO 32.° – **Encurtamento dos prazos**

Quando o Presidente da República haja encurtado, por motivo de urgência, o prazo para o Tribunal Constitucional se pronunciar, o Presidente do Tribunal adequa a essa circunstância os prazos referidos nos artigos anteriores.

ARTIGO 33.° – **Publicidade da decisão**

Proferida decisão, o Presidente do Tribunal Constitucional comunica-a imediatamente ao Presidente da República e envia-a para publicação na 1.ª Série-A do *Diário da República*, no dia seguinte.

CAPÍTULO III – Decisão

ARTIGO 34.° – **Prazo para a decisão**

O Presidente da República decide sobre a convocação do referendo no prazo de 20 dias após a publicação da decisão do Tribunal Constitucional que verifique a constitucionalidade e a legalidade da proposta.

ARTIGO 35.º – **Convocação**

1 – A convocação do referendo toma a forma de decreto, sem dependência de referenda ministerial.

2 – O decreto integra as perguntas formuladas na proposta, o universo eleitoral da consulta e a data da realização do referendo, que tem lugar entre o sexagésimo e o nonagésimo dia a contar da publicação do decreto.

3 – Salvo nos casos previstos no artigo 9.º, n.º 1, ou de dissolução da Assembleia da República ou demissão do Governo supervenientes, quando a proposta tenha sido, respectivamente, da autoria da primeira ou do segundo, a data da realização do referendo, uma vez marcada, não pode ser alterada.

ARTIGO 36.º – **Recusa da proposta de referendo**

1 – Se o Presidente da República tomar a decisão de não convocar o referendo, comunica-a à Assembleia da República, em mensagem fundamentada, ou ao Governo, por escrito de que conste o sentido da recusa.

2 – Tratando-se de referendo de iniciativa popular, o Presidente da Assembleia da República deve comunicar ao representante do grupo de cidadãos eleitores o sentido e o fundamento da decisão presidencial.

3 – A proposta de referendo da Assembleia da República recusada pelo Presidente da República não pode ser renovada na mesma sessão legislativa.

4 – Se a proposta for do Governo só pode ser renovada junto do Presidente da República após formação de novo Governo.

TÍTULO III – **Realização do referendo**

CAPÍTULO I – **Direito de participação**

ARTIGO 37.º – **Princípios gerais**

1 – Podem ser chamados a pronunciar-se directamente através de referendo os cidadãos eleitores recenseados no território nacional.

2 – Quando o referendo recaia sobre matéria que lhes diga também especificamente respeito, são ainda chamados a participar os cidadãos

residentes no estrangeiro, regularmente recenseados ao abrigo do disposto no n.° 2 do artigo 121.° da Constituição.

ARTIGO 38.° – **Cidadãos de países de língua portuguesa**

Os cidadãos de outros países de língua portuguesa que residam no território nacional e beneficiem do estatuto especial de igualdade de direitos políticos, nos termos de convenção internacional, e em condições de reciprocidade, gozam de direito de participação no referendo desde que estejam recenseados como eleitores no território nacional.

CAPÍTULO II – Campanha para o referendo

SECÇÃO I – Disposições gerais

ARTIGO 39.° – **Objectivos e iniciativa**

1 – A campanha para o referendo consiste na justificação e no esclarecimento das questões submetidas a referendo e na promoção das correspondentes opções, com respeito pelas regras do Estado de Direito democrático.

2 – A campanha é levada a efeito pelos partidos políticos legalmente constituídos ou por coligações de partidos políticos que declarem pretender participar no esclarecimento das questões submetidas a referendo, directamente ou através de grupos de cidadãos ou de entidades por si indicadas, devidamente identificados, nos termos e para os efeitos previstos no artigo 19.°

3 – Na campanha podem igualmente intervir grupos de cidadãos eleitores, nos termos da presente lei.

ARTIGO 40.° – **Partidos e coligações**

Até ao 15.° dia subsequente ao da convocação do referendo, os partidos legalmente constituídos ou coligações fazem entrega à Comissão Nacional de Eleições da declaração prevista no n.° 2 do artigo anterior.

ARTIGO 41.° – **Grupos de cidadãos eleitores**

1 – Até ao 15.° dia posterior à convocação do referendo, podem cidadãos eleitores, em número não inferior a 5000, constituir-se em grupo,

360   *Direitos, Liberdades e Garantias em Especial*

tendo por fim a participação no esclarecimento das questões submetidas a referendo.

2 – Cada cidadão não pode integrar mais de um grupo.

3 – A forma exigida para a sua constituição é idêntica à da iniciativa popular.

4 – O controlo da regularidade do processo e correspondente inscrição é da competência da Comissão Nacional de Eleições.

5 – Os grupos de cidadãos eleitores far-se-ão representar, para todos os efeitos da presente lei, nos termos previstos no artigo 19.º

ARTIGO 42.º – **Princípio da liberdade**

1 – Os partidos e os grupos de cidadãos eleitores regularmente constituídos desenvolvem livremente a campanha, que é aberta à livre participação de todos.

2 – As actividades de campanha previstas na presente lei não excluem quaisquer outras decorrentes do exercício dos direitos, liberdades e garantias assegurados pela Constituição e pela lei.

ARTIGO 43.º – **Responsabilidade civil**

1 – Os partidos são civilmente responsáveis, nos termos da lei, pelos prejuízos directamente resultantes de actividades de campanha que hajam promovido.

2 – O mesmo princípio rege, com as necessárias adaptações, os grupos de cidadãos, representados pelas entidades referidas no artigo 19.º

ARTIGO 44.º – **Princípio da igualdade**

Os partidos e grupos de cidadãos eleitores intervenientes têm direito à igualdade de oportunidades e de tratamento, a fim de efectuarem livremente e nas melhores condições, as suas actividades de campanha.

ARTIGO 45.º – **Neutralidade e imparcialidade das entidades públicas**

1 – Os órgãos do Estado, das regiões autónomas e das autarquias locais, das demais pessoas colectivas de Direito Público, das sociedades de capitais públicos ou de economia mista e das sociedades concessionárias de serviços públicos, de bens do domínio público ou de obras públicas, bem como, nessa qualidade, os respectivos titulares, não podem intervir

directa ou indirectamente em campanha para referendo, nem praticar actos que, de algum modo, favoreçam ou prejudiquem uma posição em detrimento ou vantagem de outra ou outras.

2 – Os funcionários e agentes das entidades previstas no número anterior observam, no exercício das suas funções, rigorosa neutralidade perante as diversas posições, bem como perante os diversos partidos e grupos de cidadãos eleitores.

3 – É vedada a exibição de símbolos, siglas, autocolantes ou outros elementos de propaganda por funcionários e agentes das entidades referidas no n.° 1 durante o exercício das suas funções.

ARTIGO 46.° – **Acesso a meios específicos**

1 – O livre prosseguimento de actividades de campanha implica o acesso a meios específicos.

2 – É gratuita para os partidos e para os grupos de cidadãos eleitores intervenientes a utilização, nos termos estabelecidos na presente lei, das publicações informativas, das emissões das estações públicas e privadas de rádio e de televisão, de âmbito nacional ou regional, e dos edifícios ou recintos públicos.

3 – Os partidos que não hajam declarado pretender participar no esclarecimento das questões submetidas a referendo não têm o direito de acesso aos meios específicos de campanha.

ARTIGO 47.° – **Início e termo da campanha**

O período de campanha para referendo inicia-se no 12.° dia anterior e finda às 24 horas da antevéspera do dia do referendo.

SECÇÃO II – **Propaganda**

ARTIGO 48.° – **Liberdade de imprensa**

Durante o período de campanha para o referendo não pode ser movido qualquer procedimento nem aplicada qualquer sanção a jornalistas ou a empresas que explorem meios de comunicação social por actos atinentes à mesma campanha, sem prejuízo da responsabilidade em que incorram, a qual só pode ser efectivada após o dia da realização do referendo.

Artigo 49.º – **Liberdade de reunião e manifestação**

1 – No período de campanha para referendo, e para fins a ela atinentes, a liberdade de reunião rege-se pelo disposto na lei, com as especialidades constantes dos números seguintes.

2 – O aviso a que se refere o n.º 2 do artigo 2.º do Decreto-Lei n.º 406/74, de 29 de Agosto, é feito pelo órgão competente do partido ou partidos políticos interessados quando se trate de reuniões, comícios, manifestações ou desfiles em lugares públicos ou abertos ao público.

3 – Os cortejos e os desfiles podem realizar-se em qualquer dia e hora, respeitando-se apenas os limites impostos pela liberdade de trabalho e de trânsito e pela manutenção da ordem pública, bem como os decorrentes do período de descanso dos cidadãos.

4 – O auto a que alude o n.º 2 do artigo 5.º do Decreto-Lei n.º 406/74, de 29 de Agosto, é enviado por cópia ao presidente da Comissão Nacional de Eleições e, consoante os casos, aos órgãos competentes do partido ou partidos políticos interessados.

5 – A ordem de alteração dos trajectos ou desfiles é dada pela autoridade competente por escrito ao órgão competente do partido ou partidos políticos interessados e comunicada à Comissão Nacional de Eleições.

6 – A presença de agentes da autoridade em reuniões organizadas por qualquer partido político apenas pode ser solicitada pelos seus órgãos competentes, ficando a entidade organizadora responsável pela manutenção da ordem quando não faça tal solicitação.

7 – O limite a que alude o artigo 11.º do Decreto-Lei n.º 406/74, de 29 de Agosto, é alargado até às duas horas.

8 – O recurso previsto no n.º 1 do artigo 14.º do Decreto-Lei n.º 406/74, de 29 de Agosto, é interposto no prazo de um dia para o Tribunal Constitucional.

9 – Os princípios contidos no presente artigo são aplicáveis, com as devidas adaptações, aos grupos de cidadãos eleitores.

Artigo 50.º – **Propaganda sonora**

1 – A propaganda sonora não carece de autorização nem de comunicação às autoridades administrativas.

2 – Sem prejuízo do disposto no n.º 7 do artigo anterior não é admitida propaganda sonora antes das oito nem depois das 23 horas.

Direito de Votar em Referendo Nacional 363

Artigo 51.º – **Propaganda gráfica**

1 – A afixação de cartazes não carece de autorização nem de comunicação às autoridades administrativas.

2 – Não é admitida a afixação de cartazes, nem a realização de inscrições ou pinturas murais em monumentos nacionais, em templos e edifícios religiosos, em edifícios-sede de órgãos do Estado, das regiões autónomas e das autarquias locais ou onde vão funcionar assembleias de voto, nos sinais de trânsito ou nas placas de sinalização rodoviária e no interior de repartições ou edifícios públicos, salvo, quanto a estes, em instalações destinadas ao convívio dos funcionários e agentes.

3 – É proibida a afixação de cartazes nos centros históricos legalmente reconhecidos.

4 – Também não é admitida, em caso algum, a afixação de cartazes ou inscrições com colas ou tintas persistentes.

Artigo 52.º – **Propaganda gráfica fixa adicional**

1 – As juntas de freguesia estabelecem, até três dias antes do início de campanha para referendo, espaços especiais em locais certos destinados à afixação de cartazes, fotografias, jornais murais, manifestos e avisos.

2 – O número mínimo desses locais é determinado em função dos eleitores inscritos, nos termos seguintes:

a) Até 250 eleitores – um;
b) Entre 250 e 1000 eleitores – dois;
c) Entre 1000 e 2000 eleitores – três;
d) Acima de 2500 eleitores, por cada fracção de 2500 eleitores, por cada fracção de 2500 eleitores a mais – um.

3 – Os espaços especiais reservados nos locais previstos nos números anteriores são tantos quantos os partidos e grupos de cidadãos eleitores regularmente constituídos intervenientes.

Artigo 53.º – **Publicidade comercial**

A partir da publicação do decreto que convoque o referendo é proibida a propaganda política feita, directa ou indirectamente, através de qualquer meio de publicidade comercial em órgãos de comunicação social ou fora deles.

SECÇÃO III – **Meios específicos de campanha**

DIVISÃO I – **Publicações periódicas**

ARTIGO 54.º – **Publicações informativas públicas**

As publicações informativas de carácter jornalístico pertencentes a entidades públicas ou delas dependentes inserem sempre matéria respeitante à campanha para referendo e asseguram igualdade de tratamento aos partidos e grupos de cidadãos eleitores intervenientes.

ARTIGO 55.º – **Publicações informativas privadas e cooperativas**

1 – As publicações informativas pertencentes a entidades privadas ou cooperativas que pretendam inserir matéria respeitante à campanha para referendo comunicam esse facto à Comissão Nacional de Eleições até três dias antes do início da campanha e ficam obrigados a assegurar tratamento jornalístico equitativo aos partidos e grupos de cidadãos eleitores intervenientes.

2 – As publicações que não procedam a essa comunicação não são obrigadas a inserir matéria respeitante à campanha, salvo a que lhes seja enviada pela Comissão Nacional de Eleições, não tendo igualmente direito à indemnização prevista no artigo 187.º

ARTIGO 56.º – **Publicações doutrinárias**

O preceituado no n.º 1 do artigo anterior não é aplicável às publicações doutrinárias que sejam propriedade de partido político, de associação política ou de grupos de cidadãos eleitores intervenientes, desde que tal facto conste expressamente do respectivo cabeçalho.

DIVISÃO II – **Rádio e televisão**

ARTIGO 57.º – **Estações de rádio e de televisão**

1 – As estações de rádio e de televisão são obrigadas a dar igual tratamento aos partidos e grupos de cidadãos eleitores intervenientes.

2 – Os partidos e grupos de cidadãos eleitores intervenientes têm direito de antena na rádio e na televisão de âmbito nacional ou regional, nos termos dos artigos seguintes.

Artigo 58.º – **Tempos de antena gratuitos**

Durante o período da campanha eleitoral, as estações de rádio e televisão reservam aos partidos e grupos de cidadãos eleitores os seguintes tempos de antena:

a) A Radiotelevisão Portuguesa, SA, em todos os seus canais, incluindo o internacional, e as estações privadas de televisão:
De segunda-feira a sexta-feira – 15 minutos, entre as 19 e as 22 horas; aos sábados e domingos – 30 minutos, entre as 19 e as 22 horas;

b) A Radiodifusão Portuguesa, SA, em onda média e frequência modulada, ligada a todos os emissores regionais e na emissão internacional:
60 minutos diários, dos quais 20 minutos entre as sete e as 12 horas, 20 minutos entre as 12 e as 19 horas e 20 minutos entre as 19 e as 24 horas;

c) As estações privadas de radiodifusão de âmbito nacional, em onda média e frequência modulada, ligadas a todos os emissores, quando tiverem mais de um:
60 minutos diários, dos quais 20 minutos entre as sete e as 12 horas e 40 minutos entre as 19 e as 24 horas;

d) As estações privadas de radiodifusão de âmbito regional:
30 minutos diários.

Artigo 59.º – **Estações privadas locais**

1 – As estações privadas de âmbito local que pretendam inserir matéria respeitante a campanha para referendo comunicam esse facto à Comissão Nacional de Eleições até 15 dias antes do início da campanha.

2 – Os tempos de antena são de 15 minutos diários, entre as 07 e as 08 horas e entre as 19 e as 21 horas.

3 – As estações que não façam a comunicação prevista no n.º 1 não são obrigadas a inserir matéria respeitante à campanha para referendo, salvo a que lhes seja enviada pela Comissão Nacional de Eleições, e neste caso não têm direito à indemnização prevista no artigo 187.º

Artigo 60.º – **Obrigação relativa ao tempo de antena**

1 – Até 10 dias antes do início de campanha para referendo, as esta-

ções de rádio e de televisão indicam à Comissão Nacional de Eleições o horário previsto para as emissões.

2 – As estações de rádio e de televisão registam e arquivam o registo das emissões correspondentes ao exercício do direito de antena.

ARTIGO 61.º – **Critério de distribuição dos tempos de antena**

1 – Os tempos de antena são repartidos entre os intervenientes em dois blocos, de forma igual, por uma parte entre os partidos que tenham eleito Deputados à Assembleia da República nas últimas eleições legislativas, a atribuir conjuntamente quando tenham concorrido em coligação e, por outra parte, entre os demais partidos e grupos de cidadãos eleitores para o efeito legalmente constituídos.

2 – Tratando-se de referendo de iniciativa popular, o grupo de cidadãos eleitores titulares da iniciativa partilha, em posição equivalente à dos partidos referidos na primeira metade do número anterior, o primeiro bloco dos tempos de antena.

3 – Se nenhum partido, entre os representados na Assembleia da República, pretender, nas condições previstas na lei, participar nos tempos de antena ou se as demais entidades admitidas abandonarem ou não utilizarem os respectivos espaços de emissão, deverão os mesmos ser anulados sem quaisquer outras redistribuições.

ARTIGO 62.º – **Sorteio dos tempos de antena**

1 – A distribuição dos tempos de antena na rádio e na televisão é feita, mediante sorteio, até três dias antes do início da campanha, pela Comissão Nacional de Eleições, que comunica, no mesmo prazo, o resultado da distribuição às estações emissoras.

2 – Para efeito do disposto no número anterior, a Comissão Nacional de Eleições organiza, de acordo com o disposto no artigo 61.º, tantas séries de emissões quantos os partidos e grupos de cidadãos eleitores que a elas tenham direito.

3 – Para o sorteio previsto neste artigo são convocados os representantes dos partidos e dos grupos de cidadãos eleitores.

4 – É permitida a utilização em comum ou a troca de tempos de antena.

Direito de Votar em Referendo Nacional   367

ARTIGO 63.° – **Suspensão do direito de antena**

1 – É suspenso o exercício do direito de antena da entidade que:

a) Use expressões ou imagens que possam constituir crime de difamação ou injúria, ofensa às instituições democráticas, apelo à desordem ou à insurreição ou incitamento ao ódio, à violência ou à guerra;
b) Faça publicidade comercial;
c) Faça propaganda abusivamente desviada do fim para o qual lhe foi conferido o direito de antena.

2 – A suspensão é graduada entre um dia e o número de dias que a campanha ainda durar, consoante a gravidade da falta e o seu grau de frequência, e abrange o exercício do direito de antena em todas as estações de rádio e televisão, mesmo que o facto que a determinou se tenha verificado apenas numa delas.

3 – A suspensão é independente da responsabilidade civil ou criminal.

ARTIGO 64.° – **Processo de suspensão do exercício do direito de antena**

1 – A suspensão do exercício do direito de antena é requerida ao Tribunal Constitucional pelo Ministério Público, por iniciativa deste ou a solicitação da Comissão Nacional de Eleições ou de qualquer outro partido ou grupo de cidadãos interveniente.

2 – O órgão competente do partido político ou o representante do grupo de cidadãos cujo direito de antena tenha sido objecto de pedido de suspensão é imediatamente notificado por via telegráfica para contestar, querendo, no prazo de 24 horas.

3 – O Tribunal Constitucional requisita às estações de rádio ou de televisão os registos das emissões que se mostrarem necessários, os quais lhe são imediatamente facultados.

4 – O Tribunal Constitucional decide no prazo de um dia e, no caso de ordenar a suspensão do direito de antena, notifica logo a decisão às respectivas estações de rádio e de televisão para cumprimento imediato.

DIVISÃO III – Outros meios específicos de campanha

Artigo 65.º – Lugares e edifícios públicos

1 – A utilização dos lugares públicos a que se refere o artigo 9.º do Decreto-Lei n.º 406/74, de 29 de Agosto, é repartida, de acordo com os critérios estabelecidos no artigo 61.º da presente lei, pelos partidos e grupos de cidadãos eleitores intervenientes.

2 – As câmaras municipais devem assegurar a cedência do uso, para fins de campanha para referendo, de edifícios públicos e recintos pertencentes a outras pessoas colectivas de direito público, repartindo, de acordo com os mesmos critérios, a sua utilização pelos partidos e grupos de cidadãos eleitores intervenientes.

Artigo 66.º – Salas de espectáculos

1 – Os proprietários de salas de espectáculos ou de outros recintos de normal acesso público que reunam condições para serem utilizados em campanha para referendo declaram esse facto à câmara municipal da respectiva área até 10 dias antes do início da campanha, indicando as datas e horas em que as salas ou os recintos podem ser utilizados para aquele fim.

2 – Na falta de declaração, e em caso de comprovada carência, a câmara municipal pode requisitar as salas e os recintos que considere necessários à campanha, sem prejuízo da sua actividade normal ou já programada para os mesmos.

3 – O tempo destinado a propaganda, nos termos dos n.os 1 e 2, é repartido, de acordo com os critérios estabelecidos no artigo 61.º da presente lei, pelos partidos e grupos de cidadãos eleitores intervenientes que declarem, até 15 dias antes do início da campanha, estar nisso interessados.

4 – Até três dias antes do início da campanha, a câmara municipal, ouvidos os representantes dos partidos políticos intervenientes, indica os dias e as horas que lhe tiverem sido atribuídos, com respeito pelo princípio da igualdade.

Artigo 67.º – Custos da utilização das salas de espectáculos

1 – Os proprietários das salas de espectáculos, ou os que as explorem, indicam o preço a cobrar pela sua utilização, que não pode ser superior à receita líquida correspondente a metade da lotação da respectiva sala num espectáculo normal.

Direito de Votar em Referendo Nacional 369

2 – O preço referido no número anterior e as demais condições de utilização são uniformes para todos os partidos e grupos de cidadãos eleitores intervenientes.

ARTIGO 68.º – **Repartição da utilização**

1 – A repartição da utilização de lugares e edifícios públicos, de salas de espectáculos e de outros recintos de normal acesso públicos é feita pela câmara municipal, mediante sorteio, quando se verifique concorrência e não seja possível acordo entre os intervenientes.

2 – Para o sorteio previsto neste artigo são convocados os representantes dos partidos políticos e dos grupos de cidadãos eleitores.

3 – Os interessados podem acordar na utilização em comum ou na troca dos locais cujo uso lhes tenha sido atribuído.

ARTIGO 69.º – **Arrendamento**

1 – A partir da data da publicação do decreto que convocar o referendo até 20 dias após a sua realização, os arrendatários de prédios urbanos podem, por qualquer meio, incluindo a sublocação por valor não excedente ao da renda, destiná-los à preparação e realização da respectiva campanha, seja qual for o fim do arrendamento e independentemente de disposição em contrário do respectivo contrato.

2 – Os arrendatários, os partidos políticos e os grupos de cidadãos eleitores são solidariamente responsáveis pelos prejuízos causados decorrentes da utilização prevista no número anterior.

ARTIGO 70.º – **Instalação de telefones**

1 – Os partidos políticos e os grupos de cidadãos eleitores têm direito à instalação gratuita de um telefone por cada município em que realizem actividades de campanha.

2 – A instalação de telefones pode ser requerida a partir da data de convocação do referendo e deve ser efectuada no prazo de cinco dias a contar do requerimento.

SECÇÃO IV – Financiamento da campanha

Artigo 71.º – **Receitas da campanha**

1 – O financiamento das campanhas subordina-se, com as necessárias adaptações, aos princípios e regras do financiamento das campanhas eleitorais para a Assembleia da República, excepto no que toca às subvenções públicas.

2 – Os grupos de cidadãos eleitores sujeitam-se a regime equivalente aos dos partidos políticos, com as necessárias adaptações.

Artigo 72.º – **Despesas da campanha**

1 – O regime das despesas de campanha dos partidos e dos grupos de cidadãos eleitores é, com as necessárias adaptações, o das despesas em campanhas eleitorais para a Assembleia da República, incluindo o respeitante aos limites de despesas efectuadas por cada partido ou grupo de cidadãos eleitores.

2 – As despesas da campanha são satisfeitas pelos partidos ou grupos de cidadãos eleitores que as hajam originado ou que pelas mesmas tenham assumido a responsabilidade.

Artigo 73.º – **Responsabilidade pelas contas**

Os partidos políticos e os grupos de cidadãos eleitores são responsáveis pela elaboração e apresentação das contas da respectiva campanha.

Artigo 74.º – **Prestação das contas**

No prazo máximo de 90 dias a partir da proclamação oficial dos resultados, cada partido ou cada grupos de cidadãos eleitores presta contas discriminadas da sua campanha à Comissão Nacional de Eleições.

Artigo 75.º – **Apreciação das contas**

1 – A Comissão Nacional de Eleições aprecia, no prazo de 90 dias, a legalidade das receitas e despesas e a regularidade das contas e publica a sua apreciação no *Diário da República*.

2 – Se a Comissão Nacional de Eleições verificar qualquer irregularidade nas contas notifica o partido ou o representante do grupo de cidadãos para apresentar novas contas devidamente regularizadas no prazo de 15 dias.

3 – Subsistindo nas novas contas apresentadas irregularidades insusceptíveis de suprimento imediato, a Comissão Nacional de Eleições remete-as ao Tribunal de Contas a fim de que sobre elas se pronuncie, no prazo de 30 dias, com publicação da respectiva decisão no *Diário da República*.

CAPÍTULO III – Organização do processo de votação

SECÇÃO I – Assembleias de voto

DIVISÃO I – Organização das assembleias de voto

ARTIGO 76.º – Âmbito das assembleias de voto

1 – A cada freguesia corresponde uma assembleia de voto.

2 – As assembleias de voto das freguesias com um número de eleitores sensivelmente superior a 1000 são divididas em secções de voto, de modo que o número de eleitores de cada uma não ultrapasse sensivelmente esse número.

ARTIGO 77.º – Determinação das assembleias de voto

1 – Até ao 35.º dia anterior ao do referendo, o presidente da câmara municipal determina o desdobramento em secções de voto, quando necessário, da assembleia de voto de cada freguesia, comunicando-o imediatamente à correspondente junta de freguesia.

2 – Da decisão do presidente da câmara cabe recurso para o governador civil ou para o Ministro da República, consoante os casos.

3 – O recurso é interposto no prazo de dois dias após a afixação do edital, pelo presidente da junta de freguesia ou por 10 eleitores pertencentes à assembleia de voto em causa, e é decidido em igual prazo, e a decisão é imediatamente notificada ao recorrente.

4 – Da decisão do governador civil ou do Ministro da República cabe recurso, a interpor no prazo de um dia, para o Tribunal Constitucional, que decide em plenário em igual prazo.

ARTIGO 78.º – Local de funcionamento

1 – As assembleias de voto reúnem-se em edifícios públicos, de pre-

ferência escolas ou sedes de câmaras municipais ou de juntas de freguesia que ofereçam as indispensáveis condições de acesso e segurança.

2 – Na falta de edifícios públicos adequados são requisitados, para o efeito, edifícios particulares.

Artigo 79.° – **Determinação dos locais de funcionamento**

1 – Compete ao presidente da câmara municipal determinar os locais de funcionamento das assembleias e das secções de voto, comunicando-os às correspondentes juntas de freguesia até ao 30.° dia anterior ao do referendo.

2 – Até ao 28.° dia anterior ao do referendo as juntas de freguesia anunciam, por editais a fixar nos lugares do estilo, os locais de funcionamento das assembleias e das secções de voto.

Artigo 80.° – **Anúncio do dia, hora e local**

1 – Até ao 15.° dia anterior ao do referendo, o presidente da câmara municipal anuncia, por edital afixado nos lugares do estilo, o dia, a hora e os locais em que se reúnem as assembleias de voto.

2 – Dos editais consta também o número de inscrição no recenseamento dos eleitores correspondentes a cada assembleia de voto.

Artigo 81.° – **Elementos de trabalho da mesa**

1 – Até três dias antes do dia do referendo, a comissão recenseadora procede à extracção de duas cópias devidamente autenticadas dos cadernos de recenseamento, confiando-os à junta de freguesia.

2 – Até dois dias antes do referendo, o presidente da câmara municipal envia ao presidente da junta de freguesia os boletins de voto, um caderno destinado à acta das operações eleitorais, com termo de abertura por ele assinado e com todas as folhas por ele rubricadas, bem como os impressos e outros elementos de trabalho necessários.

3 – A junta de freguesia providencia pela entrega ao presidente da mesa de cada assembleia de voto dos elementos referidos nos números anteriores até uma hora antes da abertura da assembleia.

DIVISÃO II – **Mesa das assembleias de voto**

Artigo 82.º – **Função e composição**

1 – Em cada assembleia ou secção de voto há uma mesa que promove e dirige as operações do referendo.

2 – A mesa é composta por um presidente, um vice-presidente, um secretário e dois escrutinadores.

Artigo 83.º – **Designação**

Os membros das mesas das assembleias ou secções de voto são escolhidos por acordo entre os representantes dos partidos que tenham feito a declaração prevista no n.º 2 do artigo 39.º e dos grupos de cidadãos eleitores regularmente constituídos ou, na falta de acordo, por sorteio.

Artigo 84.º – **Requisitos de designação dos membros das mesas**

1 – Os membros de cada mesa são designados de entre os eleitores à respectiva assembleia de voto.

2 – Não podem ser designados membros da mesa os eleitores que não saibam ler e escrever português.

Artigo 85.º – **Incompatibilidades**

Não podem ser designados membros de mesa de assembleia ou secção de voto:

a) O Presidente da República, os Deputados, os membros do Governo e dos governos regionais, os Ministros da República, os governadores civis, os vice-governadores civis e os membros dos órgãos executivos das autarquias locais;

b) Os juízes de qualquer tribunal e os magistrados do Ministério Público.

Artigo 86.º – **Processo de designação**

1 – No 18.º dia anterior ao da realização do referendo, pelas 21 horas, os representantes dos partidos e dos grupos de cidadãos eleitores, devidamente credenciados, reúnem-se para proceder à escolha dos membros das mesas das assembleias ou secções de voto da freguesia, na sede da respectiva junta.

374   *Direitos, Liberdades e Garantias em Especial*

2 – Se na reunião se não chegar a acordo, o representante de cada partido ou grupo de cidadãos eleitores interveniente propõe ao presidente da câmara municipal, até ao 15.º dia anterior ao do referendo, dois eleitores por cada lugar ainda por preencher, para que de entre eles se faça a escolha através de sorteio a realizar dentro de 24 horas no edifício da câmara municipal e na presença dos representantes que a ele queiram assistir.

3 – Não tendo sido apresentadas propostas nos termos do n.º 1, o presidente da câmara procede à designação por sorteio, de entre os eleitores da assembleia ou secção de voto, dos membros de mesas cujos lugares estejam ainda por preencher.

ARTIGO 87.º – **Reclamação**

1 – Os nomes dos membros das mesas designados pelos representantes dos partidos ou grupos de cidadãos eleitores ou por sorteio, são publicados por edital afixado no prazo de dois dias à porta da sede da junta de freguesia, podendo qualquer eleitor reclamar contra a designação perante o juiz da comarca no mesmo prazo, com fundamento em preterição de requisitos fixados na presente lei.

2 – O juiz decide a reclamação no prazo de um dia e, se a atender, procede imediatamente à escolha, comunicando-a ao presidente da câmara municipal.

ARTIGO 88.º – **Alvará de nomeação**

Até cinco dias antes do referendo, o presidente da câmara municipal lavra alvará de designação dos membros das mesas das assembleias ou secções de voto e participa as nomeações às juntas de freguesia respectivas e ao governador civil ou, nas regiões autónomas, ao Ministro da República.

ARTIGO 89.º – **Exercício obrigatório da função**

1 – O exercício da função de membro de mesa de assembleia ou secção de voto é obrigatório e não remunerado.

2 – São causas justificativas de impedimento:

a) Idade superior a 65 anos;

b) Doença ou impossibilidade física comprovada pelo delegado de saúde municipal;

Direito de Votar em Referendo Nacional 375

c) Mudança de residência para a área de outro município, comprovada pela junta de freguesia da nova residência;
d) Ausência no estrangeiro, devidamente comprovada;
e) Exercício de actividade profissional de carácter inadiável, devidamente comprovado por superior hierárquico.

3 – A invocação de causa justificativa é feita, sempre que o eleitor o
possa fazer, até três dias antes do referendo, perante o presidente da
câmara municipal.

4 – No caso previsto no número anterior, o presidente da câmara procede imediatamente à substituição, nomeando outro eleitor pertencente à
assembleia de voto.

ARTIGO 90.° – **Dispensa de actividade profissional**

Os membros das mesas das assembleias ou secções de voto gozam
do direito a dispensa de actividade profissional no dia da realização do
referendo e no seguinte, devendo para o efeito comprovar o exercício das
respectivas funções.

ARTIGO 91.° – **Constituição da mesa**

1 – A mesa das assembleias ou secções de voto não pode constituir-se antes da hora marcada para a votação, nem em local diverso do
que houver sido anunciado, sob pena de nulidade de todos os actos que
praticar.

2 – Constituída a mesa, é afixado à porta do edifício em que estiver
reunida a assembleia ou secção de voto um edital assinado pelo presidente,
contendo os nomes e os números de inscrição no recenseamento dos cidadãos que compõem a mesa, bem como o número de eleitores inscritos
nessa assembleia ou secção de voto.

ARTIGO 92.° – **Substituições**

1 – Se uma hora após a marcada para a abertura da assembleia ou
secção de voto não tiver sido possível constituir a mesa por não estarem
presentes os membros indispensáveis ao seu funcionamento, o presidente
da junta de freguesia, mediante acordo da maioria dos delegados presentes, designa os substitutos dos membros ausentes de entre eleitores pertencentes a essa assembleia ou secção de voto.

2 – Se, apesar de constituída a mesa, se verificar a falta de um dos seus membros, o Presidente substitui-o por qualquer eleitor pertencente à assembleia ou secção de voto, mediante acordo da maioria dos restantes membros da mesa e dos delegados dos partidos e dos grupos de cidadãos que estiverem presentes.

3 – Substituídos os faltosos, ficam sem efeito as respectivas nomeações, e os seus nomes são comunicados pelo presidente da mesa ao presidente da câmara municipal.

ARTIGO 93.º – **Permanência da mesa**

1 – A mesa, uma vez constituída, não pode ser alterada, salvo caso de força maior.

2 – Da alteração da mesa e das suas razões é dada publicidade através de edital afixado imediatamente à porta do edifício onde funcionar a assembleia ou secção de voto.

ARTIGO 94.º – **Quórum**

Durante as operações de votação é obrigatória a presença da maioria dos membros da mesa, incluindo a do presidente ou a do vice-presidente.

DIVISÃO III – **Delegados dos partidos e grupos de cidadãos eleitores**

ARTIGO 95.º – **Direito de designação de delegados**

1 – Cada partido que tenha feito a declaração prevista no n.º 2 do artigo 39.º e cada grupo de cidadãos interveniente no referendo tem o direito de designar um delegado efectivo e outro suplente para cada assembleia ou secção de voto.

2 – Os delegados podem ser designados para uma assembleia ou secção de voto diferente daquela em que estiverem inscritos como eleitores.

3 – A falta de designação ou de comparência de qualquer delegado não afecta a regularidade das operações.

ARTIGO 96.º – **Processo de designação**

1 – Até ao 5.º dia anterior ao da realização do referendo, os partidos e grupos de cidadãos eleitores indicam por escrito ao presidente da câmara municipal os delegados correspondentes às diversas assembleias ou sec-

Direito de Votar em Referendo Nacional 377

ções de voto e apresentam-lhe para assinatura e autenticação as respectivas credenciais.

2 – Da credencial, de modelo anexo à presente lei, constam o nome, o número de inscrição no recenseamento, o número e a data do bilhete de identidade do delegado, o partido ou grupo que representa e a assembleia ou secção de voto para que é designado.

ARTIGO 97.º – **Poderes dos delegados**

1 – Os delegados dos partidos e grupos de cidadãos eleitores têm os seguintes poderes:

a) Ocupar os lugares mais próximos da mesa da assembleia ou secção de voto de modo a poderem fiscalizar todas as operações de votação;

b) Consultar a todo o momento as cópias dos cadernos de recenseamento eleitoral utilizadas pela mesa da assembleia ou secção de voto;

c) Ser ouvidos e esclarecidos acerca de todas as questões suscitadas durante o funcionamento da assembleia ou secção de voto, quer na fase da votação quer na fase de apuramento;

d) Apresentar oralmente ou por escrito reclamações, protestos ou contraprotestos relativos às operações de voto;

e) Assinar a acta e rubricar, selar e lacrar todos os documentos respeitantes às operações de voto;

f) Obter certidões das operações de votação e apuramento.

2 – Os delegados dos partidos e grupos de cidadãos eleitores não podem ser designados para substituir membros da mesa faltosos.

ARTIGO 98.º – **Imunidades e direitos**

1 – Os delegados não podem ser detidos durante o funcionamento da assembleia ou secção de voto a não ser por crime punível com pena de prisão superior a três anos e em flagrante delito.

2 – Os delegados gozam do direito consignado no artigo 90.º

SECÇÃO II – Boletins de voto

Artigo 99.º – Características fundamentais

1 – Os boletins de voto são impressos em papel liso e não transparente.

2 – Os boletins de voto são de forma rectangular, com a dimensão apropriada para neles caberem, impressas em letra facilmente legível, as perguntas submetidas ao eleitorado.

Artigo 100.º – Elementos integrantes

1 – Em cada boletim de voto são dispostas, umas abaixo das outras, as perguntas submetidas ao eleitorado.

2 – Na linha correspondente à última frase de cada pergunta figuram dois quadros, um encimado pela inscrição da palavra "Sim" e outro pela inscrição da palavra "Não", para efeito de o eleitor assinalar a resposta que prefere.

Artigo 101.º – Cor dos boletins de voto

Os boletins de voto são de cor branca.

Artigo 102.º – Composição e impressão

A composição e a impressão dos boletins de voto são efectuadas pela Imprensa Nacional-Casa da Moeda.

Artigo 103.º – Envio dos boletins de voto às câmaras municipais

O Secretariado Técnico dos Assuntos para o Processo Eleitoral providencia o envio dos boletins de voto às câmaras municipais, através dos governadores civis ou dos Ministros da República, consoante os casos.

Artigo 104.º – Distribuição dos boletins de voto

1 – Compete aos presidentes e aos vereadores das câmaras municipais proceder à distribuição dos boletins de voto pelas assembleias de voto.

2 – A cada assembleia de voto são remetidos, em sobrescrito fechado e lacrado, boletins de voto em número igual ao dos correspondentes eleitores mais 10%.

Direito de Votar em Referendo Nacional   379

3 – O presidente e os vereadores da câmara municipal prestam contas ao governador civil ou ao Ministro da República, consoante os casos, dos boletins de voto que tiverem recebido.

ARTIGO 105.° – **Devolução dos boletins de voto não utilizados ou inutilizados**

No dia seguinte ao da realização do referendo, o presidente de cada assembleia de voto devolve ao presidente da câmara municipal os boletins de voto não utilizados ou inutilizados pelos eleitores.

CAPÍTULO IV – Votação

SECÇÃO I – Data da realização do referendo

ARTIGO 106.° – **Dia da realização do referendo**

1 – O referendo realiza-se no mesmo dia em todo o território nacional, sem prejuízo do disposto no artigo 122.°

2 – O referendo só pode realizar-se em domingo ou dia de feriado nacional.

SECÇÃO II – Exercício do direito de sufrágio

ARTIGO 107.° – **Direito e dever cívico**

1 – O sufrágio constitui um direito e um dever cívico.

2 – Os responsáveis pelos serviços e pelas empresas que tenham de se manter em actividade no dia da realização do referendo facilitam aos respectivos funcionários e trabalhadores dispensa pelo tempo suficiente para que possam votar.

ARTIGO 108.° – **Unicidade**

O eleitor só vota uma vez.

ARTIGO 109.° – **Local de exercício do sufrágio**

O direito de sufrágio é exercido na assembleia de voto correspondente ao local por onde o eleitor esteja recenseado.

Artigo 110.º – **Requisitos do exercício do sufrágio**

1 – Para que o eleitor seja admitido a votar tem de estar inscrito no caderno de recenseamento e de a sua identidade ser reconhecida pela mesa da assembleia ou secção de voto.

2 – A inscrição no caderno de recenseamento eleitoral implica a presunção do direito de participação.

Artigo 111.º – **Pessoalidade**

1 – O direito de sufrágio é exercido pessoalmente pelo eleitor.

2 – Não é admitida nenhuma forma de representação ou de delegação.

Artigo 112.º – **Presencialidade**

O direito de sufrágio é exercido presencialmente em assembleia de voto pelo eleitor, salvo o disposto nos artigos n.ºs 128.º, 129.º e 130.º.

Artigo 113.º – **Segredo do voto**

1 – Ninguém pode, sob qualquer pretexto, ser obrigado a revelar o sentido do seu voto.

2 – Dentro da assembleia de voto e fora dela, até à distância de 500 m, ninguém pode revelar em que sentido votou ou vai votar.

Artigo 114.º – **Abertura de serviços públicos**

No dia da realização do referendo, durante o período de funcionamento das assembleias de voto, mantêm-se abertos os serviços:

- *a)* Das juntas de freguesia, para efeito de informação dos eleitores acerca do seu número de inscrição no recenseamento eleitoral;
- *b)* Dos centros de saúde ou locais equiparados, para o efeito do disposto no n.º 2 do artigo 127.º

SECÇÃO III – Processo de votação

DIVISÃO I – Funcionamento das assembleias de voto

ARTIGO 115.º – **Abertura da assembleia**

1 – A assembleia ou secção de voto abre às oito horas do dia marcado para a realização do referendo, depois de constituída a mesa.

2 – O presidente declara aberta a assembleia ou secção de voto, manda afixar os editais a que se refere o n.º 2 do artigo 91.º, procede com os restantes membros da mesa e os delegados dos partidos e dos grupos de cidadãos eleitores à revista da câmara de voto e dos documentos de trabalho da mesa e exibe a urna perante os eleitores para que todos possam certificar-se de que se encontra vazia.

ARTIGO 116.º – **Impossibilidade de abertura da assembleia de voto**

Não pode ser aberta a assembleia ou secção de voto nos seguintes casos:

a) Impossibilidade de constituição da mesa;
b) Ocorrência, na freguesia, de grave perturbação da ordem pública no dia marcado para a realização do referendo;
c) Ocorrência, na freguesia, de grave calamidade no dia marcado para a realização do referendo ou nos três dias anteriores.

ARTIGO 117.º – **Irregularidades e seu suprimento**

1 – Verificando-se irregularidades superáveis, a mesa procede ao seu suprimento.

2 – Não sendo possível o seu suprimento dentro das duas horas subsequentes à abertura da assembleia ou secção de voto, é esta declarada encerrada.

ARTIGO 118.º – **Continuidade das operações**

A assembleia ou secção de voto funciona ininterruptamente até serem concluídas todas as operações de votação e apuramento, sem prejuízo do disposto no artigo seguinte.

ARTIGO 119.º – **Interrupção das operações**

1 – As operações são interrompidas, sob pena de nulidade da votação, nos seguintes casos:

a) Ocorrência, na freguesia, de grave perturbação da ordem pública que afecte a genuinidade do acto de sufrágio;

b) Ocorrência, na assembleia ou secção de voto, de qualquer das perturbações previstas nos n.ºs 2 e 3 do artigo 134.º;

c) Ocorrência, na freguesia, de grave calamidade.

2 – As operações só são retomadas depois de o presidente verificar a existência de condições para que possam prosseguir.

3 – Determina o encerramento da assembleia ou secção de voto e a nulidade da votação a interrupção desta por período superior a três horas.

4 – Determina também a nulidade da votação a sua interrupção quando as operações não tiverem sido retomadas até à hora do seu encerramento normal, salvo se já tiverem votado todos os eleitores inscritos.

ARTIGO 120.º – **Presença de não eleitores**

É proibida a presença na assembleia ou secção de voto de não eleitores e de eleitores que aí não possam votar, salvo de representantes de partidos ou de grupos de cidadãos eleitores intervenientes no referendo, ou de profissionais da comunicação social, devidamente identificados e no exercício das suas funções.

ARTIGO 121.º – **Encerramento da votação**

1 – A admissão de eleitores na assembleia ou secção de voto faz-se até às 19 horas.

2 – Depois desta hora apenas podem votar os eleitores presentes.

3 – O presidente declara encerrada a votação logo que tenham votado todos os eleitores inscritos ou, depois das 19 horas, logo que tenham votado todos os eleitores presentes na assembleia ou secção de voto.

Direito de Votar em Referendo Nacional 383

ARTIGO 122.° – **Adiamento da votação**

1 – Nos casos previstos no artigo 116.°, no n.° 2 do artigo 117.° e nos n.ᵒˢ 3 e 4 do artigo 119.°, aplicar-se-ão, pela respectiva ordem, as regras seguintes:

a) Realização de uma nova votação no mesmo dia da semana seguinte;

b) Realização do apuramento definitivo sem ter em conta a votação em falta, se se tiver revelado impossível a realização da votação prevista na alínea anterior.

2 – O reconhecimento da impossibilidade definitiva da realização da votação ou o seu adiamento competem ao governador civil ou, no caso das regiões autónomas, ao Ministro da República.

DIVISÃO II – **Modo geral de votação**

ARTIGO 123.° – **Votação dos elementos da mesa e dos delegados**

Não havendo nenhuma irregularidade, votam imediatamente o presidente e os vogais da mesa, bem como os delegados dos partidos e dos grupos de cidadãos eleitores, desde que se encontrem inscritos no caderno de recenseamento da assembleia de voto.

ARTIGO 124.° – **Votos antecipados**

1 – Após terem votado os elementos da mesa, o presidente procede à abertura e lançamento na urna dos votos antecipados, quando existam.

2 – Para o efeito do disposto no número anterior, a mesa verifica se o eleitor se encontra devidamente inscrito e procede à correspondente descarga no caderno de recenseamento, mediante rubrica na coluna a isso destinada e na linha correspondente ao nome do eleitor.

3 – Feita a descarga, o presidente abre os sobrescritos referidos no artigo 129.° e retira deles o boletim de voto, que introduz na urna.

ARTIGO 125.° – **Ordem da votação dos restantes eleitores**

1 – Os restantes eleitores votam pela ordem de chegada à assembleia de voto, dispondo-se para o efeito em fila.

2 – Os membros das mesas e os delegados dos partidos em outras

assembleias de voto exercem o seu direito de sufrágio logo que se apresentem, desde que exibam o respectivo alvará ou credencial.

ARTIGO 126.º – **Modo como vota cada eleitor**

1 – Cada eleitor, apresentando-se perante a mesa, indica o número de inscrição no recenseamento e o nome e entrega ao presidente o bilhete de identidade, se o tiver.

2 – Na falta de bilhete de identidade, a identificação do eleitor faz-se por meio de qualquer outro documento oficial que contenha fotografia actualizada, através de dois cidadãos eleitores que atestem sob compromisso de honra a sua identidade, ou ainda por reconhecimento unânime dos membros da mesa.

3 – Identificado o eleitor, o presidente diz em voz alta o seu número de inscrição no recenseamento e o seu nome e, depois de verificado a inscrição, entrega-lhe um boletim de voto.

4 – Em seguida, o eleitor dirige-se à câmara de voto situada na assembleia ou secção de voto e aí, sozinho, assinala em relação a cada pergunta submetida ao eleitorado o quadrado encimado pela palavra "Sim" ou o quadrado encimado pela palavra "Não", ou não assinala nenhum, e dobra o boletim em quatro.

5 – Voltando para junto da mesa, o eleitor entrega o boletim de voto ao presidente, que o deposita na urna, enquanto os escrutinadores descarregam o voto, rubricando os cadernos de recenseamento na coluna a isso destinada e na linha correspondente ao nome do eleitor.

6 – Se, por inadvertência, o eleitor deteriorar o boletim pede outro ao presidente, devolvendo-lhe o primeiro.

7 – No caso previsto no número anterior, o presidente escreve no boletim devolvido a nota de inutilizado, rubrica-o e conserva-o para o efeito do artigo 104.º

DIVISÃO III – **Modos especiais de votação**

SUBDIVISÃO I – **Voto dos deficientes**

ARTIGO 127.º – **Requisitos e modo de exercício**

1 – O eleitor afectado por doença ou deficiência física notórias, que a mesa verifique não poder praticar os actos descritos no artigo anterior,

vota acompanhado de outro eleitor por si escolhido, que garanta a fidelidade de expressão do seu voto e que fica obrigado a sigilo absoluto.

2 – Se a mesa deliberar que não se verifica a notoriedade da doença ou da deficiência física, exige que lhe seja apresentado no acto da votação atestado comprovativo da impossibilidade da prática dos actos descritos no artigo anterior emitido pelo médico que exerça poderes de autoridade sanitária na área do município e autenticado com o selo do respectivo serviço.

SUBDIVISÃO II – Voto antecipado

ARTIGO 128.º – **A quem é facultado**

1 – Podem votar antecipadamente:

a) Os militares que no dia da realização do referendo estejam impedidos de se deslocar à assembleia de voto por imperativo inadiável de exercício das suas funções;

b) Os agentes das forças de segurança que se encontrem em situação análoga à prevista na alínea anterior;

c) Os trabalhadores marítimos e aeronáuticos, bem como os ferroviários e os rodoviários de longo curso que por força da sua actividade profissional se encontrem presumivelmente embarcados ou deslocados no dia da realização do referendo;

d) Os eleitores que por motivo de doença se encontrem internados ou presumivelmente internados em estabelecimento hospitalar e impossibilitados de se deslocar à assembleia ou secção de voto;

e) Os eleitores que se encontrem presos.

2 – Só são considerados os votos recebidos na sede da junta de freguesia correspondente à assembleia de voto em que o eleitor deveria votar, até ao dia anterior ao da realização do referendo.

ARTIGO 129.º – **Modo de exercício por militares, agentes das forças de segurança e trabalhadores**

1 – Qualquer eleitor que esteja nas condições previstas nas alíneas *a)*, *b)* e *c)* do artigo anterior pode dirigir-se ao presidente da câmara do município em cuja área se encontre recenseado, entre o 10.º e o 5.º dia anteriores ao do referendo, manifestando a sua vontade de exercer antecipadamente o direito de sufrágio.

2 – O eleitor identifica-se por forma idêntica à prevista nos n.ᵒˢ 1 e 2 do artigo 126.° e faz prova do impedimento invocado, apresentando documentos autenticados pelo seu superior hierárquico ou pela entidade patronal, consoante os casos.

3 – O presidente da câmara municipal entrega ao eleitor um boletim de voto e dois sobrescritos.

4 – Um dos sobrescritos, de cor branca, destina-se a receber o boletim de voto e o outro, de cor azul, a conter o sobrescrito anterior e o documento comprovativo a que se refere o n.° 2.

5 – O eleitor preenche o boletim em condições que garantam o segredo de voto, dobra-o em quatro e introdu-lo no sobrescrito de cor branca, que fecha adequadamente.

6 – Em seguida, o sobrescrito de cor branca é introduzido no sobrescrito de cor azul juntamente com o referido documento comprovativo, sendo o sobrescrito azul fechado, lacrado e assinado no verso, de forma legível, pelo presidente da câmara municipal e pelo eleitor.

7 – O presidente da câmara municipal entrega ao eleitor recibo comprovativo do exercício do direito de voto, de modelo anexo a esta lei, do qual constem o seu nome, residência, número do bilhete de identidade e assembleia de voto a que pertence, bem como o respectivo número de inscrição no recenseamento, sendo o documento assinado pelo presidente da câmara e autenticado com o carimbo ou selo branco do município.

8 – O presidente da câmara municipal elabora uma acta das operações efectuadas, nela mencionando expressamente o nome, o número de inscrição e a freguesia onde o eleitor se encontra inscrito, enviando cópia da mesma à assembleia de apuramento intermédio.

9 – O presidente da câmara municipal envia, pelo seguro do correio, o sobrescrito azul à mesa da assembleia ou secção de voto em que deveria exercer o direito de sufrágio, ao cuidado da respectiva junta de freguesia, até ao 4.° dia anterior ao da realização do referendo.

10 – A junta de freguesia remete os votos recebidos ao presidente da mesa da assembleia de voto até à hora prevista no n.° 1 do artigo 115.°

11 – Os partidos e grupos de cidadãos eleitores intervenientes na campanha para o referendo podem nomear, nos termos gerais, delegados para fiscalizar as operações referidas nos n.ᵒˢ 1 a 8.

Direito de Votar em Referendo Nacional

ARTIGO 130.° – **Modo de exercício por doentes e por presos**

1 – Qualquer eleitor que esteja nas condições previstas nas alíneas *d)* e *e)* do n.° 1 do artigo 128.° pode requerer ao presidente da câmara do município em que se encontre recenseado, até ao 20.° dia anterior ao do referendo, a documentação necessária ao exercício do direito de voto, enviando fotocópias autenticadas do seu bilhete de identidade e do seu cartão de eleitor e juntando documento comprovativo do impedimento invocado, passado pelo médico assistente e confirmado pela direcção do estabelecimento hospitalar ou documento emitido pelo director do estabelecimento prisional, conforme os casos.

2 – O presidente da câmara referido no número anterior enviará, por correio registado com aviso de recepção, até ao 17.° dia anterior ao do referendo:

a) Ao eleitor, a documentação necessária ao exercício do direito de voto, acompanhada dos documentos enviados pelo eleitor;

b) Ao presidente da câmara do município onde se encontrem eleitores nas condições definidas no n.° 1, a relação nominal dos referidos eleitores e a indicação dos estabelecimentos hospitalares ou prisionais abrangidos.

3 – O presidente da câmara do município onde se situe o estabelecimento hospitalar ou prisional em que o eleitor se encontre internado notifica, até ao 16.° dia anterior ao do referendo, os partidos e os grupos de cidadãos eleitores intervenientes na campanha para o referendo, para cumprimento dos fins previstos no n.° 11 do artigo anterior, dando conhecimento de quais os estabelecimentos onde se realiza o voto antecipado.

4 – A nomeação de delegados dos partidos e de representantes dos grupos de cidadãos eleitores deve ser transmitida ao presidente da câmara até ao 14.° dia anterior ao do referendo.

5 – Entre o 10.° e o 13.° dia anteriores ao do referendo, o presidente da câmara municipal em cuja área se encontre situado o estabelecimento hospitalar ou prisional com eleitores nas condições do n.° 1, em dia e hora previamente anunciado ao respectivo director e aos delegados de justiça, desloca-se ao mesmo estabelecimento a fim de ser dado cumprimento, com as necessárias adaptações ditadas pelos constrangimentos dos regimes hospitalares ou prisionais, ao disposto nos n.os 4, 5, 6, 7, 8 e 9 do artigo anterior.

6 – O presidente da câmara pode excepcionalmente fazer-se substituir, para o efeito da diligência prevista no número anterior, por qualquer vereador do município, devidamente credenciado.

7 – A junta de freguesia destinatária dos votos recebidos dá cumprimento ao disposto no n.º 10 do artigo anterior.

SECÇÃO IV – Garantias de liberdade de sufrágio

Artigo 131.º – Dúvidas, reclamações, protestos e contraprotestos

1 – Além dos delegados dos partidos e grupos de cidadãos eleitores intervenientes na campanha para o referendo, qualquer eleitor pertencente a uma assembleia de voto pode suscitar dúvidas e apresentar por escrito reclamações, protestos e contraprotestos relativos às operações da mesma assembleia e instruí-los com os documentos convenientes.

2 – A mesa não pode recusar-se a receber as reclamações, os protestos e os contraprotestos e deve rubricá-los e apensá-los à acta.

3 – As reclamações, os protestos e os contraprotestos têm de ser objecto de deliberação da mesa que pode tomá-la no final se entender que isso não afecta o andamento normal da votação.

4 – Todas as deliberações da mesa são tomadas por maioria absoluta dos membros presentes e fundamentadas, tendo o presidente voto de qualidade.

Artigo 132.º – Polícia da assembleia de voto

1 – Compete ao presidente da mesa, coadjuvado pelos vogais, assegurar a liberdade dos eleitores, manter a ordem e em geral regular a polícia da assembleia, adoptando para o efeito as providências necessárias.

2 – Não são admitidos na assembleia de voto os eleitores que se apresentem manifestamente embriagados ou drogados, ou que sejam portadores de qualquer arma ou instrumento susceptível de como tal ser usado.

Artigo 133.º – Proibição de propaganda

1 – É proibida qualquer propaganda dentro das assembleias de voto, e fora delas até à distância de 500 m.

2 – Por propaganda entende-se também a exibição de símbolos, siglas, sinais, distintivos ou autocolantes de quaisquer partidos, coliga-

ções, grupos de cidadãos eleitores ou representativos de posições assumidas perante o referendo.

Artigo 134.º – **Proibição de presença de forças de segurança e casos em que podem comparecer**

1 – Nos locais onde se reunirem as assembleias de voto e num raio de 100 m, é proibida a presença de forças de segurança, salvo nos casos previstos nos números seguintes.

2 – Quando for necessário pôr termo a algum tumulto ou obstar a qualquer agressão ou violência dentro do edifício da assembleia de voto ou na sua proximidade, e ainda em caso de desobediência às suas ordens, pode o presidente da mesa, consultada esta, requisitar a presença de forças de segurança, sempre que possível por escrito, mencionando na acta das operações as razões e o período da respectiva presença.

3 – Quando o comandante das forças de segurança verificar a existência de fortes indícios de que se exerce sobre os membros da mesa coacção física ou psíquica que impeça o presidente de fazer a requisição, pode apresentar-se a este por iniciativa própria, mas deve retirar-se logo que pelo presidente ou por quem o substitua tal lhe seja determinado.

4 – Quando o entenda necessário, o comandante da força de segurança pode visitar, desarmado e por um período máximo de 10 minutos, a assembleia de voto, a fim de estabelecer contacto com o presidente da mesa ou com quem o substitua.

Artigo 135.º – **Deveres dos profissionais de comunicação social**

Os profissionais de comunicação social que no exercício das suas funções se desloquem às assembleias de voto não podem:

a) Colher imagens ou aproximar-se das câmaras de voto por forma que possa comprometer o segredo de voto;
b) Obter, no interior da assembleia de voto ou no seu exterior até à distância de 500 m, outros elementos de reportagem que igualmente possam comprometer o segredo de voto;
c) Perturbar de qualquer modo o acto da votação.

Artigo 136.º – **Difusão e publicação de notícias e reportagens**

As notícias, as imagens ou outros elementos de reportagem colhidos nas assembleias de voto, incluindo os resultados do apuramento parcial, só

390 *Direitos, Liberdades e Garantias em Especial*

podem ser difundidos ou publicados após o encerramento de todas as assembleias de voto.

CAPÍTULO V – **Apuramento**

SECÇÃO I – **Apuramento parcial**

ARTIGO 137.º – **Operação preliminar**

Encerrada a votação, o presidente da assembleia de voto procede à contagem dos boletins que não tiverem sido utilizados, bem como dos inutilizados pelos eleitores, e encerra-os com a necessária especificação em sobrescrito próprio que fecha e lacra para o efeito do artigo 105.º

ARTIGO 138.º – **Contagem dos votantes e dos boletins de voto**

1 – Concluída a operação preliminar, o presidente manda contar o número dos votantes pelas descargas efectuadas nos cadernos de recenseamento.

2 – Em seguida manda abrir a urna a fim de conferir o número de boletins de voto entrados e, no fim da contagem, volta a introduzi-los nela.

3 – Em caso de divergência entre o número dos votantes apurados e o dos boletins de voto contados prevalece, para efeitos de apuramento, o segundo destes números.

4 – Do número de boletins de voto contados é dado imediato conhecimento público através de edital que o presidente lê em voz alta e manda afixar à porta da assembleia de voto.

ARTIGO 139.º – **Contagem dos votos**

1 – Um dos escrutinadores desdobra os boletins, um a um, e anuncia em voz alta qual a resposta a cada uma das perguntas submetidas ao eleitorado.

2 – O outro escrutinador regista numa folha branca ou, de preferência, num quadro bem visível, e separadamente, a resposta atribuída a cada pergunta, os votos em branco e os votos nulos.

3 – Simultaneamente, os boletins de voto são examinados e exibidos pelo presidente que, com ajuda de um dos vogais, os agrupa em lotes sepa-

rados, correspondentes aos votos validamente expressos, aos votos em branco e aos votos nulos.

4 – Terminadas as operações previstas nos números anteriores, o presidente procede à contraprova dos boletins de cada um dos lotes separados e pela verificação dos requisitos previstos no n.º 2.

ARTIGO 140.º – **Votos válidos**

Excepcionados os votos referidos nos artigos seguintes, consideram-se válidos os votos em que o eleitor haja assinalado correctamente as respostas a uma ou mais das perguntas formuladas.

ARTIGO 141.º – **Voto em branco**

Considera-se voto em branco o correspondente a boletim de voto que não contenha qualquer sinal.

ARTIGO 142.º – **Voto nulo**

1 – Considera-se voto nulo, no tocante a qualquer das perguntas, o correspondente ao boletim:

a) No qual tenha sido assinalado mais de um quadrado correspondente à mesma pergunta;
b) No qual haja dúvidas quanto ao quadrado assinalado;
c) No qual tenha sido feito qualquer corte, desenho ou rasura;
d) No qual tenha sido escrito qualquer palavra.

2 – Não se considera voto nulo o do boletim de voto no qual a cruz, embora não perfeitamente desenhada ou excedendo os limites do quadrado, assinale inequivocamente a vontade do eleitor.

3 – Considera-se ainda como voto nulo o voto antecipado quando o sobrescrito com o boletim de voto não chegue ao seu destino nas condições previstas nos artigos 129.º ou 130.º ou seja recebido em sobrescrito que não esteja adequadamente fechado.

ARTIGO 143.º – **Direitos dos delegados dos partidos e dos grupos de cidadãos eleitores**

1 – Depois das operações previstas nos artigos 138.º e 139.º, os delegados dos partidos e dos grupos de cidadãos eleitores têm o direito de exa-

minar os lotes dos boletins separados, bem como os correspondentes registos, sem alterar a sua composição e, no caso de terem dúvidas ou objecções em relação à contagem ou à qualificação dada ao voto de qualquer boletim, têm o direito de solicitar esclarecimentos ou apresentar reclamações ou protestos perante o presidente.

2 – Se a reclamação ou o protesto não for atendido pela mesa, os boletins de voto reclamados ou protestados são separados, anotados no verso com indicação da qualificação dada pela mesa e do objecto da reclamação ou protesto e rubricados pelo presidente da mesa e pelo delegado do partido ou grupo de cidadãos.

3 – A reclamação ou o protesto não atendidos não impedem a contagem do boletim de voto para efeito de apuramento parcial.

Artigo 144.º – **Edital do apuramento parcial**

O apuramento é imediatamente publicado por edital afixado à porta do edifício da assembleia de voto em que se discriminam o número de respostas afirmativas ou negativas a cada pergunta, o número de votos em branco e os votos nulos.

Artigo 145.º – **Comunicação para efeito de escrutínio provisório**

1 – Os presidentes das mesas das assembleias de voto comunicam imediatamente à junta de freguesia ou à entidade para esse efeito designada pelo governador civil ou pelo Ministro da República, consoante os casos, os elementos constantes do edital previsto no artigo anterior.

2 – A entidade a quem é feita a comunicação apura os resultados do referendo na freguesia e comunica-os imediatamente ao governador civil ou ao Ministro da República.

3 – O governador civil ou o Ministro da República transmitem imediatamente os resultados ao Secretariado Técnico dos Assuntos para o Processo Eleitoral.

Artigo 146.º – **Destino dos boletins de votos nulos ou objecto de reclamação ou protesto**

Os boletins de votos nulos ou sobre os quais tenha havido reclamação ou protesto são, depois de rubricados, remetidos à assembleia de apuramento intermédio com os documentos que lhes digam respeito.

Artigo 147.º – **Destino dos restantes boletins**

1 – Os restantes boletins de voto, devidamente empacotados e lacrados, são confinados à guarda do juiz de direito de comarca.

2 – Esgotado o prazo para interposição dos recursos contenciosos, ou decididos definitivamente estes, o juiz promove a destruição dos boletins.

Artigo 148.º – **Acta das operações de votação e apuramento**

1 – Compete ao secretário da mesa proceder à elaboração da acta das operações de votação e apuramento.

2 – Da acta devem constar:

a) Os números de inscrição no recenseamento e os nomes dos membros da mesa e dos delegados dos partidos e grupos de cidadãos eleitores intervenientes;

b) O local da assembleia de voto e a hora de abertura e de encerramento;

c) As deliberações tomadas pela mesa durante as operações;

d) O número total de eleitores inscritos, o de votantes e o de não votantes;

e) Os números de inscrição no recenseamento dos eleitores que votaram por antecipação;

f) O número de respostas afirmativas ou negativas obtidas por cada pergunta;

g) O número de respostas em branco a cada pergunta;

h) O número de votos totalmente em branco e o de votos nulos;

i) O número de boletins de voto sobre os quais haja incidido reclamação ou protesto;

j) As divergências de contagem, se tiverem existido, a que se refere o n.º 3 do artigo 138.º com indicação precisa das diferenças notadas;

l) O número de reclamações, protestos e contraprotestos apensos à acta;

m) Quaisquer outras ocorrências que a mesa julgue dever mencionar.

Artigo 149.º – **Envio à assembleia de apuramento intermédio**

Nas 24 horas seguintes à votação, os presidentes das mesas das assembleias de voto entregam pessoalmente contra recibo, ou remetem pelo seguro do correio, as actas, os cadernos e demais documentos respeitantes ao referendo ao presidente da assembleia de apuramento intermédio.

SECÇÃO II – **Apuramento intermédio**

ARTIGO 150.° – **Assembleia de apuramento intermédio**

1 – O apuramento intermédio dos resultados do referendo compete a uma assembleia a constituir em cada um dos distritos do continente e em cada uma das regiões autónomas.

2 – Até ao 14.° dia anterior ao da realização do referendo, o governador civil pode decidir a constituição de mais de uma assembleia de apuramento intermédio em distritos com mais de 500 000 eleitores, de modo a que cada assembleia corresponda a um conjunto de municípios geograficamente contíguos.

3 – A decisão do governador civil é imediatamente transmitida ao presidente do respectivo tribunal da relação e publicada por edital a afixar aquando da constituição das assembleias de apuramento intermédio.

ARTIGO 151.° – **Composição**

1 – Compõem a assembleia de apuramento intermédio:

a) Um juiz do Tribunal da Relação do respectivo distrito judicial, que preside com voto de qualidade, designado pelo presidente daquele Tribunal;

b) Dois juízes de direito dos tribunais judiciais da área correspondente à assembleia de apuramento intermédio, designados por sorteio;

c) Dois licenciados em matemática, designados pelo presidente;

d) Seis presidentes de assembleia de voto, designados por sorteio;

e) Um secretário judicial, que secretaria sem voto, designado pelo presidente.

2 – Os sorteios previstos nas alíneas *b*) e *d*) do número anterior efectuam-se no tribunal da relação do respectivo distrito judicial, em dia e hora marcados pelo seu presidente.

Direito de Votar em Referendo Nacional

ARTIGO 152.° – **Direitos dos partidos e grupos de cidadãos eleitores**

Os representantes dos partidos e grupos de cidadãos eleitores intervenientes na campanha para o referendo têm o direito de assistir, sem voto, aos trabalhos das assembleias de apuramento intermédio, bem como de apresentar reclamações, protestos ou contraprotestos.

ARTIGO 153.° – **Constituição da assembleia de apuramento intermédio**

1 – A assembleia de apuramento intermédio deve ficar constituída até à antevéspera do dia da realização do referendo.

2 – Da constituição da assembleia dá o seu presidente imediato conhecimento público através de edital a afixar à porta do edifício do tribunal onde deve funcionar.

ARTIGO 154.° – **Estatuto dos membros das assembleias de apuramento intermédio**

1 – É aplicável aos cidadãos que façam parte das assembleias de apuramento intermédio o disposto no artigo 90.°

2 – Os cidadãos que façam parte das assembleias de apuramento intermédio gozam, durante o período do respectivo funcionamento, do direito previsto no artigo 90.°, desde que provem o exercício de funções através de documento assinado pelo presidente da assembleia.

ARTIGO 155.° – **Conteúdo do apuramento intermédio**

O apuramento intermédio consiste:

a) Na verificação do número total de eleitores inscritos;
b) Na verificação dos números totais de votantes e de não votantes na área a que respeita o apuramento, com as respectivas percentagens relativamente ao número total de inscritos;
c) Na verificação dos números totais de votos em branco, de votos nulos e de votos validamente expressos, com as respectivas percentagens relativamente ao número total de votantes;
d) Na verificação dos números totais de respostas afirmativas e negativas às perguntas submetidas ao eleitorado, com as respectivas percentagens relativamente ao número total de votos validamente expressos;
e) Na verificação do número de respostas em branco em relação

a cada pergunta, com as correspondentes percentagens relativamente ao número total dos respectivos votantes.

Artigo 156.º – **Realização das operações**

1 – A assembleia de apuramento intermédio inicia as operações às nove horas do segundo dia seguinte ao da realização do referendo.

2 – Em caso de aditamento ou declaração de nulidade da votação em qualquer assembleia de voto, a assembleia de apuramento intermédio reúne no segundo dia seguinte ao da votação para completar as operações de apuramento.

Artigo 157.º – **Elementos do apuramento intermédio**

1 – O apuramento intermédio é feito com base nas actas das operações das assembleias de voto, nos cadernos de recenseamento e nos demais documentos que os acompanharem.

2 – Se faltarem os elementos de alguma assembleia de voto, o apuramento intermédio inicia-se com base nos elementos já recebidos, e o presidente designa nova reunião, dentro das 48 horas seguintes, para se concluírem os trabalhos, tomando entretanto as providências necessárias para que a falta seja reparada.

3 – Nas regiões autónomas, o apuramento intermédio pode basear-se provisoriamente em correspondência telegráfica transmitida pelos presidentes das câmaras municipais.

Artigo 158.º – **Reapreciação dos resultados do apuramento parcial**

1 – No início dos seus trabalhos a assembleia de apuramento intermédio decide sobre os boletins de voto em relação aos quais tenha havido reclamação ou protesto e verifica os boletins de voto considerados nulos, reapreciando-os segundo critério uniforme.

2 – Em função do resultado das operações previstas no número anterior, a assembleia corrige, se for caso disso, o apuramento da respectiva assembleia de voto.

Artigo 159.º – **Proclamação e publicação dos resultados**

Os resultados do apuramento intermédio são proclamados pelo presidente e, em seguida, publicados por meio de edital afixado à porta do edifício onde funciona a assembleia.

Direito de Votar em Referendo Nacional 397

ARTIGO 160.º – **Acta de apuramento intermédio**

1 – Do apuramento intermédio é imediatamente lavrada acta de que constam os resultados das respectivas operações, as reclamações, os protestos e os contraprotestos apresentados nos termos dos artigos 131.º e 143.º, bem como as decisões que sobre eles tenham recaído.

2 – Nos dois dias posteriores àquele em que se concluir o apuramento intermédio, o presidente envia pelo seguro do correio dois exemplares da acta à assembleia de apuramento geral.

ARTIGO 161.º – **Destino da documentação**

1 – Os cadernos de recenseamento e demais documentação presente à assembleia de apuramento intermédio, bem como a acta desta, são confiados à guarda e responsabilidade do tribunal em cuja sede aquela tenha funcionado.

2 – Terminado o prazo de recurso contencioso ou decididos os recursos que tenham sido apresentados, o tribunal procede à destruição de todos os documentos, com excepção das actas das assembleias de voto e das actas das assembleias de apuramento.

ARTIGO 162.º – **Certidões ou fotocópias do acto de apuramento intermédio**

Aos partidos e grupos de cidadãos eleitores intervenientes na campanha para o referendo são emitidas pela secretaria do tribunal, no prazo de três dias, desde que o requeiram, certidões ou fotocópias da acta de apuramento intermédio.

SECÇÃO III – **Apuramento geral**

ARTIGO 163.º – **Assembleia de apuramento geral**

O apuramento geral dos resultados do referendo compete a uma assembleia que funciona junto do Tribunal Constitucional.

ARTIGO 164.º – **Composição**

1 – Compõem a assembleia de apuramento geral:

a) O Presidente do Tribunal Constitucional, que preside com voto de qualidade;

398 *Direitos, Liberdades e Garantias em Especial*

b) Dois juízes do Tribunal Constitucional, designados por sorteio;
c) Dois licenciados em matemática designados pelo presidente;
d) O secretário do Tribunal Constitucional, que secretaria sem voto.

2 – O sorteio previsto na alínea *b*) do número anterior efectua-se no Tribunal Constitucional, em dia e hora marcados pelo seu presidente.

3 – Os partidos e grupos de cidadãos eleitores intervenientes na campanha podem fazer-se representar por delegados devidamente credenciados, sem direito de voto, mas com direito de reclamação, protesto e contraprotesto.

Artigo 165.º – **Constituição e início das operações**

1 – A assembleia de apuramento geral deve estar constituída até à antevéspera do dia do referendo, dando-se imediato conhecimento público dos nomes dos cidadãos que a compõem através de edital afixado à porta do edifício do Tribunal Constitucional.

2 – A assembleia de apuramento geral inicia as suas operações às nove horas do 9.º dia posterior ao da realização do referendo.

Artigo 166.º – **Elementos do apuramento geral**

O apuramento geral é realizado com base nas actas das operações das assembleias de apuramento intermédio.

Artigo 167.º – **Acta do apuramento geral**

1 – Do apuramento geral é imediatamente lavrada acta de que constem os resultados das respectivas operações.

2 – Nos dois dias posteriores àquele em que se conclua o apuramento geral o presidente envia pelo seguro correio dois exemplares da acta à Comissão Nacional de Eleições.

Artigo 168.º – **Norma remissiva**

Aplica-se ao apuramento geral o disposto nos artigos 154.º, 155.º, 156.º, 157.º, 159.º, 161.º e 162.º, com as necessárias adaptações.

Artigo 169.º – **Proclamação e publicação dos resultados**

1 – A proclamação e a publicação dos resultados fazem-se até ao 12.º dia posterior ao da votação.

Direito de Votar em Referendo Nacional

2 – A publicação consta de edital afixado à porta do edifício do Tribunal Constitucional.

ARTIGO 170.º – **Mapa dos resultados do referendo**

1 – A Comissão Nacional de Eleições elabora um mapa oficial com os resultados do referendo de que constem:

a) Número total de eleitores inscritos;
b) Números totais de votantes e de não votantes, com as respectivas percentagens relativamente ao número total de inscritos;
c) Números totais de votos validamente expressos, de votos em branco e de votos nulos, com as respectivas percentagens relativamente ao número total de votantes;
d) Número total de respostas afirmativas e negativas a cada pergunta submetida ao eleitorado, com as respectivas percentagens relativamente ao número total de votos validamente expressos;
e) Número total de respostas em branco em relação a cada pergunta com as respectivas percentagens relativamente ao número total de votantes.

2 – A Comissão Nacional de Eleições publica o mapa na 1.ª série-A do *Diário da República*, nos oito dias subsequentes à recepção da acta de apuramento geral.

SECÇÃO IV – **Apuramento no caso de adiamento ou nulidade da votação**

ARTIGO 171.º – **Regras especiais de apuramento**

1 – No caso de adiamento de qualquer votação, nos termos do artigo 122.º o apuramento intermédio é efectuado não tendo em consideração as assembleias em falta.

2 – Na hipótese prevista no número anterior, a realização das operações de apuramento intermédio ainda não efectuadas e a conclusão do apuramento geral competem à assembleia de apuramento geral, que se reúne para o efeito no dia seguinte ao da votação.

3 – A proclamação e a publicação nos termos do artigo 169.º têm lugar no dia da última reunião da assembleia de apuramento geral.

400   *Direitos, Liberdades e Garantias em Especial*

4 – O disposto nos números anteriores é aplicável em caso de declaração de nulidade de qualquer votação.

CAPÍTULO VI – **Contencioso da votação e do apuramento**

Artigo 172.° – **Pressupostos do recurso contencioso**

1 – As irregularidades ocorridas no decurso da votação e das operações de apuramento parcial, intermédio ou geral, podem ser apreciadas em recurso, desde que hajam sido objecto de reclamação ou protesto apresentados por escrito no acto em que se tiverem verificado.

2 – Das irregularidades ocorridas no decurso da votação ou do apuramento parcial só pode ser interposto recurso contencioso se também tiver sido previamente interposto recurso gracioso, perante a assembleia de apuramento intermédio, no segundo dia posterior ao da realização do referendo.

Artigo 173.° – **Legitimidade**

Da decisão sobre a reclamação, protesto ou contraprotesto podem recorrer, além do respectivo apresentante, os delegados ou representantes dos partidos e grupos de cidadãos eleitores intervenientes na campanha para o referendo.

Artigo 174.° – **Tribunal competente e prazo**

O recurso contencioso é interposto no dia seguinte ao da afixação do edital contendo os resultados do apuramento, perante o Tribunal Constitucional.

Artigo 175.° – **Processo**

1 – A petição de recurso específica os respectivos fundamentos de facto e de direito e é acompanhada de todos os elementos da prova.

2 – No caso de recurso relativo a assembleias de apuramento com sede em região autónoma, a interposição e fundamentação podem ser feitas por via telegráfica, telex ou fax, sem prejuízo de posterior envio de todos os elementos de prova.

3 – Os representantes dos restantes partidos e grupos de cidadãos

eleitores intervenientes na campanha para o referendo são imediatamente notificados para responderem, querendo, no prazo de um dia.

4 – O Tribunal Constitucional decide definitivamente em plenário no prazo de dois dias a contar do termo do prazo previsto no número anterior.

5 – É aplicável ao contencioso da votação e do apuramento o disposto no Código do Processo Civil quanto ao processo declarativo, com as necessárias adaptações.

Artigo 176.º – **Efeitos da decisão**

1 – A votação em qualquer assembleia de voto só é julgada nula quando se hajam verificado ilegalidades que possam influir no resultado geral do referendo.

2 – Declarada a nulidade da votação numa ou mais assembleias de voto, as operações correspondentes são repetidas no segundo domingo posterior à decisão.

CAPÍTULO VII – **Despesas públicas respeitantes ao referendo**

Artigo 177.º – **Âmbito das despesas**

Constituem despesas públicas respeitantes ao referendo os encargos públicos resultantes dos actos de organização e concretização do processo de votação, bem como da divulgação de elementos com estes relacionados.

Artigo 178.º – **Despesas locais e centrais**

1 – As despesas são locais e centrais.

2 – Constituem despesas locais as realizadas pelos órgãos das autarquias locais ou por qualquer outra entidade a nível local.

3 – Constituem despesas centrais as realizadas pela Comissão Nacional de Eleições e pelo Secretariado Técnico dos Assuntos para o Processo Eleitoral ou outros serviços da administração central no exercício das suas atribuições.

Artigo 179.º – **Trabalho extraordinário**

Os trabalhos relativos à efectivação do referendo que devam ser executados por funcionários ou agentes da Administração Pública para além do respectivo período normal de trabalho são remunerados, nos termos da lei vigente, como trabalho extraordinário.

Artigo 180.º – **Atribuição de tarefas**

No caso de serem atribuídas tarefas a entidade não vinculada à Administração Pública, a respectiva remuneração tem lugar na medida do trabalho prestado, nos termos da lei.

Artigo 181.º – **Pagamento das despesas**

1 – As despesas locais são satisfeitas por verbas sujeitas à inscrição no orçamento das respectivas autarquias locais.

2 – As despesas centrais são satisfeitas pelo Secretariado Técnico dos Assuntos para o Processo Eleitoral, mediante verba sujeita a inscrição no respectivo orçamento.

3 – As despesas efectuadas por outras entidades no exercício de competência própria ou sem prévio assentimento das respectivas autarquias locais ou do Ministério da Administração Interna, consoante os casos, são satisfeitas por aquela entidade.

Artigo 182.º – **Encargos com a composição e a impressão dos boletins de voto**

As despesas com a composição e a impressão dos boletins de voto são satisfeitas por verbas sujeitas a inscrição no orçamento do Ministério da Administração Interna, através do Secretariado Técnico dos Assuntos para o Processo Eleitoral.

Artigo 183.º – **Despesas com deslocações**

1 – As deslocações realizadas por indivíduos não vinculados à Administração Pública no exercício de funções para que tenham sido legalmente designados no âmbito da efectivação do referendo ficam sujeitas ao regime jurídico aplicável, nesta matéria, aos funcionários públicos.

2 – O pagamento a efectivar, a título de ajudas de custo, pelas deslocações a que se refere o número anterior é efectuado com base no estabelecido para a categoria de técnico superior de 1.ª classe, 1.º escalão, nas tabelas correspondentes da função pública.

Artigo 184.º – **Transferência de verbas**

1 – O Estado, através do Ministério da Administração Interna, comparticipa nas despesas a que alude o n.º 1 do artigo 181.º, mediante transferência de verbas do seu orçamento para os municípios.

2 – Os montantes a transferir para cada município são calculados de acordo com a seguinte fórmula:

Montante a transferir = V + a x E + b x F

em que V é a verba mínima, em escudos, por município, E o número de eleitores por município, F o número freguesias por município e *a* e *b* coeficientes de ponderação expressos, respectivamente, em escudos por eleitor e em escudos por freguesia.

3 – Os valores V, *a* e *b* são fixados por decreto-lei.

4 – A verba atribuída a cada município é consignada às freguesias da respectiva área segundo critério idêntico ao estabelecido no n.º 2, substituindo-se a referência ao município por referência à freguesia e esta por assembleia de voto, mas os municípios podem reservar para si até 30% do respectivo montante.

5 – A verba prevista no número anterior é transferida para os municípios até 20 dias antes do início da campanha para o referendo e destes para as freguesias no prazo de 10 dias a contar da data em que tenha sido posta à disposição do referido município.

Artigo 185.º – **Dispensa de formalismos legais**

1 – Na realização de despesas respeitantes à efectivação de referendo é dispensada a precedência de formalidades que se mostrem incompatíveis com os prazos e a natureza dos trabalhos a realizar e que não sejam de carácter puramente contabilístico.

2 – A dispensa referida no número anterior efectiva-se por despacho da entidade responsável pela gestão do orçamento pelo qual a despesa deve ser suportada.

Artigo 186.º – **Regime duodecimal**

A realização de despesas por conta de dotações destinadas a suportar encargos públicos com a efectivação de referendo não está sujeita ao regime duodecimal.

Artigo 187.º – **Dever de indemnização**

1 – O Estado indemniza, nos termos do disposto no artigo 60.º do

regime do direito de antena nas eleições presidenciais e legislativas, na redacção da Lei n.° 35/95, de 18 de Agosto:

 a) As publicações informativas;
 b) As estações públicas e privadas de rádio e televisão pela utilização prevista no artigo 46.°

2 – No que respeita às publicações informativas, a comissão arbitral é composta por um representante do Secretariado Técnico de Apoio ao Processo Eleitoral, um representante da Inspecção-Geral de Finanças e por um representante designado pelas associações do sector.

ARTIGO 188.° – **Isenções**

São isentos de quaisquer taxas ou emolumentos, do imposto do selo e do imposto de justiça, consoante os casos:

 a) Quaisquer requerimentos, incluindo os judiciais, relativos à efectivação de referendo;
 b) Os reconhecimentos notariais em documentos para efeitos de referendo;
 c) As procurações forenses a utilizar em reclamações e recursos previstos na presente lei, devendo as mesmas especificar o fim a que se destinam;
 d) Todos os documentos destinados a instruir quaisquer reclamações, protestos ou contraprotestos perante as assembleias de voto ou de apuramento intermédio ou geral, bem como quaisquer reclamações ou recursos previstos na lei;
 e) As certidões relativas ao apuramento.

CAPÍTULO VIII – **Ilícito relativo ao referendo**

SECÇÃO I – **Princípios gerais**

ARTIGO 189.° – **Circunstâncias agravantes**

Constituem circunstâncias agravantes do ilícito relativo ao referendo:

 a) Influir a infracção no resultado da votação;

b) Ser a infracção cometida por agente com intervenção em actos de referendo;

c) Ser a infracção cometida por membro de comissão recenseadora;

d) Ser a infracção cometida por membro de mesa de assembleia de voto;

e) Ser a infracção cometida por membro de assembleia de apuramento;

f) Ser a infracção cometida por representante ou delegado de partido político ou grupo de cidadãos.

SECÇÃO II – Ilícito penal

DIVISÃO I – Disposições gerais

ARTIGO 190.º – **Punição da tentativa**

A tentativa é sempre punida.

ARTIGO 191.º – **Pena acessória de suspensão de direitos políticos**

À prática de crimes relativos ao referendo pode corresponder, para além das penas especialmente previstas na presente lei, pena acessória de suspensão, de seis meses a cinco anos, dos direitos consignados nos artigos 49.º, 50.º, 52.º, n.º 3, 124.º, n.º 1, e 207.º da Constituição, atenta a concreta gravidade do facto.

ARTIGO 192.º – **Pena acessória de demissão**

À prática de crimes relativos ao referendo por parte de funcionário público no exercício das sua funções pode corresponder, independentemente da medida da pena, a pena acessória de demissão, sempre que o crime tiver sido praticado com flagrante e grave abuso das funções ou com manifesta e grave violação dos deveres que lhes são inerentes, atenta a concreta gravidade do facto.

ARTIGO 193.º – **Direito de constituição como assistente**

Qualquer partido político ou grupo de cidadãos pode constituir-se assistente em processo penal relativo a referendo.

DIVISÃO II – **Crimes relativos à campanha para referendo**

ARTIGO 194.° – **Violação dos deveres de neutralidade e imparcialidade**

Quem, no exercício das suas funções, infringir os deveres de neutralidade ou imparcialidade, constantes do artigo 45.°, é punido com pena de prisão até dois anos ou pena de multa até 240 dias.

ARTIGO 195.° – **Utilização indevida de denominação, sigla ou símbolo**

Quem, durante a campanha para referendo, com o intuito de prejudicar ou injuriar, utilizar denominação, sigla ou símbolo de qualquer partido, coligação ou grupo de cidadãos é punido com pena de prisão até um ano ou pena de multa até 120 dias.

ARTIGO 196.° – **Violação da liberdade de reunião e manifestação**

1 – Quem, por meio de violência ou participação em tumulto, desordem ou vozearia, perturbar gravemente reunião, comício, manifestação ou desfile de propaganda é punido com pena de prisão até um ano ou pena de multa até 120 dias.

2 – Quem, da mesma forma, impedir a realização ou o prosseguimento de reunião, comício, manifestação ou desfile é punido com pena de prisão até dois anos ou pena de multa até 240 dias.

ARTIGO 197.° – **Dano em material de propaganda**

1 – Quem roubar, furtar, destruir, rasgar, desfigurar ou por qualquer forma inutilizar ou tornar ilegível, no todo ou em parte, material de propaganda ou colocar por cima dele qualquer outro material é punido com pena de prisão até um ano ou pena de multa até 120 dias.

2 – Não são punidos os factos previstos no número anterior se o material tiver sido afixado em casa ou em estabelecimento do agente, sem consentimento deste, ou quando contiver matéria manifestamente desactualizada.

ARTIGO 198.° – **Desvio de correspondência**

O empregado dos correios que desencaminhar, retiver ou não entregar ao destinatário circular, cartazes ou outro meio de propaganda é

Direito de Votar em Referendo Nacional 407

punido com, pena de prisão de seis meses a três anos ou pena de multa de 60 a 360 dias.

Artigo 199.º – **Propaganda no dia do referendo**

1 – Quem no dia do referendo fizer propaganda por qualquer meio é punido com pena de multa não inferior a 100 dias.

2 – Quem no dia do referendo fizer propaganda em assembleia de voto ou nas suas imediações até 500 m é punido com pena de prisão até seis meses ou pena de multa não inferior a 60 dias.

DIVISÃO III – **Crimes relativos à organização do processo de votação**

Artigo 200.º – **Desvio de boletins de voto**

Quem subtrair, retiver ou impedir a distribuição de boletins de voto, ou por qualquer meio contribuir para que estes não cheguem ao seu destino no tempo legalmente estabelecido, é punido com pena de prisão de seis meses a três anos ou pena de multa não inferior a 60 dias.

DIVISÃO IV – **Crimes relativos ao sufrágio e ao apuramento**

Artigo 201.º – **Fraude em acto referendário**

Quem, no decurso da efectivação de referendo:

a) Se apresentar fraudulentamente a votar tomando a identidade do eleitor inscrito;

b) Votar em mais de uma assembleia de voto, ou mais de uma vez na mesma assembleia ou em mais de um boletim de voto, ou actuar por qualquer forma que conduza a um falso apuramento do escrutínio;

c) Falsear o apuramento, a publicação ou a acta oficial do resultado da votação;

é punido com pena de prisão até dois anos ou com pena de multa até 240 dias.

Artigo 202.º – **Violação do segredo de voto**

Quem em assembleia de voto ou nas suas imediações até 500 m:

a) Usar de coacção ou artifício fraudulento de qualquer natureza ou se servir do seu ascendente sobre eleitor para obter a revelação do voto deste é punido com pena de prisão até um ano ou com pena de multa até 120 dias;

b) Revelar como votou ou vai votar é punido com pena de multa até 60 dias;

c) Der a outrem conhecimento do sentido de voto de um eleitor é punido com pena de multa até 60 dias.

ARTIGO 203.º – **Admissão ou exclusão abusiva do voto**

Os membros de mesa de assembleia de voto que contribuírem para que seja admitido a votar quem não tenha direito de sufrágio ou não o possa exercer nessa assembleia, bem como os que contribuírem para a exclusão de quem o tiver, são punidos com pena de prisão até dois anos ou com pena de multa até 240 dias.

ARTIGO 204.º – **Não facilitação do exercício de sufrágio**

Os responsáveis pelos serviços ou empresas em actividade no dia da eleição que recusarem aos respectivos funcionários ou trabalhadores dispensa pelo tempo suficiente para que possam votar são punidos com pena de prisão até um ano ou com pena de multa até 120 dias.

ARTIGO 205.º – **Impedimento do sufrágio por abuso de autoridade**

O agente de autoridade que abusivamente, no dia do referendo, sob qualquer pretexto fizer sair do seu domicílio ou retiver fora dele qualquer eleitor para que não possa votar é punido com pena de prisão até dois anos ou com pena de multa até 240 dias.

ARTIGO 206.º – **Abuso de funções**

O cidadão investido de poder público, o funcionário ou agente do Estado ou de outra pessoa colectiva pública e o ministro de qualquer culto que se sirvam abusivamente das funções ou do cargo para constranger ou induzir eleitores a votar ou a deixar de votar em determinado sentido são punidos com pena de prisão até dois anos ou com pena de multa até 240 dias.

ARTIGO 207.º – **Coacção de eleitor**

Quem, por meio de violência, ameaça de violência ou de grave mal, constranger eleitor a votar, o impedir de votar ou o forçar a votar num certo sentido é punido com pena de prisão até cinco anos, se pena mais grave lhe não couber por força de outra disposição legal.

Artigo 208.º – Coacção relativa a emprego

Quem aplicar ou ameaçar aplicar a um cidadão qualquer sanção no emprego, nomeadamente o despedimento, ou o impedir ou ameaçar impedir de obter emprego a fim de que vote ou deixe de votar ou porque votou em certo sentido, ou ainda porque participou ou não participou em campanha para o referendo, é punido com pena de prisão até dois anos ou com pena de multa até 240 dias, sem prejuízo da nulidade da sanção e da automática readmissão no emprego se o despedimento tiver chegado a efectivar-se.

Artigo 209.º – Fraude e corrupção de eleitor

1 – Quem, mediante artifício fraudulento, levar eleitor a votar, o impedir de votar, o levar a votar em certo sentido ou comprar ou vender voto é punido com pena de prisão até um ano ou com pena de multa até 120 dias.

2 – Nas mesmas penas incorre o eleitor aceitante de benefício proveniente de transacção do seu voto.

Artigo 210.º – Não assunção, não exercício ou abandono de funções em assembleia de voto ou apuramento

Quem for designado para fazer parte de mesa de assembleia de voto ou como membro de assembleia de apuramento intermédio ou geral, e sem causa justificativa não assumir, não exercer ou abandonar essas funções, é punido com pena de prisão até um ano ou com pena de multa até 120 dias.

Artigo 211.º – Não exibição da urna

O presidente de mesa de assembleia de voto que não exibir a urna perante os eleitores é punido com pena de prisão até um ano ou com pena de multa até 120 dias.

Artigo 212.º – Acompanhante infiel

Aquele que acompanhar ao acto de votar eleitor afectado por doença ou deficiência física notórias e não garantir com fidelidade a expressão ou o sigilo de voto é punido com pena de prisão até um ano ou com pena de multa até 120 dias.

ARTIGO 213.º – **Introdução fraudulenta de boletim na urna ou desvio da urna ou de boletim de voto**

Quem fraudulentamente introduzir boletim de voto na urna antes ou depois do início da votação, se apoderar da urna com os boletins de voto nela recolhidos mas ainda não apurados ou se apoderar de um ou mais boletins de voto em qualquer momento, desde a abertura da assembleia de voto até ao apuramento geral do referendo, é punido com pena de prisão até três anos ou com pena de multa até 360 dias.

ARTIGO 214.º – **Fraudes praticadas por membro da mesa da assembleia de voto**

O membro da mesa de assembleia de voto que apuser ou consentir que se aponha nota de descarga em eleitor que não votou ou que não a apuser em eleitor que tiver votado, que fizer leitura infiel de boletim de voto ou de resposta a qualquer pergunta, que diminuir ou aditar voto a uma resposta no apuramento ou que de qualquer modo falsear a verdade do referendo é punido com pena de prisão até dois anos ou com pena de multa até 240 dias.

ARTIGO 215.º – **Obstrução à fiscalização**

Quem impedir a entrada ou a saída em assembleia de voto ou de apuramento de qualquer delegado de partido ou grupo de cidadãos interveniente em campanha para referendo, ou por qualquer modo tentar opor-se a que exerça os poderes conferidos pela presente lei, é punido com pena de prisão até um ano ou com pena de multa até 120 dias.

ARTIGO 216.º – **Recusa a receber reclamações protestos ou contraprotestos**

O presidente de mesa de assembleia de voto ou de apuramento que ilegitimamente se recusar a receber reclamação, protesto ou contraprotesto, é punido com pena de prisão até dois anos ou com pena de multa até 240 dias.

Direito de Votar em Referendo Nacional 411

ARTIGO 217.º – **Perturbação ou impedimento da assembleia de voto ou de apuramento**

1 – Quem, por meio de violência ou participando em tumulto, desordem ou vozearia, impedir ou perturbar gravemente a realização, o funcionamento ou o apuramento de resultados de assembleia de voto ou de apuramento, é punido com pena de prisão até três anos ou com pena de multa.

2 – Quem entrar armado em assembleia de voto ou apuramento, não pertencendo a força pública devidamente autorizada, é punido com pena de prisão até um ano ou com pena de multa de 120 dias.

ARTIGO 218.º – **Presença indevida em assembleia de voto ou de apuramento**

Quem durante as operações de votação ou de apuramento se introduzir na respectiva assembleia sem ter direito a fazê-lo e se recusar a sair, depois de intimado a fazê-lo pelo presidente, é punido com pena de prisão até um ano ou com pena de multa até 120 dias.

ARTIGO 219.º – **Não comparência da força de segurança**

O comandante de força de segurança que injustificadamente deixar de cumprir os deveres decorrentes do artigo 134.º é punido com pena de prisão até um ano ou com pena de multa até 120 dias.

ARTIGO 220.º – **Falsificação de boletins, actas ou documentos relativos a referendo**

Quem dolosamente alterar, ocultar, substituir, destruir ou suprimir, por qualquer modo, boletim de voto, acta de assembleia de voto ou de apuramento ou qualquer documento respeitante a operações de referendo, é punido com pena de prisão até dois anos ou com pena de multa até 240 dias.

ARTIGO 221.º – **Desvio de voto antecipado**

O empregado do correio que desencaminhar, retiver ou não entregar à junta de freguesia voto antecipado, nos casos previstos nesta lei, é punido com pena de prisão até dois anos ou com pena de multa até 240 dias.

412   *Direitos, Liberdades e Garantias em Especial*

ARTIGO 222.º – **Falso atestado de doença ou deficiência física**

O médico que atestar falsamente doença ou deficiência física é punido com pena de prisão até dois anos ou pena de multa até 240 dias.

ARTIGO 223.º – **Agravação**

As penas previstas nos artigos desta secção são agravadas de um terço nos seus limites mínimo e máximo se o agente tiver intervenção em actos de referendo, for membro de comissão recenseadora, de secção ou assembleia de voto ou de assembleia de apuramento, for delegado de partido político ou grupo de cidadãos à comissão, secção ou assembleia, ou se a infracção influir no resultado da votação.

SECÇÃO III – **Ilícito de mera ordenação social**

DIVISÃO I – **Disposições gerais**

ARTIGO 224.º – **Órgãos competentes**

1 – Compete à Comissão Nacional de Eleições, com recurso para a secção criminal do Supremo Tribunal de Justiça, aplicar as coimas a contra-ordenações relacionadas com a efectivação de referendo cometidas por partido político ou grupo de cidadãos, por empresa de comunicação social, de publicidade, de sondagens ou proprietária de sala de espectáculos.

2 – Compete nos demais casos ao presidente da câmara municipal da área onde a contra-ordenação tiver sido cometida aplicar a respectiva coima, com recurso para o tribunal competente.

DIVISÃO II – **Contra-ordenações relativas à campanha**

ARTIGO 225.º – **Reuniões, comícios ou desfiles ilegais**

Quem promover reuniões, comícios, manifestações ou desfiles em contravenção do disposto na presente lei é punido com coima de 100 000$ a 500 000$.

Direito de Votar em Referendo Nacional 413

Artigo 226.° – **Violação de regras sobre propaganda sonora ou gráfica**

Quem fizer propaganda sonora ou gráfica com violação do disposto na presente lei é punido com coima de 10 000$ a 100 000$.

Artigo 227.° – **Publicidade comercial ilícita**

A empresa que fizer propaganda comercial com violação do disposto na presente lei é punida com coima de 500 000$ a 3 000 000$.

Artigo 228.° – **Violação de deveres por publicação informativa**

A empresa proprietária de publicação informativa que não proceder às comunicações relativas à campanha para o referendo previstas na presente lei ou que não der tratamento igualitário aos diversos partidos e grupos de cidadãos eleitores é punida com uma coima de 200 000$ a 2 000 0000$.

DIVISÃO III – **Contra-ordenações relativas à organização do processo de votação**

Artigo 229.° – **Não invocação de impedimento**

Aquele que não assumir funções de membro de mesa de assembleia de voto por impedimento justificativo que não invoque, podendo fazê-lo, imediatamente após a ocorrência ou o conhecimento do facto impeditivo, é punido com coima de 20 000$ a 100 000$.

DIVISÃO IV – **Contra-ordenações relativas ao sufrágio e ao apuramento**

Artigo 230.° – **Não abertura de serviço público**

O membro de junta de freguesia e o responsável por centro de saúde ou local equiparado que não abrir os respectivos serviços no dia da realização do referendo é punido com coima de 10 000$ a 200 000$.

Artigo 231.° – **Não apresentação de membro de mesa de assembleia de voto à hora legalmente fixada**

O membro de mesa de assembleia de voto que não se apresentar no

414   *Direitos, Liberdades e Garantias em Especial*

local do seu funcionamento até uma hora antes da hora marcada para o início das operações é punido com coima de 10 000$ a 50 000$.

ARTIGO 232.º – **Não cumprimento de formalidades por membro de mesa de assembleia de voto ou de assembleia de apuramento**

O membro de mesa de assembleia de voto ou de apuramento que não cumprir ou deixar de cumprir, sem intenção fraudulenta, formalidade legalmente prevista na presente lei é punido com coima de 10 000$ a 50 000$.

ARTIGO 233.º – **Não registo de emissão correspondente ao exercício de direito de antena**

A estação de rádio ou de televisão que não registar ou não arquivar o registo de emissão correspondente ao exercício do direito de antena é punida com coima de 200 000$ a 500 000$.

ARTIGO 234.º – **Não cumprimento de deveres por estação de rádio ou televisão**

1 – A empresa proprietária de estação de rádio ou televisão que não der tratamento igualitário aos diversos partidos e grupos de cidadãos eleitores intervenientes na campanha de referendo é punida com coima de 10 000 000$ a 15 000 000$.

2 – A empresa proprietária de estação de rádio ou televisão que não cumprir os deveres impostos pelos artigos 58.º, 59.º, n.ºs 1 e 2, 60.º e 61.º, é punida, por cada infracção, com coima de:

a) 100 000$ a 2 500 000$, no caso de estação de rádio;
b) 1 000 000$ a 5 000 000$, no caso de estação de televisão.

ARTIGO 235.º – **Não cumprimento de deveres pelo proprietário de sala de espectáculo**

O proprietário de sala de espectáculo que não cumprir os seus deveres relativos à campanha constantes dos artigos 66.º, n.ºs 1 e 3, e 67.º, é punido com coima de 200 000$ a 500 000$.

Direito de Votar em Referendo Nacional

ARTIGO 236.º – **Propaganda na véspera do referendo**

Aquele que no dia anterior ao referendo fizer propaganda por qualquer modo é punido com coima de 10 000$ a 50 000$.

ARTIGO 237.º – **Receitas ilícitas**

O partido ou grupo de cidadãos interveniente em campanha para referendo que obtiver para a mesma campanha receitas não previstas na lei é punido com coima de montante igual ao que ilicitamente tiver recebido e nunca inferior a 100 000$.

ARTIGO 238.º – **Não discriminação de receitas ou despesas**

O partido ou o grupo de cidadãos interveniente em campanha para referendo que não discriminar ou não comprovar devidamente as receitas ou as despesas da mesma campanha é punido com coima de 100 000$ a 1 000 000$.

ARTIGO 239.º – **Não prestação de contas**

O partido ou grupo de cidadãos que não prestar as contas nos termos da presente lei é punido com coima de 1 000 000$ a 2 000 000$.

TÍTULO IV – **Efeitos do referendo**

ARTIGO 240.º – **Eficácia vinculativa**

O referendo só tem efeito vinculativo quando o número de votantes for superior a metade dos eleitores inscritos no recenseamento.

ARTIGO 241.º – **Dever de agir da Assembleia da República ou do Governo**

Se da votação resultar resposta afirmativa de eficácia vinculativa à pergunta ou perguntas submetidas a referendo, a Assembleia da República ou o Governo aprovarão, em prazo não superior, respectivamente, a 90 ou a 60 dias, a convenção internacional ou o acto legislativo de sentido correspondente.

416 *Direitos, Liberdades e Garantias em Especial*

ARTIGO 242.° – **Limitações ao poder de recusa de ratificação, de assinatura ou de veto**

O Presidente da República não pode recusar a ratificação de tratado internacional, a assinatura de acto que aprove um acordo internacional ou a promulgação de acto legislativo por discordância com o sentido apurado em referendo com eficácia vinculativa.

ARTIGO 243.° – **Dever de não agir da Assembleia da República e do Governo**

A Assembleia da República ou o Governo não podem aprovar convenção internacional ou acto legislativo correspondentes às perguntas objecto de resposta negativa com eficácia vinculativa, salvo nova eleição da Assembleia da República ou a realização de novo referendo com resposta afirmativa.

ARTIGO 244.° – **Propostas de referendo objecto de resposta negativa**

As propostas de referendo objecto de resposta negativa do eleitorado não podem ser renovadas na mesma sessão legislativa salvo, respectivamente, nova eleição da Assembleia da República ou, no caso de a iniciativa ter sido governamental, até à formação de novo Governo.

TÍTULO V – **Regras especiais sobre o referendo relativo à instituição em concreto das regiões administrativas**

ARTIGO 245.° – **Natureza jurídica**

O referendo tem natureza obrigatória.

ARTIGO 246.° – **Objecto**

O referendo tem por objecto a instituição em concreto das regiões administrativas.

ARTIGO 247.° – **Proposta e decisão**

1 – A decisão sobre a convocação cabe ao Presidente da República, sob proposta da Assembleia da República.

2 – O disposto no número anterior não prejudica o direito de iniciativa do Governo perante a Assembleia da República.

Artigo 248.º – **Fiscalização e apreciação pelo Tribunal Constitucional**

O Tribunal Constitucional verifica previamente a constitucionalidade e a legalidade do referendo, incluindo a apreciação dos requisitos relativos ao respectivo universo eleitoral.

Artigo 249.º – **Número e características das questões**

1 – O referendo compreende duas questões, uma de alcance nacional, outra relativa a cada área regional.

2 – As questões serão idênticas em todo o território nacional devendo constar de um único boletim de voto, sem prejuízo do disposto no n.º 3 do artigo 251.º

3 – Nos termos do número anterior, fora das áreas regionais a instituir, o referendo integra apenas a questão de alcance nacional.

Artigo 250.º – **Direito de sufrágio**

Sem prejuízo do exercício do direito de sufrágio nos termos gerais quanto à questão de alcance nacional, participam no sufrágio, quanto à questão relativa a cada área regional, os cidadãos eleitores nela recenseados, de acordo com a distribuição geográfica definida pela lei-quadro das regiões administrativas.

Artigo 251.º – **Efeitos**

1 – A aprovação das leis de instituição em concreto de cada uma das regiões administrativas depende do voto favorável expresso pela maioria dos cidadãos eleitores que se tenham pronunciado sobre as questões referidas no n.º 1 do artigo 249.º

2 – No caso de resposta afirmativa, o referendo só tem efeito vinculativo quando o número de votantes for superior a metade dos eleitores inscritos no recenseamento.

3 – Se a resposta à questão de alcance nacional for afirmativa nos termos do n.º 1 e as respostas à questão de alcance regional tiverem sentido negativo numa região, esta não será instituída em concreto até que nova consulta restrita a essa região produza uma resposta afirmativa para a questão de alcance regional.

TÍTULO VI – **Disposições finais e transitórias**

ARTIGO 252.º – **Comissão Nacional de Eleições**

A Comissão Nacional de Eleições exerce as suas competências também em relação aos actos de referendo.

ARTIGO 253.º – **Recenseamento**

Para os efeitos dos artigos 16.º e 37.º, n.º 2, consideram-se recenseados todos os cidadãos portugueses residentes no estrangeiro que se encontrem inscritos em 31 de Dezembro de 1996 nos cadernos eleitorais para a Assembleia da República, dependendo as inscrições posteriores da nova lei eleitoral para a eleição do Presidente da República.

ARTIGO 254.º – **Direito supletivo**

São aplicáveis ao regime de referendo, supletivamente e com as devidas adaptações, em tudo o que não se encontre expressamente estabelecido na presente lei, as disposições da Lei Eleitoral para a Assembleia da República.

ARTIGO 255.º – **Revogação**

É revogada a Lei n.º 45/91, de 3 de Agosto.

Aprovada em 4 de Março de 1998.

O Presidente da Assembleia da República, *António de Almeida Santos.*

Promulgada em 20 de Março de 1998.

Publique-se.

O Presidente da República, JORGE SAMPAIO.

Referendada em 26 de Março de 1998.

O Primeiro-Ministro, *António Manuel de Oliveira Guterres*

III

DIREITOS ECONÓMICOS, SOCIAIS
E CULTURAIS EM ESPECIAL

14. DIREITOS DOS CONSUMIDORES

Lei n.° 24/96, de 31 de Julho[12]

Lei de defesa dos consumidores

A Assembleia da República decreta, nos termos dos artigos 164.°, alínea *d*), e 169.°, n.° 3, da Constituição, o seguinte:

CAPÍTULO I – Princípios gerais

Artigo 1.° – **Dever geral de protecção**

1 – Incumbe ao Estado, às Regiões Autónomas e às autarquias locais proteger o consumidor, designadamente através do apoio à constituição e funcionamento das associações de consumidores e de cooperativas de consumo, bem como à execução do disposto na presente lei.

2 – A incumbência geral do Estado na protecção dos consumidores pressupõe a intervenção legislativa e regulamentar adequada em todos os domínios envolvidos.

Artigo 2.° – **Definição e âmbito**

1 – Considera-se consumidor todo aquele a quem sejam fornecidos bens, prestados serviços ou transmitidos quaisquer direitos, destinados a

---

[12] Alterada pelo Decreto-Lei n.° 67/2003, de 8 de Abril.

uso não profissional, por pessoa que exerça com carácter profissional uma actividade económica que vise a obtenção de benefícios.

2 – Consideram-se incluídos no âmbito da presente lei os bens, serviços e direitos fornecidos, prestados e transmitidos pelos organismos da Administração Pública, por pessoas colectivas públicas, por empresas de capitais públicos ou detidos maioritariamente pelo Estado, pelas Regiões Autónomas ou pelas autarquias locais e por empresas concessionárias de serviços públicos.

CAPÍTULO II – **Direitos do consumidor**

ARTIGO 3.° – **Direitos do consumidor**

O consumidor tem direito:

a) À qualidade dos bens e serviços;
b) À protecção da saúde e da segurança física;
c) À formação e à educação para o consumo;
d) À informação para o consumo;
e) À protecção dos interesses económicos;
f) À prevenção e à reparação dos danos patrimoniais ou não patrimoniais que resultem da ofensa de interesses ou direitos individuais homogéneos, colectivos ou difusos;
g) À protecção jurídica e a uma justiça acessível e pronta;
h) À participação, por via representativa, na definição legal ou administrativa dos seus direitos e interesses.

ARTIGO 4.° – **Direito à qualidade dos bens e serviços**

Os bens e serviços destinados ao consumo devem ser aptos a satisfazer os fins a que se destinam e a produzir os efeitos que se lhes atribuem, segundo as normas legalmente estabelecidas, ou, na falta delas, de modo adequado às legítimas expectativas do consumidor.

ARTIGO 5.° – **Direito à protecção da saúde e da segurança física**

1 – É proibido o fornecimento de bens ou a prestação de serviços que, em condições de uso normal ou previsível, incluindo a duração, impliquem riscos incompatíveis com a sua utilização, não aceitáveis de

Direitos dos Consumidores 423

acordo com um nível elevado de protecção da saúde e da segurança física das pessoas.

2 – Os serviços da Administração Pública que, no exercício das suas funções, tenham conhecimento da existência de bens ou serviços proibidos nos termos do número anterior devem notificar tal facto às entidades competentes para a fiscalização do mercado.

3 – Os organismos competentes da Administração Pública devem mandar apreender e retirar do mercado os bens e interditar as prestações de serviços que impliquem perigo para a saúde ou segurança física dos consumidores, quando utilizados em condições normais ou razoavelmente previsíveis.

ARTIGO 6.° – **Direito à formação e à educação**

1 – Incumbe ao Estado a promoção de uma política educativa para os consumidores, através da inserção nos programas e nas actividades escolares, bem como nas acções de educação permanente, de matérias relacionadas com o consumo e os direitos dos consumidores, usando, designadamente, os meios tecnológicos próprios numa sociedade de informação.

2 – Incumbe ao Estado, às Regiões Autónomas e às autarquias locais desenvolver acções e adoptar medidas tendentes à formação e à educação do consumidor, designadamente através de:

a) Concretização, no sistema educativo, em particular no ensino básico e secundário, de programas e actividades de educação para o consumo;

b) Apoio às iniciativas que neste domínio sejam promovidas pelas associações de consumidores;

c) Promoção de acções de educação permanente de formação e sensibilização para os consumidores em geral;

d) Promoção de uma política nacional de formação de formadores e de técnicos especializados na área do consumo.

3 – Os programas de carácter educativo difundidos no serviço público de rádio e de televisão devem integrar espaços destinados à educação e à formação do consumidor.

4 – Na formação do consumidor devem igualmente ser utilizados meios telemáticos, designadamente através de redes nacionais e mundiais

424 *Direitos Económicos, Sociais e Culturais em Especial*

de informação, estimulando-se o recurso a tais meios pelo sector público e privado.

ARTIGO 7.º – **Direito à informação em geral**

1 – Incumbe ao Estado, às Regiões Autónomas e às autarquias locais desenvolver acções e adoptar medidas tendentes à informação em geral do consumidor, designadamente através de:

a) Apoio às acções de informação promovidas pelas associações de consumidores;
b) Criação de serviços municipais de informação ao consumidor;
c) Constituição de conselhos municipais de consumo, com a representação, designadamente, de associações de interesses económicos e de interesses dos consumidores;
d) Criação de bases de dados e arquivos digitais acessíveis, de âmbito nacional, no domínio do direito do consumo, destinados a difundir informação geral e específica;
e) Criação de bases de dados e arquivos digitais acessíveis em matéria de direitos do consumidor, de acesso incondicionado.

2 – O serviço público de rádio e de televisão deve reservar espaços, em termos que a lei definirá, para a promoção dos interesses e direitos do consumidor.

3 – A informação ao consumidor é prestada em língua portuguesa.

4 – A publicidade deve ser lícita, inequivocamente identificada e respeitar a verdade e os direitos dos consumidores.

5 – As informações concretas e objectivas contidas nas mensagens publicitárias de determinado bem, serviço ou direito consideram-se integradas no conteúdo dos contratos que se venham a celebrar após a sua emissão, tendo-se por não escritas as cláusulas contratuais em contrário.

ARTIGO 8.º – **Direito à informação em particular**

1 – O fornecedor de bens ou prestador de serviços deve, tanto nas negociações como na celebração de um contrato, informar de forma clara, objectiva e adequada o consumidor, nomeadamente, sobre características, composição e preço do bem ou serviço, bem como sobre o período de

Direitos dos Consumidores 425

vigência do contrato, garantias, prazos de entrega e assistência após o negócio jurídico.

2 – A obrigação de informar impende também sobre o produtor, o fabricante, o importador, o distribuidor, o embalador e o armazenista, por forma que cada elo do ciclo produção-consumo possa encontrar-se habilitado a cumprir a sua obrigação de informar o elo imediato até ao consumidor, destinatário final da informação.

3 – Os riscos para a saúde e segurança dos consumidores que possam resultar da normal utilização de bens ou serviços perigosos devem ser comunicados, de modo claro, completo e adequado, pelo fornecedor ou prestador de serviços ao potencial consumidor.

4 – Quando se verifique falta de informação, informação insuficiente, ilegível ou ambígua que comprometa a utilização adequada do bem ou do serviço, o consumidor goza do direito de retractação do contrato relativo à sua aquisição ou prestação, no prazo de sete dias úteis a contar da data de recepção do bem ou da data de celebração do contrato de prestação de serviços.

5 – O fornecedor de bens ou o prestador de serviços que viole o dever de informar responde pelos danos que causar ao consumidor, sendo solidariamente responsáveis os demais intervenientes na cadeia da produção à distribuição que hajam igualmente violado o dever de informação.

6 – O dever de informar não pode ser denegado ou condicionado por invocação de segredo de fabrico não tutelado na lei, nem pode prejudicar o regime jurídico das cláusulas contratuais gerais ou outra legislação mais favorável para o consumidor.

Artigo 9.º – **Direito à protecção dos interesses económicos**

1 – O consumidor tem direito à protecção dos seus interesses económicos, impondo-se nas relações jurídicas de consumo a igualdade material dos intervenientes, a lealdade e a boa fé, nos preliminares, na formação e ainda na vigência dos contratos.

2 – Com vista à prevenção de abusos resultantes de contratos pré--elaborados, o fornecedor de bens e o prestador de serviços estão obrigados:

    a) A redacção clara e precisa, em caracteres facilmente legíveis, das cláusulas contratuais gerais, incluindo as inseridas em contratos singulares;

426   *Direitos Económicos, Sociais e Culturais em Especial*

b) À não inclusão de cláusulas em contratos singulares que originem significativo desequilíbrio em detrimento do consumidor.

3 – A inobservância do disposto no número anterior fica sujeita ao regime das cláusulas contratuais gerais.

4 – O consumidor não fica obrigado ao pagamento de bens ou serviços que não tenha prévia e expressamente encomendado ou solicitado, ou que não constitua cumprimento de contrato válido, não lhe cabendo, do mesmo modo, o encargo da sua devolução ou compensação, nem a responsabilidade pelo risco de perecimento ou deterioração da coisa.

5 – O consumidor tem direito à assistência após a venda, com incidência no fornecimento de peças e acessórios, pelo período de duração média normal dos produtos fornecidos.

6 – É vedado ao fornecedor ou prestador de serviços fazer depender o fornecimento de um bem ou a prestação de um serviço da aquisição ou da prestação de um outro ou outros.

7 – Sem prejuízo de regimes mais favoráveis nos contratos que resultem da iniciativa do fornecedor de bens ou do prestador de serviços fora do estabelecimento comercial, por meio de correspondência ou outros equivalentes, é assegurado ao consumidor o direito de retractação, no prazo de sete dias úteis a contar da data da recepção do bem ou da conclusão do contrato de prestação de serviços.

8 – Incumbe ao Governo adoptar medidas adequadas a assegurar o equilíbrio das relações jurídicas que tenham por objecto bens e serviços essenciais, designadamente água, energia eléctrica, gás, telecomunicações e transportes públicos.

9 – Incumbe ao Governo adoptar medidas tendentes a prevenir a lesão dos interesses dos consumidores no domínio dos métodos de venda que prejudiquem a avaliação consciente das cláusulas apostas em contratos singulares e a formação livre, esclarecida e ponderada da decisão de se vincularem.

ARTIGO 10.º– **Direito à prevenção e acção inibitória**

1 – É assegurado o direito de acção inibitória destinada a prevenir, corrigir ou fazer cessar práticas lesivas dos direitos do consumidor consignados na presente lei, que, nomeadamente:

a) Atentem contra a sua saúde e segurança física;

Direitos dos Consumidores

b) Se traduzam no uso de cláusulas gerais proibidas;
c) Consistam em práticas comerciais expressamente proibidas por lei.

2 – A sentença proferida em acção inibitória pode ser acompanhada de sanção pecuniária compulsória, prevista no artigo 829.°-A do Código Civil, sem prejuízo da indemnização a que houver lugar.

ARTIGO 11.° – **Forma de processo da acção inibitória**

1 – A acção inibitória tem o valor equivalente ao da alçada da Relação mais 1$, segue os termos do processo sumário e está isenta de custas.

2 – A decisão especificará o âmbito da abstenção ou correcção, designadamente através da referência concreta do seu teor e a indicação do tipo de situações a que se reporta.

3 – Transitada em julgado, a decisão condenatória será publicitada a expensas do infractor, nos termos fixados pelo juiz, e será registada em serviço a designar nos termos da legislação regulamentar da presente lei.

4 – Quando se tratar de cláusulas contratuais gerais, aplicar-se-á ainda o disposto nos artigos 31.° e 32.° do Decreto-Lei n.° 446/85, de 25 de Outubro, com a redacção que lhe foi dada pelo Decreto-Lei n.° 220/95, de 31 de Agosto.

ARTIGO 12.° – **Direito à reparação de danos**

1 – O consumidor tem direito à indemnização dos danos patrimoniais e não patrimoniais resultantes do fornecimento de bens ou prestações de serviços defeituosos.

2 – O produtor é responsável, independentemente de culpa, pelos danos causados por defeitos de produtos que coloque no mercado, nos termos da lei.

ARTIGO 13.° – **Legitimidade activa**

Têm legitimidade para intentar as acções previstas nos artigos anteriores:

a) Os consumidores directamente lesados;
b) Os consumidores e as associações de consumidores ainda que não directamente lesados, nos termos da Lei n.° 83/95, de 31 de Agosto;

c) O Ministério Público e o Instituto do Consumidor quando estejam em causa interesses individuais homogéneos, colectivos ou difusos.

ARTIGO 14.º – **Direito à protecção jurídica e direito a uma justiça acessível e pronta**

1 – Incumbe aos órgãos e departamentos da Administração Pública promover a criação e apoiar centros de arbitragem com o objectivo de dirimir os conflitos de consumo.

2 – É assegurado ao consumidor o direito à isenção de preparos nos processos em que pretenda a protecção dos seus interesses ou direitos, a condenação por incumprimento do fornecedor de bens ou prestador de serviços, ou a reparação de perdas e danos emergentes de factos ilícitos ou da responsabilidade objectiva definida nos termos da lei, desde que o valor da acção não exceda a alçada do tribunal judicial de 1ª instância.

3 – Os autores nos processos definidos no número anterior ficam isentos do pagamento de custas em caso de procedência parcial da respectiva acção.

4 – Em caso de decaimento total, o autor ou autores intervenientes serão condenados em montantes, a fixar pelo julgador, entre um décimo e a totalidade das custas que normalmente seriam devidas, tendo em conta a sua situação económica e a razão formal ou substantiva da improcedência.

ARTIGO 15.º – **Direito de participação por via representativa**

O direito de participação consiste, nomeadamente, na audição e consulta prévias, em prazo razoável, das associações de consumidores no tocante às medidas que afectem os direitos ou interesses legalmente protegidos dos consumidores.

CAPÍTULO III – **Carácter injuntivo dos direitos dos consumidores**

ARTIGO 16.º – **Nulidade**

1 – Sem prejuízo do regime das cláusulas contratuais gerais, qualquer convenção ou disposição contratual que exclua ou restrinja os direitos atribuídos pela presente lei é nula.

Direitos dos Consumidores

2 – A nulidade referida no número anterior apenas pode ser invocada pelo consumidor ou seus representantes.

3 – O consumidor pode optar pela manutenção do contrato quando algumas das suas cláusulas forem nulas nos termos do n.° 1.

CAPÍTULO IV – **Instituições de promoção e tutela dos direitos do consumidor**

ARTIGO 17.° – **Associações de consumidores**

1 – As associações de consumidores são associações dotadas de personalidade jurídica, sem fins lucrativos e com o objectivo principal de proteger os direitos e os interesses dos consumidores em geral ou dos consumidores seus associados.

2 – As associações de consumidores podem ser de âmbito nacional, regional ou local, consoante a área a que circunscrevam a sua acção e tenham, pelo menos, 3000, 500 ou 100 associados, respectivamente.

3 – As associações de consumidores podem ser ainda de interesse genérico ou de interesse específico:

a) São de interesse genérico as associações de consumidores cujo fim estatutário seja a tutela dos direitos dos consumidores em geral e cujos órgãos sejam livremente eleitos pelo voto universal e secreto de todos os seus associados;

b) São de interesse específico as demais associações de consumidores de bens e serviços determinados, cujos órgãos sejam livremente eleitos pelo voto universal e secreto de todos os seus associados.

4 – As cooperativas de consumo são equiparadas, para os efeitos do disposto no presente diploma, às associações de consumidores.

ARTIGO 18.° – **Direitos das associações de consumidores**

1 – As associações de consumidores gozam dos seguintes direitos:

a) Ao estatuto de parceiro social em matérias que digam respeito à política de consumidores, nomeadamente traduzido na indicação de representantes para órgãos de consulta ou concertação que se ocupem da matéria;

b) Direito de antena na rádio e na televisão, nos mesmos termos das associações com estatuto de parceiro social;

c) Direito a representar os consumidores no processo de consulta e audição públicas a realizar no decurso da tomada de decisões susceptíveis de afectar os direitos e interesses daqueles;

d) Direito a solicitar, junto das autoridades administrativas ou judiciais competentes, a apreensão e retirada de bens do mercado ou a interdição de serviços lesivos dos direitos e interesses dos consumidores;

e) Direito a corrigir e a responder ao conteúdo de mensagens publicitárias relativas a bens e serviços postos no mercado, bem como a requerer, junto das autoridades competentes, que seja retirada do mercado publicidade enganosa ou abusiva;

f) Direito a consultar os processos e demais elementos existentes nas repartições e serviços públicos da administração central, regional ou local que contenham dados sobre as características de bens e serviços de consumo e de divulgar as informações necessárias à tutela dos interesses dos consumidores;

g) Direito a serem esclarecidas sobre a formação dos preços de bens e serviços, sempre que o solicitem;

h) Direito de participar nos processos de regulação de preços de fornecimento de bens e de prestações de serviços essenciais, nomeadamente nos domínios da água, energia, gás, transportes e telecomunicações, e a solicitar os esclarecimentos sobre as tarifas praticadas e a qualidade dos serviços, por forma a poderem pronunciar-se sobre elas;

i) Direito a solicitar aos laboratórios oficiais a realização de análises sobre a composição ou sobre o estado de conservação e demais características dos bens destinados ao consumo público e de tornarem públicos os correspondentes resultados, devendo o serviço ser prestado segundo tarifa que não ultrapasse o preço de custo;

j) Direito à presunção de boa fé das informações por elas prestadas;

l) Direito à acção popular;

Direitos dos Consumidores 431

m) Direito de queixa e denúncia, bem como direito de se constituírem como assistentes em sede de processo penal e a acompanharem o processo contra-ordenacional, quando o requeiram, apresentando memoriais, pareceres técnicos, sugestão de exames ou outras diligências de prova até que o processo esteja pronto para decisão final;

n) Direito à isenção do pagamento de custas, preparos e de imposto do selo, nos termos da Lei n.° 83/95, de 31 de Agosto;

o) Direito a receber apoio do Estado, através da administração central, regional e local, para a prossecução dos seus fins, nomeadamente no exercício da sua actividade no domínio da formação, informação e representação dos consumidores;

p) Direito a benefícios fiscais idênticos aos concedidos ou a conceder às instituições particulares de solidariedade social.

2 – Os direitos previstos nas alíneas *a*) e *b*) do número anterior são exclusivamente conferidos às associações de consumidores de âmbito nacional e de interesse genérico.

3 – O direito previsto na alínea *h*) do n.° 1 é conferido às associações de interesse genérico ou de interesse específico quando esse interesse esteja directamente relacionado com o bem ou serviço que é objecto da regulação de preços e, para os serviços de natureza não regional ou local, exclusivamente conferido a associações de âmbito nacional.

ARTIGO 19.° – **Acordos de boa conduta**

1 – As associações de consumidores podem negociar com os profissionais ou as suas organizações representativas acordos de boa conduta, destinados a reger as relações entre uns e outros.

2 – Os acordos referidos no número anterior não podem contrariar os preceitos imperativos da lei, designadamente os da lei da concorrência, nem conter disposições menos favoráveis aos consumidores do que as legalmente previstas.

3 – Os acordos de boa conduta celebrados com associações de consumidores de interesse genérico obrigam os profissionais ou representados em relação a todos os consumidores, sejam ou não membros das associações intervenientes.

4 – Os acordos atrás referidos devem ser objecto de divulgação, nomeadamente através da afixação nos estabelecimentos comer-

ciais, sem prejuízo da utilização de outros meios informativos mais circunstanciados.

Artigo 20.º – **Ministério Público**

Incumbe também ao Ministério Público a defesa dos consumidores no âmbito da presente lei e no quadro das respectivas competências, intervindo em acções administrativas e cíveis tendentes à tutela dos interesses individuais homogéneos, bem como de interesses colectivos ou difusos dos consumidores.

Artigo 21.º – **Instituto do Consumidor**

1 – O Instituto do Consumidor é o instituto público destinado a promover a política de salvaguarda dos direitos dos consumidores, bem como a coordenar e executar as medidas tendentes à sua protecção, informação e educação e de apoio às organizações de consumidores.

2 – Para a prossecução das suas atribuições, o Instituto do Consumidor é considerado autoridade pública e goza dos seguintes poderes:

a) Solicitar e obter dos fornecedores de bens e prestadores de serviços, bem como das entidades referidas no n.º 2 do artigo 2.º, mediante pedido fundamentado, as informações, os elementos e as diligências que entender necessários à salvaguarda dos direitos e interesses dos consumidores;

b) Participar na definição do serviço público de rádio e de televisão em matéria de informação e educação dos consumidores;

c) Representar em juízo os direitos e interesses colectivos e difusos dos consumidores;

d) Ordenar medidas cautelares de cessação, suspensão ou interdição de fornecimentos de bens ou prestações de serviços que, independentemente de prova de uma perda ou um prejuízo real, pelo seu objecto, forma ou fim, acarretem ou possam acarretar riscos para a saúde, a segurança e os interesses económicos dos consumidores.

Artigo 22.º – **Conselho Nacional do Consumo**

1 – O Conselho Nacional do Consumo é um órgão independente de

Direitos dos Consumidores 433

consulta e acção pedagógica e preventiva, exercendo a sua acção em todas as matérias relacionadas com o interesse dos consumidores.

2 – São, nomeadamente, funções do Conselho:

a) Pronunciar-se sobre todas as questões relacionadas com o consumo que sejam submetidas à sua apreciação pelo Governo, pelo Instituto do Consumidor, pelas, associações de consumidores ou por outras entidades nele representadas;

b) Emitir parecer prévio sobre iniciativas legislativas relevantes em matéria de consumo;

c) Estudar e propor ao Governo a definição das grandes linhas políticas e estratégicas gerais e sectoriais de acção na área do consumo;

d) Dar parecer sobre o relatório e o plano de actividades anuais do Instituto do Consumidor;

e) Aprovar recomendações a entidades públicas ou privadas ou aos consumidores sobre temas, actuações ou situações de interesse para a tutela dos direitos do consumidor.

3 – O Governo, através do Instituto do Consumidor, presta ao Conselho o apoio administrativo, técnico e logístico necessário.

4 – Incumbe ao Governo, mediante diploma próprio, regulamentar o funcionamento, a composição e o modo de designação dos membros do Conselho Nacional do Consumo, devendo em todo o caso ser assegurada uma representação dos consumidores não inferior a 50% da totalidade dos membros do Conselho.

CAPÍTULO V – **Disposições finais**

Artigo 23.º – **Profissões liberais**

O regime de responsabilidade por serviços prestados por profissionais liberais será regulado em leis próprias.

Artigo 24.º – **Norma revogatória**

1 – É revogada a Lei n.º 29/81, de 22 de Agosto.

2 – Consideram-se feitas à presente lei as referências à Lei n.º 29/81, de 22 de Agosto.

ARTIGO 25.º – **Vigência**

Os regulamentos necessários à execução da presente lei serão publicados no prazo de 180 dias após a sua entrada em vigor.

Aprovada em 23 de Maio de 1996.

O Presidente da Assembleia da República, *António de Almeida Santos.*

Promulgada em 4 de Julho de 1996.

Publique-se.

O Presidente da República, JORGE SAMPAIO.

Referendada em 7 de Julho de 1996.

O Primeiro-Ministro, *António Manuel de Oliveira Guterres.*

15. DIREITO À SEGURANÇA SOCIAL

a) Lei de Bases da Segurança Social

Lei n.° 32/2002, de 20 de Dezembro

Bases da Segurança Social

A Assembleia da República decreta, nos termos da alínea *c*) do artigo 161.° da Constituição, para valer como lei geral da República, o seguinte:

CAPÍTULO I – Objectivos e princípios

ARTIGO 1.° – Disposição geral

A presente lei define, nos termos previstos na Constituição da República Portuguesa, as bases gerais em que assenta o sistema de segurança social, adiante designado por sistema, bem como as atribuições prosseguidas pelas instituições de segurança social e a articulação com entidades particulares de fins análogos.

ARTIGO 2.° – Direito à segurança social

1 – Todos têm direito à segurança social.

2 – O direito à segurança social é efectivado pelo sistema e exercido nos termos estabelecidos na Constituição, nos instrumentos internacionais aplicáveis e na presente lei.

ARTIGO 3.º – **Irrenunciabilidade do direito à segurança social**

São nulas as cláusulas do contrato, individual ou colectivo, pelo qual se renuncie aos direitos conferidos pela presente lei.

ARTIGO 4.º – **Objectivos do sistema**

O sistema de segurança social visa prosseguir os seguintes objectivos:

a) Garantir a concretização do direito à segurança social;
b) Promover a melhoria das condições e dos níveis de protecção social e o reforço da respectiva equidade;
c) Proteger os trabalhadores e as suas famílias nas situações de falta ou diminuição de capacidade para o trabalho, de desemprego e de morte;
d) Proteger as pessoas que se encontrem em situação de falta ou diminuição de meios de subsistência;
e) Proteger as famílias através da compensação de encargos familiares;
f) Promover a eficácia social dos regimes prestacionais e a qualidade da sua gestão, bem como a eficiência e sustentabilidade financeira do sistema.

ARTIGO 5.º – **Composição do sistema**

1 – O sistema de segurança social abrange o sistema público de segurança social, o sistema de acção social e o sistema complementar.

2 – O sistema público de segurança social compreende o subsistema previdencial, o subsistema de solidariedade e o subsistema de protecção familiar.

3 – O sistema de acção social é desenvolvido por instituições públicas, designadamente pelas autarquias, e por instituições particulares sem fins lucrativos.

4 – O sistema complementar compreende regimes legais, regimes contratuais e esquemas facultativos.

ARTIGO 6.º – **Princípios gerais**

Constituem princípios gerais do sistema o princípio da universalidade, da igualdade, da solidariedade, da equidade social, da diferenciação positiva, da subsidiariedade social, da inserção social, da coesão geracional, do primado da responsabilidade pública, da complementaridade, da unidade, da descentralização, da participação, da eficácia, da conservação dos direitos adquiridos e em formação, da garantia judiciária e da informação.

ARTIGO 7.º – **Princípio da universalidade**

O princípio da universalidade consiste no acesso de todas as pessoas à protecção social assegurada pelo sistema, nos termos definidos por lei.

ARTIGO 8.º – **Princípio da igualdade**

O princípio da igualdade consiste na não discriminação dos beneficiários, designadamente em razão do sexo e da nacionalidade, sem prejuízo, quanto a esta, de condições de residência e de reciprocidade.

ARTIGO 9.º – **Princípio da solidariedade**

O princípio da solidariedade consiste na responsabilidade colectiva das pessoas entre si no plano nacional, laboral e intergeracional, na realização das finalidades do sistema e envolve o concurso do Estado no seu financiamento, nos termos da presente lei.

ARTIGO 10.º – **Princípio da equidade social**

O princípio da equidade social traduz-se no tratamento igual de situações iguais e no tratamento diferenciado de situações desiguais.

ARTIGO 11.º – **Princípio da diferenciação positiva**

O princípio da diferenciação positiva consiste na flexibilização e modulação das prestações em função dos rendimentos, das eventualidades sociais e de outros factores, nomeadamente de natureza familiar, social, laboral e demográfica.

ARTIGO 12.º – **Princípio da subsidiariedade social**

O princípio da subsidiariedade social assenta no reconhecimento do papel essencial das pessoas, das famílias e dos corpos intermédios na prossecução dos objectivos da segurança social.

Artigo 13.º – **Princípio da inserção social**

O princípio da inserção social caracteriza-se pela natureza activa, preventiva e personalizada das acções desenvolvidas no âmbito do sistema com vista a eliminar as causas de marginalização e exclusão social e a promover a dignificação humana.

Artigo 14.º – **Princípio da coesão geracional**

O princípio da coesão geracional implica um ajustado equilíbrio e equidade geracionais na assunção das responsabilidades do sistema.

Artigo 15.º – **Princípio do primado da responsabilidade pública**

O princípio do primado da responsabilidade pública consiste no dever do Estado de criar as condições necessárias à efectivação do direito à segurança social e de organizar, coordenar e subsidiar o sistema de segurança social.

Artigo 16.º – **Princípio da complementaridade**

O princípio da complementaridade consiste na articulação das várias formas de protecção social públicas, sociais, cooperativas, mutualistas e privadas com o objectivo de melhorar a cobertura das situações abrangidas e promover a partilha contratualizada das responsabilidades nos diferentes patamares da protecção social.

Artigo 17.º – **Princípio da unidade**

O princípio da unidade pressupõe uma actuação articulada dos diferentes sistemas, subsistemas e regimes de segurança social no sentido da sua harmonização e complementaridade.

Artigo 18.º – **Princípio da descentralização**

O princípio da descentralização manifesta-se pela autonomia das instituições, tendo em vista uma maior aproximação às populações, no quadro da organização e planeamento do sistema e das normas e orientações de âmbito nacional, bem como das funções de supervisão e fiscalização das autoridades públicas.

Lei de Bases da Segurança Social 439

Artigo 19.º – **Princípio da participação**

O princípio da participação envolve a responsabilização dos interessados na definição, no planeamento e gestão do sistema e no acompanhamento e avaliação do seu funcionamento.

Artigo 20.º – **Princípio da eficácia**

O princípio da eficácia consiste na concessão oportuna das prestações legalmente previstas, para uma adequada prevenção e reparação das eventualidades e promoção de condições dignas de vida.

Artigo 21.º – **Princípio da conservação dos direitos adquiridos e em formação**

O princípio da conservação dos direitos adquiridos e em formação visa assegurar o respeito por esses direitos nos termos da presente lei.

Artigo 22.º – **Princípio da garantia judiciária**

O princípio da garantia judiciária assegura aos interessados o acesso aos tribunais, em tempo útil, para fazer valer o seu direito às prestações.

Artigo 23.º – **Princípio da informação**

O princípio da informação consiste na divulgação a todas as pessoas dos seus direitos e deveres, bem como na informação da sua situação perante o sistema e no seu atendimento personalizado.

Artigo 24.º – **Administração do sistema**

Compete ao Estado garantir a boa administração do sistema público de segurança social e do sistema de acção social, bem como assegurar uma adequada e eficaz regulação, supervisão prudencial e fiscalização do sistema complementar.

Artigo 25.º – **Relação com sistemas estrangeiros**

1 – O Estado promove a celebração de instrumentos internacionais de coordenação sobre segurança social com o objectivo de ser garantida igualdade de tratamento às pessoas e suas famílias que exerçam actividade ou residam no território dos Estados em causa relativamente aos direitos e

obrigações nos termos da legislação aplicável, bem como a conservação dos direitos adquiridos e em formação.

2 – O Estado promove, igualmente, a participação ou a adesão a instrumentos que visem o desenvolvimento ou a convergência das normas de segurança social adoptadas no quadro de organizações internacionais com competência na matéria.

CAPÍTULO II – Sistema público de segurança social

SECÇÃO I – Disposições gerais

ARTIGO 26.° – **Objectivos**

1 – O sistema público de segurança social visa garantir aos respectivos beneficiários, de acordo com a legislação aplicável, o direito a determinados rendimentos traduzidos em prestações sociais exigíveis administrativa e judicialmente.

2 – O sistema estrutura-se com base no desenvolvimento do princípio da solidariedade:

a) No plano nacional, através da transferência de recursos entre os cidadãos, de forma a permitir a todos uma efectiva igualdade de oportunidades e a garantia de rendimentos sociais mínimos para os mais desfavorecidos;

b) No plano laboral, através do funcionamento de mecanismos redistributivos no âmbito da protecção de base profissional;

c) No plano intergeracional, através da combinação de métodos de financiamento em regime de repartição e de capitalização.

SECÇÃO II – Subsistema previdencial

ARTIGO 27.° – **Objectivos**

O subsistema previdencial visa garantir, assente num princípio de solidariedade de base profissional, prestações pecuniárias substitutivas de rendimentos de trabalho, perdido em consequência da verificação das eventualidades legalmente definidas.

Artigo 28.º – Âmbito pessoal

1 – São abrangidos obrigatoriamente no âmbito do subsistema previdencial, na qualidade de beneficiários, os trabalhadores por conta de outrem, ou legalmente equiparados, e os trabalhadores independentes.

2 – As pessoas que não exerçam actividade profissional ou que, exercendo-a, não sejam, por esse facto, enquadradas obrigatoriamente nos termos do número anterior, podem aderir, facultativamente, à protecção social definida na presente secção, nas condições previstas na lei.

Artigo 29.º – Âmbito material

1 – A protecção social regulada na presente secção integra as seguintes eventualidades:

a) Doença;
b) Maternidade, paternidade e adopção;
c) Desemprego;
d) Acidentes de trabalho e doenças profissionais;
e) Invalidez;
f) Velhice;
g) Morte.

2 – O elenco das eventualidades protegidas pode ser alargado, em função da necessidade de dar cobertura a novos riscos sociais, ou reduzido, nos termos e condições legalmente previstos, em função de determinadas situações e categorias de beneficiários.

Artigo 30.º – **Princípio da contributividade**

O subsistema previdencial deve ser fundamentalmente autofinanciado, tendo por base uma relação sinalagmática directa entre a obrigação legal de contribuir e o direito às prestações.

Artigo 31.º – **Regimes abrangidos**

1 – O subsistema previdencial abrange o regime geral de segurança social aplicável à generalidade dos trabalhadores por conta de outrem e aos trabalhadores independentes, os regimes especiais, bem como os regimes de inscrição facultativa abrangidos pelo n.º 2 do artigo 28.º

442   *Direitos Económicos, Sociais e Culturais em Especial*

2 – Sem prejuízo do disposto no artigo 124.° da presente lei, o sistema público de segurança social integra os trabalhadores e as entidades patronais, respectivamente como beneficiários e contribuintes, que por ele não se encontram ainda abrangidos, nos termos a definir por lei, ouvidas as partes interessadas.

ARTIGO 32.° – **Condições de acesso**

1 – Para efeitos de protecção social conferida pelo subsistema previdencial é obrigatória a inscrição dos trabalhadores referidos no n.° 1 do artigo 28.° e das respectivas entidades empregadoras, quando se trate de trabalhadores por conta de outrem, assim como devem ser cumpridas as obrigações contributivas.

2 – As entidades empregadoras são responsáveis pela inscrição no subsistema previdencial dos trabalhadores ao seu serviço.

3 – Sem prejuízo do disposto nos instrumentos internacionais aplicáveis, a obrigatoriedade de inscrição no subsistema previdencial é exigível aos trabalhadores que se encontrem a prestar serviço em Portugal, pelo período a fixar por lei.

ARTIGO 33.° – **Prestações**

1 – A protecção nas eventualidades cobertas pelos regimes de segurança social é realizada pela concessão de prestações pecuniárias destinadas a substituir os rendimentos da actividade profissional perdidos, bem como a compensar a perda de capacidade de ganho.

2 – A diversidade das actividades profissionais e as suas especificidades, bem como a existência de outros factores atendíveis, podem determinar alterações da forma da protecção garantida.

ARTIGO 34.° – **Condições de atribuição das prestações**

1 – A atribuição das prestações depende da inscrição no subsistema previdencial e, nas eventualidades em que seja exigido, do decurso de um período mínimo de contribuição ou situação equivalente.

2 – O decurso do período previsto no número anterior pode ser considerado como cumprido pelo recurso à totalização de períodos contributivos ou equivalentes, registados no quadro de regimes de protecção social, nacionais ou estrangeiros, nos termos previstos na lei interna ou em instrumentos internacionais aplicáveis.

Lei de Bases da Segurança Social   443

3 – A falta de declaração do exercício de actividade profissional ou a falta do pagamento de contribuições relativas a períodos de exercício de actividade profissional dos trabalhadores por conta de outrem que lhes não seja imputável não prejudica o direito às prestações.

ARTIGO 35.º – **Determinação dos montantes das prestações**

1 – O valor das remunerações registadas constitui a base de cálculo para a determinação do montante das prestações pecuniárias substitutivas dos rendimentos, reais ou presumidos, da actividade profissional.

2 – Sem prejuízo do disposto no número anterior, a determinação dos montantes das prestações pode igualmente ter em consideração outros elementos, nomeadamente e consoante os casos, a natureza do risco social, a duração da carreira contributiva, a idade do beneficiário, o grau de incapacidade ou os encargos familiares e educativos.

3 – Sempre que as prestações pecuniárias dos regimes de segurança social se mostrem inferiores aos montantes mínimos legalmente fixados é garantida a concessão daquele valor ou a atribuição de prestações que as complementem.

4 – No caso de prestações destinadas a cobrir as eventualidades de doença ou de desemprego, o valor líquido a pagar não pode ser superior ao valor líquido da remuneração de referência que serve de base ao cálculo da prestação a que o beneficiário teria direito a receber se estivesse a trabalhar, nos termos a definir por lei.

ARTIGO 36.º – **Apoio à maternidade**

A lei define as condições de apoio à maternidade podendo prever e regulamentar mecanismos de bonificação das pensões das mulheres em função do número de filhos.

ARTIGO 37.º – **Assistência a filhos menores**

A lei assegura a formação dos direitos de atribuição das pensões referentes as eventualidades previstas nas alíneas *d*) a *g*) do n.º 1 do artigo 29.º, tendo em vista uma justa e harmoniosa conciliação entre as responsabilidades familiares, educativas e profissionais dos beneficiários.

ARTIGO 38.º – **Princípio de convergência das pensões mínimas**

1 – Os mínimos legais das pensões de invalidez e de velhice são fixados, tendo em conta as carreiras contributivas, com referência e até ao limite do valor da remuneração mínima mensal garantida à generalidade dos trabalhadores, deduzida da quotização correspondente à taxa contributiva normal do regime dos trabalhadores por conta de outrem.

2 – As pensões que não atinjam o valor mínimo previsto no número anterior correspondentes às suas carreiras contributivas são acrescidas do complemento social previsto na alínea *c*) do n.º 1 do artigo 57.º, de montante a fixar na lei.

3 – Sem prejuízo do disposto no número seguinte, a fixação dos mínimos legais das pensões de invalidez e de velhice convergirá para o valor da remuneração mínima mensal garantida à generalidade dos trabalhadores, deduzida da quotização correspondente à taxa contributiva normal do regime dos trabalhadores por conta de outrem, e será estabelecida com base no sistema de escalões relacionados com as carreiras contributivas:

a) Até 14 anos de carreira contributiva inclusive, será igual a 65% da remuneração mínima mensal garantida à generalidade dos trabalhadores, deduzida da quotização a que se refere o n.º 1 do presente artigo;

b) Entre 15 e 20 anos de carreira contributiva inclusive, será igual a 72,5%da remuneração mínima mensal garantida à generalidade dos trabalhadores, deduzida da quotização a que se refere o n.º 1 do presente artigo;

c) Entre 21 e 30 anos de carreira contributiva inclusive, será igual a 80% da remuneração mínima mensal garantida à generalidade dos trabalhadores, deduzida da quotização a que se refere o n.º 1 do presente artigo;

d) Mais de 30 anos de carreira contributiva, será igual à da remuneração mínima mensal garantida à generalidade dos trabalhadores, deduzida da quotização a que se refere o n.º 1 do presente artigo.

4 – O escalonamento de convergência das carreiras contributivas previsto no número anterior, será concretizado, de forma gradual e progressiva, no prazo máximo de quatro anos contado após a data da entrada em vigor do Orçamento de Estado para 2003.

Lei de Bases da Segurança Social 445

5 – A verificação de condições económicas, orçamentais ou outras excepcionalmente adversas, poderão justificar uma dilação máxima de um ano na aplicação do disposto nos números anteriores.

ARTIGO 39.º – **Complemento familiar nas pensões mínimas**

É criado, nos termos e condições a definir por lei, um complemento familiar para as pensões mínimas, a atribuir aos beneficiários casados, ou em situação legalmente equiparada, cujos rendimentos globais sejam inferiores à remuneração mínima mensal garantida à generalidade dos trabalhadores deduzida da quotização correspondente à taxa contributiva normal do regime dos trabalhadores por conta de outrem e desde que possuam mais de 75 anos de idade, por forma a garantir que aufiram um valor igual àquela remuneração líquida.

ARTIGO 40.º – **Quadro legal das pensões**

1 – O quadro legal das pensões deve ser, gradualmente, adaptado aos novos condicionalismos sociais, de modo a garantir-se a maior equidade e justiça social na sua atribuição.

2 – A lei pode prever a diferenciação positiva das taxas de substituição a favor dos beneficiários com mais baixas remunerações, desde que respeitado o princípio da contributividade.

3 – O cálculo das pensões de velhice e de invalidez tem por base os rendimentos de trabalho, revalorizados, de toda a carreira contributiva, nos termos da lei.

ARTIGO 41.º – **Revalorização da base de cálculo das pensões**

Os valores das remunerações que sirvam de base de cálculo das pensões devem ser actualizados de acordo com os critérios estabelecidos em diploma legal, nomeadamente tendo em conta a inflação.

ARTIGO 42.º – **Flexibilização da idade da reforma**

A lei pode consagrar medidas de flexibilidade da idade legal para atribuição de pensões, através de mecanismos de redução ou bonificação das pensões, consoante se trate de idade inferior ou superior à que se encontra definida nos termos gerais.

ARTIGO 43.º – **Pensões parciais**

A lei pode prever e regulamentar a consagração de pensões parciais em acumulação com prestações de trabalho a tempo parcial.

ARTIGO 44.º – **Conservação dos direitos adquiridos e em formação**

1 – É aplicável aos regimes de segurança social o princípio da conservação dos direitos adquiridos e em formação.
2 – Para efeito do número anterior, consideram-se:

a) Direitos adquiridos, os que já se encontram reconhecidos ou possam sê-lo por se encontrarem cumpridas as respectivas condições legais;
b) Direitos em formação, os correspondentes aos períodos contributivos e valores de remunerações registadas em nome do beneficiário.

3 – Os beneficiários mantêm o direito às prestações pecuniárias dos regimes de segurança social ainda que transfiram a residência do território nacional, salvo o que estiver estabelecido em instrumentos internacionais aplicáveis.
4 – Os efeitos da inscrição não se extinguem pelo decurso do tempo.

ARTIGO 45.º – **Obrigação contributiva**

1 – Os beneficiários e, no caso de exercício de actividade profissional subordinada, as respectivas entidades empregadoras, são obrigados a contribuir para os regimes de segurança social.
2 – A obrigação contributiva das entidades empregadoras constitui-se com o início do exercício da actividade profissional pelos trabalhadores ao seu serviço, sendo os termos do seu cumprimento estabelecidos no quadro do respectivo regime de segurança social.
3 – A obrigação contributiva dos trabalhadores independentes constitui-se com a participação do exercício de actividade às entidades legalmente definidas.

ARTIGO 46.º – **Determinação do montante das quotizações e das contribuições**

1 – O montante das quotizações dos trabalhadores por conta de outrem e das contribuições das entidades empregadoras é determinado

pela incidência da taxa contributiva do regime dos trabalhadores por conta de outrem sobre as remunerações até ao limite superior contributivo igualmente fixado na lei.

2 – Acima do limite superior contributivo a percentagem da quotização e da contribuição relativa à taxa contributiva do regime dos trabalhadores por conta de outrem devida corresponde às eventualidades sobre as quais não incide aquele limite, nos termos a definir por lei.

3 – As taxas contributivas são fixadas, actuarialmente, em função do custo da protecção das eventualidades previstas, sem prejuízo de adequações em razão da natureza das entidades contribuintes, das actividades económicas em causa, das situações específicas dos beneficiários ou de políticas conjunturais de emprego.

4 – Entre o limite superior contributivo a que se refere o n.º 1 do presente artigo e um valor indexado a um factor múltiplo do valor da remuneração mínima mensal garantida para a generalidade dos trabalhadores por conta de outrem, a lei pode prever, salvaguardando os direitos adquiridos e em formação bem como o princípio da solidariedade, a livre opção dos beneficiários entre o sistema público de segurança social e o sistema complementar.

5 – Nos casos de opção previstos no número anterior assegura-se a igualdade de tratamento fiscal, independentemente do beneficiário optar pelo sistema público de segurança social ou pelo sistema complementar.

6 – Sempre que o beneficiário tiver optado pelo sistema complementar, nos termos do n.º 4 do presente artigo, aplicar-se-á a regra estabelecida no n.º 2.

7 – A determinação legal dos limites contributivos a que se referem os n.os 2 e 4 deverá ter por base uma proposta do Governo, submetida à apreciação prévia da Comissão Executiva do Conselho Nacional de Segurança Social previsto no artigo 116.º, que garanta a sustentabilidade financeira do sistema público de segurança social e o princípio da solidariedade.

8 – Salvaguardando os direitos adquiridos e em formação, os limites contributivos a que se refere o número anterior são indexados a um factor múltiplo do valor da remuneração mínima mensal garantida para a generalidade dos trabalhadores por conta de outrem.

9 – O montante das quotizações inerente à obrigação contributiva dos trabalhadores independentes é fixado por lei.

Artigo 47.º – **Responsabilidade pelo pagamento das contribuições**

1 – As entidades empregadoras são responsáveis pelo pagamento das contribuições por si devidas e das quotizações correspondentes aos trabalhadores ao seu serviço, devendo descontar, nas remunerações a estes pagas, o valor daquelas quotizações.

2 – São nulas as cláusulas do contrato, individual ou colectivo, pelo qual o trabalhador assuma a obrigação de pagar, total ou parcialmente, as contribuições a cargo da entidade empregadora.

3 – Os trabalhadores que não exerçam actividade profissional subordinada são responsáveis pelo pagamento das suas próprias quotizações.

4 – O estabelecido nos números anteriores não prejudica o disposto no n.º 5 do artigo 46.º

Artigo 48.º – **Restituição e cobrança coerciva das contribuições ou prestações**

1 – A cobrança coerciva dos valores relativos às quotizações, às contribuições e às prestações indevidamente pagas é efectuada através de processo executivo e de secção de processos da segurança social.

2 – As prestações pagas aos beneficiários que a elas não tinham direito devem ser restituídas nos termos previstos na lei.

Artigo 49.º – **Prescrição das contribuições**

1 – A obrigação do pagamento das cotizações e das contribuições prescreve no prazo de cinco anos a contar da data em que aquela obrigação deveria ter sido cumprida.

2 – A prescrição interrompe-se por qualquer diligência administrativa, realizada com conhecimento do responsável pelo pagamento conducente à liquidação ou à cobrança da dívida.

SECÇÃO III – **Subsistema de solidariedade**

Artigo 50.º – **Objectivos**

1 – O subsistema de solidariedade destina-se a assegurar, com base na solidariedade de toda a comunidade, direitos essenciais por forma a prevenir e a erradicar situações de pobreza e de exclusão e a promover o bem-estar e a coesão sociais, bem como a garantir prestações em situações de

Lei de Bases da Segurança Social 449

comprovada necessidade pessoal ou familiar, não incluídas no subsistema previdencial.

2 – O subsistema de solidariedade abrange também situações de compensação social ou económica em virtude de insuficiências contributivas ou prestativas do subsistema previdencial.

ARTIGO 51.º – **Incapacidade absoluta e definitiva**

O subsistema de solidariedade abrange ainda a cobertura da eventualidade de incapacidade absoluta e definitiva dos beneficiários do subsistema previdencial, na parte necessária para cobrir a insuficiência da carreira contributiva dos mesmos em relação ao correspondente valor da pensão de invalidez, calculada com base numa carreira contributiva completa.

ARTIGO 52.º – **Âmbito pessoal**

1 – O subsistema de solidariedade abrange os cidadãos nacionais, podendo ser tornado extensivo, nas condições estabelecidas na lei, a refugiados, apátridas e estrangeiros com residência em Portugal.

2 – O acesso às prestações obedece aos princípios da equidade social e da diferenciação positiva e deve contribuir para promover a inserção social das pessoas e famílias beneficiárias.

ARTIGO 53.º – **Âmbito material**

1 – O subsistema de solidariedade abrange as seguintes eventualidades:

a) Falta ou insuficiência de recursos económicos dos indivíduos e dos agregados familiares para a satisfação das suas necessidades essenciais e para a promoção da sua progressiva inserção social e profissional;

b) Invalidez;

c) Velhice;

d) Morte;

e) Insuficiência de prestações substitutivas dos rendimentos do trabalho, por referência a valores mínimos legalmente fixados.

2 – O subsistema de solidariedade pode ainda abranger os encargos resultantes de isenção, redução ou bonificação de taxas contributivas e de antecipação da idade de reforma.

Artigo 54.º – **Regimes abrangidos**

O subsistema de solidariedade abrange o regime não contributivo, o regime especial de segurança social das actividades agrícolas, os regimes transitórios ou outros formalmente equiparados a não contributivos e o rendimento social de inserção.

Artigo 55.º – **Condições de acesso**

1 – A atribuição das prestações do subsistema de solidariedade depende da identificação dos interessados, de residência legal em território nacional e demais condições fixadas na lei.

2 – A concessão das prestações não depende de inscrição nem envolve o pagamento de contribuições, sendo determinada em função dos recursos do beneficiário e da sua família.

Artigo 56.º – **Condições de acesso para não nacionais**

A lei pode fazer depender da verificação de determinadas condições, nomeadamente de períodos mínimos de residência, o acesso de residentes estrangeiros, não equiparados a nacionais por instrumentos internacionais de segurança social, de refugiados e de apátridas à protecção social garantida no âmbito do subsistema de solidariedade.

Artigo 57.º – **Prestações**

1 – A protecção concedida no âmbito do subsistema de solidariedade concretiza-se através da concessão das seguintes prestações:

a) Prestações de rendimento social de inserção, nas situações referidas na alínea a) do n.º 1 do artigo 53.º;

b) Pensões nas eventualidades referidas nas alíneas b) a d) do n.º 1 do artigo 53.º;

c) Complementos sociais nas situações referidas na alínea e) do n.º 1 do artigo 53.º;

d) Créditos ou vales sociais consignados a determinadas despesas sociais, designadamente renda de casa, educação especial e custo da frequência de equipamentos sociais, nos termos e condições a definir por lei.

2 – As prestações concedidas no âmbito do subsistema de solidarie-

dade que se refiram a situações de deficiência profunda e de dependência podem incluir uma majoração social a determinar por lei.

3 – As prestações a que se refere o número anterior podem ser pecuniárias ou em espécie.

ARTIGO 58.º – **Montantes das prestações**

1 – Os montantes das prestações pecuniárias do subsistema de solidariedade serão fixados por lei com o objectivo de garantir as necessidades vitais dos beneficiários.

2 – Os montantes das prestações referidas no número anterior devem ser fixados em função dos rendimentos dos beneficiários e das respectivas famílias, bem como da sua dimensão, podendo os mesmos ser modificados em consequência da alteração desses rendimentos, da composição e dimensão do agregado familiar ou ainda de outros factores legalmente previstos.

ARTIGO 59.º – **Valor mínimo das pensões**

1 – O valor mínimo das pensões de velhice ou de invalidez atribuídas no âmbito do subsistema de solidariedade não pode ser inferior a 50% do valor da remuneração mínima mensal garantida à generalidade dos trabalhadores deduzida da quotização correspondente à taxa contributiva normal do regime dos trabalhadores por conta de outrem, a que acresce o complemento extraordinário de solidariedade, criado pela Lei n.º 30-C/2000, de 29 de Dezembro.

2 – A convergência para este valor será feita nos termos estabelecidos nos n.ºs 3 e 4 do artigo 38.º

3 – O valor mínimo das pensões de velhice ou de invalidez do regime especial de segurança social das actividades agrícolas, atribuídas no âmbito do subsistema de solidariedade, não pode ser inferior a 60% do valor da remuneração mínima mensal garantida à generalidade dos trabalhadores, deduzida da quotização correspondente à taxa contributiva normal do regime dos trabalhadores por conta de outrem.

ARTIGO 60.º – **Contratualização da inserção**

A lei prevê, no âmbito das condições de atribuição das prestações do subsistema de solidariedade, sempre que tal se mostre ajustado, a assunção, por parte dos beneficiários, de um compromisso contratualizado de inserção e do seu efectivo cumprimento.

SECÇÃO IV – **Subsistema de protecção familiar**

ARTIGO 61.º – **Objectivo**

O subsistema de protecção familiar visa assegurar a compensação de encargos familiares acrescidos quando ocorram as eventualidades legalmente previstas.

ARTIGO 62.º – **Âmbito pessoal**

O subsistema de protecção familiar aplica-se à generalidade das pessoas.

ARTIGO 63.º – **Âmbito material**

O subsistema de protecção familiar abrange, nomeadamente, as seguintes eventualidades:

a) Encargos familiares;
b) Encargos no domínio da deficiência;
c) Encargos no domínio da dependência.

ARTIGO 64.º – **Condições de acesso**

1 – É condição geral de acesso à protecção prevista na presente secção a residência em território nacional.

2 – A lei pode prever condições especiais de acesso em função das eventualidades a proteger.

ARTIGO 65.º – **Condições de acesso para não nacionais**

A lei pode fazer depender da verificação de determinadas condições, nomeadamente de períodos mínimos de residência, o acesso de residentes estrangeiros, não equiparados a nacionais por instrumentos internacionais de segurança social, de refugiados e de apátridas à protecção social garantida no âmbito da presente secção.

ARTIGO 66.º – **Prestações**

1 – A protecção nas eventualidades previstas no âmbito do subsistema de protecção familiar concretiza-se através da concessão de prestações pecuniárias.

Lei de Bases da Segurança Social   453

2 – A protecção concedida no âmbito deste subsistema é susceptível de ser alargada, de forma gradual e progressiva, tomando em consideração as mutações sociais e tendo em vista a satisfação de novas necessidades familiares, nomeadamente nos casos de pessoas com menores a cargo, de pessoas com deficiência, de pessoas dependentes ou de pessoas idosas.

3 – A lei pode prever, com vista a assegurar uma melhor cobertura dos riscos sociais, a concessão de prestações em espécie.

4 – O direito às prestações do subsistema de protecção familiar é reconhecido sem prejuízo da eventual atribuição de prestações da acção social relativas à alínea *a*) do artigo 84.º

Artigo 67.º – **Montantes das prestações**

Os montantes das prestações pecuniárias a atribuir no âmbito da protecção prevista na presente secção são estabelecidos em função dos rendimentos, da composição e da dimensão dos agregados familiares dos beneficiários e dos encargos escolares, podendo ser modificados nos termos e condições a fixar por lei.

Artigo 68.º – **Articulação com o sistema fiscal**

As prestações concedidas no âmbito do subsistema de protecção familiar devem ser harmonizadas com o sistema fiscal, garantindo o princípio da neutralidade, designadamente em sede de dedução à colecta no âmbito do imposto sobre o rendimento das pessoas singulares.

SECÇÃO V – **Disposições comuns**

SUBSECÇÃO – **Prestações**

Artigo 69.º – **Acumulação de prestações**

1 – Salvo disposição legal em contrário, não são cumuláveis entre si as prestações emergentes do mesmo facto, desde que respeitantes ao mesmo interesse protegido.

2 – As regras sobre acumulação de prestações pecuniárias emergentes de diferentes eventualidades são reguladas na lei, não podendo, em caso algum, resultar da sua aplicação montante inferior ao da prestação mais elevada nem excesso sobre o valor total.

3 – Para efeitos de acumulação de prestações pecuniárias podem ser tomadas em conta prestações concedidas por sistemas de segurança social estrangeiros, sem prejuízo do disposto nos instrumentos internacionais aplicáveis.

ARTIGO 70.º – **Prescrição do direito às prestações**

O direito às prestações pecuniárias vencidas prescreve a favor das instituições devedoras no prazo de cinco anos, contado a partir da data em que as mesmas são postas a pagamento, com conhecimento do credor.

ARTIGO 71.º – **Responsabilidade civil de terceiros**

No caso de concorrência pelo mesmo facto do direito a prestações pecuniárias dos regimes de segurança social com o de indemnização a suportar por terceiros, as instituições de segurança social ficam sub--rogadas nos direitos do lesado até ao limite do valor das prestações que lhes cabe conceder.

SUBSECÇÃO II – **Garantias e contencioso**

ARTIGO 72.º – **Deveres do Estado e dos beneficiários**

1 – Compete ao Estado garantir aos beneficiários informação periódica relativa aos seus direitos, adquiridos e em formação, designadamente em matéria de pensões.

2 – Os beneficiários têm o dever de cooperar com as instituições de segurança social, cabendo-lhes, designadamente, ser verdadeiros nas suas declarações e requerimentos e submeter-se aos exames de verificação necessários para a concessão ou manutenção das prestações a que tenham direito.

ARTIGO 73.º – **Intransmissibilidade e penhorabilidade parcial das prestações**

1 – As prestações concedidas pelas instituições de segurança social são intransmissíveis.

2 – As prestações dos regimes de segurança social são parcialmente penhoráveis nos termos da lei geral.

Artigo 74.º – **Garantia do direito à informação**

Os beneficiários e as entidades empregadoras têm direito a informação adequada sobre os direitos e obrigações decorrentes da presente lei e legislação complementar.

Artigo 75.º – **Certificação da regularidade das situações**

1 – Qualquer pessoa ou entidade sujeita a obrigações perante as instituições de segurança social pode requerer, em qualquer momento, que lhe seja passada declaração comprovativa do regular cumprimento dessas obrigações.

2 – Quando não seja passada a declaração comprovativa mencionada no número anterior, o particular pode solicitar aos tribunais administrativos que intimem a Administração a passar o documento pretendido, nos termos da legislação em vigor.

Artigo 76.º – **Confidencialidade**

1 – As instituições de segurança social abrangidas pela presente lei devem assegurar a confidencialidade dos dados de natureza estritamente privada de que disponham, relativos à situação pessoal, económica ou financeira de quaisquer pessoas ou entidades.

2 – A obrigação prevista no número anterior cessa mediante autorização do respectivo interessado ou sempre que haja obrigação legal de divulgar os dados abrangidos pela confidencialidade.

Artigo 77.º – **Reclamações e queixas**

1 – Os interessados na concessão de prestações do sistema podem apresentar reclamações ou queixas sempre que se considerem lesados nos seus direitos.

2 – As reclamações ou queixas são dirigidas às instituições a quem compete conceder as prestações, sem prejuízo do direito de recurso e acção contenciosa, nos termos da presente lei e demais legislação aplicável.

3 – O processo para apreciar reclamações tem carácter de urgência.

Artigo 78.º – **Recurso contencioso**

1 – Os interessados a quem seja negada prestação devida ou a sua inscrição no sistema ou que, por qualquer forma, sejam lesados por acto

contrário ao previsto nesta lei têm direito de acesso aos tribunais administrativos, nos termos das leis que regulam o respectivo regime contencioso.

2 – A lei estabelece as situações de carência para efeitos de apoio judiciário.

ARTIGO 79.º – **Declaração de nulidade**

Os actos administrativos de atribuição de direitos ou de reconhecimento de situações jurídicas, baseados em informações falsas, prestadas dolosamente ou com má fé pelos beneficiários, são nulos e punidos nos termos da legislação aplicável.

ARTIGO 80.º – **Revogação de actos inválidos**

1 – Os actos administrativos de atribuição de direitos ou de pagamento de prestações inválidos são revogados nos termos e nos prazos previstos na lei, sem prejuízo do disposto no número seguinte.

2 – Os actos administrativos de atribuição de prestações continuadas inválidos podem, ultrapassado o prazo da lei geral, ser revogados com eficácia para o futuro.

ARTIGO 81.º – **Incumprimento das obrigações legais**

A falta de cumprimento das obrigações legais relativas, designadamente, à inscrição no sistema, ao enquadramento nos regimes e ao cumprimento das obrigações contributivas, bem como a adopção de procedimentos, por acção ou omissão, tendentes à obtenção indevida de prestações, consubstanciam contra-ordenações ou ilícitos criminais, nos termos definidos por lei.

CAPÍTULO III – Sistema de acção social

ARTIGO 82.º – **Objectivos**

1 – O sistema de acção social tem como objectivos fundamentais a prevenção e reparação de situações de carência e desigualdade sócio-económica, de dependência, de disfunção, exclusão ou vulnerabilidade sociais, bem como a integração e promoção comunitárias das pessoas e o desenvolvimento das respectivas capacidades.

Lei de Bases da Segurança Social 457

2 – A acção social destina-se também a assegurar a especial protecção aos grupos mais vulneráveis, nomeadamente crianças, jovens, pessoas com deficiência e idosos, bem como a outras pessoas em situação de carência económica ou social, disfunção ou marginalização social, desde que estas situações não possam ser superadas através do subsistema de solidariedade.

ARTIGO 83.º – **Princípios orientadores**

Para a prossecução dos seus objectivos, o sistema de acção social obedece aos seguintes princípios:

a) Satisfação das necessidades essenciais das pessoas e das famílias mais carenciadas;

b) Prevenção perante os fenómenos económicos e sociais susceptíveis de fragilizar as pessoas e as comunidades;

c) Promoção da maternidade e paternidade como valores humanos inalienáveis;

d) Intervenção prioritária das entidades mais próximas das pessoas carenciadas;

e) Desenvolvimento social através da qualificação e integração comunitária dos indivíduos;

f) Garantia da equidade, da justiça social e da igualdade de tratamento dos potenciais beneficiários;

g) Contratualização das respostas numa óptica de envolvimento e de responsabilização dos destinatários;

h) Personalização, selectividade e flexibilidade das prestações e dos apoios sociais, de modo a permitir a sua adequação e eficácia;

i) Utilização eficiente dos serviços e equipamentos sociais, com eliminação de sobreposições, lacunas de actuação e assimetrias na disposição geográfica dos recursos envolvidos;

j) Valorização das parcerias, constituídas por entidades públicas e particulares, para uma actuação integrada junto das pessoas e das famílias;

l) Estímulo do voluntariado social, tendo em vista assegurar uma maior participação e envolvimento da sociedade civil na promoção do bem-estar e uma maior harmonização das respostas sociais;

m) Desenvolvimento de uma articulação eficiente entre as entidades com responsabilidades sociais e os serviços de saúde e assistência.

458   *Direitos Económicos, Sociais e Culturais em Especial*

ARTIGO 84.º – **Prestações**

A protecção nas eventualidades a que se refere o presente capítulo realiza-se, nomeadamente, através da concessão de:

a) Prestações pecuniárias, de carácter eventual e em condições de excepcionalidade;
b) Prestações em espécie;
c) Acesso à rede nacional de serviços e equipamentos sociais;
d) Apoio a programas de combate à pobreza, disfunção, marginalização e exclusão sociais.

ARTIGO 85.º – **Rede de serviços e equipamentos**

1 – O Estado deve promover e incentivar a organização de uma rede nacional de serviços e equipamentos sociais de apoio às pessoas e às famílias, envolvendo a participação e colaboração dos diferentes organismos da administração central, das autarquias locais, das instituições particulares de solidariedade social e outras instituições, públicas ou privadas, de reconhecido interesse público sem fins lucrativos.

2 – O acesso à rede de serviços e equipamentos pode ser comparticipado pelo Estado, quer através da cooperação com as instituições referidas no artigo 87.º, quer através do financiamento directo às famílias.

3 – Inclui-se no âmbito do n.º 1 a criação de centros de apoio à vida, nos termos a definir por lei.

ARTIGO 86.º – **Desenvolvimento da acção social**

1 – A acção social é desenvolvida pelo Estado, pelas autarquias e por instituições privadas sem fins lucrativos, em consonância com os princípios definidos no artigo 83.º da presente lei e de acordo com as prioridades e os programas definidos pelo Estado.

2 – O desenvolvimento público da acção social não prejudica o princípio da responsabilidade das pessoas, das famílias e das comunidades na prossecução do bem-estar social.

3 – O apoio à acção social pode ser desenvolvido através de subvenções, programas de cooperação e protocolos com as instituições particulares de solidariedade social ou por financiamento directo às famílias beneficiárias.

4 – O exercício da acção social rege-se pelo princípio da subsidia-

Lei de Bases da Segurança Social 459

riedade, considerando-se prioritária a intervenção das entidades com maior relação de proximidade com as pessoas.

5 – Sempre que tal se revele ajustado aos objectivos a atingir devem ser constituídas parcerias, para a intervenção integrada das várias entidades públicas, sociais, cooperativas, mutualistas e privadas, que promovam o desenvolvimento da acção social.

6 – A lei define o quadro legal da cooperação e da parceria previstas no n.° 5 do presente artigo.

ARTIGO 87.° – **Instituições particulares de solidariedade social**

1 – O Estado apoia e valoriza as instituições particulares de solida-riedade social, designadamente através de acordos ou protocolos de cooperação institucional, prestativa, financeira e técnica celebrados para o efeito sem prejuízo da respectiva natureza, autonomia e identidade.

2 – As instituições particulares de solidariedade social podem ser diferenciadas positivamente nos apoios a conceder, em função das prioridades de política social e da qualidade comprovada do seu desempenho.

ARTIGO 88.° – **Registo**

As instituições particulares de solidariedade social e outras de reconhecido interesse público sem carácter lucrativo, consagradas no n.° 5 do artigo 63.° da Constituição, estão sujeitas a registo obrigatório.

ARTIGO 89.° – **Fiscalização**

O Estado exerce poderes de fiscalização e inspecção sobre as instituições particulares de solidariedade social e outras de reconhecido interesse público, sem carácter lucrativo, que prossigam objectivos de natureza social, por forma a garantir o efectivo cumprimento dos seus objectivos no respeito pela lei, bem como a defesa dos interesses dos beneficiários da sua acção e ainda aferir da prossecução efectiva dos acordos e protocolos livremente celebrados.

ARTIGO 90.° – **Autonomia**

As instituições particulares de solidariedade social podem exercer todos os meios de tutela contenciosa junto dos tribunais administrativos para defesa da sua autonomia.

ARTIGO 91.º – **Voluntariado**

A lei incentiva o voluntariado e promove a participação solidária em acções daquela natureza num quadro de liberdade e responsabilidade, tendo em vista um envolvimento efectivo da comunidade no desenvolvimento da acção social.

ARTIGO 92.º – **Das empresas**

1 – O Estado estimula as empresas a desenvolver equipamentos e serviços de acção social, em especial no domínio do apoio à maternidade e à infância, e que privilegiem uma repartição mais equilibrada das responsabilidades familiares, educativas e profissionais dos pais trabalhadores.

2 – O estímulo às empresas previsto no número anterior pode ser concretizado através de incentivos ou bonificações de natureza fiscal e da utilização de recursos de fundos estruturais europeus.

ARTIGO 93.º – **Iniciativas dos particulares**

O exercício do apoio social prosseguido por entidades privadas com fins lucrativos carece de licenciamento prévio e está sujeito à inspecção e fiscalização do Estado, nos termos da lei.

CAPÍTULO IV – **Sistema complementar**

ARTIGO 94.º – **Composição**

1 – O sistema complementar compreende regimes legais, regimes contratuais e esquemas facultativos.

2 – Os regimes complementares legais visam a cobertura de eventualidades ou a atribuição de prestações em articulação com o sistema público de segurança social nos casos previstos na lei.

3 – Os regimes complementares contratuais visam a atribuição de prestações complementares do subsistema previdencial na parte não coberta por este, designadamente incidindo sobre a parte das remunerações em relação às quais a lei determina que não há incidência de contribuições obrigatórias, bem como a protecção face a eventualidades não cobertas pelo subsistema previdencial.

4 – Os esquemas complementares facultativos visam o reforço da auto-protecção voluntária dos respectivos interessados.

5 – Os regimes complementares podem ser de iniciativa do Estado, das empresas, das associações sindicais, patronais e profissionais.

ARTIGO 95.º – **Articulação dos regimes complementares**

A lei reconhece e promove em articulação com o sistema fiscal os diferentes regimes do sistema complementar convencionados no âmbito da contratação colectiva.

ARTIGO 96.º – **Natureza dos regimes complementares legais**

Os regimes complementares legais assumem natureza obrigatória para as pessoas e eventualidades que a lei definir.

ARTIGO 97.º – **Natureza dos regimes complementares contratuais**

Os regimes complementares contratuais podem assumir a forma de regimes convencionais e institucionais, ou resultar de adesão individual a esquemas complementares de segurança social.

ARTIGO 98.º – **Natureza dos regimes complementares facultativos**

Os esquemas complementares facultativos são instituídos livremente nos termos da lei, assumindo, entre outras, a forma de planos de poupança--reforma, seguros de vida, seguros de capitalização e de modalidades mútuas.

ARTIGO 99.º – **Portabilidade**

Sempre que, por qualquer motivo, se verifique a cessação da relação laboral, é reconhecida a portabilidade dos direitos adquiridos.

ARTIGO 100.º – **Sucessão**

Em caso de morte do titular dos direitos a que se refere o artigo anterior, é assegurada a transmissão dos mesmos aos respectivos sucessores.

ARTIGO 101.º – **Administração**

Os regimes complementares podem ser administrados por entidades

462 *Direitos Económicos, Sociais e Culturais em Especial*

públicas, cooperativas, mutualistas ou privadas legalmente criadas para esse efeito.

ARTIGO 102.º – **Reserva de firma ou denominação social**

1 – Nenhuma das entidades previstas no artigo anterior poderá utilizar firma ou denominação social das entidades gestoras ou serviços comuns integrados no sistema público de segurança social.

2 – A apreciação da denominação ou firma social é efectuada nos termos da legislação aplicável.

ARTIGO 103.º – **Regulamentação**

1 – O sistema complementar é objecto de regulamentação específica que:

a) Salvaguarde a protecção efectiva dos beneficiários das prestações;

b) Preveja uma articulação e harmonização com o sistema público de segurança social;

c) Salvaguarde a equidade, a adequação e a efectiva garantia das prestações;

d) Estipule regras de regulação, supervisão prudencial e de fiscalização quanto à garantia e financiamento dos planos de pensões;

e) Estipule regras de gestão e controlo da solvência dos patrimónios afectos aos planos de pensões e respectivas entidades gestoras;

f) Garanta padrões de transparência e clareza de informação aos beneficiários e aos participantes ou seus representantes, quer no que se refere aos planos de pensões, quer no que se refere aos respectivos patrimónios, assegurando a adequada publicidade dos regimes;

g) Respeite os direitos adquiridos e em formação e defina as demais regras gerais de vinculação;

h) Garanta igualdade de tratamento fiscal entre os diferentes regimes complementares;

i) Enuncie, com clareza e estabilidade, o quadro fiscal aplicável às contribuições, benefícios e património afecto à realização de planos de pensões;

j) Defina os incentivos fiscais ao seu desenvolvimento gradual e progressivo, em particular quanto às deduções no âmbito do imposto sobre o rendimento das pessoas singulares que devem garantir igualdade de oportunidades independentemente do valor do rendimento colectável;

l) Respeite os direitos adquiridos e assegure a sua portabilidade;

m) Garanta a não discriminação em função do sexo;

n) Determine as regras de protecção jurídica dos direitos adquiridos e em formação, em caso de extinção e de insuficiência financeira dos patrimónios afectos a planos de pensões e em situações de extinção dos regimes;

o) Defina as regras de constituição e funcionamento das entidades gestoras;

p) Fixe a natureza dos activos que constituem o património afecto à realização de planos de pensões, os respectivos limites percentuais, bem como as regras prudências e os princípios gerais de congruência e de avaliação desses activos.

2 – Poderão ser acordados em convenção colectiva instrumentos de gestão e controlo com a participação dos beneficiários e participantes ou seus representantes.

ARTIGO 104.° – **Fundos de pensões**

Os fundos de pensões são patrimónios autónomos exclusivamente afectos à realização de um ou mais planos de pensões, cuja actividade é disciplinada nos termos constantes de legislação específica.

ARTIGO 105.° – **Supervisão**

A regulação, a supervisão prudencial e a fiscalização do sistema complementar é exercida nos termos da legislação aplicável e pelas entidades legalmente definidas, tendo por objectivo proteger os direitos dos membros e beneficiários dos planos de pensões.

ARTIGO 106.° – **Mecanismos de garantia de pensões**

No prazo máximo de dois anos a contar da data de entrada em vigor desta lei serão fixados os mecanismos de garantia de pensões através da mutualização dos riscos, devidas no âmbito do sistema complementar, bem como no âmbito dos regimes a abranger nos termos do n.° 2 do artigo 31.°, tendo por objectivo o reforço da respectiva segurança.

CAPÍTULO V – Financiamento

Artigo 107.º – Princípios

O financiamento do sistema obedece aos princípios da diversificação das fontes de financiamento e da adequação selectiva.

Artigo 108.º – Princípio da diversificação das fontes de financiamento

O princípio da diversificação das fontes de financiamento implica a ampliação das bases de obtenção de recursos financeiros tendo em vista, designadamente, a redução dos custos não salariais da mão-de-obra.

Artigo 109.º – Princípio da adequação selectiva

O princípio da adequação selectiva consiste na determinação das fontes de financiamento e na afectação dos recursos financeiros, de acordo com a natureza e os objectivos das modalidades de protecção social definidas na presente lei e com situações e medidas especiais, nomeadamente as relacionadas com políticas activas de emprego e de formação profissional.

Artigo 110.º – Formas de financiamento

1 – As prestações substitutivas dos rendimentos de actividade profissional, atribuídas no âmbito do subsistema previdencial, são financiadas, de forma bipartida, através de quotizações dos trabalhadores e de contribuições das entidades empregadoras.

2 – A protecção garantida no âmbito do subsistema de solidariedade, as prestações de protecção familiar não dependentes da existência de carreiras contributivas e à acção social são financiadas por transferências do Orçamento do Estado.

3 – A protecção garantida no âmbito do subsistema previdencial, no que respeita a prestações com forte componente redistributiva, a situações determinantes de diminuição de receitas ou de aumento de despesas sem base contributiva específica e a medidas inseridas em políticas activas de emprego e de formação profissional, bem como prestações de protecção familiar, não previstas no número anterior, é financiada de forma tripartida, através de quotizações dos trabalhadores, de contribuições das entidades empregadoras e da consignação de receitas fiscais.

Lei de Bases da Segurança Social

4 – As despesas de administração e outras despesas comuns do sistema são financiadas através das fontes correspondentes ao subsistema de solidariedade, à acção social, ao subsistema de protecção familiar, bem como aos regimes de segurança social do subsistema previdencial, na proporção dos respectivos encargos.

5 – Podem constituir ainda receitas da acção social as verbas consignadas por lei para esse efeito, nomeadamente as provenientes de receitas de jogos sociais.

ARTIGO 111.º – **Capitalização pública de estabilização**

1 – Reverte para o Fundo de Estabilização Financeira da Segurança Social uma parcela entre dois e quatro pontos percentuais do valor percentual correspondente às quotizações dos trabalhadores por conta de outrem, até que aquele fundo assegure a cobertura das despesas previsíveis com pensões, por um período mínimo de dois anos.

2 – Os saldos anuais do subsistema previdencial, bem como as receitas resultantes da alienação de património e os ganhos obtidos das aplicações financeiras, integram o fundo a que se refere o número anterior, sendo geridos em regime de capitalização.

3 – A ocorrência de condições económicas adversas que originem acréscimos extraordinários de despesa ou quebras de receitas pode determinar a não aplicabilidade fundamentada do disposto nos números ante-riores.

ARTIGO 112.º – **Fontes de financiamento**

São receitas do sistema:

a) As quotizações dos trabalhadores;
b) As contribuições das entidades empregadoras;
c) As transferências do Estado e de outras entidades públicas;
d) As receitas fiscais legalmente previstas;
e) Os rendimentos de património próprio e os rendimentos de património do Estado consignados ao reforço do Fundo de Estabilização Financeira da Segurança Social;
f) O produto de comparticipações previstas na lei ou em regulamentos;
g) O produto de sanções pecuniárias;
h) As transferências de organismos estrangeiros;

466 *Direitos Económicos, Sociais e Culturais em Especial*

i) O produto de eventuais excedentes da execução do Orçamento do Estado de cada ano;

j) Outras receitas legalmente previstas ou permitidas.

ARTIGO 113.º – **Regime financeiro**

O regime financeiro do sistema público de segurança social deve conjugar as técnicas de repartição e capitalização, entendida nos termos do artigo 111.º, por forma a ajustar-se às condições económicas, sociais e demográficas.

ARTIGO 114.º – **Orçamento e conta da segurança social**

1 – O orçamento da segurança social é apresentado pelo Governo e aprovado pela Assembleia da República como parte integrante do Orçamento do Estado.

2 – O orçamento da segurança social prevê as receitas a arrecadar e as despesas a efectuar, desagregadas pelas diversas modalidades de protecção social, designadamente as eventualidades cobertas pelos subsistemas previdencial de solidariedade, de protecção familiar e de acção social.

3 – A conta da segurança social apresenta uma estrutura idêntica à do orçamento da segurança social.

4 – Em anexo ao orçamento da segurança social, o Governo apresentará a previsão actualizada de longo prazo dos encargos com prestações diferidas, das quotizações e das contribuições dos beneficiários e das entidades empregadoras, tendo em vista a adequação ao previsto no artigo 110.º

CAPÍTULO VI – **Organização**

ARTIGO 115.º – **Estrutura orgânica**

1 – A estrutura orgânica do sistema compreende serviços integrados na administração directa do Estado e instituições de segurança social que são pessoas colectivas de direito público, integradas na administração indirecta do Estado.

2 – Os serviços e instituições de segurança social referidos no número anterior podem ter âmbito nacional ou outro, a definir por lei, tendo em vista a redução de assimetrias geográficas nos serviços prestados.

Lei de Bases da Segurança Social

ARTIGO 116.° – **Conselho Nacional de Segurança Social**

1 – A participação no processo de definição da política, objectivos e prioridades do sistema é assegurado pelo Conselho Nacional de Segurança Social.

2 – Será criada, no âmbito do Conselho, uma comissão executiva constituída de forma tripartida por representantes do Estado, dos parceiros sociais sindicais e patronais.

3 – A lei determina as atribuições, competências e composição do Conselho e da comissão executiva referidos neste artigo, tendo em conta, quanto a esta última,o estatuído no n.° 7 do artigo 46.°

ARTIGO 117.° – **Participação nas instituições de segurança social**

A lei define as formas de participação nas instituições de segurança social das associações sindicais e patronais, bem como de outras entidades interessadas no funcionamento do sistema.

ARTIGO 118.° – **Isenções**

1 – As instituições de segurança social gozam das isenções reconhecidas por lei ao Estado.

2 – O Fundo de Estabilização Financeira da Segurança Social beneficia das isenções previstas na lei.

ARTIGO 119.° – **Sistema de informação**

1 – A gestão do sistema de segurança social apoia-se num sistema de informação de âmbito nacional com os seguintes objectivos:

a) Garantir que as prestações sejam atempadamente concedidas aos seus destinatários, evitando a descontinuidade de rendimentos;

b) Assegurar a eficácia da cobrança das contribuições e do combate à fraude e evasão contributiva, bem como evitar o pagamento indevido de prestações;

c) Organizar bases de dados nacionais que, tendo como elemento estruturante a identificação, integrem os elementos de informação sobre pessoas singulares e colectivas que sejam considerados relevantes para a realização dos objectivos do sistema de segurança social e efectuar o tratamento automatizado de dados pessoais, essenciais à prossecução daqueles objectivos, com respeito pela legislação relativa à constituição e gestão de bases de dados pessoais;

d) Desenvolver, no quadro dos objectivos da sociedade de informação, os procedimentos e canais que privilegiem a troca e o acesso de informação em suporte electrónico às pessoas em geral e às entidades empregadoras, bem como aos demais sistemas da Administração Pública, de modo a promover a desburocratização e a aceleração dos processos de decisão.

2 – O sistema de segurança social promoverá, sempre que necessário, a articulação das bases de dados das diferentes áreas interdepartamentais, tendo em vista simplificar o relacionamento das pessoas com a Administração Pública e melhorar a sua eficácia.

ARTIGO 120.º – **Identificação**

1 – Estão sujeitas a identificação no sistema de informação as pessoas singulares e colectivas que se relacionem com o sistema de segurança social no quadro da realização dos seus objectivos.

2 – Para efeitos do número anterior é criado um sistema de identificação nacional único.

3 – A declaração de início de actividade para efeitos fiscais será oficiosamente comunicada ao sistema de segurança social.

CAPÍTULO VII – **Disposições transitórias**

ARTIGO 121.º – **Salvaguarda dos direitos adquiridos e em formação**

1 – A regulamentação da presente lei não prejudica os direitos adquiridos, os prazos de garantia vencidos ao abrigo da legislação anterior, nem os quantitativos de pensões que resultem de remunerações registadas na vigência daquela legislação.

2 – O disposto no n.º 4 do artigo 46.º não é aplicável aos beneficiários que, à data do início da vigência da lei que o estabelecer, considerando a data em que atingirão a idade normal para acesso à pensão de velhice, sejam prejudicados em função da redução da remuneração de referência para o respectivo cálculo.

3 – O disposto nos n.ºs 2 e 4 do artigo 46.º aplica-se a todos os beneficiários do sistema com idade igual ou inferior a 35 anos e carreira

contributiva não superior a 10 anos, à data da entrada em vigor da regulamentação da presente lei, bem como a todos aqueles que iniciem a sua carreira contributiva a partir da mesma data.

4 – Os beneficiários abrangidos pelo disposto no número anterior poderão ser excluídos da aplicação do mesmo, mediante manifestação expressa dessa vontade, desde que as remunerações registadas tenham excedido, ainda que pontualmente, o limite previsto no n.° 2 do artigo 46.°

ARTIGO 122.° – **Seguro social voluntário**

O regime de seguro social voluntário, que consubstancia o regime de segurança social de âmbito pessoal facultativo, deve ser adequado ao quadro legal, designadamente por referência ao estatuído quanto ao sistema complementar na vertente da sua gestão por institutos públicos.

ARTIGO 123.° – **Regimes especiais**

Os regimes especiais vigentes à data da entrada em vigor da presente lei continuam a aplicar-se, incluindo as disposições sobre o seu funcionamento, aos grupos de trabalhadores pelos mesmos abrangidos, com respeito pelos direitos adquiridos e em formação.

ARTIGO 124.° – **Regimes da função pública**

Os regimes de protecção social da função pública deverão ser regulamentados por forma a convergir com os regimes do sistema de segurança social quanto ao âmbito material, regras de formação de direitos e atribuição das prestações.

ARTIGO 125.° – **Regimes de prestações complementares**

Os regimes de prestações complementares instituídos anteriormente à entrada em vigor da presente lei, com finalidades idênticas às previstas no artigo 94.°, devem adaptar-se à legislação reguladora dos regimes complementares, em prazo a definir para o efeito, sem prejuízo dos direitos adquiridos e em formação.

ARTIGO 126.° – **Aplicação às instituições de previdência**

Mantêm-se autónomas as instituições de previdência criadas anteriormente à entrada em vigor do Decreto-Lei n.° 549/77, de 31 de Dezembro, com os seus regimes jurídicos e formas de gestão privativas, ficando subsidiariamente sujeitas às disposições da presente lei e à legislação dela decorrente, com as necessárias adaptações.

Artigo 127.º – **Aplicação do regime de pessoal das caixas de previdência**

Os trabalhadores que tenham optado, nos termos do Decreto-Lei n.º 278/82 e Decreto-Lei n.º 106/92, de 20 de Julho e de 30 de Maio, respectivamente, pelo regime jurídico do pessoal das caixas de previdência mantêm a sua sujeição a este regime.

Artigo 128.º – **Casas do povo**

As casas do povo que, a qualquer título, exerçam funções no domínio dos regimes do sistema de segurança social estão sujeitas, em relação a essas funções, à tutela das instituições do sistema competentes para o efeito.

CAPÍTULO IX – **Disposições finais**

Artigo 129.º – **Protecção nos acidentes de trabalho**

1 – A lei estabelece o regime jurídico da protecção obrigatória em caso de acidente de trabalho.

2 – Este regime deve consagrar uma eficaz e coerente articulação com o sistema público de segurança social e com o sistema nacional de saúde, designadamente no que diz respeito à melhoria do regime legal das prestações, à tabela nacional de incapacidades, à prevenção da sinistralidade laboral, à determinação da actualização das prestações e à assistência adequada aos sinistrados com o objectivo de promover a sua reabilitação e reinserção laboral e social.

Artigo 130.º – **Regulamentação**

O Governo aprovará as normas necessárias à execução da presente lei no prazo máximo de 180 dias após a data da sua entrada em vigor.

Artigo 131.º – **Regiões Autónomas**

A presente lei é aplicável às Regiões Autónomas dos Açores e da Madeira, sem prejuízo de regulamentação própria em matéria de organização e funcionamento, bem como da regionalização dos serviços de segurança social.

Artigo 132.º – **Norma revogatória**

1 – É revogada a Lei n.º 17/2000, de 8 de Agosto.

2 – Mantêm-se, no entanto, em vigor o Decreto-Lei n.º 35/2002, de 19 de Fevereiro, e o Decreto-Lei n.º 331/2001, de 20 de Dezembro, considerando-se feitas para a presente lei as remissões que nesses diplomas se fazia para a lei agora revogada.

Artigo 133.º – **Entrada em vigor**

A presente lei entra em vigor 30 dias após a data da sua publicação.

Aprovada em 17 de Outubro de 2002.

O Presidente da Assembleia da República, *João Bosco Mota Amaral.*

Promulgada em 5 de Dezembro de 2002.

Publique-se.

O Presidente da República, Jorge Sampaio.

Referendada em 11 de Dezembro de 2002.

O Primeiro-Ministro, *José Manuel Durão Barroso.*

b) **Rendimento Social de Inserção**

Lei n.º 13/2003, de 21 de Maio

Rendimento social de inserção

A Assembleia da República decreta, nos termos da alínea *c*) do artigo 161.º da Constituição, para valer como lei geral da República, o seguinte:

CAPÍTULO I – Natureza e condições de atribuição

Artigo 1.º – Objecto

A presente lei institui o rendimento social de inserção que consiste numa prestação incluída no subsistema de solidariedade e num programa de inserção, de modo a conferir às pessoas e aos seus agregados familiares apoios adaptados à sua situação pessoal, que contribuam para a satisfação das suas necessidades essenciais e que favoreçam a progressiva inserção laboral, social e comunitária.

Artigo 2.º – Prestação

A prestação do rendimento social de inserção assume natureza pecuniária e possui carácter transitório, sendo variável o respectivo montante.

Artigo 3.º – Programa de inserção

O programa de inserção do rendimento social de inserção é constituído por um conjunto de acções destinadas à gradual integração social dos titulares desta medida, bem como dos membros do seu agregado familiar.

ARTIGO 4.º – **Titularidade**

1 – São titulares do direito ao rendimento social de inserção as pessoas com idade igual ou superior a 18 anos e em relação às quais se verifiquem as condições estabelecidas na presente lei.

2 – Poderão igualmente ser titulares do direito ao rendimento social de inserção, além dos casos previstos no número anterior, as pessoas em relação às quais se verifiquem os demais requisitos e condições previstos na lei, nas seguintes situações:

a) Quando possuam menores a cargo e na sua exclusiva dependência económica;

b) Quando sejam mulheres grávidas.

ARTIGO 5.º – **Conceito de agregado familiar**

1 – Para efeitos da presente lei, considera-se que, para além do titular e desde que com ele vivam em economia comum, compõem o respectivo agregado familiar:

a) O cônjuge ou pessoa que viva com o titular em união de facto há mais de um ano;

b) Os menores, parentes em linha recta até ao 2.º grau;

c) Os menores, parentes em linha colateral até ao 2.º grau;

d) Os menores, adoptados plenamente;

e) Os menores, adoptados restritamente;

f) Os afins menores;

g) Os tutelados menores;

h) Os menores que lhe sejam confiados por decisão judicial ou dos serviços tutelares de menores;

i) Os menores em vias de adopção, desde que o processo legal respectivo tenha sido iniciado.

2 – Para efeitos da presente lei, desde que estejam na dependência económica exclusiva do requerente ou do seu agregado familiar e sejam maiores, são igualmente susceptíveis de integrar o agregado familiar do titular nos termos a definir por decreto regulamentar:

a) Os parentes em linha recta até ao 2.º grau;

b) Os adoptados plenamente;

c) Os adoptados restritamente;

d) Os tutelados.

Artigo 6.º – **Requisitos e condições gerais de atribuição**

1 – A atribuição do direito ao rendimento social de inserção depende da verificação cumulativa dos requisitos e das condições seguintes:

a) Possuir residência legal em Portugal;

b) Não auferir rendimentos ou prestações sociais, próprios ou do conjunto dos membros que compõem o agregado familiar, superiores aos definidos na presente lei;

c) Assumir o compromisso, formal e expresso, de subscrever e prosseguir o programa de inserção legalmente previsto, designadamente através da disponibilidade activa para o trabalho, para a formação ou para outras formas de inserção que se revelarem adequadas;

d) Fornecer todos os meios probatórios que sejam solicitados no âmbito da instrução do processo, nomeadamente ao nível da avaliação da situação patrimonial, financeira e económica do requerente e da dos membros do seu agregado familiar;

e) Permitir à entidade distrital competente da segurança social o acesso a todas as informações relevantes para efectuar a avaliação referida na alínea anterior.

2 – As regras para concessão do rendimento social de inserção, nos casos em que no mesmo agregado familiar exista mais de um membro que reúna os requisitos e condições de atribuição, são definidas por decreto regulamentar.

3 – A observância da condição prevista na alínea *c)* do n.º 1 pode ser dispensada, nos termos a definir por decreto regulamentar, quando o cumprimento da mesma se revele impossível por razões de idade, de saúde ou outras decorrentes das condições especiais do agregado familiar.

4 – As pessoas entre os 18 e os 30 anos, com excepção das situações previstas no n.º 2 do artigo 4.º, devem ainda observar as condições específicas previstas no artigo seguinte, tendo em vista a sua inserção plena na vida activa e o seu acompanhamento social.

Artigo 7.º – **Condições específicas de atribuição**

1 – No caso das pessoas entre os 18 e os 30 anos, a atribuição do

direito ao rendimento social de inserção depende ainda da verificação cumulativa das seguintes condições específicas:

a) Estar inscrito como candidato a emprego no centro de emprego da área de residência há, pelo menos, seis meses, no momento da apresentação do requerimento;

b) Demonstrar disponibilidade activa para emprego conveniente, para trabalho socialmente necessário ou para formação profissional durante o período em que esteve inscrito no centro de emprego, nos seguintes termos:

i) Ter comparecido nas datas e nos locais que lhe forem determinados pelo centro de emprego respectivo;

ii) Ter realizado as diligências adequadas à obtenção de emprego;

iii) Ter comunicado ao centro de emprego respectivo, no prazo de 10 dias, a alteração de residência;

c) A disponibilidade activa para emprego conveniente, para trabalho socialmente necessário ou para formação profissional referida na alínea anterior deve ser acompanhada pelo centro de emprego respectivo, o qual deverá transmitir a informação adequada à entidade distrital da segurança social competente, bem como comprovar os casos de inexistência, de falta ou de recusa justificadas de oferta de emprego conveniente, de trabalho socialmente necessário ou formação profissional adequada.

2 – Considera-se emprego conveniente e trabalho socialmente necessário aquele que se encontra definido no artigo 9.º do Decreto-Lei n.º 119/99, de 14 de Abril.

3 – No caso de o titular ao direito ao rendimento social de inserção recusar de forma injustificada oferta de emprego conveniente, de trabalho socialmente necessário ou formação profissional, o centro de emprego deve comunicar imediatamente à entidade distrital da segurança social competente tal facto, sendo o respectivo titular sancionado com a cessação da prestação.

ARTIGO 8.º – **Confidencialidade**

Todas as entidades envolvidas no processamento, gestão e execução do rendimento social de inserção devem assegurar a confidencialidade dos dados pessoais dos requerentes, titulares e beneficiários desta medida e limitar a sua utilização aos fins a que se destina.

CAPÍTULO II – **Prestação do rendimento social de inserção**

ARTIGO 9.° – **Valor do rendimento social de inserção**

O valor do rendimento social de inserção é indexado ao montante legalmente fixado para a pensão social do subsistema de solidariedade.

ARTIGO 10.° – **Montante da prestação do rendimento social de inserção**

1 – O montante da prestação do rendimento social de inserção é igual à diferença entre o valor do rendimento social de inserção correspondente à composição do agregado familiar, calculado nos termos do n.° 2, e a soma dos rendimentos daquele agregado.

2 – O montante da prestação a atribuir varia em função da composição do agregado familiar do titular do direito ao rendimento social de inserção e de acordo com as seguintes regras:

a) Por cada indivíduo maior, até ao segundo, 100% do montante da pensão social;

b) Por cada indivíduo maior, a partir do terceiro, 70% do montante da pensão social;

c) Por cada indivíduo menor, 50% do montante da pensão social;

d) Por cada indivíduo menor, 60% do montante da pensão social, a partir do terceiro filho.

ARTIGO 11.° – **Apoio à maternidade**

No caso de gravidez do titular, do cônjuge ou da pessoa que viva em união de facto e apenas em relação a estes, o montante previsto na alínea *a)* do n.° 2 do artigo anterior é acrescido de 30% durante aquele período e de 50% durante o primeiro ano de vida da criança, salvo cessação do direito ao rendimento social de inserção em momento anterior.

ARTIGO 12.° – **Outros apoios especiais**

1 – O montante previsto no n.° 2 do artigo 10.° pode ser acres-

cido, nos termos a regulamentar, de um apoio especial nos seguintes casos:

a) Quando existam, no agregado familiar, pessoas portadoras de deficiência física ou mental profundas;
b) Quando existam, no agregado familiar, pessoas portadoras de doença crónica;
c) Quando existam, no agregado familiar, pessoas idosas em situação de grande dependência;
d) Para compensar despesas de habitação.

2 – A decisão sobre a atribuição do acréscimo de prestação consagrado no número anterior será determinada no âmbito do processo a que se refere o artigo 17.º desta lei.

ARTIGO 13.º – **Vales sociais**

A prestação do rendimento social de inserção, até 50% do seu valor, poderá ser atribuída através de vales sociais nos termos a regulamentar.

ARTIGO 14.º – **Situações especiais**

Nos casos de interdição ou de inabilitação o direito ao rendimento social de inserção é exercido por tutor ou curador, nos termos do Código Civil.

ARTIGO 15.º – **Rendimentos a considerar no cálculo da prestação**

1 – Para efeitos de determinação do montante da prestação do rendimento social de inserção é considerado o total dos rendimentos do agregado familiar, independentemente da sua origem ou natureza, nos 12 meses anteriores à data de apresentação do requerimento de atribuição.

2 – Na determinação dos rendimentos e no cálculo do montante da prestação do rendimento social de inserção são considerados 80% dos rendimentos de trabalho, deduzidos os montantes referentes às contribuições obrigatórias para os regimes de segurança social.

3 – Não são considerados no cálculo da prestação os rendimentos referentes ao subsídio de renda de casa, as quantias respeitantes a prestações familiares e bolsas de estudo.

4 – Durante o período de concessão do rendimento social de inserção e nos casos de situação laboral iniciada pelo titular ou por outro membro

Rendimento Social de Inserção 479

do agregado familiar, apenas são considerados 50% dos rendimentos de trabalho, deduzidos os montantes referentes às contribuições obrigatórias para os regimes de segurança social.

ARTIGO 16.º – **Direitos a considerar no cálculo da prestação**

1 – O titular deve manifestar disponibilidade para requerer outras prestações de segurança social que lhe sejam devidas e para exercer o direito de cobrança de eventuais créditos ou para reconhecimento do direito a alimentos.

2 – Nos casos em que o titular do rendimento social de inserção não possa exercer por si o direito previsto no número anterior, fica sub-rogada no mesmo direito a entidade competente para atribuição da prestação em causa.

CAPÍTULO III – **Atribuição da prestação e programa de inserção**

ARTIGO 17.º – **Instrução do processo e decisão**

1 – O requerimento de atribuição do rendimento social de inserção deve ser apresentado e recepcionado no serviço da entidade distrital da segurança social da área de residência do requerente.

2 – O processo desencadeado com o requerimento de atribuição é obrigatoriamente instruído com um relatório social da responsabilidade do núcleo local de inserção competente, sem prejuízo dos elementos de prova adicionais que a respectiva entidade distrital da segurança social considere necessários.

3 – A decisão final do processo pondera todos os elementos probatórios, podendo ser indeferida a atribuição da prestação quando existam indícios objectivos e seguros de que o requerente dispõe de rendimentos que o excluem do acesso ao direito.

4 – A decisão, devidamente fundamentada, sobre o requerimento de atribuição deve ser proferida num prazo máximo de 30 dias.

5 – Da decisão prevista no número anterior cabe reclamação e recurso nos termos estabelecidos no Código do Procedimento Administrativo.

6 – Em caso de deferimento do requerimento de atribuição do rendimento social de inserção, a decisão quanto ao pagamento da prestação

480   *Direitos Económicos, Sociais e Culturais em Especial*

inerente produz efeitos desde a data de recepção do requerimento pela entidade referida no n.º 1.

ARTIGO 18.º – **Elaboração e conteúdo do programa de inserção**

1 – O programa de inserção previsto no artigo 3.º deve ser elaborado pelo núcleo local de inserção e pelo titular do direito ao rendimento social de inserção e, se for caso disso, pelos restantes membros do agregado familiar.

2 – O programa de inserção deve ser subscrito por acordo entre os núcleos locais de inserção, previstos na presente lei, e os titulares deste direito social.

3 – O programa de inserção deve ser elaborado no prazo máximo de 60 dias após a atribuição da prestação do rendimento social de inserção.

4 – A elaboração do programa de inserção tem subjacente o relatório social referido no n.º 2 do artigo anterior e dele devem constar os apoios a conceder, assim como as obrigações assumidas pelo titular do direito ao rendimento social de inserção e, se for caso disso, pelos restantes membros do seu agregado familiar.

5 – Os apoios mencionados no número anterior devem ser providenciados pelos ministérios competentes em cada sector de intervenção ou pelas entidades que para tal se disponibilizem.

6 – As acções do programa de inserção compreendem, nomeadamente:

a) Aceitação de trabalho ou de formação profissional;
b) Frequência de sistema educativo ou de aprendizagem, de acordo com o regime de assiduidade a definir por despacho conjunto dos Ministros da Educação e da Segurança Social e do Trabalho;
c) Participação em programas de ocupação ou outros de carácter temporário que favoreçam a inserção no mercado de trabalho ou satisfaçam necessidades sociais, comunitárias ou ambientais e que normalmente não seriam desenvolvidos no âmbito do trabalho organizado;
d) Cumprimento de acções de orientação vocacional e de formação profissional;
e) Cumprimento de acções de reabilitação profissional;
f) Cumprimento de acções de prevenção, tratamento e reabilitação na área da toxicodependência;

Rendimento Social de Inserção 481

g) Desenvolvimento de actividades no âmbito das instituições de solidariedade social;
h) Utilização de equipamentos de apoio social;
i) Apoio domiciliário;
j) Incentivos à criação de actividades por conta própria ou à criação do próprio emprego.

ARTIGO 19.º – **Apoios complementares**

Os programas de inserção podem contemplar outros apoios ao titular do direito ao rendimento social de inserção e aos demais membros do agregado familiar, designadamente ao nível da saúde, educação, habitação e transportes.

ARTIGO 20.º – **Apoios à contratação**

As entidades empregadoras que contratem titulares ou beneficiários do rendimento social de inserção poderão usufruir de incentivos por posto de trabalho criado, nos termos a definir por portaria do Ministro da Segurança Social e do Trabalho.

CAPÍTULO IV – **Duração e cessação do direito**

ARTIGO 21.º – **Duração do direito**

1 – O rendimento social de inserção é conferido pelo período de 12 meses, sendo susceptível de ser renovado mediante a apresentação pelo titular dos meios de prova legalmente exigidos para a renovação.

2 – Os meios de prova para a renovação do direito deverão ser apresentados pelo titular com a antecedência de dois meses em relação ao final do período de concessão da prestação.

3 – A decisão sobre a renovação do direito, após a apresentação dos meios de prova nos termos previstos no número anterior, deverá ser proferida no prazo máximo de 30 dias.

4 – A modificação dos requisitos ou condições que determinaram o reconhecimento do direito e a atribuição da prestação implicam a sua alteração ou extinção.

5 – O titular do direito ao rendimento social de inserção é obrigado a comunicar, no prazo de 10 dias, à entidade distrital da segurança social

482 *Direitos Económicos, Sociais e Culturais em Especial*

competente as alterações de circunstâncias susceptíveis de influir na constituição, modificação ou extinção daquele direito.

6 – A falta de apresentação dos meios de prova nos termos previstos no n.º 1 determina a suspensão da prestação.

ARTIGO 22.º – **Cessação do direito**

O rendimento social de inserção cessa nos seguintes casos:

a) Quando deixem de se verificar os requisitos e condições de atribuição;
b) Na falta de celebração do programa de inserção, por razões imputáveis ao interessado;
c) Com o incumprimento reiterado das obrigações assumidas no programa de inserção, nos termos previstos na presente lei;
d) 90 dias após a verificação da suspensão da prestação prevista no n.º 6 do artigo 21.º e no n.º 2 do artigo 28.º;
e) No caso de falsas declarações;
f) Após o trânsito em julgado de decisão judicial condenatória do titular que determine a privação da sua liberdade;
g) Por morte do titular.

ARTIGO 23.º – **Impenhorabilidade da prestação**

A prestação inerente ao direito do rendimento social de inserção não é susceptível de penhora.

ARTIGO 24.º – **Restituição das prestações**

1 – As prestações inerentes ao rendimento social de inserção que tenham sido pagas indevidamente devem ser restituídas.

2 – Consideram-se como indevidamente pagas as prestações do rendimento social de inserção cuja atribuição tenha sido baseada em falsas declarações ou na omissão de informações legalmente exigidas.

CAPÍTULO V – **Fiscalização e articulação**

ARTIGO 25.º – **Fiscalização aleatória**

1 – No âmbito das funções inspectivas dos regimes de segurança

social, compete ao Ministério da Segurança Social e do Trabalho proceder à fiscalização da aplicação do rendimento social de inserção.

2 – Para efeitos do disposto no número anterior deverá ser instituído um sorteio nacional obrigatório, com periodicidade a definir por decreto regulamentar.

ARTIGO 26.º – **Articulação com outras prestações**

Compete ao Ministério da Segurança Social e do Trabalho proceder à articulação do rendimento social de inserção com as outras prestações sociais existentes, em especial as que se referem ao subsistema de solidariedade e ao sistema de acção social.

CAPÍTULO VI – Regime sancionatório

ARTIGO 27.º – **Responsabilidade**

Para efeitos da presente lei, são susceptíveis de responsabilidade os titulares ou beneficiários do direito ao rendimento social de inserção que pratiquem algum dos actos previstos nos artigos seguintes.

ARTIGO 28.º – **Incumprimento da obrigação de comunicação**

1 – O incumprimento da obrigação de comunicação, prevista no n.º 5 do artigo 21.º, implica a suspensão da prestação durante o período de 90 dias, após o conhecimento do facto.

2 – A prestação cessa quando não for cumprida a obrigação de comunicação prevista no n.º 5 do artigo 21.º e tenham decorrido 90 dias após a suspensão prevista no número anterior.

ARTIGO 29.º – **Não celebração do programa de inserção**

1 – A recusa, pelo titular, de elaboração conjunta e de celebração do programa de inserção no prazo previsto no n.º 3 do artigo 18.º determina a cessação da prestação.

2 – A recusa, pelo beneficiário, de elaboração conjunta e de celebração do programa de inserção no prazo previsto no n.º 3 do artigo 18.º implica que o mesmo deixe de ser considerado para efeitos de determinação do rendimento social de inserção do agregado familiar que integra e

484 *Direitos Económicos, Sociais e Culturais em Especial*

que os rendimentos que aufira continuem a ser contemplados para efeitos de cálculo do montante da prestação durante os seis meses subsequentes à recusa.

3 – Ao titular ou ao beneficiário, que adoptem o comportamento previsto nos n.os 1 e 2, respectivamente, não poderá ser reconhecido o direito ao rendimento social de inserção e à respectiva prestação durante o período de 12 meses, após a recusa.

4 – Considera-se recusa do titular ou do beneficiário a falta de comparência, injustificada, a qualquer convocatória que lhe tenha sido dirigida directamente ou por carta registada com aviso de recepção.

Artigo 30.º – **Incumprimento do programa de inserção**

1 – Nos casos em que se verifique a falta ou a recusa injustificada no cumprimento de uma acção ou medida que integre o programa de inserção, o titular ou beneficiário será sancionado com uma admoestação por escrito.

2 – Quando ocorra nova falta ou recusa injustificada prevista no número anterior, o titular será sancionado com a cessação da prestação e não poderá ser-lhe reconhecido o direito ao rendimento social de inserção nos termos previstos no n.º 3 do artigo 29.º

3 – Quando ocorra nova falta ou recusa injustificada prevista no n.º 1, o beneficiário será sancionado de acordo com o estabelecido nos n.os 2 e 3 do artigo anterior.

Artigo 31.º – **Falsas declarações**

Sem prejuízo da responsabilidade penal e do disposto no artigo 21.º da presente lei, a prestação de falsas declarações no âmbito do rendimento social de inserção determina a cessação da prestação e a inibição no acesso ao direito durante o período de 12 meses após o conhecimento do facto.

CAPÍTULO VII – **Órgãos e competências**

Artigo 32.º – **Competências da entidade distrital da segurança social**

A decisão sobre o requerimento para reconhecimento do direito ao rendimento social de inserção e de atribuição da prestação, bem como o

Rendimento Social de Inserção 485

respectivo pagamento, incumbe à entidade distrital da segurança social da área de residência do requerente.

ARTIGO 33.º – **Núcleos locais de inserção**

1 – A aprovação dos programas de inserção, a organização dos meios inerentes à sua prossecução e ainda o acompanhamento e avaliação da respectiva execução competem aos núcleos locais de inserção.

2 – Os núcleos locais de inserção têm base concelhia, que constitui o âmbito territorial da sua actuação, sem prejuízo de, em alguns casos, poder ser definido por referência a freguesias sempre que tal se justifique.

3 – Os núcleos locais de inserção integram representantes dos organismos públicos, responsáveis na respectiva área de actuação, pelos sectores da segurança social, do emprego e formação profissional, da educação, da saúde e das autarquias locais.

4 – Podem também integrar a composição do núcleo local de inserção representantes de outros organismos, públicos ou não, sem fins lucrativos, que desenvolvam actividades na respectiva área geográfica, desde que para tal se disponibilizem, contratualizando com o núcleo competente a respectiva parceria e comprometendo-se a criar oportunidades efectivas de inserção.

5 – A coordenação dos núcleos locais de inserção fica a cargo do representante da segurança social.

6 – Os representantes a que se refere o n.º 3 são designados pelos respectivos ministérios e nomeados por despacho do Ministro da Segurança Social e do Trabalho.

7 – Os núcleos locais de inserção podem também ser modificados ou extintos por despacho do Ministro da Segurança Social e do Trabalho, quando, no âmbito do seu funcionamento, se verifiquem factos graves ou danosos, susceptíveis de atentar contra o interesse público.

ARTIGO 34.º – **Comissão Nacional do Rendimento Social de Inserção**

1 – A Comissão Nacional do Rendimento Social de Inserção, adiante designada por CNRSI, é um órgão de consulta do Ministro da Segurança Social e do Trabalho para acompanhamento e avaliação do rendimento social de inserção.

2 – A CNRSI integra representantes ministeriais dos sectores da segurança social, do emprego e formação profissional, da educação e da saúde.

3 – Para além dos representantes referidos no número anterior, a CNRSI integra também representantes dos Governos Regionais da Madeira e dos Açores, das autarquias locais, das instituições particulares de solidariedade social e das confederações sindicais e patronais.

4 – A CNRSI é nomeada por despacho do Ministro da Segurança Social e do Trabalho.

Artigo 35.º – **Competências da CNRSI**

A CNRSI tem as seguintes competências:

a) Acompanhamento e apoio da actividade desenvolvida pelas entidades responsáveis pela aplicação da presente lei e disposições regulamentares;
b) Avaliação da execução da legislação sobre rendimento social de inserção e da eficácia social;
c) Elaboração de um relatório anual sobre a aplicação do rendimento social de inserção e a respectiva evolução;
d) A formulação de propostas de alteração do quadro legal, tendo em vista o seu aperfeiçoamento e adequação.

Artigo 36.º – **Relatório anual**

O relatório previsto na alínea c) do artigo 35.º deve ser apresentado anualmente e objecto de divulgação pública.

Artigo 37.º – **Celebração de protocolos**

A elaboração do relatório social a que se refere o n.º 2 do artigo 17.º ou do programa de inserção previsto no artigo 17.º ou ainda os dois documentos poderá ser realizada por instituições particulares de solidariedade social ou outras entidades que prossigam os mesmos fins, mediante a celebração de protocolos específicos e nos termos a regulamentar.

CAPÍTULO VIII – Financiamento

Artigo 38.º – **Financiamento**

O financiamento do rendimento social de inserção e respectivos custos de administração é efectuado por transferência do Orçamento do Estado, nos termos previstos na lei de bases da segurança social.

CAPÍTULO IX – **Disposições transitórias**

ARTIGO 39.º – **Direitos adquiridos**

Os actuais titulares e beneficiários do direito ao rendimento mínimo garantido mantêm os respectivos direitos até ao fim do período de atribuição dos mesmos, passando a reger-se pelas regras estabelecidas pela presente lei a partir dessa data.

ARTIGO 40.º – **Estruturas operativas locais**

As comissões locais de acompanhamento continuarão a desenvolver a sua actividade na área territorial competente, enquanto não forem implementados os núcleos locais de inserção.

CAPÍTULO X – **Disposições finais**

ARTIGO 41.º – **Norma revogatória**

1 – Considera-se revogada a Lei n.º 19-A/96, de 29 de Junho, o Decreto-Lei n.º 196/97, de 31 de Julho, e o Decreto-Lei n.º 84/2000, de 11 de Maio.

2 – As disposições do Decreto-Lei n.º 196/97, de 31 de Julho, com as alterações introduzidas pelo Decreto-Lei n.º 84/2000, de 11 de Maio, que não contrariem a presente lei, mantêm-se em vigor até à data de entrada em vigor da respectiva regulamentação.

ARTIGO 42.º – **Norma processual**

Os requerimentos a que se refere o artigo 17.º apresentados antes da entrada em vigor da presente lei devem ainda ser apreciados de acordo com os critérios estabelecidos para o rendimento mínimo garantido.

Artigo 43.º – **Regulamentação**

A regulamentação da presente lei deverá ser efectuada por decreto-lei num prazo máximo de 60 dias após a sua entrada em vigor.

Artigo 44.º – **Entrada em vigor**

A presente lei entra em vigor 30 dias após a sua publicação.

Aprovada em 10 de Abril de 2003.

O Presidente da Assembleia da República, *João Bosco Mota Amaral.*

Promulgada em 9 de Maio de 2003.

Publique-se.

O Presidente da República, Jorge Sampaio.

Referendada em 12 de Maio de 2003.

O Primeiro-Ministro, *José Manuel Durão Barroso.*

16. DIREITO À SAÚDE

Lei n.º 48/90, de 24 de Agosto[13]

Lei de Bases da Saúde

A Assembleia da República decreta, nos termos dos artigos 164.º, alínea *d*), 168.º, n.º 1, alínea *f*), e 169.º, n.º 3, da Constituição, o seguinte:

CAPÍTULO I – Disposições gerais

BASE I – Princípios gerais

1 – A protecção da saúde constitui um direito dos indivíduos e da comunidade que se efectiva pela responsabilidade conjunta dos cidadãos, da sociedade e do Estado, em liberdade de procura e de prestação de cuidados, nos termos da Constituição e da lei.

2 – O Estado promove e garante o acesso de todos os cidadãos aos cuidados de saúde nos limites dos recursos humanos, técnicos e financeiros disponíveis.

3 – A promoção e a defesa da saúde pública são efectuadas através da actividade do Estado e de outros entes públicos, podendo as organizações da sociedade civil ser associadas àquela actividade.

---

[13] Alterada pela Lei n.º 27/2002, de 8 de Novembro.

490   *Direitos Económicos, Sociais e Culturais em Especial*

4 – Os cuidados de saúde são prestados por serviços e estabelecimentos do Estado ou, sob fiscalização deste, por outros entes públicos ou por entidades privadas, sem ou com fins lucrativos.

BASE II – **Política de saúde**

1 – A política de saúde tem âmbito nacional e obedece às directrizes seguintes:

- *a*) A promoção da saúde e a prevenção da doença fazem parte das prioridades no planeamento das actividades do Estado;
- *b*) É objectivo fundamental obter a igualdade dos cidadãos no acesso aos cuidados de saúde, seja qual for a sua condição económica e onde quer que vivam, bem como garantir a equidade na distribuição de recursos e na utilização de serviços;
- *c*) São tomadas medidas especiais relativamente a grupos sujeitos a maiores riscos, tais como as crianças, os adolescentes, as grávidas, os idosos, os deficientes, os toxicodependentes e os trabalhadores cuja profissão o justifique;
- *d*) Os serviços de saúde estruturam-se e funcionam de acordo com o interesse dos utentes e articulam-se entre si e ainda com os serviços de segurança e bem-estar social;
- *e*) A gestão dos recursos disponíveis deve ser conduzida por forma a obter deles o maior proveito socialmente útil e a evitar o desperdício e a utilização indevida dos serviços;
- *f*) É apoiado o desenvolvimento do sector privado da saúde e, em particular, as iniciativas das instituições particulares de solidariedade social, em concorrência com o sector público;
- *g*) É promovida a participação dos indivíduos e da comunidade organizada na definição da política de saúde e planeamento e no controlo do funcionamento dos serviços;
- *h*) É incentivada a educação das populações para a saúde, estimulando nos indivíduos e nos grupos sociais a modificação dos comportamentos nocivos à saúde pública ou individual;
- *i*) É estimulada a formação e a investigação para a saúde, devendo procurar-se envolver os serviços, os profissionais e a comunidade.

2 – A política de saúde tem carácter evolutivo, adaptando-se perma-

nentemente às condições da realidade nacional, às suas necessidades e aos seus recursos.

BASE III – Natureza da legislação sobre saúde

A legislação sobre saúde é de interesse e ordem públicos, pelo que a sua inobservância implica responsabilidade penal, contra-ordenacional, civil e disciplinar, conforme o estabelecido na lei.

BASE IV – Sistema de saúde e outras entidades

1 – O sistema de saúde visa a efectivação do direito à protecção da saúde.

2 – Para efectivação do direito à protecção da saúde, o Estado actua através de serviços próprios, celebra acordos com entidades privadas para a prestação de cuidados e apoia e fiscaliza a restante actividade privada na área da saúde.

3 – Os cidadãos e as entidades públicas e privadas devem colaborar na criação de condições que permitam o exercício do direito à protecção da saúde e a adopção de estilos de vida saudáveis.

BASE V – Direitos e deveres dos cidadãos

1 – Os cidadãos são os primeiros responsáveis pela sua própria saúde, individual e colectiva, tendo o dever de a defender e promover.

2 – Os cidadãos têm direito a que os serviços públicos de saúde se constituam e funcionem de acordo com os seus legítimos interesses.

3 – É reconhecida a liberdade de prestação de cuidados de saúde, com as limitações decorrentes da lei, designadamente no que respeita a exigências de qualificação profissional.

4 – A liberdade de prestação de cuidados de saúde abrange a faculdade de se constituírem entidades sem ou com fins lucrativos que visem aquela prestação.

5 – É reconhecida a liberdade de escolha no acesso à rede nacional de prestação de cuidados de saúde, com as limitações decorrentes dos recursos existentes e da organização dos serviços.

BASE VI – **Responsabilidade do Estado**

1 – O Governo define a política de saúde.

2 – Cabe ao Ministério da Saúde propor a definição da política nacional de saúde, promover e vigiar a respectiva execução e coordenar a sua acção com a dos ministérios que tutelam áreas conexas.

3 – Todos os departamentos, especialmente os que actuam nas áreas específicas da segurança e bem-estar social, da educação, do emprego, do desporto, do ambiente, da economia, do sistema fiscal, da habitação e do urbanismo, devem ser envolvidos na promoção da saúde.

4 – Os serviços centrais do Ministério da Saúde exercem, em relação ao Serviço Nacional de Saúde, funções de regulamentação, orientação, planeamento, avaliação e inspecção.

BASE VII – **Conselho Nacional de Saúde**

1 – O Conselho Nacional de Saúde representa os interessados no funcionamento das entidades prestadoras de cuidados de saúde e é um órgão de consulta do Governo.

2 – O Conselho Nacional de Saúde inclui representantes dos utentes, nomeadamente dos subsistemas de saúde, dos seus trabalhadores, dos departamentos governamentais com áreas de actuação conexas e de outras entidades.

3 – Os representantes dos utentes são eleitos pela Assembleia da República.

4 – A composição, a competência e o funcionamento do Conselho Nacional de Saúde constam da lei.

BASE VIII – **Regiões Autónomas**

1 – Nas Regiões Autónomas dos Açores e da Madeira a política de saúde é definida e executada pelos órgãos do governo próprio, em obediência aos princípios estabelecidos pela Constituição da República e pela presente lei.

2 – A presente lei é aplicável às Regiões Autónomas dos Açores e da

Madeira, que devem publicar regulamentação própria em matéria de organização, funcionamento e regionalização dos serviços de saúde.

BASE IX – **Autarquias locais**

Sem prejuízo de eventual transferência de competências, as autarquias locais participam na acção comum a favor da saúde colectiva e dos indivíduos, intervêm na definição das linhas de actuação em que estejam directamente interessadas e contribuem para a sua efectivação dentro das suas atribuições e responsabilidades.

BASE X – **Relações internacionais**

1 – Tendo em vista a indivisibilidade da saúde na comunidade internacional, o Estado Português reconhece as consequentes interdependências sanitárias a nível mundial e assume as respectivas responsabilidades.

2 – O Estado Português apoia as organizações internacionais de saúde de reconhecido prestígio, designadamente a Organização Mundial de Saúde, coordena a sua política com as grandes orientações dessas organizações e garante o cumprimento dos compromissos internacionais livremente assumidos.

3 – Como Estado membro das Comunidades Europeias, Portugal intervém na tomada de decisões em matéria de saúde a nível comunitário, participa nas acções que se desenvolvem a esse nível e assegura as medidas a nível interno decorrentes de tais decisões.

4 – Em particular, Portugal defende o progressivo incremento da acção comunitária visando a melhoria da saúde pública, especialmente nas regiões menos favorecidas e no quadro do reforço da coesão económica e social fixado pelo Acto Único Europeu.

5 – É estimulada a cooperação com outros países, no âmbito da saúde, em particular com os países africanos de língua oficial portuguesa.

BASE XI – **Defesa sanitária das fronteiras**

1 – O Estado Português promove a defesa sanitária das suas fron-

494   *Direitos Económicos, Sociais e Culturais em Especial*

teiras, com respeito pelas regras gerais emitidas pelos organismos competentes.

2 – Em especial, cabe aos organismos competentes estudar, propor, executar e fiscalizar as medidas necessárias para prevenir a importação ou exportação das doenças submetidas ao Regulamento Sanitário Internacional, enfrentar a ameaça de expansão de doenças transmissíveis e promover todas as operações sanitárias exigidas pela defesa da saúde da comunidade internacional.

CAPÍTULO II – **Das entidades prestadoras dos cuidados de saúde em geral**

BASE XII – **Sistema de saúde**

1 – O sistema de saúde é constituído pelo Serviço Nacional de Saúde e por todas as entidades públicas que desenvolvam actividades de promoção, prevenção e tratamento na área da saúde, bem como por todas as entidades privadas e por todos os profissionais livres que acordem com a primeira a prestação de todas ou de algumas daquelas actividades.

2 – O Serviço Nacional de Saúde abrange todas as instituições e serviços oficiais prestadores de cuidados de saúde dependentes do Ministério da Saúde e dispõe de estatuto próprio.

3 – O Ministério da Saúde e as administrações regionais de saúde podem contratar com entidades privadas a prestação de cuidados de saúde aos beneficiários do Serviço Nacional de Saúde sempre que tal se afigure vantajoso, nomeadamente face à consideração do binómio qualidade-custos, e desde que esteja garantido o direito de acesso.

4 – A rede nacional de prestação de cuidados de saúde abrange os estabelecimentos do Serviço Nacional de Saúde e os estabelecimentos privados e os profissionais em regime liberal com quem sejam celebrados contratos nos termos do número anterior.

5 – Tendencialmente, devem ser adoptadas as mesmas regras no pagamento de cuidados e no financiamento de unidades de saúde da rede nacional da prestação de cuidados de saúde.

6 – O controlo de qualidade de toda a prestação de cuidados de saúde está sujeito ao mesmo nível de exigência.

Direito à Saúde

BASE XIII – **Níveis de cuidados de saúde**

1 – O sistema de saúde assenta nos cuidados de saúde primários, que devem situar-se junto das comunidades.

2 – Deve ser promovida a intensa articulação entre os vários níveis de cuidados de saúde, reservando a intervenção dos mais diferenciados para as situações deles carecidas e garantindo permanentemente a circulação recíproca e confidencial da informação clínica relevante sobre os utentes.

BASE XIV – **Estatuto dos utentes**

1 – Os utentes têm direito a:

a) Escolher, no âmbito do sistema de saúde e na medida dos recursos existentes e de acordo com as regras de organização, o serviço e agentes prestadores;

b) Decidir receber ou recusar a prestação de cuidados que lhes é proposta, salvo disposição especial da lei;

c) Ser tratados pelos meios adequados, humanamente e com prontidão, correcção técnica, privacidade e respeito;

d) Ter rigorosamente respeitada a confidencialidade sobre os dados pessoais revelados;

e) Ser informados sobre a sua situação, as alternativas possíveis de tratamento e a evolução provável do seu estado;

f) Receber, se o desejarem, assistência religiosa;

g) Reclamar e fazer queixa sobre a forma como são tratados e, se for caso disso, a receber indemnização por prejuízos sofridos;

h) Constituir entidades que os representem e defendam os seus interesses;

i) Constituir entidades que colaborem com o sistema de saúde, nomeadamente sob a forma de associações para a promoção e defesa da saúde ou de grupos de amigos de estabelecimentos de saúde.

2 – Os utentes devem:

a) Respeitar os direitos dos outros utentes;

b) Observar as regras sobre a organização e o funcionamento dos serviços e estabelecimentos;
c) Colaborar com os profissionais de saúde em relação à sua própria situação;
d) Utilizar os serviços de acordo com as regras estabelecidas;
e) Pagar os encargos que derivem da prestação dos cuidados de saúde, quando for caso disso.

3 – Relativamente a menores e incapazes, a lei deve prever as condições em que os seus representantes legais podem exercer os direitos que lhes cabem, designadamente o de recusarem a assistência, com observância dos princípios constitucionalmente definidos.

BASE XV – **Profissionais de saúde**

1 – A lei estabelece os requisitos indispensáveis ao desempenho de funções e os direitos e deveres dos profissionais de saúde, designadamente os de natureza deontológica, tendo em atenção a relevância social da sua actividade.

2 – A política de recursos humanos para a saúde visa satisfazer as necessidades da população, garantir a formação, a segurança e o estímulo dos profissionais, incentivar a dedicação plena, evitando conflitos de interesse entre a actividade pública e a actividade privada, facilitar a mobilidade entre o sector público e o sector privado e procurar uma adequada cobertura no território nacional.

3 – O Ministério da Saúde organiza um registo nacional de todos os profissionais de saúde, com exclusão daqueles cuja inscrição seja obrigatória numa associação profissional de direito público.

4 – A inscrição obrigatória referida no número anterior é da responsabilidade da respectiva associação profissional de direito público e fun-ciona como registo nacional dos profissionais nela inscritos, sendo facultada ao Ministério da Saúde sempre que por este solicitada.

BASE XVI – **Formação do pessoal de saúde**

1 – A formação e o aperfeiçoamento profissional, incluindo a forma-

ção permanente, do pessoal de saúde constituem um objectivo fundamental a prosseguir.

2 – O Ministério da Saúde colabora com o Ministério da Educação nas actividades de formação que estiverem a cargo deste, designadamente facultando nos seus serviços campos de ensino prático e de estágios, e prossegue as actividades que lhe estiverem cometidas por lei nesse domínio.

3 – A formação do pessoal deve assegurar uma qualificação técnico--científica tão elevada quanto possível tendo em conta o ramo e o nível do pessoal em causa, despertar nele o sentido da responsabilidade profissional, sem esquecer a preocupação da melhor utilização dos recursos disponíveis, e, em todos os casos, orientar-se no sentido de incutir nos profissionais o respeito pela vida e pelos direitos das pessoas e dos doentes como o primeiro dever que lhes cumpre observar.

BASE XVII – **Investigação**

1 – É apoiada a investigação com interesse para a saúde, devendo ser estimulada a colaboração neste domínio entre os serviços do Ministério da Saúde e as universidades, a Junta Nacional de Investigação Científica e Tecnológica e outras entidades, públicas ou privadas.

2 – Em particular, deve ser promovida a participação portuguesa em programas de investigação no campo da saúde levados a efeito no âmbito das Comunidades Europeias.

3 – As acções de investigação a apoiar devem sempre observar, como princípio orientador, o de que a vida humana é o valor máximo a promover e a salvaguardar em quaisquer circunstâncias.

BASE XVIII – **Organização do território para o sistema de saúde**

1 – A organização do sistema de saúde baseia-se na divisão do território nacional em regiões de saúde.

2 – As regiões de saúde são dotadas de meios de acção bastantes para satisfazer autonomamente as necessidades correntes de saúde dos seus habitantes, podendo, quando necessário, ser estabelecidos acordos inter--regionais para a utilização de determinados recursos.

498   *Direitos Económicos, Sociais e Culturais em Especial*

3 – As regiões podem ser divididas em sub-regiões de saúde, de acordo com as necessidades das populações e a operacionalidade do sistema.

4 – Cada concelho constitui uma área de saúde, mas podem algumas localidades ser incluías em áreas diferentes das dos concelhos a que pertençam quando se verifique que tal é indispensável para tornar mais rápida e cómoda a prestação dos cuidados de saúde.

5 – As grandes aglomerações urbanas podem ter organização de saúde própria a estabelecer em lei, tomando em conta as respectivas condições demográficas e sanitárias.

BASE XIX – **Autoridades de saúde**

1 – As autoridades de saúde situam-se a nível nacional, regional e concelhio, para garantir a intervenção oportuna e discricionária do Estado em situações de grave risco para a saúde pública, e estão hierarquicamente dependentes do Ministro da Saúde, através do director-geral competente.

2 – As autoridades de saúde têm funções de vigilância das decisões dos órgãos e serviços executivos do Estado em matéria de saúde pública, podendo suspendê-las quando as considerem prejudiciais.

3 – Cabe ainda especialmente às autoridades de saúde:

a) Vigiar o nível sanitário dos aglomerados populacionais, dos serviços, estabelecimentos e locais de utilização pública para defesa da saúde pública;

b) Ordenar a suspensão de actividade ou o encerramento dos serviços, estabelecimentos e locais referidos na alínea anterior, quando funcionem em condições de grave risco para a saúde pública;

c) Desencadear, de acordo com a Constituição e a lei, o internamento ou a prestação compulsiva de cuidados de saúde a indivíduos em situação de prejudicarem a saúde pública;

d) Exercer a vigilância sanitária das fronteiras;

e) Proceder à requisição de serviços, estabelecimentos e profissionais de saúde em casos de epidemias graves e outras situações semelhantes.

4 – As funções de autoridade de saúde são independentes das de

natureza operativa dos serviços de saúde e são desempenhadas por médicos, preferencialmente da carreira de saúde pública.

5 – Das decisões das autoridades de saúde há sempre recurso hierárquico e contencioso nos termos da lei.

BASE XX – **Situações de grave emergência**

1 – Quando ocorram situações de catástrofe ou de outra grave emergência de saúde, o Ministro da Saúde toma as medidas de excepção que forem indispensáveis, coordenando a actuação dos serviços centrais do Ministério com os órgãos do Serviço Nacional de Saúde e os vários escalões das autoridades de saúde.

2 – Sendo necessário, pode o Governo, nas situações referidas no n.º 1, requisitar, pelo tempo absolutamente indispensável, os profissionais e estabelecimentos de saúde em actividade privada.

BASE XXI – **Actividade farmacêutica**

1 – A actividade farmacêutica abrange a produção, comercialização, importação e exportação de medicamentos e produtos medicamentosos.

2 – A actividade farmacêutica tem legislação especial e fica submetida à disciplina e fiscalização conjuntas dos ministérios competentes, de forma a garantir a defesa e a protecção da saúde, a satisfação das necessidades da população e a racionalização do consumo de medicamentos e produtos medicamentosos.

3 – A disciplina referida no número anterior incide sobre a instalação de equipamentos produtores e os estabelecimentos distribuidores de medicamentos e produtos medicamentosos e o seu funcionamento.

BASE XXII – **Ensaios clínicos de medicamentos**

Os ensaios clínicos de medicamentos são sempre realizados sob direcção e responsabilidade médica, segundo regras a definir em diploma próprio.

BASE XXIII – Outras actividades complementares

1 – Estão sujeitas a regras próprias e à disciplina e inspecção do Ministério da Saúde, e, sendo caso disso, dos outros ministérios competentes, as actividades que se destinem a facultar meios materiais ou de organização indispensáveis à prestação de cuidados de saúde, mesmo quando desempenhadas pelo sector privado.

2 – Incluem-se, nomeadamente, nas actividades referidas no número anterior a colheita e distribuição de produtos biológicos, a produção e distribuição de bens e produtos alimentares, a produção, a comercialização e a instalação de equipamentos e bens de saúde, o estabelecimento e exploração de seguros de saúde e o transporte de doentes.

CAPÍTULO III – Do Serviço Nacional de Saúde

BASE XXIV – Características

O Serviço Nacional de Saúde caracteriza-se por:

a) Ser universal quanto à população abrangida;
b) Prestar integradamente cuidados globais ou garantir a sua prestação;
c) Ser tendencialmente gratuito para os utentes, tendo em conta as condições económicas e sociais dos cidadãos;
d) Garantir a equidade no acesso dos utentes, com o objectivo de atenuar os efeitos das desigualdades económicas, geográficas e quaisquer outras no acesso aos cuidados;
e) Ter organização regionalizada e gestão descentralizada e participada.

BASE XXV – Beneficiários

1 – São beneficiários do Serviço Nacional de Saúde todos os cidadãos portugueses.

2 – São igualmente beneficiários do Serviço Nacional de Saúde os cidadãos nacionais de Estados membros das Comunidades Europeias, nos termos das normas comunitárias aplicáveis.

Direito à Saúde 501

3 – São ainda beneficiários do Serviço Nacional de Saúde os cidadãos estrangeiros residentes em Portugal, em condições de reciprocidade, e os cidadãos apátridas residentes em Portugal.

BASE XXVI – Organização do Serviço Nacional de Saúde

1 – O Serviço Nacional de Saúde é tutelado pelo Ministro da Saúde e é administrado a nível de cada região de saúde pelo conselho de administração da respectiva administração regional de saúde.

2 – Em cada sub-região existe um coordenador sub-regional de saúde e em cada concelho uma comissão concelhia de saúde.

BASE XXVII – Administrações regionais de saúde

1 – As administrações regionais de saúde são responsáveis pela saúde das populações da respectiva área geográfica, coordenam a prestação de cuidados de saúde de todos os níveis e adequam os recursos disponíveis às necessidades, segundo a política superiormente definida e de acordo com as normas e directivas emitidas pelo Ministério da Saúde.

2 – As administrações regionais de saúde são dirigidas por um conselho de administração, cuja composição é definida por lei.

3 – Cabe em especial ao conselho de administração das administrações regionais de saúde:

a) Propor os planos de actividade e o orçamento respectivo, acompanhar a sua execução e deles prestar contas;

b) Orientar, coordenar e acompanhar a gestão do Serviço Nacional de Saúde a nível regional;

c) Representar o Serviço Nacional de Saúde em juízo e fora dele, a nível da região respectiva;

d) Regular a procura entre os estabelecimentos e serviços da região e orientar, coordenar e acompanhar o respectivo funcionamento, sem prejuízo da autonomia de gestão destes consagrada na lei;

e) Contratar com entidades privadas a prestação de cuidados de saúde aos beneficiários do Serviço Nacional de Saúde na respectiva região, sem prejuízo de acordos de âmbito nacional sobre a mesma matéria;

502 *Direitos Económicos, Sociais e Culturais em Especial*

f) Avaliar permanentemente os resultados obtidos;
g) Coordenar o transporte de doentes, incluindo o que esteja a cargo de entidades privadas.

BASE XXVIII – Coordenador sub-regional de saúde

Ao coordenador sub-regional de saúde cabe coadjuvar a administração regional no exercício das suas funções no âmbito da sub-região e exercer as funções que o conselho de administração da administração regional nele delegar.

BASE XXIX – Comissões concelhias de saúde

As comissões concelhias de saúde são órgãos consultivos das administrações regionais de saúde em relação a cada concelho da respectiva área de actuação.

BASE XXX – Avaliação permanente

1 – O funcionamento do Serviço Nacional de Saúde está sujeito a avaliação permanente, baseada em informações de natureza estatística, epidemiológica e administrativa.

2 – É igualmente colhida informação sobre a qualidade dos serviços, o seu grau de aceitação pela população utente, o nível de satisfação dos profissionais e a razoabilidade da utilização dos recursos em termos de custos e benefícios.

3 – Esta informação é tratada em sistema completo e integrado que abrange todos os níveis e todos os órgãos e serviços.

BASE XXXI – Estatuto dos profissionais de saúde do Serviço Nacional de Saúde

1 – Os profissionais de saúde que trabalham no Serviço Nacional de Saúde estão submetidos às regras próprias da Administração Pública e

Direito à Saúde 503

podem constituir-se em corpos especiais, sendo alargado o regime laboral aplicável, de futuro, à lei do contrato individual de trabalho e à contratação colectiva de trabalho.

2 – A lei estabelece, na medida do que seja necessário, as regras próprias sobre o estatuto dos profissionais de saúde, o qual deve ser adequado ao exercício das funções e delimitado pela ética e deontologia profissionais.

3 – Aos profissionais dos quadros do Serviço Nacional de Saúde é permitido, sem prejuízo das normas que regulam o regime de trabalho de dedicação exclusiva, exercer a actividade privada, não podendo dela resultar para o Serviço Nacional de Saúde qualquer responsabilidade pelos encargos resultantes dos cuidados por esta forma prestados aos seus beneficiários.

4 – É assegurada formação permanente aos profissionais de saúde.

BASE XXXII – **Médicos**

1 – Ao pessoal médico cabe no Serviço Nacional de Saúde particular relevo e responsabilidade.

2 – É definido na lei o conceito de acto médico.

3 – O ingresso dos médicos e a sua permanência no Serviço Nacional de Saúde dependem de inscrição na Ordem dos Médicos.

4 – É reconhecida à Ordem dos Médicos a função de definição da deontologia médica, bem como a de participação, em termos a regulamentar, na definição da qualidade técnica mesmo para os actos praticados no âmbito do Serviço Nacional de Saúde, estando-lhe também cometida a fiscalização do exercício livre da actividade médica.

5 – A lei regula com a mesma dignidade as carreiras médicas, independentemente de serem estruturadas de acordo com a diferenciação profissional.

6 – A lei pode prever que os médicos da carreira hospitalar sejam autorizados a assistir, nos hospitais, os seus doentes privados, em termos a regulamentar.

7 – Os serviços e estabelecimentos do Serviço Nacional de Saúde podem contratar para tarefas específicas médicos do sector privado especialmente qualificados.

BASE XXXIII – **Financiamento**

1 – O Serviço Nacional de Saúde é financiado pelo Orçamento do Estado, através do pagamento dos actos e actividades efectivamente realizados segundo uma tabela de preços que consagra uma classificação dos mesmo actos, técnicas e serviços de saúde.

2 – Os serviços e estabelecimentos do Serviço Nacional de Saúde podem cobrar as seguintes receitas, a inscrever nos seus orçamentos próprios:

a) O pagamento de cuidados em quarto particular ou outra modalidade não prevista para a generalidade dos utentes;

b) O pagamento de cuidados por parte de terceiros responsáveis, legal ou contratualmente, nomeadamente subsistemas de saúde ou entidades seguradoras;

c) O pagamento de cuidados prestados a não beneficiários do Serviço Nacional de Saúde quando não há terceiros responsáveis;

d) O pagamento de taxas por serviços prestados ou utilização de instalações ou equipamentos nos termos legalmente previstos;

e) O produto de rendimentos próprios;

f) O produto de benemerências ou doações;

g) O produto da efectivação de responsabilidade dos utentes por infracções às regras da organização e do funcionamento do sistema e por uso doloso dos serviços e do material de saúde.

BASE XXXIV – **Taxas moderadoras**

1 – Com o objectivo de completar as medidas reguladoras do uso dos serviços de saúde, podem ser cobradas taxas moderadoras, que constituem também receita do Serviço Nacional de Saúde.

2 – Das taxas referidas no número anterior são isentos os grupos populacionais sujeitos a maiores riscos e os financeiramente mais desfavorecidos, nos termos determinados na lei.

BASE XXXV – **Benefícios**

1 – A lei pode especificar as prestações garantidas aos beneficiários do Serviço Nacional de Saúde ou excluir do objecto dessas prestações cuidados não justificados pelo estado de saúde.

2 – Só em circunstâncias excepcionais em que seja impossível garantir em Portugal o tratamento nas condições exigíveis de segurança e em que seja possível fazê-lo no estrangeiro, o Serviço Nacional de Saúde suporta as respectivas despesas.

BASE XXXVI – **Gestão dos hospitais e centros de saúde**

1 – A gestão das unidades de saúde deve obedecer, na medida do possível, a regras de gestão empresarial e a lei pode permitir a realização de experiências inovadoras de gestão, submetidas a regras por ela fixadas.

2 – Nos termos a estabelecer em lei, pode ser autorizada a entrega, através de contratos de gestão, de hospitais ou centros de saúde do Serviço Nacional de Saúde a outras entidades ou, em regime de convenção, a grupos de médicos.

3 – A lei pode prever a criação de unidades de saúde com a natureza de sociedades anónimas de capitais públicos.

CAPÍTULO IV – **Das iniciativas particulares de saúde**

BASE XXXVII – **Apoio ao sector privado**

1 – O Estado apoia o desenvolvimento do sector privado de prestação de cuidados de saúde, em função das vantagens sociais decorrentes das iniciativas em causa e em concorrência com o sector público.

2 – O apoio pode traduzir-se, nomeadamente, na facilitação da mobilidade do pessoal do Serviço Nacional de Saúde que deseje trabalhar no sector privado, na criação de incentivos à criação de unidades privadas e na reserva de quotas de leitos de internamento em cada região de saúde.

506   *Direitos Económicos, Sociais e Culturais em Especial*

BASE XXXVIII – **Instituições particulares de solidariedade social com objectivos de saúde**

1 – As instituições particulares de solidariedade social com objectivos específicos de saúde intervêm na acção comum a favor da saúde colectiva e dos indivíduos, de acordo com a legislação que lhes é própria e a presente lei.

2 – As instituições particulares de solidariedade social ficam sujeitas, no que respeita às suas actividades de saúde, ao poder orientador e de inspecção dos serviços competentes do Ministério da Saúde, sem prejuízo da independência de gestão estabelecida na Constituição e na sua legislação própria.

3 – Para além do apoio referido no n.º 2 da base XXXVII, os serviços de saúde destas instituições podem ser subsidiados financeiramente e apoiados tecnicamente pelo Estado e pelas autarquias locais.

BASE XXXIX – **Organizações de saúde com fins lucrativos**

1 – As organizações privadas com objectivos de saúde e fins lucrativos estão sujeitas a licenciamento, regulamentação e vigilância de qualidade por parte do Estado.

2 – A hospitalização privada, em especial, actua em articulação com o Serviço Nacional de Saúde.

3 – Compreendem-se na hospitalização privada não apenas as clínicas ou casas de saúde, gerais ou especializadas, mas ainda os estabelecimentos termais com internamento não pertencentes ao Estado ou às autarquias locais.

BASE XL – **Profissionais de saúde em regime liberal**

1 – Os profissionais de saúde que asseguram cuidados em regime de profissão liberal desempenham função de importância social reconhecida e protegida pela lei.

2 – O exercício de qualquer profissão que implique a prestação de cuidados de saúde em regime liberal é regulamentado e fiscalizado pelo Ministério da Saúde, sem prejuízo das funções cometidas à Ordem

dos Médicos, à Ordem dos Enfermeiros e à Ordem dos Farmacêuticos.

3 – O Serviço Nacional de Saúde, os médicos, os farmacêuticos e outros profissionais de saúde em exercício liberal devem prestar-se apoio mútuo.

4 – Os profissionais de saúde em regime liberal devem ser titulares de seguro contra os riscos decorrentes do exercício das suas funções.

BASE XLI – Convenções

1 – No quadro estabelecido pelo n.º 3 da base XII, podem ser celebradas convenções com médicos e outros profissionais de saúde ou casas de saúde, clínicas ou hospitais privados, quer a nível de cuidados de saúde primários quer a nível de cuidados diferenciados.

2 – A lei estabelece as condições de celebração de convenções e, em particular, as garantias das entidades convencionadas.

BASE XLII – Seguros de saúde

A lei fixa incentivos ao estabelecimento de seguros de saúde.

CAPÍTULO V – Disposições finais e transitórias

BASE XLIII – Regulamentação

1 – O Governo deve desenvolver em decretos-leis as bases da presente lei que não sejam imediatamente aplicáveis.

2 – As administrações regionais de saúde devem ser progressivamente implantadas, podendo, numa fase inicial, abranger só parte da zona total ou parte dos serviços prestadores de cuidados.

BASE XLIV – **Regime transitório**

As convenções celebradas com profissionais do Serviço Nacional de Saúde mantêm-se transitoriamente, nos termos dos respectivos contratos, em condições e por período que vierem a ser estabelecidos em diploma regulamentar.

BASE XLV – **Entrada em vigor**

A presente lei entra em vigor 30 dias após a sua publicação.

Aprovada em 12 de Julho de 1990.

O Presidente da Assembleia da República, *Vítor Pereira Crespo.*

Promulgada em 31 de Julho de 1990.

Publique-se.

O Presidente da República, MÁRIO SOARES.

Referendada em 3 de Agosto de 1990.

O Primeiro-Ministro, *Aníbal António Cavaco Silva.*

17. DIREITO AO AMBIENTE

a) Lei de Bases do Ambiente

Lei n.° 11/87, de 7 de Abril[14]

Lei de Bases do Ambiente

A Assembleia da República decreta, nos termos dos artigos 164.°, alínea *d*), 168.°, n.° 1, alínea *g*), e 169.°, n.° 2, da Constituição, o seguinte:

CAPÍTULO I – **Princípios e objectivos**

ARTIGO 1.° – **Âmbito**

A presente lei define as bases da política de ambiente, em cumprimento do disposto nos artigos 9.° e 66.° da Constituição da República.

ARTIGO 2.° – **Princípio geral**

1 – Todos os cidadãos têm direito a um ambiente humano e ecologicamente equilibrado e o dever de o defender, incumbindo ao Estado, por meio de organismos próprios e por apelo a iniciativas populares e comunitárias, promover a melhoria da qualidade de vida, quer individual, quer colectiva.

---

[14] Alterada pela Lei n.° 13/2002, de 19 de Fevereiro.

510   *Direitos Económicos, Sociais e Culturais em Especial*

2 – A política de ambiente tem por fim optimizar e garantir a continuidade de utilização dos recursos naturais, qualitativa e quantitativamente, como pressuposto básico de um desenvolvimento auto--sustentado.

ARTIGO 3.º – **Princípios específicos**

O princípio geral constante do artigo anterior implica a observância dos seguintes princípios específicos:

a) Da prevenção: as actuações com efeitos imediatos ou a prazo no ambiente devem ser consideradas de forma antecipativa, reduzindo ou eliminando as causas, prioritariamente à correcção dos efeitos dessas acções ou actividades susceptíveis de alterarem a qualidade do ambiente, sendo o poluidor obrigado a corrigir ou recuperar o ambiente, suportando os encargos daí resultantes, não lhe sendo permitido continuar a acção poluente;

b) Do equilíbrio: devem criar-se os meios adequados para assegurar a integração das políticas, de crescimento económico e social e de conservação da Natureza, tendo como finalidade o desenvolvimento integrado, harmónico e sustentável;

c) Da participação: os diferentes grupos sociais devem intervir na formulação e execução da política de ambiente e ordenamento do território, através dos órgãos competentes de administração central, regional e local e de outras pessoas colectivas de direito público ou de pessoas e entidades privadas;

d) Da unidade de gestão e acção: deve existir um órgão nacional responsável pela política de ambiente e ordenamento do território, que normalize e informe a actividade dos agentes públicos ou privados interventores, como forma de garantir a integração da problemática do ambiente, do ordenamento do território e do planeamento económico, quer ao nível global, quer sectorial, e intervenha com vista a atingir esses objectivos na falta ou e substituição de entidades já existentes;

e) Da cooperação internacional: determina a procura de soluções concertadas com outros países ou organizações internacionais para os problemas de ambiente e de gestão dos recursos naturais;

f) Da procura do nível mais adequado de acção: implica que a execução das medidas de política de ambiente tenha em consideração o nível mais adequado de acção, seja ele de âmbito internacional, nacional, regional, local ou sectorial;

g) De recuperação: devem ser tomadas medidas urgentes para limitar os processos degradativos nas áreas onde actualmente ocorrem e promover a recuperação dessas áreas, tendo em conta os equilíbrios a estabelecer com as áreas limítrofes;

h) Da responsabilização: aponta para a assunção pelos agentes das consequências, para terceiros, da sua acção, directa ou indirecta, sobre os recursos naturais.

ARTIGO 4.° – **Objectivos e medidas**

A existência de um ambiente propício à saúde e bem-estar das pessoas e ao desenvolvimento social e cultural das comunidades, bem como à melhoria da qualidade de vida, pressupõe a adopção de medidas que visem, designadamente:

a) O desenvolvimento económico e social auto-sustentado e a expansão correcta das áreas urbanas, através do ordenamento do território;

b) O equilíbrio biológico e a estabilidade geológica com a criação de novas paisagens e a transformação ou a manutenção das existentes;

c) Garantir o mínimo impacte ambiental, através de uma correcta instalação em termos territoriais das actividades produtivas;

d) A manutenção dos ecossistemas que suportam a vida, a utilização racional dos recursos vivos e a preservação do património genético e da sua diversidade;

e) A conservação da Natureza, o equilíbrio biológico e a estabilidade dos diferentes *habitats,* nomeadamente através da compartimentação e diversificação das paisagens, da constituição de parques e reservas naturais e outras áreas protegidas, corredores ecológicos e espaços verdes urbanos e suburbanos, de modo a estabelecer um *continuum naturale;*

f) A promoção de acções de investigação quanto aos factores naturais e ao estudo do impacte das acções humanas sobre o ambiente, visando impedir no futuro ou minimizar e corrigir no presente as disfunções existentes e orientar as acções a empreender segundo normas e valores que garantam a efectiva criação de um novo quadro de vida, compatível com a perenidade dos sistemas naturais;

g) A adequada delimitação dos níveis de qualidade dos componentes ambientais;

h) A definição de uma política energética baseada no aproveitamento racional e sustentado de todos os recursos naturais renováveis, na diversificação e descentralização das fontes de produção e na racionalização do consumo;

i) A promoção da participação das populações na formulação e execução da política de ambiente e qualidade de vida, bem como o estabelecimento de fluxos contínuos de informação entre os órgãos da Administração por ela responsáveis e os cidadãos a quem se dirige;

j) O reforço das acções e medidas de defesa do consumidor;

k) O reforço das acções e medidas de defesa e recuperação do património cultural, quer natural, quer construído;

l) A inclusão da componente ambiental e dos valores herdados na educação básica na formação profissional, bem assim como os incentivos à sua divulgação através dos meios de comunicação social, devendo o Governo produzir meios didácticos de apoio aos docentes (livros, brochuras, etc.);

m) A prossecução de uma estratégia nacional de conservação;

n) A plenitude da vida humana e a permanência da vida selvagem, assim como dos *habitats* indispensáveis ao seu suporte;

o) A recuperação das áreas degradadas do território nacional.

Artigo 5.° – **Conceitos e definições**

1 – A qualidade de vida é resultado da interacção de múltiplos factores no funcionamento das sociedades humanas e traduz-se na situação de bem estar físico, mental e social e na satisfação e afirmação culturais, bem como em relações autênticas entre o indivíduo e a comunidade, dependendo da influência de factores inter-relacionados, que compreendem, designadamente:

a) A capacidade de carga do território e dos recursos;

Lei de Bases do Ambiente 513

b) A alimentação, a habitação, a saúde, a educação, os transportes e a ocupação dos tempos livres;

c) Um sistema social que assegure a posteridade de toda a população e os consequentes benefícios da Segurança Social;

d) A integração da expansão urbano-industrial na paisagem, funcionando como valorização da mesma, e não como agente de degradação.

2 – Para efeitos do disposto no presente diploma, considera-se que as expressões «ambiente», «ordenamento do território», «paisagem», *«continuum naturale»*, «qualidade do ambiente» e «conservação da Natureza» deverão ser entendidas nas condições a seguir indicadas:

a) Ambiente é o conjunto dos sistemas físicos, químicos, biológicos e suas relações e dos factores económicos, sociais e culturais com efeito directo ou indirecto, mediato ou imediato, sobre os seres vivos e a qualidade de vida do homem;

b) Ordenamento do território é o processo integrado da organização do espaço biofísico, tendo como objectivo o uso e a transformação do território, de acordo com as suas capacidades e vocações, e a permanência dos valores de equilíbrio biológico e de estabilidade geológica, numa perspectiva de aumento da sua capacidade de suporte de vida;

c) Paisagem é a unidade geográfica, ecológica e estética resultante da acção do homem e da reacção da Natureza, sendo primitiva quando a acção daquele é mínima e natural quando a acção humana é determinante, sem deixar de se verificar o equilíbrio biológico, a estabilidade física e a dinâmica ecológica;

d) *Continuum naturale* é o sistema contínuo de ocorrências naturais que constituem o suporte da vida silvestre e da manutenção do potencial genético e que contribui para o equilíbrio e estabilidade do território;

e) Qualidade do ambiente é a adequabilidade de todos os seus componentes às necessidades do homem;

f) Conservação da Natureza é a gestão da utilização humana da Natureza, de modo a viabilizar de forma perene a máxima rentabilidade compatível com a manutenção da capacidade de regeneração de todos os recursos vivos.

CAPÍTULO II – Componentes ambientais naturais

ARTIGO 6.º – **Componentes ambientais naturais**

Nas termos da presente lei, são componentes do ambiente:

a) O ar;
b) A luz;
c) A água;
d) O solo vivo e o subsolo;
e) A flora;
f) A fauna.

ARTIGO 7.º – **Defesa da qualidade dos componentes ambientais naturais**

Em ordem a assegurar a defesa da qualidade apropriada dos componentes ambientais naturais referidas no número anterior, poderá o Estado, através do ministério da tutela competente, proibir ou condicionar o exercício de actividades e desenvolver acções necessárias à prossecução dos mesmos fins, nomeadamente a adopção de medidas de contenção e fiscalização que levem em conta, para além do mais, os custos económicos, sociais e culturais da degradação do ambiente em termos de obrigatoriedade de análise prévia de custos-benefícios.

ARTIGO 8.º – **Ar**

1 – O lançamento para a atmosfera de quaisquer substâncias, seja qual for o seu estado físico, susceptíveis de afectarem de forma nociva a qualidade do ar e o equilíbrio ecológico ou que impliquem risco, dano ou incómodo grave para as pessoas e bens será objecto de regulamentação especial.

2 – Todas as instalações, máquinas e meios de transporte cuja actividade possa afectar a qualidade da atmosfera devem ser dotados de dispositivos ou processos adequados para reter ou neutralizar as substâncias poluidoras.

3 – É proibido pôr em funcionamento novos empreendimentos ou desenvolver aqueles já existentes e que, pela sua actividade, possam constituir fontes de poluição do ar sem serem dotados de instalações e dispositivos em estado de funcionamento adequado para reter e neutralizar as substâncias poluentes ou sem se terem tomado medidas para respeitar as

Lei de Bases do Ambiente 515

condições de protecção da qualidade do ar estabelecidas por organismos responsáveis.

ARTIGO 9.º – **Luz e níveis de luminosidade**

1 – Todos têm o direito a um nível de luminosidade conveniente à sua saúde, bem-estar e conforto na habitação, no local de trabalho e nos espaços livres públicos de recreio, lazer e circulação.

2 – O nível de luminosidade para qualquer lugar deve ser o mais consentâneo com vista ao equilíbrio dos ecossistemas transformados de que depende a qualidade de vida das populações.

3 – Os anúncios luminosos, fixos ou intermitentes, não devem perturbar o sossego, a saúde e o bem-estar dos cidadãos.

4 – Nos termos do número anterior, ficam condicionados:

a) O volume dos edifícios a construir que prejudiquem a qualidade de vida dos cidadãos e a vegetação, pelo ensombramento, dos espaços livres públicas e privados;

b) O regulamento e as normas específicas respeitantes à construção de fogos para habitação, escritórios, fábricas e outros lugares de trabalho, escalas e restante equipamento social;

c) O volume das construções a erigir na periferia dos espaços verdes existentes ou a construir;

d) Os anúncios luminosos só são permitidos nas áreas urbanas e são condicionadas as suas cor, forma, localização e intermitência por normas a fixar especificamente.

5 – Nos termos do n.ºs 1, 2 e 3, é proibida:

a) A eliminação dos montados de sobro e azinho e outras árvores dispersas nas folhas de cultura, com excepção dos solas das classes A e B, nas paisagens de características mediterrânicas e continentais;

b) A eliminação da vegetação nas margens dos cursos de água;

c) A eliminação da compartimentação, sebes vivas, uveiras e muros, para além da dimensão da folha de cultura considerada mínima regionalmente.

Artigo 10.° – **Água**

1 – As categorias de águas abrangidas pelo presente diploma são as seguintes:

a) Águas interiores de superfície;
b) Águas interiores subterrâneas;
c) Águas marítimas interiores;
d) Águas marítimas territoriais;
e) Águas marítimas da zona económica exclusiva.

2 – Estende-se igualmente o presente diploma aos leitos e margens dos cursos de água de superfície, aos fundos e margens de lagoas, às zonas de infiltrações, a toda a orla costeira e aos fundos marinhos interiores, plataforma continental e da zona económica exclusiva.

3 – De entre as medidas específicas do presente diploma, a regulamentar através de legislação apropriada, serão tidas em conta as que se relacionam com:

a) A utilização racional da água, com a qualidade referida para cada fim, evitando-se todos os gastos desnecessários e aumentando-se o grau de reutilização;
b) O desenvolvimento coordenado das acções necessárias para conservação, incremento e optimização do aproveitamento das águas de superfície e subterrâneas, tendo por base projectos de conjunto;
c) O estabelecimento de uma faixa de protecção ao longo da orla costeira;
d) O desenvolvimento e aplicação das técnicas de prevenção e combate à poluição hídrica, de origem industrial, agrícola e doméstica ou proveniente de derrames de transportes e outros veículos motorizados, bem como dos respectivos meios de coordenação das acções;
e) As fábricas e estabelecimentos que evacuem águas degradadas directamente para o sistema de esgotos são obrigados a assegurar a sua depuração, de forma a evitar a degradação das canalizações e a perturbação e funcionamento da estação final de depuração.

4 – É interdito dar em exploração novos empreendimentos ou desenvolver aqueles que já existem e que, pela sua actividade, possam constituir

fontes de poluição das águas, sem que uns ou outros estejam dotados de instalações de depuração em estado de funcionamento adequado ou sem outros trabalhos ou medidas que permitam respeitar as condições legais e de protecção da qualidade da água.

5 – Os organismos estatais que, de acordo com a lei, autorizam o funcionamento de empresas construídas sobre as águas e suas zonas de protecção só autorizarão a entrada em exploração e funcionamento destas empresas desde que se constate o respeito pelas normas legais concernentes à protecção das águas.

6 – Os organismos responsáveis devem impor às fábricas e estabelecimentos que utilizam águas a sua descarga a jusante da captação depois de convenientemente tratadas.

ARTIGO 11.º – **Medidas especiais**

1 – Todas as utilizações da água carecem de autorização prévia de entidade competente, devendo essa autorização ser acompanhada da definição dos respectivos condicionamentos.

2 – O lançamento nas águas de efluentes poluidores, resíduos sólidos, quaisquer produtos ou espécies que alterem as suas características ou as tornem impróprias para as suas diversas utilizações será objecto de regulamentação especial.

ARTIGO 12.º – **Unidade básica de gestão**

A bacia hidrográfica é a unidade de gestão dos recursos hídricos, a qual deverá ter em conta as suas implicações sócio-económicas, culturais e internacionais.

ARTIGO 13.º – **Solo**

1 – A defesa e valorização do solo como recurso natural determina a adopção de medidas conducentes à sua racional utilização, a evitar a sua degradação e a promover a melhoria da sua fertilidade e regeneração, incluindo o estabelecimento de uma política de gestão de recursos naturais que salvaguarde a estabilidade ecológica e os ecossistemas de produção, protecção ou de uso múltiplo e regule o ciclo da água.

2 – Será condicionada a utilização de solos agrícolas de elevada fertilidade para fins não agrícolas, bem como plantações, obras e operações agrícolas que provoquem erosão e degradação do solo, o desprendimento

de terras, encharcamento, inundações, excesso de salinidade e outros efeitos perniciosos.

3 – Aos proprietários de terrenos ou seus utilizadores podem ser impostas medidas de defesa e valorização dos mesmos, nos termos do n.° 1 deste artigo, nomeadamente a obrigatoriedade de execução de trabalhos técnicos, agrícolas ou silvícolas, em conformidade com as disposições em vigor.

4 – O uso de biocidas, pesticidas, herbicidas, adubos, correctivos ou quaisquer outras substâncias similares, bem como a sua produção e comercialização, serão objecto de regulamentação especial.

5 – A utilização e a ocupação do solo para fins urbanos e industriais ou implantação de equipamentos e infra-estruturas serão condicionadas pela sua natureza, topografia e fertilidade.

ARTIGO 14.° – **Subsolo**

1 – A exploração dos recursos do subsolo deverá ter em conta:

a) Os interesses de conservação da Natureza e dos recursos naturais;
b) A necessidade de obedecer a um plano global de desenvolvimento e, portanto, a uma articulação a nível nacional;
c) Os interesses e questões que local e mais directamente interessem às regiões e autarquias onde se insiram.

2 – Sem prejuízo do estabelecido no n.° 1 do presente artigo, a exploração do subsolo deverá ser orientada por forma a respeitar os seguintes princípios:

a) Garantia das condições que permitam a regeneração dos factores naturais renováveis e uma adequada relação entre o volume das reservas abertas e o das preparadas para serem exploradas;
b) Valorização máxima de todas as matérias-primas extraídas;
c) Exploração racional das nascentes de águas minerais e termais e determinação dos seus perímetros de protecção;
d) Adopção de medidas preventivas da degradação do ambiente resultante dos trabalhos de extracção de matéria-prima que possam pôr em perigo a estabilidade dos sistemas naturais e sociais;
e) Recuperação obrigatória da paisagem quando da exploração do subsolo resulta alteração quer da topografia preexistente, quer de sistemas naturais notáveis ou importantes, com vista à integração harmoniosa da área sujeita à exploração na paisagem envolvente.

Artigo 15.° – **Flora**

1 – Serão adoptadas medidas que visem a salvaguarda e valorização das formações vegetais espontâneas ou subespontâneas, do património florestal e dos espaços verdes e periurbanos.

2 – São proibidos os processos que impeçam o desenvolvimento normal ou a recuperação da flora e da vegetação espontânea que apresentem interesses científicos, económicos ou paisagísticos, designadamente da flora silvestre, que é essencial para a manutenção da fertilidade do espaço rural e do equilíbrio biológico das paisagens e à diversidade dos recursos genéticos.

3 – Para as áreas degradadas ou nas atingidas por incêndios florestais ou afectadas por uma exploração desordenada será concebida e executada uma política de gestão que garanta uma racional recuperação dos recursos, através de beneficiação agrícola e florestal de uso múltiplo, fomento e posição dos recursos cinegéticos.

4 – O património silvícola do País será objecto de medidas de ordenamento visando a sua defesa e valorização, tendo em conta a necessidade de corrigir e normalizar as operações de cultura e de exploração das matas, garantir uma eficaz protecção contra os fogos, promover o ordenamento do território e valorizar, incrementar e diversificar as actividades de produção de bens e prestação de serviços.

5 – As espécies vegetais ameaçadas de extinção ou os exemplares botânicos isolados ou em grupo que, pelo seu potencial genético, porte, idade, raridade ou outra razão, o exijam serão objecto de protecção, a regulamentar em legislação especial.

6 – O controlo de colheita, o abate, a utilização e a comercialização de certas espécies vegetais e seus derivados, bem como a importação ou introdução de exemplares exóticos, serão objecto de legislação adequada.

Artigo 16.° – **Fauna**

1 – Toda a fauna será protegida através de legislação especial que promova e salvaguarde a conservação e a exploração das espécies sobre as quais recaiam interesses científico, económico ou social garantindo o seu potencial genético e os *habitats* indispensáveis à sua sobrevivência.

2 – A fauna migratória será protegida através de legislação especial que promova e salvaguarde a conservação das espécies, através do levan-

520 *Direitos Económicos, Sociais e Culturais em Especial*

tamento, da classificação e da protecção, em particular dos montados e das zonas húmidas, ribeirinhas e costeiras.

3 – A protecção da fauna autóctone de uma forma mais ampla e a necessidade de proteger a saúde pública implicam a adopção de medidas de controlo efectivo, severamente restritivas, quando não mesmo de proibição, a desenvolver pelos organismos competentes e autoridades sanitárias, nomeadamente no âmbito de:

a) Manutenção ou activação dos processos biológicos de auto-
-regeneração;
b) Recuperação dos *habitats* degradados essenciais para a fauna e criação de *habitats* de substituição, se necessário;
c) Comercialização da fauna silvestre, aquática ou terrestre;
d) Introdução de qualquer espécie animal selvagem, aquática ou terrestre, no País, com relevo para as áreas naturais;
e) Destruição de animais tidos por prejudiciais, sem qualquer excepção, através do recurso a métodos não autorizados e sempre sob controle das autoridades competentes;
f) Regulamentação e controlo da importação de espécies exóticas;
g) Regulamentação e controlo da utilização de substâncias que prejudiquem a fauna selvagem;
h) Organização de lista ou listas de espécies animais e das biocenoses em que se integram, quando raras ou ameaçadas de extinção.

4 – Os recursos animais, cinegéticos e piscícolas das águas interiores e da orla costeira marinha serão objecto de legislação especial que regulamente a sua valorização, fomento e usufruição, sendo prestada especial atenção ao material genético que venha a ser utilizado no desenvolvimento da silvicultura e da aquicultura.

CAPÍTULO III – **Componentes ambientais humanos**

Artigo 17.° – **Componentes ambientais humanos**

1 – Os componentes ambientais humanos definem, no seu conjunto, o quadro específico de vida, onde se insere e de que depende a actividade do homem, que, de acordo com o presente diploma, é objecto de medidas disciplinadoras com vista à obtenção de uma melhoria de qualidade de vida.

Lei de Bases do Ambiente 521

2 – O ordenamento do território e a gestão urbanística terão em conta o disposto na presente lei, o sistema e orgânica do planeamento económico e social e ainda as atribuições e competências da administração central, regional e local.

3 – Nos termos da presente lei, são componentes ambientais humanos:

a) A paisagem;
b) O património natural e construído;
c) A poluição.

Artigo 18.º – **Paisagem**

1 – Em ordem a atingir os objectivos consignados na presente lei, no que se refere à defesa da paisagem como unidade estética e visual, serão condicionados pela administração central, regional e local, em termos a regulamentar, a implantação de construções, infra-estruturas viárias, novos aglomerados urbanos ou outras construções que, pela sua dimensão, volume, silhueta, cor ou localização, provoquem um impacte violento na paisagem preexistente, bem como a exploração de minas e pedreiras, evacuação e acumulação de resíduos e materiais usados e o corte maciço do arvoredo.

2 – A ocupação marginal das infra-estruturas viárias, fluviais, portuárias e aeroportuárias, qualquer que seja o seu tipo, hierarquia ou localização, será objecto de regulamentação especial.

Artigo 19.º – **Gestão da paisagem**

São instrumentos da política de gestão das paisagens:

a) A protecção e valorização das paisagens que, caracterizadas pelas actividades seculares do homem, pela sua diversidade, concentração e harmonia e pelo sistema sócio-cultural que criaram, se revelam importantes para a manutenção da pluralidade paisagística e cultural;
b) A determinação de critérios múltiplos e dinâmicos que permitam definir prioridades de intervenção, quer no que respeita às áreas menos afectadas pela presença humana, quer àquelas em que a acção do homem é mais determinante;
c) Uma estratégia de desenvolvimento que empenhe as populações na defesa desses valores, nomeadamente, e sempre que necessário, por intermédio de incentivos financeiros ou fiscais e de apoio técnico e social;

522 *Direitos Económicos, Sociais e Culturais em Especial*

 d) O inventário e a avaliação dos tipos característicos de paisagem rural e urbana, comportando elementos abióticos e culturais;

 e) A identificação e cartografia dos valores visuais e estéticos das paisagens naturais e artificiais.

ARTIGO 20.º – **Património natural e construído**

1 – O património natural e construído do País, bem como o histórico e cultural, serão objecto de medidas especiais de defesa, salvaguarda e valorização, através, entre outros, de uma adequada gestão de recursos existentes e planificação das acções a empreender numa perspectiva de animação e utilização criativa.

2 – Legislação especial definirá as políticas de recuperação de centros históricos de áreas urbanas e rurais, de paisagens primitivas e naturais notáveis e de edifícios e conjuntos monumentais e de inventariação e classificação do património histórico, cultural, natural e construído, em cooperação com as autarquias e com as associações locais de defesa do património e associações locais de defesa do ambiente, e estabelecerá a orgânica e modo de funcionamento dos organismos, existentes ou a criar, responsáveis pela sua execução.

ARTIGO 21.º – **Poluição**

1 – São factores de poluição do ambiente e degradação do território todas as acções e actividades que afectam negativamente a saúde, o bem--estar e as diferentes formas de vida, o equilíbrio e a perenidade dos ecossistemas naturais e transformados, assim como a estabilidade física e biológica do território.

2 – São causas de poluição do ambiente todas as substâncias e radiações lançadas no ar, na água, no solo e no subsolo que alterem, temporária ou irreversivelmente, a sua qualidade ou interfiram na sua normal conservação ou evolução.

ARTIGO 22.º – **Ruído**

1 – A luta contra o ruído visa a salvaguarda da saúde e bem-estar das populações e faz-se através, designadamente:

 a) Da normalização dos métodos de medida do ruído;

Lei de Bases do Ambiente 523

b) Do estabelecimento de níveis sonoros máximos, tendo em conta os avanços científicos e tecnológicos nesta matéria;

c) Da redução do nível sonoro na origem, através da fixação de normas de emissão aplicáveis às diferentes fontes;

d) Dos incentivos à utilização de equipamentos cuja produção de ruídos esteja contida dentro dos níveis máximos admitidos para cada caso;

e) Da obrigação de os fabricantes de máquinas e electrodomésticos apresentarem informações detalhadas, homologadas, sobre o nível sonoro dos mesmos nas instruções de uso e facilitarem a execução das inspecções oficiais;

f) Da introdução nas autorizações de construção de edifícios, utilização de equipamento ou exercício de actividades da obrigatoriedade de adoptar medidas preventivas para eliminação da propagação do ruído exterior e interior, bem como das trepidações;

g) Da sensibilização da opinião pública para os problemas do ruído;

h) Da localização adequada no território das actividades causadoras de ruído.

2 – Os veículos motorizados, incluindo as embarcações, as aeronaves e os transportes ferroviários, estão sujeitos a homologação e controlo no que se refere às características do ruído que produzem.

3 – Os avisadores sonoros estão sujeitos a homologação e controlo no que se refere às características dos sinais acústicos que produzem.

4 – Os equipamentos electromecânicos deverão ter especificadas as características do ruído que produzem.

ARTIGO 23.º – **Compostos químicos**

1 – O combate à poluição derivada do uso de compostos químicos, no âmbito da defesa do ambiente, processa-se, designadamente, através:

a) Da aplicação de tecnologias limpas;

b) Da avaliação sistemática dos efeitos potenciais dos compostos químicos sobre o homem e o ambiente;

c) Do controlo do fabrico, comercialização, utilização e eliminação dos compostos químicos;

524 *Direitos Económicos, Sociais e Culturais em Especial*

d) Da aplicação de técnicas preventivas orientadas para a reciclagem e reutilização de matérias-primas e produtos;

e) Da aplicação de instrumentos fiscais e financeiros que incentivem a reciclagem e utilização de resíduos;

f) Da homologação de laboratórios de ensaio destinados ao estudo do impacte ambiental de compostos químicos;

g) Da elucidação da opinião pública.

2 – O Governo legislará, no prazo de um ano após a entrada em vigor da presente lei, sobre:

a) Normas para a biodegradabilidade dos detergentes;

b) Normas para homologação, condicionamento e etiquetagem dos pesticidas, solventes, tintas, vernizes e outros tóxicos;

c) Normas sobre a utilização dos cloro-flúor-carbonetos e de outros componentes utilizados nos aerossóis que provoquem impacte grave no ambiente e na saúde humana;

d) Normas sobre criação de um sistema de informação sobre as novas substâncias químicas, obrigando os industriais a actualizar e avaliar os riscos potenciais dos seus produtos antes da comercialização;

e) Estabelecimento de normas máximas de poluição pelo amianto, chumbo, mercúrio e cádmio;

f) Fomento do apoio à normalização da reciclagem da energia, dos metais, do vidro, do plástico, do pano e do papel;

g) Fomento e aproveitamento dos desperdícios agro-pecuárias para o aproveitamento de energia;

h) Fomento e apoio às energias alternativas.

ARTIGO 24.° – **Resíduos e efluentes**

1 – Os resíduos sólidos poderão ser reutilizados como fontes de matérias-primas e energia, procurando-se eliminar os tóxicos pela adopção das seguintes medidas:

a) Da aplicação de «tecnologias limpas»;

b) Da aplicação de técnicas preventivas orientadas para a reciclagem e reutilização de produtos como matérias-primas;

c) Da aplicação de instrumentos fiscais e financeiros que incentivem a reciclagem e utilização de resíduos e efluentes.

Lei de Bases do Ambiente 525

2 – A emissão, transporte e destino final de resíduos e efluentes ficam condicionados a autorização prévia.

3 – A responsabilidade do destino dos diversos tipos de resíduos e efluentes é de quem os produz.

4 – Os resíduos e efluentes devem ser recolhidos, armazenados, transportados, eliminados ou reutilizados de tal forma que não constituam perigo imediato ou potencial para a saúde humana nem causem prejuízo para o ambiente.

5 – A descarga de resíduos e efluentes só pode ser efectuada em locais determinados para o efeito pelas entidades competentes e nas condições previstas na autorização concedida.

6 – As autarquias locais, isoladamente ou em conjunto, poderão proceder à constituição de planos reguladores de descargas de resíduos e efluentes e sua recuperação paisagística.

ARTIGO 25.º – **Substâncias radioactivas**

O controlo da poluição originada por substâncias radioactivas tem por finalidade eliminar a sua influência na saúde e bem-estar das populações e no ambiente e faz-se, designadamente, através:

a) Da avaliação dos efeitos das substâncias radioactivas nos ecossistemas receptores;

b) Da fixação de normas de emissão para os efluentes físicos e químicos radioactivos resultantes de actividades que impliquem a extracção, o transporte, a transformação, a utilização e o armazenamento de material radioactivo;

c) Do planeamento das medidas preventivas necessárias para a actuação imediata em caso de poluição radioactiva;

d) Da avaliação e controlo dos efeitos da poluição transfronteiras e actuação técnica e diplomática internacional que permita a sua prevenção;

e) Da fixação de normas para o trânsito, transferência e deposição de materiais radioactivos no território nacional e nas águas marítimas territoriais e na zona económica exclusiva.

ARTIGO 26.º – **Proibição de poluir**

1 – Em território nacional ou área sob jurisdição portuguesa é proibido lançar, depositar ou, por qualquer outra forma, introduzir nas águas,

no solo, no subsolo ou na atmosfera efluentes, resíduos radioactivos e outros e produtos que contenham substâncias ou microrganismos que possam alterar as características ou tornar impróprios para as suas aplicações aqueles componentes ambientais e contribuam para degradação do ambiente.

2 – O transporte, a manipulação, o depósito, bem como a reciclagem e deposição de quaisquer produtos susceptíveis de produzirem os tipos de poluição referidos no n.º 1, serão regulamentados por legislação especial.

3 – Diplomas regulamentares apropriados definirão os limites de tolerância admissível da presença de elementos poluentes na atmosfera, água, solo e seres vivos, bem assim como as proibições ou condicionamentos necessários à defesa e melhoria da qualidade do ambiente.

CAPÍTULO IV – **Instrumentos da política de ambiente**

ARTIGO 27.º – **Instrumentos**

1 – São instrumentos da política de ambiente e do ordenamento do território:

a) A estratégia nacional de conservação da Natureza, integrada na estratégia europeia e mundial;

b) O plano nacional;

c) O ordenamento integrado do território a nível regional e municipal, incluindo a classificação e criação de áreas, sítios ou paisagens protegidas sujeitos a estatutos especiais de conservação;

d) A reserva agrícola nacional e a reserva ecológica nacional;

e) Os planos regionais de ordenamento do território, os planos directores municipais e outros instrumentos de intervenção urbanística;

f) O estabelecimento de critérios, objectivos e normas de qualidade para os efluentes e resíduos e para os meios receptores;

g) A avaliação prévia do impacte provocado por obras, pela construção de infraestruturas, introdução de novas actividades tecnológicas e de produtos susceptíveis de afectarem o ambiente e a paisagem;

h) O licenciamento prévio de todas as actividades potencial ou efectivamente poluidoras ou capazes de afectarem a paisagem;

i) A redução ou suspensão de laboração de todas as actividades ou

Lei de Bases do Ambiente   527

transferência de estabelecimentos que de qualquer modo sejam factores de poluição;

j) Os incentivos à produção e instalação de equipamentos e a criação ou transferência de tecnologias que proporcionem a melhoria da qualidade do ambiente;

k) A regulamentação selectiva e quantificada do uso do solo e dos restantes recursos naturais;

l) O inventário dos recursos e de outras informações sobre o ambiente a nível nacional e regional;

m) O sistema nacional de vigilância e controlo da qualidade do ambiente;

n) O sistema nacional de prevenção de incêndios florestais;

o) A normalização e homologação de métodos e aparelhos de medida;

p) As sanções pelo incumprimento do disposto na legislação sobre o ambiente e ordenamento do território;

q) A cartografia do ambiente e do território;

r) A fixação de taxas a aplicar pela utilização de recursos naturais e componentes ambientais, bem como pela rejeição de efluentes.

2 – Lei especial definirá as áreas e zonas de grande poluição onde se fará controlo e se tomarão medidas permanentes que normalizem a qualidade do ambiente.

Artigo 28.º – **Conservação da Natureza**

1 – Para enquadramento e utilização das políticas globais do ambiente com as sectoriais será elaborada pelo Governo, no prazo de um ano, a estratégia nacional de conservação da Natureza, que será submetida a aprovação da Assembleia da República.

2 – A estratégia nacional de conservação da Natureza deverá informar os objectivos do Plano, em obediência ao disposto no n.º 2 do artigo 91.º da Constituição da República.

Artigo 29.º – **Áreas protegidas, lugares, sítios, conjuntos e objectos classificados**

1 – Será implementada e regulamentada uma rede nacional contínua de áreas protegidas, abrangendo áreas terrestres, águas interiores e maríti-

mas e outras ocorrências naturais distintas que devam ser submetidas a medidas de classificação, preservação e conservação, em virtude dos seus valores estéticos, raridade, importância científica, cultural e social ou da sua contribuição para o equilíbrio biológico e estabilidade ecológica das paisagens.

2 – As áreas protegidas poderão ter âmbito nacional, regional ou local, consoante os interesses que procuram salvaguardar.

3 – A iniciativa da classificação e conservação de áreas protegidas, de lugares, sítios, conjuntos e objectos classificados será da competência da administração central, regional ou local ou ainda particular.

4 – A regulamentação da gestão de áreas protegidas, lugares, sítios, conjuntos e objectos classificados consoante o seu âmbito compete à administração central, regional ou local.

5 – Na gestão das áreas protegidas ter-se-á sempre em vista a protecção e estudo dos ecossistemas naturais e ainda a preservação de valores de ordem científica, cultural, social e paisagística.

6 – A definição das diversas categorias de áreas protegidas para o efeito da protecção referida nos números anteriores será feita através de legislação própria.

Artigo 30.º – Estudos de impacte ambiental

1 – Os planos, projectos, trabalhos e acções que possam afectar o ambiente, o território e a qualidade de vida dos cidadãos, quer sejam da responsabilidade e iniciativa de um organismo da administração central, regional ou local, quer de instituições públicas ou privadas, devem respeitar as preocupações e normas desta lei e terão de ser acompanhados de um estudo de impacte ambiental.

2 – Serão regulamentadas por lei as condições em que será efectuado o estudo de impacte ambiental, o seu conteúdo, bem como as entidades responsáveis pela análise das suas conclusões e pela autorização e licenciamento de obra ou trabalhos previstos.

3 – A aprovação do estudo de impacte ambiental é condição essencial para o licenciamento final das obras e trabalhos pelos serviços competentes, nos termos da lei.

Lei de Bases do Ambiente 529

Artigo 31.º – **Conteúdo do estudo de impacte ambiental**

O conteúdo do estudo de impacte ambiental compreenderá, no mínimo:

a) Uma análise do estado do local e do ambiente;
b) O estudo das modificações que o projecto provocará;
c) As medidas previstas para suprimir e reduzir as normas aprovadas e, se possível, compensar as eventuais incidências sobre a qualidade do ambiente.

Artigo 32.º – **Equilíbrio entre componentes ambientais**

Nas intervenções sobre componentes ambientais, naturais ou humanos, haverá que ter sempre em conta as consequências que qualquer dessas intervenções, efectivadas ao nível de cada um dos componentes, possa ter sobre as restantes ou sobre as respectivas interacções.

CAPÍTULO V – **Licenciamento e situações de emergência**

Artigo 33.º – **Licenciamento**

1 – A construção, ampliação, instalação e funcionamento de estabelecimentos e o exercício de actividades efectivamente poluidoras dependerão do prévio licenciamento pelo serviço competente do Estado responsável pelo ambiente e ordenamento do território, sem prejuízo de outras licenças exigíveis.

2 – O pedido de licenciamento para empreendimentos a determinar em diploma específico é regulado nos termos do artigo 30.º

3 – A autorização para funcionamento exige o licenciamento prévio e a vistoria das obras e instalações realizadas em cumprimento do projecto aprovado e demais legislação em vigor.

4 – Para garantir a aplicação do artigo 14.º, n.º 2, alínea e), será obrigatório o depósito de uma caução, no valor do custo de recuperação, no acto do licenciamento.

5 – Os licenciamentos abrangidos pelo disposto no n.º 1, a sua renovação e a respectiva concessão serão publicados num periódico regional ou local.

6 – As autarquias interessadas darão parecer para o licenciamento relativo a complexos petroquímicos, cloroquímicos e outros definidos por lei.

Artigo 34.º – Declaração de zonas críticas e situações de emergência

1 – O Governo declarará como zonas críticas todas aquelas em que os parâmetros que permitem avaliar a qualidade do ambiente atinjam, ou se preveja virem a atingir, valores que possam pôr em causa a saúde humana ou o ambiente, ficando sujeitas a medidas especiais e acções a estabelecer pelo departamento encarregado da protecção civil em conjugação com as demais autoridades da administração central e local.

2 – Quando os índices de poluição, em determinada área, ultrapassarem os valores admitidos pela legislação que vier regulamentar a presente lei ou, por qualquer forma, puserem em perigo a qualidade do ambiente, poderá ser declarada a situação de emergência, devendo ser previstas actuações específicas, administrativas ou técnicas, para lhes fazer face, por parte da administração central e local, acompanhadas do esclarecimento da população afectada.

3 – Será feito o planeamento das medidas imediatas necessárias para acorrer a casos de acidente sempre que estes provoquem aumentos bruscos e significativos dos índices de poluição permitidos ou que, pela sua natureza, façam prever a possibilidade desta ocorrência.

Artigo 35.º – Redução e suspensão de laboração

1 – Pelo serviço competente do Estado responsável pelo ambiente e ordenamento do território poderá ser determinada a redução ou suspensão temporária ou definitiva das actividades geradoras de poluição para manter as emissões gasosas e radioactivas, os efluentes e os resíduos sólidos dentro dos limites estipulados, nos termos em que for estabelecido pela legislação complementar da presente lei.

2 – O Governo poderá celebrar contratos-programa com vista a reduzir gradualmente a carga poluente das actividades poluidoras.

3 – Os contratos-programa só serão celebrados desde que da continuação da laboração nessas actividades não decorram riscos significativos para o homem ou o ambiente.

Artigo 36.º – Transferência de estabelecimentos

Os estabelecimentos que alterem as condições normais de salubridade e higiene do ambiente definidas por lei podem ser obrigados a transferir-se para local mais apropriado, salvaguardados os direitos previamente adquiridos.

CAPÍTULO VI – Organismos responsáveis

Artigo 37.º – **Competência do Governo e da administração regional e local**

1 – Compete ao Governo, de acordo com a presente lei, a condução de uma política global nos domínios do ambiente, da qualidade de vida e do ordenamento do território, bem como a coordenação das políticas de ordenamento regional do território e desenvolvimento económico e progresso social e ainda a adopção das medidas adequadas à aplicação dor instrumentos previstos na presente lei.

2 – O Governo e a administração regional e local articularão entre si a implementação das medidas necessárias à prossecução dos fins previstos na presente lei, no âmbito das respectivas competências.

Artigo 38.º – **Organismos responsáveis pela aplicação da presente lei**

1 – O serviço competente do Estado responsável pela coordenação da aplicação da presente lei terá por missão promover, coordenar, apoiar e participar na execução da política nacional do ambiente e qualidade de vida constante deste diploma e a concretizar pelo Governo, em estreita colaboração com os diferentes serviços da administração central, regional e local, que devem também acatamento aos princípios e normas aqui estabelecidos.

2 – A nível de cada região administrativa existirão organismos regionais, dependentes da administração regional, responsáveis pela coordenação e aplicação da presente lei, em termos análogos aos do organismo central referido nos números anteriores e em colaboração com este, sem impedimento de organismos similares existirem a nível municipal.

Artigo 39.º – **Instituto Nacional do Ambiente**

1 – É criado o Instituto Nacional do Ambiente dotado de personalidade jurídica e autonomia administrativa e financeira.

2 – O Instituto Nacional do Ambiente é um organismo não executivo destinado à promoção de acções no domínio da qualidade do ambiente, com especial ênfase na formação e informação dos cidadãos e apoio às

532 *Direitos Económicos, Sociais e Culturais em Especial*

associações de defesa do ambiente, integrando a representação da opinião pública nos seus órgãos de decisão.

3 – São atribuições do Instituto Nacional do Ambiente:

a) Estudar e propor ao Governo a definição de políticas e a execução de acções de defesa do ambiente e do património natural e construído;

b) Estudar e promover formas de apoio técnico e financeiro às associações de defesa do ambiente;

c) Estudar e promover projectos especiais, de educação ambiental, de defesa do ambiente e do património natural e construído, em colaboração com as autarquias, serviços da Administração Pública, instituições públicas, privadas e cooperativas, escolas e universidades, incluindo acções de formação e informação;

d) Estabelecer contactos regulares com organismos similares estrangeiros e promover acções comuns, nomeadamente de formação e informação;

e) Impulsionar, em geral, a aplicação e o aprofundamento das medidas previstas na presente lei;

f) Quaisquer outras que lhe venham a ser cometidas por lei.

4 – A gestão do Instituto Nacional do Ambiente é assegurada por um presidente e por um vice-presidente, com funções delegadas pelo conselho directivo.

5 – O Instituto Nacional do Ambiente dispõe de um conselho directivo, a quem compete fixar os princípios a que deve subordinar-se a elaboração do seu plano de actividades e orçamento, bem como acompanhar a sua gestão e funcionamento.

6 – O plano de actividades do Instituto Nacional do Ambiente incluirá, obrigatoriamente, os critérios de atribuição dos apoios financeiros previstos nesta lei e demais legislação complementar.

7 – O conselho directivo do Instituto Nacional do Ambiente é composto por:

a) O presidente do Instituto Nacional do Ambiente, que presidirá;

b) Três cidadãos de reconhecido mérito, designados pela Assembleia da República;

c) Dois representantes das associações de defesa do ambiente com representatividade genérica;

Lei de Bases do Ambiente 533

d) Dois representantes do movimento sindical;

e) Dois representantes das confederações patronais;

f) Dois representantes da Associação Nacional dos Municípios Portugueses;

g) Dois representantes das universidades portuguesas que ministrem cursos no domínio do ambiente, ordenamento do território e património natural e construído.

8 – O Instituto Nacional do Ambiente deverá ter delegações regionais.

9 – O Governo, no prazo de 180 dias, estruturará a organização, funcionamento e competência, sob a forma de decreto-lei, do Instituto Nacional do Ambiente, na parte não prevista na presente lei, aprovará os respectivos quadros de pessoal e inscreverá no Orçamento do Estado as dotações necessárias ao seu funcionamento.

CAPÍTULO VII – **Direitos e deveres dos cidadãos**

ARTIGO 40.º – **Direitos e deveres dos cidadãos**

1 – É dever dos cidadãos, em geral, e dos sectores público, privado e cooperativo, em particular, colaborar na criação de um ambiente sadio e ecologicamente equilibrado e na melhoria progressiva e acelerada da qualidade de vida.

2 – Às iniciativas populares no domínio da melhoria do ambiente e da qualidade de vida, quer surjam espontaneamente, quer correspondam a um apelo da administração central, regional ou local, deve ser dispensada protecção adequada, através dos meios necessários à prossecução dos objectivos do regime previsto na presente lei.

3 – O Estado e as demais pessoas colectivas de direito público, em especial as autarquias, fomentarão a participação das entidades privadas em iniciativas de interesse para a prossecução dos fins previstos na presente lei, nomeadamente as associações nacionais ou locais de defesa do ambiente, do património natural e construído e de defesa do consumidor.

4 – Os cidadãos directamente ameaçados ou lesados no seu direito a um ambiente de vida humana sadio e ecologicamente equilibrado podem pedir, nos termos gerais de direito, a cessação das causas de violação e a respectiva indemnização.

534   *Direitos Económicos, Sociais e Culturais em Especial*

5 – Sem prejuízo do disposto nos números anteriores, é reconhecido às autarquias e aos cidadãos que sejam afectados pelo exercício de actividades susceptíveis de prejudicarem a utilização dos recursos do ambiente o direito às compensações por parte das entidades responsáveis pelos prejuízos causados.

Artigo 41.º – **Responsabilidade objectiva**

1 – Existe obrigação de indemnizar, independentemente de culpa, sempre que o agente tenha causado danos significativos no ambiente, em virtude de uma acção especialmente perigosa, muito embora com respeito do normativo aplicável.

2 – O quantitativo de indemnização a fixar por danos causados no ambiente será estabelecido em legislação complementar.

Artigo 42.º – **Embargos administrativos**

Aqueles que se julguem ofendidos nos seus direitos a um ambiente sadio e ecologicamente equilibrado poderão requerer que seja mandada suspender imediatamente a actividade causadora do dano, seguindo-se, para tal efeito, o processo de embargo administrativo.

Artigo 43.º – **Seguro de responsabilidade civil**

Aqueles que exerçam actividades que envolvam alto grau de risco para o ambiente e como tal venham a ser classificados serão obrigados a segurar a sua responsabilidade civil.

Artigo 44.º – **Direito a uma justiça acessível e pronta**

1 – É assegurado aos cidadãos o direito à isenção de preparos nos processos em que pretendam obter reparação de perdas e danos emergentes de factos ilícitos que violem regras constantes da presente lei e dos diplomas que a regulamentem, desde que o valor da causa não exceda o da alçada do tribunal da comarca.

2 – É proibida a apensação de processos contra o mesmo arguido relativos a infracções contra o disposto na presente lei, salvo se requerida pelo Ministério Público.

CAPÍTULO VIII – **Penalizações**

Artigo 45.º – **Tutela judicial**

1 – Sem prejuízo da legitimidade de quem se sinta ameaçado ou tenha sido lesado nos seus direitos, à actuação perante a jurisdição competente do correspondente direito à cessação da conduta ameaçadora ou lesiva e à indemnização pelos danos que dela possam ter resultado, ao abrigo do disposto no capítulo anterior, também ao Ministério Público compete a defesa dos valores protegidos pela presente lei, nomeadamente através da utilização dos mecanismos nela previstos.

2 – É igualmente reconhecido a qualquer pessoa, independentemente de ter interesse pessoal na demanda, bem como às associações e fundações defensoras dos interesses em causa e às autarquias locais, o direito de popor e intervir, nos termos previstos na lei, em processos principais e cautelares destinados à defesa dos valores protegidos pela presente lei.

Artigo 46.º – **Crimes contra o ambiente**

Além dos crimes previstos e punidos no Código Penal, serão ainda considerados crimes as infracções que a legislação complementar vier a qualificar como tal de acordo com o disposto na presente lei.

Artigo 47.º – **Contra-ordenações**

1 – As restantes infracções à presente lei serão consideradas contra-ordenações puníveis com coima, em termos a definir por legislação complementar, compatibilizando os vários níveis da Administração em função da gravidade da infracção.

2 – Se a mesma conduta constituir simultaneamente crime e contra-ordenação, será o infractor sempre punido a título de crime, sem prejuízo das sanções acessórias previstas para a contra-ordenação.

3 – Em função da gravidade da contra-ordenação e da culpa do agente, poderão ainda ser aplicadas as seguintes sanções acessórias:

a) Interdição do exercício de uma profissão ou actividade;
b) Privação do direito a subsídio outorgado por entidades ou serviços públicos;
c) Cessação de licenças ou autorizações relacionadas com o exercício da respectiva actividade;

536 *Direitos Económicos, Sociais e Culturais em Especial*

d) Apreensão e perda a favor do Estado dos objectos utilizados ou produzidos aquando da infracção;

e) Perda de benefícios fiscais, de benefícios de crédito e de linhas de financiamento de estabelecimentos de crédito de que haja usufruído.

4 – A negligência e a tentativa são puníveis.

ARTIGO 48.º – **Obrigatoriedade de remoção das causas da infracção e da reconstituição da situação anterior**

1 – Os infractores são obrigados a remover as causas da infracção e a repor a situação anterior à mesma ou equivalente, salvo o disposto no n.º 3.

2 – Se os infractores não cumprirem as obrigações acima referidas no prazo que lhes for indicado, as entidades competentes mandarão proceder às demolições, obras e trabalhos necessários à reposição da situação anterior à infracção a expensas dos infractores.

3 – Em caso de não ser possível a reposição da situação anterior à infracção, os infractores ficam obrigados ao pagamento de uma indemnização especial a definir por legislação e à realização das obras necessárias à minimização das consequências provocadas.

CAPÍTULO IX – **Disposições finais**

Artigo 49.º – **Relatório e livro branco sobre o ambiente**

1 – O Governo fica obrigado a apresentar à Assembleia da República, juntamente com as Grandes Opções do Plano de cada ano, um relatório sobre o estado do ambiente e ordenamento do território em Portugal referente ao ano anterior.

2 – O Governo fica obrigado a apresentar à Assembleia da República, de três em três anos, um livro branco sobre o estado do ambiente em Portugal.

ARTIGO 50.º – **Convenções e acordos internacionais**

A regulamentação, as normas e, de um modo geral, toda a matéria incluída na legislação especial que regulamentará a aplicação da presente

Lei de Bases do Ambiente 537

lei terão em conta as convenções e acordos internacionais aceites e ratificados por Portugal e que tenham a ver com a matéria em causa, assim como as normas e critérios aprovados multi ou bilateralmente entre Portugal e outros países.

ARTIGO 51.° – **Legislação complementar**

Todos os diplomas legais necessários à regulamentação do disposto no presente diploma serão obrigatoriamente publicadas no prazo de um ano a partir da data da sua entrada em vigor.

ARTIGO 52.° – **Entrada em vigor**

1 – Na parte que não necessita de regulamentação, esta lei entra imediatamente em vigor.

2 – As disposições que estão sujeitas a regulamentação entrarão em vigor com os respectivos diplomas regulamentares.

Aprovada em 9 de Janeiro de 1987.

O Presidente da Assembleia da República, *Fernando Monteiro do Amaral.*

Promulgada em 21 de Março de 1987.

Publique-se.

O Presidente da República, MÁRIO SOARES.

Referendada em 25 de Março de 1987.

O Primeiro-Ministro, *Aníbal António Cavaco Silva.*

b) **Lei das Organizações Não Governamentais de Ambiente**

Lei n.º 35/98, de 18 de Julho

Estatuto das organizações não governamentais de ambiente

A Assembleia da República decreta, nos termos dos artigos 161.º, alínea *c*), e 166.º, n.º 3, e do artigo 112.º, n.º 5, da Constituição, para valer como lei geral da República, o seguinte:

CAPÍTULO I – Disposições gerais

ARTIGO 1.º – **Objecto**

A presente lei define o estatuto das organizações não governamentais de ambiente, adiante designadas por ONGA.

ARTIGO 2.º – **Definição**

1 – Entende-se por ONGA, para efeitos da presente lei, as associações dotadas de personalidade jurídica e constituídas nos termos da lei geral que não prossigam fins lucrativos, para si ou para os seus associados, e visem, exclusivamente, a defesa e valorização do ambiente ou do património natural e construído, bem como a conservação da Natureza.

2 – Podem ser equiparados a ONGA, para efeitos dos artigos 5.º, 6.º, 13.º, 14.º e 15.º da presente lei, outras associações, nomeadamente sócio-

540 *Direitos Económicos, Sociais e Culturais em Especial*

-profissionais, culturais e científicas, que não prossigam fins partidários, sindicais ou lucrativos, para si ou para os seus associados, e tenham como área de intervenção principal o ambiente, o património natural e construído ou a conservação da Natureza.

3 – Cabe ao Instituto de Promoção Ambiental, adiante designado por IPAMB, proceder, no acto do registo, ao reconhecimento da equiparação prevista no número anterior.

4 – São ainda consideradas ONGA, para efeitos da presente lei, as associações dotadas de personalidade jurídica e constituídas nos termos da lei geral que não tenham fins lucrativos e resultem do agrupamento de várias ONGA, tal como definidas no n.° 1, ou destas com associações equiparadas.

CAPÍTULO II – **Estatuto das ONGA**

ARTIGO 3.° – **Atribuição do estatuto**

O estatuto concedido às ONGA pela presente lei depende do respectivo registo, nos termos dos artigos 17.° e seguintes.

ARTIGO 4.° – **Utilidade pública**

1 – As ONGA com efectiva e relevante actividade e registo ininterrupto junto do IPAMB há pelo menos cinco anos têm direito ao reconhecimento como pessoas colectivas de utilidade pública, para todos os efeitos legais, desde que preencham os requisitos previstos no artigo 2.° do Decreto-Lei n.° 460/77, de 7 de Novembro.

2 – Compete ao Primeiro-Ministro, mediante parecer do IPAMB, reconhecer o preenchimento das condições referidas no número anterior e emitir a respectiva declaração de utilidade pública.

3 – A declaração de utilidade pública referida no número anterior é publicada no *Diário da República*.

4 – Será entregue às ONGA objecto de declaração de utilidade pública o correspondente diploma, nos termos da lei geral.

5 – As ONGA a que se referem os números anteriores estão dispensadas do registo e demais obrigações previstas no Decreto-Lei n.° 460/77, de 7 de Novembro, sem prejuízo do disposto nas alíneas *b*) e *c*) do artigo 12.° do mesmo diploma legal.

Lei das Organizações Não Governamentais de Ambiente 541

6 – A declaração de utilidade pública concedida ao abrigo do disposto no presente artigo e as inerentes regalias cessam:

a) Com a extinção da pessoa colectiva;
b) Por decisão do Primeiro-Ministro, se tiver deixado de se verificar algum dos pressupostos da declaração;
c) Com a suspensão ou anulação do registo junto do IPAMB.

ARTIGO 5.º – **Acesso à informação**

1 – As ONGA gozam, nos termos da lei, do direito de consulta e informação junto dos órgãos da Administração Pública sobre documentos ou decisões administrativas com incidência no ambiente, nomeadamente em matéria de:

a) Planos e projectos de política de ambiente, incluindo projectos de ordenamento ou fomento florestal, agrícola ou cinegético;
b) Planos sectoriais com repercussões no ambiente;
c) Planos regionais, municipais e especiais de ordenamento do território e instrumentos de planeamento urbanístico;
d) Planos e decisões abrangidos pelo disposto no artigo 4.º da Lei n.º 83/95, de 31 de Agosto;
e) Criação de áreas protegidas e classificação de património natural e cultural;
f) Processos de avaliação de impacte ambiental;
g) Medidas de conservação de espécies e *habitats;*
h) Processos de auditoria ambiental, certificação empresarial e atribuição de rotulagem ecológica.

2 – A consulta referida no número anterior é gratuita, regendo-se o acesso aos documentos administrativos, nomeadamente a sua reprodução e passagem de certidões, pelo disposto na lei geral.

3 – As ONGA têm legitimidade para pedir, nos termos da lei, a intimação judicial das autoridades públicas no sentido de facultarem a consulta de documentos ou processos e de passarem as devidas certidões.

ARTIGO 6.º – **Direito de participação**

As ONGA têm o direito de participar na definição da política e das grandes linhas de orientação legislativa em matéria de ambiente.

ARTIGO 7.º – **Direito de representação**

1 – As ONGA de âmbito nacional gozam do estatuto de parceiro social para todos os feitos legais, designadamente o de representação no Conselho Económico e Social, no conselho directivo do IPAMB e nos órgãos consultivos da Administração Pública, de acordo com a especificidade e a incidência territorial da sua actuação, com vista à prossecução dos fins previstos no n.º 1 do artigo 2.º

2 – As ONGA de âmbito regional ou local têm direito de representação nos órgãos consultivos da administração pública regional ou local, bem como nos órgãos consultivos da administração pública central com competência sectorial relevante, de acordo com a especificidade e a incidência territorial da sua actuação, com vista à prossecução dos fins previstos no n.º 1 do artigo 2.º

3 – Para efeitos do direito de representação previsto no presente artigo, entende-se por:

  a) ONGA de âmbito nacional – as ONGA que desenvolvam, com carácter regular e permanente, actividades de interesse nacional ou em todo o território nacional e que tenham pelo menos 2000 associados;

  b) ONGA de âmbito regional – as ONGA que desenvolvam, com carácter regular e permanente, actividades de interesse ou alcance geográfico supramunicipal e que tenham pelo menos 400 associados;

  c) ONGA de âmbito local – as ONGA que desenvolvam, com carácter regular e permanente, actividades de interesse ou alcance geográfico municipal ou inframunicipal e que tenham pelo menos 100 associados.

4 – O disposto no número anterior aplica-se também às ONGA que resultem do agrupamento de associações, relevando apenas, para apuramento do número de associados, as associações que preencham os requisitos fixados no n.º 1 do artigo 2.º

5 – O exercício do direito de representação pelas ONGA que resultem do agrupamento de associações exclui o exercício do mesmo direito pelas associações agrupadas.

6 – Cabe ao IPAMB, no acto do registo, a atribuição do âmbito às ONGA.

Lei das Organizações Não Governamentais de Ambiente   543

ARTIGO 8.º – **Estatuto dos dirigentes das ONGA**

1 – Os dirigentes e outros membros das ONGA que forem designados para exercer funções de representação, nos termos do artigo 7.º, gozam dos direitos consagrados nos números seguintes.

2 – Para o exercício das funções referidas no número anterior, os dirigentes das ONGA que sejam trabalhadores por conta de outrem têm direito a usufruir de um horário de trabalho flexível, em termos a acordar com a entidade patronal, sempre que a natureza da respectiva actividade laboral o permita.

3 – Os períodos de faltas dados por motivo de comparência em reuniões dos órgãos em que os dirigentes exerçam representação ou com membros de órgãos de soberania são considerados justificados, para todos os efeitos legais, até ao máximo acumulado de 10 dias de trabalho por ano e não implicam a perda das remunerações e regalias devidas.

4 – Os dirigentes das ONGA referidos no n.º 1 e que sejam estudantes gozam de prerrogativas idênticas às previstas no Decreto-Lei n.º 152/91, de 23 de Abril, com as necessárias adaptações.

ARTIGO 9.º – **Meios e procedimentos administrativos**

1 – As ONGA têm legitimidade para promover junto das entidades competentes os meios administrativos de defesa do ambiente, bem como para iniciar o procedimento administrativo e intervir nele, nos termos e para os efeitos do disposto na Lei n.º 11/87, de 7 de Abril, no Decreto-Lei n.º 442/91, de 15 de Novembro, e na Lei n.º 83/95, de 31 de Agosto.

2 – As ONGA podem solicitar aos laboratórios públicos competentes, por requerimento devidamente fundamentado, a realização de análises sobre a composição ou o estado de quaisquer componentes do ambiente e divulgar os correspondentes resultados, sendo estes pedidos submetidos a parecer da autoridade administrativa competente em razão da matéria e atendidos antes de quaisquer outros, salvo os urgentes ou das entidades públicas.

ARTIGO 10.º – **Legitimidade processual**

As ONGA, independentemente de terem ou não interesse directo na demanda, têm legitimidade para:

a) Propor as acções judiciais necessárias à prevenção, correcção, suspensão e cessação de actos ou omissões de entidades públicas ou privadas que constituam ou possam constituir factor de degradação do ambiente;

b) Intentar, nos termos da lei, acções judiciais para efectivação da responsabilidade civil relativa aos actos e omissões referidos na alínea anterior;

c) Recorrer contenciosamente dos actos e regulamentos administrativos que violem as disposições legais que protegem o ambiente;

d) Apresentar queixa ou denúncia, bem como constituir-se assistentes em processo penal por crimes contra o ambiente e acompanhar o processo de contra-ordenação, quando o requeiram, apresentando memoriais, pareceres técnicos, sugestões de exames ou outras diligências de prova até que o processo esteja pronto para decisão final.

Artigo 11.º – **Isenção de emolumentos e custas**

1 – As ONGA estão isentas do pagamento dos emolumentos notariais devidos pelas respectivas escrituras de constituição ou de alteração dos estatutos.

2 – As ONGA estão isentas de preparos, custas e imposto do selo devidos pela sua intervenção nos processos referidos nos artigos 9.º e 10.º

3 – A litigância de má fé rege-se pela lei geral.

Artigo 12.º – **Isenções fiscais**

1 – As ONGA têm direito às isenções fiscais atribuídas pela lei às pessoas colectivas de utilidade pública.

2 – Nas transmissões de bens e na prestação de serviços que afectuem as ONGA beneficiam das isenções de IVA previstas para os organismos sem fins lucrativos.

3 – As ONGA beneficiam das regalias previstas no artigo 10.º do Decreto-Lei n.º 460/77, de 7 de Novembro.

Artigo 13.º – **Mecenato ambiental**

Aos donativos em dinheiro ou em série concedidos às ONGA e que se destinem a financiar projectos de interesse público previamente reconhecido pelo IPAMB será aplicável, sem acumulação, o regime do mecenato cultural previsto nos Códigos do IRS e do IRC.

Lei das Organizações Não Governamentais de Ambiente 545

ARTIGO 14.º – **Apoios**

1 – As ONGA têm direito ao apoio do Estado, através da administração central, regional e local, para a prossecução dos seus fins.

2 – Incumbe ao IPAMB prestar, nos termos da Lei n.º 11/87, de 7 de Abril, e dos regulamentos aplicáveis, apoio técnico e financeiro às ONGA e equiparadas.

3 – A irregularidade na aplicação do apoio financeiro implica:

a) Suspensão do mesmo e reposição das quantias já recebidas;
b) Inibição de concorrer a apoio financeiro do IPAMB por um período de três anos;
c) Responsabilidade civil e criminal nos termos gerais.

4 – O IPAMB procede, semestralmente, à publicação no *Diário da República* da lista dos apoios financeiros concedidos, nos termos da Lei n.º 26/94, de 29 de Agosto.

ARTIGO 15.º – **Direito de antena**

1 – As ONGA têm direito de antena na rádio e na televisão, nos mesmos termos das associações profissionais.

2 – O exercício do direito de antena pelas ONGA que resultem do agrupamento de associações, nos termos do n.º 4 do artigo 2.º, exclui o exercício do mesmo direito pelas associações agrupadas.

ARTIGO 16.º – **Dever de colaboração**

As ONGA e os órgãos da Administração Pública competentes devem colaborar na realização de projectos ou acções que promovam a protecção e valorização do ambiente.

CAPÍTULO III – **Registo e fiscalização**

ARTIGO 17.º – **Registo**

1 – O IPAMB organiza, em termos a regulamentar, o registo nacional das ONGA e equiparadas.

2 – Só são admitidas ao registo as associações que tenham pelo menos 100 associados.

3 – As associações candidatas ao registo remetem ao IPAMB um requerimento instruído com cópia dos actos de constituição e dos respectivos estatutos.

4 – O IPAMB procede anualmente à publicação no *Diário da República* da lista das associações registadas.

Artigo 18.º – **Actualização do registo**

1 – As associações inscritas no registo estão obrigadas a enviar anualmente ao IPAMB:

a) Relatório de actividades e relatório de contas aprovados pelos órgãos estatutários competentes;
b) Número de associados em 31 de Dezembro do ano respectivo.

2 – As associações inscritas no registo estão obrigadas a enviar ao IPAMB todas as alterações aos elementos fornecidos aquando da instrução do processo de inscrição, no prazo de 30 dias a contar da data em que ocorreram tais alterações, nomeadamente:

a) Cópia da acta da assembleia geral relativa à eleição dos órgãos sociais e respectivo termo de posse;
b) Cópia da acta da assembleia geral relativa à alteração dos estatutos;
c) Extrato da alteração dos estatutos publicada no *Diário da República;*
d) Alteração do valor da quotização dos seus membros;
e) Alteração da sede.

Artigo 19.º – **Modificação do registo**

O IPAMB promove a modificação do registo, oficiosamente ou a requerimento da interessada, sempre que as características de uma associação registada se alterem por forma a justificar classificação ou atribuição de âmbito diferente da constante do registo.

Artigo 20.º – **Fiscalização**

1 – Compete ao IPAMB fiscalizar o cumprimento da presente lei, nomeadamente através de auditorias periódicas às associações inscritas no registo.

Lei das Organizações Não Governamentais de Ambiente 547

2 – O IPAMB pode efectuar auditorias extraordinárias às associações inscritas no registo sempre que julgue necessário, nomeadamente:

a) Para verificação dos dados fornecidos ao IPAMB no acto de registo;
b) No âmbito da prestação do apoio técnico e financeiro.

3 – Das auditorias pode resultar, por decisão fundamentada do presidente do IPAMB, a suspensão ou a anulação da inscrição das associações no registo quando se verifique o incumprimento da lei ou o não preenchimento dos requisitos exigidos para efeitos de registo.

CAPÍTULO IV – **Disposições transitórias e finais**

Artigo 21.º – **Transição de registos**

1 – As associações de defesa do ambiente inscritas no anterior registo junto do IPAMB transitam oficiosamente para o novo registo nacional das ONGA e equiparadas quando preencham os requisitos previstos na presente lei.

2 – O IPAMB, no prazo de 30 dias a contar da entrada em vigor da presente lei, notifica as associações interessadas da transição referida no número anterior.

3 – Se da aplicação da presente lei resultar a alteração da classificação ou do âmbito a atribuir, ou o não preenchimento dos requisitos exigidos para efeitos de registo, o IPAMB notifica desse facto as associações interessadas, concedendo-lhes um prazo de 180 dias para comunicarem as alterações efectuadas.

4 – Na falta da comunicação das alterações a que se refere o número anterior, considera-se, consoante os casos, automaticamente modificado o registo nos termos da notificação feita pelo IPAMB ou excluída a associação do registo nacional das ONGA ou equiparadas.

Artigo 22.º – **Regulamentação**

A presente lei será objecto de regulamentação no prazo de 90 dias após a data da sua publicação.

ARTIGO 23.º – **Revogação**

É revogada a Lei n.º 10/87, de 4 de Abril.

ARTIGO 24.º – **Entrada em vigor**

1 – Na parte que não necessita de regulamentação, esta lei entra imediatamente em vigor.

2 – As disposições da presente lei não abrangidas pelo número anterior entram em vigor com a publicação da respectiva regulamentação.

Aprovada em 4 de Junho de 1998.

O Presidente da Assembleia da República, *António de Almeida Santos.*

Promulgada em 3 de Julho de 1998.

Publique-se.

O Presidente da República, JORGE SAMPAIO.

Referendada em 9 de Julho de 1998.

O Primeiro-Ministro, *António Manuel de Oliveira Guterres.*

18. DIREITOS DOS CIDADÃOS PORTADORES DE DEFICIÊNCIA

Lei n.º 9/89, de 2 de Maio

Lei de Bases da Prevenção e da Reabilitação e Integração das Pessoas com Deficiência

A Assembleia da República decreta, nos termos dos artigos 164.º, alínea *d*), e 169.º, n.º 2, da Constituição, o seguinte:

CAPÍTULO I – Disposições gerais

ARTIGO 1.º – **Objectivos**

A presente lei visa promover e garantir o exercício dos direitos que a Constituição da República Portuguesa consagra nos domínios da prevenção da deficiência, do tratamento, da reabilitação e da equiparação de oportunidades da pessoa com deficiência.

ARTIGO 2.º – **Conceito da pessoa com deficiência**

1 – Considera-se pessoa com deficiência aquela que, por motivo de perda ou anomalia, congénita ou adquirida, de estrutura ou função psicológica, intelectual, fisiológica ou anatómica susceptível de provocar restrições de capacidade, pode estar considerada em situações de desvantagem para o exercício de actividades consideradas normais tendo em conta a idade, o sexo e os factores sócio-culturais dominantes.

2 – As pessoas com deficiência não constituem grupos homogéneos,

pelo que exigem a definição de respostas específicas que vão ao encontro das suas necessidades diferenciadas e identificáveis.

3 – A identificação da situação de deficiência e consequente orientação e encaminhamento decorrem de um diagnóstico precoce, que tem carácter multidisciplinar.

ARTIGO 3.º – **Conceito de reabilitação**

1 – A reabilitação é um processo global e contínuo destinado a corrigir a deficiência e a conservar, a desenvolver ou a restabelecer as aptidões e capacidades da pessoa para o exercício de uma actividade considerada normal.

2 – O processo de reabilitação envolve o aconselhamento e a orientação individual e familiar, pressupondo a cooperação dos profissionais aos vários níveis sectoriais e o empenhamento da comunidade.

CAPÍTULO II – **Da política de reabilitação**

ARTIGO 4.º – **Princípios fundamentais**

1 – A política de reabilitação obedece aos princípios da universalidade, da globalidade, da integração, da coordenação, da igualdade de oportunidades, da participação, da informação e da solidariedade.

2 – A universalidade pressupõe que se encontrem formas adequadas de resposta às necessidades de todas as pessoas com deficiência, independentemente do tipo e grau de deficiência, da sua situação económica e social e da zona geográfica onde residam.

3 – A globalidade implica que a reabilitação seja um processo contínuo de respostas ao mesmo tempo sucessivas e simultâneas, de modo a respeitar o processo de evolução da pessoa e das suas necessidades.

4 – A integração traduz-se na assunção, por parte de cada departamento governamental, da responsabilidade por toda a população a que a sua política se dirige e pela adopção das medidas diferenciadas que a situação das pessoas com deficiência exige.

5 – A coordenação decorre da necessidade de uma estreita articulação entre todos os intervenientes no processo de reabilitação e de harmonização das medidas adoptadas.

Direitos dos Cidadãos Portadores de Deficiência 551

6 – A equiparação de oportunidades impõe que se eliminem todas as discriminações em função da deficiência e que o ambiente físico, os serviços sociais e de saúde, a educação e o trabalho, a vida cultural e social em geral se tornem acessíveis a todos.

7 – A participação obriga à intervenção das pessoas com deficiência, através das suas organizações, na definição da política de reabilitação e na preparação das medidas dela decorrentes.

8 – A informação exige não só que a pessoa com deficiência e a sua família sejam permanentemente esclarecidas sobre os direitos que lhes assistem e as estruturas existentes vocacionadas para o seu atendimento, mas também que a sociedade em geral seja esclarecida sobre a problemática das pessoas com deficiência.

9 – A solidariedade pressupõe a responsabilização de toda a sociedade na prossecução da política de reabilitação.

CAPÍTULO III – **Do processo de reabilitação**

ARTIGO 5.º – **Âmbito**

O processo de reabilitação compreende medidas diversificadas e complementares nos domínios da prevenção, da reabilitação médico--funcional, da educação especial, da reabilitação psicossocial, do apoio sócio-familiar, da acessibilidade, das ajudas técnicas, da cultura, do desporto e da recreação e outros que visem favorecer a autonomia pessoal, nos termos dos artigos seguintes.

ARTIGO 6.º – **Prevenção**

1 – Ao Estado cabe promover, através dos organismos competentes, todas as acções necessárias que visem impedir o aparecimento ou agravamento da deficiência e anular ou atenuar os seus efeitos ou consequências.

2 – A prevenção é constituída por um conjunto de medidas pluri--sectoriais que visam impedir o aparecimento ou agravamento da deficiência e das suas consequências de natureza física, psicológica e social, nomeadamente o planeamento familiar e o aconselhamento genético, os cuidados pré, peri e pós-natais, a educação para a saúde, a higiene e segurança no trabalho, a segurança rodoviária e a segurança no domicílio e nas actividades desportivas e recreativas.

552   *Direitos Económicos, Sociais e Culturais em Especial*

3 – A detecção precoce de malformações, de afecções congénitas ou adquiridas e de deficiências que possam surgir com o avanço na idade visa pesquisar as suas origens, evitar o seu agravamento e anular ou atenuar os seus efeitos.

4 – As medidas de despiste destinam-se a formular um diagnóstico o mais precocemente possível, com vista ao estabelecimento de um programa de tratamento de reabilitação.

Artigo 7.º – **Informação e fiscalização**

Com vista à realização dos objectivos previstos no artigo anterior compete, nomeadamente, ao Estado:

1) Assegurar a realização de campanhas de informação junto das escolas, com vista à sensibilização dos jovens;
2) Incrementar campanhas de sensibilização da opinião pública para prevenir a sinistralidade por acidentes de viação, nomeadamente através dos órgãos de comunicação social e das escolas de condução, que devem, para o efeito, inserir nos seus programas conhecimentos sobre as causas e as consequências da falta de prevenção na condução;
3) Promover acções de informação e sensibilização da opinião pública para a adopção de comportamentos dissuasores do consumo de álcool, droga e tabaco e ainda da prática de automedicação;
4) Desenvolver campanhas de informação alertando para os perigos de acidentes domésticos e de lazer, designadamente quedas, intoxicações, queimaduras e afogamentos;
5) Assegurar, através dos serviços competentes, acções de fiscalização junto das empresas, com o objectivo de verificar se são observadas as regras mínimas de higiene e segurança no trabalho.

Artigo 8.º – **Reabilitação médico-funcional**

1 – A reabilitação médico-funcional é uma forma de intervenção programada de natureza médica e médico-educativa, que compreende o diagnóstico e um conjunto de tratamentos e de técnicas especializadas que tendem a reduzir as sequelas do acidente, da doença ou da deficiência, restabelecendo as funções físicas e mentais, valorizando as capacidades remanescentes e restituindo, tão completamente quanto possível, a aptidão de um indivíduo para o exercício da sua actividade.

Direitos dos Cidadãos Portadores de Deficiência 553

2 – As valências de medicina física e reabilitação serão incrementadas e alargadas, devendo, para o efeito, ser adoptadas as medidas necessárias.

ARTIGO 9.º – **Educação especial**

1 – A educação especial é uma modalidade de educação que decorre em todos os níveis do ensino público, particular e cooperativo e que visa o desenvolvimento integral da pessoa com necessidades educativas específicas, bem como a preparação para uma integração plena na vida activa, através de acções dirigidas aos educandos, às famílias, aos educadores, às instituições educativas e às comunidades.

2 – Sem prejuízo do disposto no número anterior, devem ser adoptadas as necessárias medidas de integração progressiva dos alunos do ensino especial no sistema normal de ensino.

ARTIGO 10.º – **Reabilitação profissional**

1 – A reabilitação profissional tem por objectivo permitir à pessoa com deficiência o exercício de uma actividade profissional e compreende um conjunto de intervenções específicas no domínio da orientação e formação profissional, bem como as medidas que permitam a sua integração quer no mercado normal de emprego quer noutras modalidades alternativas de trabalho.

2 – Para efeitos do disposto no número anterior, devem ser adoptadas as medidas necessárias à melhoria da capacidade de resposta das estruturas regulares de formação profissional e do alargamento da rede de estruturas específicas de reabilitação profissional.

ARTIGO 11.º – **Reabilitação psicossocial**

A reabilitação psicossocial compreende um conjunto de técnicas específicas integradas no processo continuo de reabilitação, com vista a desenvolver, conservar ou restabelecer o equilíbrio da pessoa com deficiência e das suas relações afectivas e sociais.

ARTIGO 12.º – **Apoio sócio-familiar**

O apoio sócio-familiar destina-se a permitir à pessoa com deficiência os meios que favoreçam a sua autonomia pessoal e independência eco-

554 *Direitos Económicos, Sociais e Culturais em Especial*

nómica e a sua integração e participação social mais completas, garantindo simultaneamente o adequado apoio às famílias.

ARTIGO 13.º – **Acessibilidade e mobilidade**

A acessibilidade visa eliminar as barreiras físicas que dificultam a autonomia e a participação plena na vida social.

ARTIGO 14.º – **Ajudas técnicas**

As ajudas técnicas, incluindo as decorrentes de novas tecnologias, destinam-se a compensar a deficiência ou a atenuar-lhe as consequências e a permitir o exercício das actividades quotidianas e a participação na vida escolar, profissional e social.

ARTIGO 15.º – **Cultura, desporto e recreação**

A cultura, o desporto e a recreação visam contribuir para o bem-estar pessoal e para o desenvolvimento das capacidades de interacção social.

CAPÍTULO IV – **Da responsabilidade do Estado no processo de reabilitação**

ARTIGO 16.º – **Intervenção do Estado**

1 – O Estado garante a observância dos princípios consagrados na presente lei, em estreita colaboração com as famílias e as organizações não governamentais.

2 – Para os efeitos do número anterior, é definida uma política nacional de reabilitação contendo as medidas a adoptar, bem como planos integrados de acção que encontrem desenvolvimento apropriado no âmbito das políticas sectoriais a levar a efeito pelos vários departamentos governamentais.

3 – As medidas sectoriais a definir devem ser efectivadas preferentemente no âmbito dos serviços regulares existentes, sem prejuízo do enquadramento adequado de todas as iniciativas particulares que visem os objectivos da presente lei.

4 – Compete ainda ao Estado a coordenação e articulação de todas as políticas, medidas e acções sectoriais, a nível nacional, regional e local, de

Direitos dos Cidadãos Portadores de Deficiência 555

modo a assegurar à pessoa com deficiência um atendimento contínuo, nomeadamente na transição entre as fases do processo de reabilitação e de integração.

5 – Para a prossecução do disposto nos números anteriores é assegurado o fomento de acções de informação e sensibilização, de investigação e de formação dos recursos humanos intervenientes no processo de reabilitação.

ARTIGO 17.º – **Relações do Estado com as instituições particulares**

1 – O Estado reconhece e valoriza a acção desenvolvida pelas instituições particulares e cooperativas de e para pessoas com deficiência, na prossecução dos objectivos da presente lei.

2 – O Estado, em relação às instituições particulares e cooperativas, promove a compatibilização dos seus fins e actividades com a política nacional definida e garante o cumprimento da lei, defendendo os interesses das pessoas com deficiência.

CAPÍTULO V – **Da participação dos sistemas de administração**

ARTIGO 18.º – **Serviço de saúde**

Os serviços de saúde devem garantir os cuidados de promoção e vigilância da saúde, da prevenção da doença e da deficiência, o despiste e o diagnóstico, a estimulação precoce do tratamento e a reabilitação médico--funcional, assim como o fornecimento, adaptação, manutenção ou renovação dos meios de compensação que forem necessários.

ARTIGO 19.º – **Política de educação**

A política de educação deve garantir a integração nos estabelecimentos de ensino ou em instituições especializadas de pessoas com necessidades educativas especiais em condições pedagógicas, humanas e técnicas adequadas.

ARTIGO 20.º – **Sistema de segurança social**

O sistema de segurança social deve assegurar a protecção social da pessoa com deficiência através de prestações pecuniárias e modalidades diversificadas de acção social que favoreçam a autonomia pessoal e uma adequada integração na sociedade.

ARTIGO 21.º – **Política de orientação e formação profissional**

A política de orientação e formação profissional deve habilitar as pessoas com deficiência à tomada de decisões vocacionais adequadas e prepará-las para o exercício de uma actividade profissional segundo modelos diversificados e englobar o maior número de sectores de actividade económica, tendo em conta as transformações tecnológicas do sistema de produção.

ARTIGO 22.º – **Política de emprego**

A política de emprego deve incluir medidas, estímulos e incentivos técnicos e financeiros que favoreçam a integração profissional das pessoas com deficiência no mercado de trabalho e a criação de modalidades alternativas de actividades profissionais.

ARTIGO 23.º – **Sector dos transportes**

O sector dos transportes deve adoptar medidas que garantam à pessoa com deficiência o acesso, circulação e utilização da rede de transportes públicos, sem prejuízo de outras modalidades de apoio social.

ARTIGO 24.º – **Regime legal de urbanismo e habitação**

1 – O regime legal em matéria de urbanismo e habitação deve ter como um dos seus objectivos facilitar às pessoas com deficiência o acesso à utilização do meio edificado, incluindo os espaços exteriores.

2 – Para efeitos do disposto no número anterior, a legislação aplicável deve ser revista e incluir obrigatoriamente medidas de eliminação das barreiras arquitectónicas.

ARTIGO 25.º – **Sistema fiscal**

O sistema fiscal deve consagrar benefícios que possibilitem às pessoas com deficiência a sua plena participação na comunidade.

ARTIGO 26.º – **Política de cultura, desporto e recreado**

A política de cultura, desporto e recreação deve criar condições para a participação da pessoa com deficiência.

Direitos dos Cidadãos Portadores de Deficiência 557

Artigo 27.º – **Orçamentos**

Os encargos decorrentes da aplicação desta lei devem ser inscritos nos orçamentos dos respectivos ministérios.

Artigo 28.º – **Norma revogatória**

É revogada a Lei n.º 6/71, de 8 de Novembro.

Aprovada em 23 de Fevereiro de 1989.

O Presidente da Assembleia da República, *Vítor Pereira Crespo.*

Promulgada em 14 de Abril de 1989.

Publique-se.

O Presidente da República, Mário Soares.

Referendada em 19 de Abril de 1989.

O Primeiro-Ministro, *Aníbal António Cavaco Silva.*

19. DIREITO AO DESPORTO

LEI N.º 1/90, DE 13 DE JANEIRO[15]

Lei de Bases do Sistema Desportivo

A Assembleia da República decreta, nos termos dos artigos 164.º, alínea *d*), e 169.º, n.º 3 da Constituição, o seguinte:

CAPÍTULO I – Âmbito e princípios gerais

ARTIGO 1.º – **Objecto**

A presente lei estabelece o quadro geral do sistema desportivo e tem por objectivo promover e orientar a generalização da actividade desportiva, como factor cultural indispensável na formação plena da pessoa humana e no desenvolvimento da sociedade.

ARTIGO 2.º – **Princípios fundamentais**

1 – O sistema desportivo, no quadro dos princípios constitucionais, fomenta a prática desportiva para todos, quer na vertente de recreação, quer na de rendimento, em colaboração prioritária com as escolas, atendendo ao seu elevado conteúdo formativo, e ainda em conjugação com as associações, as colectividades desportivas e autarquias locais.

---

[15] Alterada pela Lei n.º 19/96, de 25 de Junho.

560 *Direitos Económicos, Sociais e Culturais em Especial*

2 – Além dos que decorrem do número anterior, são princípios gerais da acção do Estado, no desenvolvimento da política desportiva:

a) A valência educativa e cultural do desporto e a sua projecção nas políticas de saúde e de juventude;

b) A garantia da ética desportiva;

c) O reconhecimento do papel essencial dos clubes e das suas associações e federações e o fomento do associativismo desportivo;

d) A participação das estruturas associativas de enquadramento da actividade desportiva na definição da política desportiva;

e) O aperfeiçoamento e desenvolvimento dos níveis de formação dos diversos agentes desportivos;

f) A optimização dos recursos humanos e das infra-estruturas materiais disponíveis;

g) O ordenamento do território;

h) A redução das assimetrias territoriais e a promoção da igualdade de oportunidades no acesso à prática desportiva;

i) A descentralização e a intervenção das autarquias locais;

3 – No apoio à generalização da actividade desportiva é dada particular atenção aos grupos sociais dela especialmente carenciados, os quais são objecto de programas adequados às respectivas necessidades, nomeadamente em relação aos deficientes.

Artigo 3.º – **Coordenação da política desportiva**

1 – O Governo assegura a direcção e a coordenação permanentes e efectivas dos departamentos e sectores da administração central com intervenção da área do desporto.

2 – A competência de coordenação referida no número anterior pertence ao ministro responsável pela política desportiva, em articulação com as tutelas específicas de outros departamentos ministeriais relativamente a segmentos especiais da actividade desportiva que, por razão orgânica, lhes estejam cometidos.

3 – No quadro da definição e da coordenação da política desportiva, o Governo aprova um programa integrado de desenvolvimento desportivo, de vigência quadrienal, coincidente com o ciclo olímpico.

Direito ao Desporto

CAPÍTULO II – Actividade desportiva

ARTIGO 4.º – **Princípios gerais da formação e da prática desportiva**

1 – A formação dos agentes desportivos é promovida pelo Estado e pelas entidades públicas e privadas com atribuições na área do desporto, sem prejuízo da vocação especial dos estabelecimentos de ensino.

2 – A formação dos técnicos desportivos tem como objectivo habilitá-los com uma graduação que lhes faculte o acesso a um estatuto profissional qualificado.

3 – As acções de formação dos agentes desportivos são desenvolvidas pelo Estado ou pelas pessoas colectivas de direito privado com atribuições na área do desporto, de acordo com programas de formação fixados em diploma legal adequado.

4 – São considerados agentes desportivos os praticantes, docentes, treinadores, árbitros e dirigentes, pessoal médico, paramédico e, em geral, todas as pessoas que intervêm no fenómeno desportivo.

5 – O desenvolvimento e a regulamentação da prática desportiva devem prosseguir objectivos de ordem formativa, ética e sócio-cultural, tendo em conta o grau de evolução individual e a inserção na vida social.

6 – Compete ao Estado assegurar ainda os meios essenciais à formação desportiva na perspectiva do desenvolvimento regional, promovendo, de forma integrada, a conjugação das vocações dos diferentes departamentos oficiais.

ARTIGO 5.º – **Ética desportiva**

1 – A prática desportiva é desenvolvida na observância dos princípios da ética desportiva e com respeito pela integridade moral e física dos intervenientes.

2 – À observância dos princípios da ética desportiva estão igualmente vinculados o público e todos os que, pelo exercício de funções directivas ou técnicas, integram o processo desportivo.

3 – Na prossecução da defesa da ética desportiva, é função do Estado adoptar as medidas tendentes a prevenir e a punir as manifestações anti-desportivas, designadamente a violência, a corrupção, a dopagem e qualquer forma de discriminação social.

Artigo 6.º – **Desporto e escola**

1 – O desporto escolar titula organização própria no âmbito do sistema desportivo e subordina-se aos quadros específicos do sistema educativo.

2 – A prática do desporto como actividade extracurricular, quer no quadro da escola, quer em articulação com outras entidades com actuação no domínio do desporto, designadamente os clubes, é facilitada e estimulada tanto na perspectiva de complemento educativo como na de ocupação formativa dos tempos livres.

3 – O Governo, com vista a assegurar o princípio da descentralização, promove a definição, com as autarquias locais, das medidas adequadas a estimular e a apoiar a intervenção destas na organização das actividades referidas no número anterior que se desenvolvam no respectivo âmbito territorial.

Artigo 7.º – **Desporto no ensino superior**

1 – As instituições de ensino superior definem os princípios reguladores da prática desportiva das respectivas comunidades, incluindo, designadamente, a dotação com quadros técnicos de formação apropriada para o efeito, devendo ainda apoiar o associativismo estudantil.

2 – É reconhecida a responsabilidade predominante do associativismo estudantil e das respectivas estruturas dirigentes em sede de organização e desenvolvimento da prática do desporto no âmbito do ensino superior.

3 – O apoio ao fomento e à expansão do desporto no ensino superior é concedido, em termos globais e integrados, conforme regulamentação própria, definida com a participação dos estabelecimentos de ensino superior e do respectivo movimento associativo.

Artigo 8.º – **Desporto nos locais de trabalho**

1 – São objecto de apoio especial a organização e o desenvolvimento da prática desportiva ao nível da empresa ou de organismo ou serviço nos quais seja exercida profissionalmente uma actividade, como instrumento fundamental de acesso de todos os cidadãos à prática de desporto.

2 – A prática desportiva referida no número anterior assenta em formas específicas de associativismo desportivo, observando-se os princípios gerais da presente lei.

Direito ao Desporto 563

Artigo 9.º – **Desporto nas forças armadas e nas forças de segurança**

O desporto no âmbito das forças armadas e das forças de segurança organiza-se autonomamente, de acordo com os parâmetros que para ele são definidos pelas autoridades competentes.

Artigo 10.º – **Jogos tradicionais**

1 – Os jogos tradicionais, como parte integrante do património cultural específico das diversas regiões do País, são fomentados e apoiados pelas instituições de âmbito regional e local, designadamente pelas regiões autónomas e autarquias locais.

2 – Os departamentos governamentais responsáveis pelas políticas cultural, educativa, desportiva e de turismo colaboram entre si em ordem à preservação, divulgação e exercício dos jogos tradicionais.

Artigo 11.º – **Do associativismo desportivo em geral**

1 – A criação e a generalização do associativismo desportivo são apoiadas e fomentadas a todos os níveis, designadamente nas vertentes da recreação e do rendimento.

2 – As federações, as associações e os clubes desportivos são apoiados pelo Estado, nos termos previstos na presente lei, atendendo à respectiva utilidade social.

Artigo 12.º – **Habilitação de docentes e técnicos do desporto**

1 – O acesso ao exercício de actividades docentes e técnicas na área do desporto é legalmente condicionado à posse de habilitação adequada e à frequência de acções de formação e de actualização de conhecimentos técnicos e pedagógicos, em moldes ajustados à circunstância de essas funções serem desempenhadas, ou em regime profissional, ou de voluntariado, e ao grau de exigência que lhes seja inerente.

2 – O Governo, ouvidas as estruturas representativas dos interessados, estabelece as categorias de agentes desportivos abrangidos pelo disposto no número anterior, bem como as formas, modos e condições adequados à respectiva garantia, podendo submeter os infractores ao regime das contraordenações, nos termos da legislação geral.

Artigo 13.º – **Dirigentes desportivos**

1 – É reconhecido o papel indispensável desempenhado pelos dirigentes desportivos, como organizadores da prática do desporto, devendo ser garantidas as condições necessárias à boa prossecução da missão que lhes compete.

2 – As medidas de apoio ao dirigente desportivo em regime de voluntariado e o enquadramento normativo da função de gestor desportivo profissional constam de diploma próprio.

Artigo 14.º – **Praticantes desportivos**

1 – O Estado estimula a prática desportiva e presta apoio aos praticantes desportivos, quer na actividade desportiva orientada para o rendimento, quer na actividade desportiva orientada para a recreação.

2 – A prática desportiva é ainda objecto de protecção e regulamentação especiais, no quadro da educação, da saúde, da cultura ou de outras áreas sociais.

3 – O estatuto do praticante desportivo é definido de acordo com o fim dominante da sua actividade, entendendo-se como profissionais aqueles que exercem a actividade desportiva como profissão exclusiva ou principal.

4 – O regime jurídico contratual dos praticantes desportivos profissionais é definido por diploma próprio, ouvidas as entidades representativas dos interessados e as federações desportivas, tendo em conta a sua especificidade em relação ao regime geral do contrato do trabalho.

Artigo 15.º – **Alta competição**

1 – A alta competição enquadra-se no âmbito do desporto-rendimento e, respondendo à evidência de talentos e de vocações de mérito desportivo excepcional, consiste em, por opção do praticante, o nível de excelência nos resultados desportivos se aferir por padrões desportivos internacionais e a respectiva carreira desportiva visar êxito na ordem desportiva internacional.

2 – O desenvolvimento da alta competição é objecto de medidas de apoio específicas, atendendo a que constitui um factor de fomento desportivo e em virtude das especiais exigências de preparação dos respectivos praticantes.

Direito ao Desporto 565

3 – As medidas referidas no número anterior contemplam o praticante desportivo desde a fase de detecção de talentos específicos e da sua formação e abrangem, designadamente:

a) Regime de escolaridade;
b) Regime de emprego e de desempenho profissional;
c) Regime no âmbito da função pública;
d) Regime no cumprimento de obrigações militares;
e) Acesso à formação na área do ensino da educação física ou como técnico de desporto;
f) Apoio financeiro à respectiva preparação;
g) Seguro desportivo;
h) Reinserção profissional.

4 – O Estado, em articulação com o associativismo desportivo, zela por que a alta competição se desenvolva com respeito pela ética e verdade desportivas, bem como pela saúde e integridade moral e física dos respectivos praticantes.

ARTIGO 16.º – **Seguro desportivo e segurança social**

1 – É assegurada a institucionalização de um sistema de seguro obrigatório dos praticantes desportivos enquadrados na prática desportiva formal, o qual, com o objectivo de cobrir os particulares riscos a que estão sujeitos, protege em termos especiais o praticante desportivo de alta competição.

2 – Outras categorias de agentes desportivos cuja actividade comporte situações especiais de risco estão igualmente abrangidas no seguro de regime obrigatório.

3 – A integração dos agentes desportivos profissionais no sistema de segurança social é definida por regulamentação especial.

ARTIGO 17.º – **Medicina desportiva**

1 – O acesso à prática desportiva, no âmbito das federações desportivas, depende de prova bastante da aptidão física do praticante, a certificar através de exame médico que declare a inexistência de quaisquer contra-indicações.

2 – Sem prejuízo das gerais responsabilidades normativas do Estado, incumbe especialmente aos serviços de medicina desportiva da adminis-

tração central a investigação neste domínio e a participação em acções de formação, bem como a prestação de assistência médica especializada ao praticante desportivo, designadamente no quadro do regime de alta competição, no apoio às selecções nacionais e, quando solicitado, para tratamento de lesões.

3 – Os serviços de medicina desportiva da administração central asseguram apoio logístico ao controlo antidopagem, a regulamentar em diploma próprio.

4 – O acompanhamento médico dos praticantes desportivos escolares incumbe, em especial, aos serviços de medicina da administração educativa.

5 – As condições de exercício profissional em medicina desportiva são reguladas em diploma próprio.

ARTIGO 18.º – **Tributação**

1 – O regime fiscal para a tributação dos agentes desportivos praticantes é estabelecido de modo específico, de acordo com parâmetros ajustados à natureza de profissões de desgaste rápido.

2 – Os clubes desportivos que gozem de estatuto de instituição de utilidade pública estão isentos de imposto de sucessões e doações relativamente aos bens adquiridos a título gratuito.

3 – O regime previsto no número anterior aplica-se igualmente às federações que gozem do regime de utilidade pública desportiva.

4 – Os autores de liberalidades efectuadas em benefício das entidades referidas nos n.os 2 e 3 gozam de regime fiscal idêntico ao previsto para as efectuadas em benefício de instituições privadas de solidariedade social.

ARTIGO 19.º – **Livre entrada nos recintos desportivos**

1 – Por diploma regulamentar, ouvidos os organismos desportivos competentes, e sem prejuízo da legislação geral aplicável, são estabelecidas as categorias de agentes públicos a quem, para o cabal exercício das suas funções, é reconhecido o direito de livre entrada em recintos desportivos.

2 – É garantido o direito de acesso a recintos desportivos de profissionais da comunicação social no exercício da sua profissão, sem prejuízo dos condicionamentos e limites a este direito, designadamente para

Direito ao Desporto 567

protecção do direito ao espectáculo, ou de outros direitos e interesses legítimos dos clubes, federações ou organizadores de espectáculos desportivos, em termos a regulamentar.

CAPÍTULO III – Organizações desportivas

SECÇÃO I – Movimento associativo desportivo

Artigo 20.º – **Clubes desportivos**

1 – São clubes desportivos, para efeitos desta lei, as pessoas colectivas de direito privado que tenham como escopo o fomento e a prática directa de actividades desportivas.

2 – Os clubes desportivos que não participem em competições desportivas profissionais constituir-se-ão, nos termos gerais de direito, sob forma associativa e sem intuitos lucrativos.

3 – Por diploma legal adequado serão estabelecidos os termos em que os clubes desportivos, ou as suas equipas profissionais, que participem em competições desportivas de natureza profissional poderão adoptar a forma de sociedade desportiva com fins lucrativos, ou o regime de gestão a que ficarão sujeitos se não optarem por tal estatuto.

4 – O diploma referido no número anterior salvaguardará, entre outros objectivos, a defesa dos direitos dos associados e dos credores do interesse público e a protecção do património imobiliário, bem como o estabelecimento de um regime fiscal adequado à especificidade destas sociedades.

5 – Mediante diploma legal adequado poderão ser isentos de IRC os lucros das sociedades desportivas que sejam investidos em instalações ou em formação desportiva no clube originário.

6 – Os clubes desportivos e sociedades desportivas que disputem competições desportivas de carácter profissional terão obrigatoriamente de possuir contabilidade organizada segundo as normas do Plano Oficial de Contabilidade, com as adaptações constantes de regulamentação adequada.

568 *Direitos Económicos, Sociais e Culturais em Especial*

Artigo 21.° – **Federações desportivas**

Para efeitos da presente lei, são federações desportivas as pessoas colectivas que, englobando praticantes, clubes ou agrupamentos de clubes, se constituam sob a forma de associação sem fim lucrativo e preencham, cumulativamente, os seguintes requisitos:

1.° Se proponham, nos termos dos respectivos estatutos, prosseguir, entre outros, os seguintes objectivos gerais:

a) Promover, regulamentar e dirigir, a nível nacional, a prática de uma modalidade desportiva ou conjunto de modalidades afins;
b) Representar perante a Administração Pública os interesses dos seus filiados;
c) Representar a sua modalidade desportiva, ou conjunto de modalidades afins, junto das organizações congéneres estrangeiras ou internacionais;

2.° Obtenham a concessão de estatuto de pessoa colectiva de utilidade pública desportiva.

Artigo 22 ° – **Utilidade pública desportiva**

1 – O estatuto de utilidade pública desportiva é o instrumento por que é atribuída a uma federação desportiva a competência para o exercício, dentro do respectivo âmbito, de poderes regulamentares, disciplinares e outros de natureza pública.

2 – A concessão do estatuto de utilidade pública desportiva será regulada por diploma próprio e assenta na ponderação e verificação de requisitos objectivos, designadamente os seguintes:

a) Conformidade dos respectivos estatutos com a lei;
b) Democraticidade e representatividade dos respectivos órgãos;
c) Independência e competência técnica dos órgãos jurisdicionais próprios;
d) Grau de implantação social e desportiva a nível nacional, nomeadamente em número de praticantes, organização associativa e outros indicadores de desenvolvimento desportivo;
e) Enquadramento em federação internacional de reconhecida representatividade.

3 – A concessão do estatuto de utilidade pública desportiva só pode ser estabelecida após audição do Conselho Superior de Desporto.

Direito ao Desporto 569

4 – Só podem ser reconhecidos os títulos, sejam de nível nacional ou regional, atribuídos no âmbito das federações desportivas às quais seja concedido o estatuto de pessoa colectiva de utilidade pública desportiva, bem como as selecções nacionais que por estas federações sejam organizadas.

5 – Regime legal específico protege o nome, a imagem e as actividades desenvolvidas pelas federações desportivas titulares do estatuto de utilidade pública desportiva.

6 – As federações desportivas referidas no presente artigo gozam, além dos privilégios e benefícios previstos na presente lei e na legislação e regulamentação complementares, de todos aqueles que, por lei geral, cabem às pessoas colectivas de mera utilidade pública.

7 – Só pode ser concedido o estatuto de utilidade pública desportiva a, conforme o caso, uma federação unidesportiva ou multidesportiva.

ARTIGO 23.º – **Federações unidesportivas e federações multidesportivas**

1 – As federações desportivas podem ser unidesportivas ou multidesportivas.

2 – São federações unidesportivas as que englobam pessoas ou entidades dedicadas à prática da mesma modalidade desportiva, incluindo as suas várias disciplinas ou um conjunto de modalidades afins.

3 – São federações multidesportivas as que se dedicam ao desenvolvimento da prática cumulativa de diversas modalidades desportivas, para áreas específicas de organização social, designadamente no âmbito do desporto para deficientes e do desporto no quadro do sistema educativo.

ARTIGO 24.º – **Liga profissional de clubes**

1 – No seio das federações unidesportivas em que se disputem competições desportivas de natureza profissional, como tal definidas em diploma regulamentar adequado, deverá constituir-se uma liga de clubes, integrada obrigatória e exclusivamente por todos os clubes que disputem tais competições, dotada de personalidade jurídica e autonomia administrativa, técnica e financeira.

2 – A liga será o órgão autónomo da federação para o desporto profissional, competindo-lhe nomeadamente:

a) Organizar e regulamentar as competições de natureza profissional que se disputem no âmbito da respectiva federação, respeitando as regras técnicas definidas pelos órgãos federativos competentes, nacionais e internacionais;

b) Exercer, relativamente aos clubes seus associados, as funções de tutela, controlo e supervisão que forem estabelecidas legalmente ou pelos estatutos e regulamentos desportivos;

c) Exercer o poder disciplinar e gerir o específico sector de arbitragem, nos termos estabelecidos nos diplomas que regulamentem a presente lei;

d) Exercer as demais competências que lhes sejam atribuídas por lei ou pelos estatutos federativos.

3 – No âmbito das restantes federações desportivas em que existam praticantes desportivos profissionais poderão ser constituídos organismos destinados a assegurar, de forma específica, a sua representatividade no seio da respectiva federação.

Artigo 25.º – **Justiça desportiva**

1 – Sem prejuízo do disposto no número seguinte, as decisões e deliberações definitivas das entidades que integram o associativismo desportivo são impugnáveis, nos termos gerais de direito.

2 – As decisões e deliberações sobre questões estritamente desportivas que tenham por fundamento a violação de normas de natureza técnica ou de carácter disciplinar não são impugnáveis nem susceptíveis de recurso fora das instâncias competentes na ordem desportiva.

3 – O recurso contencioso e a respectiva decisão não prejudicam os efeitos desportivos entretanto validamente produzidos na sequência da última decisão da instância competente na ordem desportiva.

Artigo 26.º – **Selecções nacionais**

A participação dos agentes desportivos nas selecções ou em outras representações nacionais é classificada como missão de interesse público e, como tal, objecto de apoio e de garantia especial por parte do Estado.

Artigo 27.º – **Apoios às federações desportivas**

1 – Sem prejuízo dos apoios aos clubes desportivos, só as federações desportivas referidas no artigo 21.º desta lei podem beneficiar de subsí-

Direito ao Desporto   571

dios, comparticipações ou empréstimos públicos, bem como de apoios de qualquer natureza, seja em meios técnicos, materiais ou humanos.

2 – Só as federações desportivas referidas no número anterior podem igualmente ser beneficiárias de receitas que lhes sejam consignadas por lei.

ARTIGO 27.°-A – **Associações promotoras de desporto**

1 – Para os efeitos da presente lei são consideradas associações promotoras de desporto as entidades que tenham por finalidade exclusiva a promoção e organização de actividades físicas e desportivas, com finalidades lúdicas, formativas ou sociais, que não se compreendam na área de jurisdição própria das federações dotadas de utilidade pública desportiva.

2 – Para poderem beneficiar de apoio do Estado, as associações referidas no número anterior deverão inscrever-se no competente registo a organizar pela administração pública desportiva.

3 – Às associações referidas no presente artigo poderá ser concedido o estatuto de pessoa colectiva de mera utilidade pública.

SECÇÃO II – **Comité Olímpico de Portugal**

ARTIGO 28.° – **Regime jurídico**

1 – São reconhecidas ao Comité Olímpico de Portugal as atribuições e competências que para ele decorrem da Carta Olímpica Internacional, nomeadamente para organizar a representação nacional aos jogos olímpicos e para autorizar a realização de provas desportivas com fins olímpicos.

2 – Pertence ao Comité Olímpico de Portugal o direito ao uso exclusivo dos símbolos olímpicos em território nacional.

3 – Regulamentação especial assegura a garantia dos direitos referidos nos números anteriores e define o apoio estatal específico a conceder neste quadro e o modo como é assegurada, no âmbito da preparação e da participação olímpicas, a articulação das diversas entidades públicas e privadas intervenientes na área do desporto.

CAPÍTULO IV – **Administração pública desportiva**

ARTIGO 29.º – **Orgânica**

1 – O Conselho Superior de Desporto é um órgão consultivo, a funcionar junto do membro do Governo responsável pela área do desporto, no qual se encontram, designadamente, representadas as pessoas colectivas de direito privado e de direito público com atribuições no âmbito do desporto, e compete-lhe acompanhar a evolução do desenvolvimento desportivo, bem como estudar e dar parecer sobre as linhas orientadoras da Administração Pública na área da política desportiva.

2 – Aos serviços que integrem a administração pública desportiva compete a execução da política desportiva definida pelo Governo.

ARTIGO 30.º – **Regiões autónomas**

A organização da Administração Pública relativa ao desporto nas regiões autónomas rege-se por disposições especiais aprovadas pelos respectivos órgãos de governo próprio.

ARTIGO 31.º – **Investigação**

1 – A investigação científica na área da educação física, do desporto e das matérias relacionadas com estes deve ser orientada de modo integrado e assentar no desenvolvimento da vocação específica de estabelecimentos de ensino superior, no das aptidões dos serviços públicos de medicina desportiva e de outros organismos oficiais ou privados, e bem assim por intermédio da cooperação internacional especializada.

2 – A investigação em ciências do desporto visa prioritariamente o estudo da condição física das populações nas suas diferentes relações de circunstância, dos factores de rendimento humano aplicados à técnica desportiva de excelência e do aprofundamento das soluções metodológicas adaptadas às realidades culturais portuguesas.

3 – Devem ser desenvolvidos os cursos de pós-graduação em ciências aplicadas ao desporto.

ARTIGO 32.º – **Planeamento**

1 – O programa integrado de desenvolvimento desportivo referido no

Direito ao Desporto

n.º 3 do artigo 3.º abrange o apoio ao desenvolvimento da prática desportiva em todas as suas vertentes.

2 – De acordo com o princípio da participação, o programa integrado de desenvolvimento desportivo deve ser objecto de parecer prévio do Conselho Superior de Desporto.

ARTIGO 33.º – **Apoio ao associativismo desportivo**

O apoio às federações, às associações e aos clubes desportivos concretiza-se, designadamente, através dos seguintes meios:

a) Concessão de comparticipação financeira;
b) Incentivos à implantação de infra-estruturas e equipamentos;
c) Acções de formação de praticantes, dirigentes, técnicos desportivos e demais participantes nas actividades desportivas;
d) Fornecimento de elementos informativos e documentais;
e) Fomento de estudos técnico-desportivos;
f) Estabelecimento de relações com organismos internacionais.

ARTIGO 34.º – **Contratos-programa de desenvolvimento desportivo**

1 – A concessão dos apoios referidos na alínea *a)* do artigo anterior está subordinada à observância dos seguintes requisitos:

a) Apresentação de programas de desenvolvimento desportivo e sua caracterização pormenorizada, com especificação, nomeadamente, das formas, dos meios e dos prazos para o seu cumprimento;
b) Apresentação dos custos e aferição dos graus de autonomia financeira, técnica, material e humana previstos nos planos referidos na alínea anterior.

2 – Só podem ser concedidas comparticipações financeiras públicas neste âmbito mediante a celebração de contratos-programa de desenvolvimento desportivo oficialmente publicados.

ARTIGO 35.º – **Atlas Desportivo Nacional**

1 – O instituto público referido no n.º 2 do artigo 29.º, com o objectivo de permitir o conhecimento da situação desportiva nacional, actualiza e publica, como instrumento fundamental de documentação pública, o

574 *Direitos Económicos, Sociais e Culturais em Especial*

Atlas Desportivo Nacional, contendo o cadastro e o registo de dados e de indicadores que permitam o conhecimento dos diversos factores de desenvolvimento desportivo, designadamente:

a) Espaços naturais de recreio e desporto;
b) Instalações desportivas artificiais;
c) Enquadramento humano;
d) Associativismo desportivo;
e) Hábitos desportivos;
f) Condição física dos cidadãos;
g) Quadro normativo nacional e internacional.

2 – Regulamentação especial definirá a articulação do sistema desportivo com o sistema estatístico nacional.

ARTIGO 36.º – **Infra-estruturas desportivas**

1 – O Governo e as autarquias locais desenvolvem uma política integrada de instalações e equipamentos desportivos, definida com base em critérios de equilibrada inserção no ambiente e em coerência com o integral e harmonioso desenvolvimento desportivo.

2 – Com o objectivo de dotar o País das infra-estruturas necessárias ao desenvolvimento da actividade desportiva, o Governo promove:

a) A definição de normas que condicionem a edificação de instalações desportivas, de cujo cumprimento dependerá a concessão das licenças de construção e utilização, a emitir pelos competentes departamentos públicos;
b) O incremento da construção, ampliação, melhoramento e conservação das instalações e equipamentos, sobretudo no âmbito da comunidade escolar;
c) A sujeição das instalações a construir a critérios de segurança e de racionalidade demográfica, económica e técnica.

3 – Não pode entrar em funcionamento pleno qualquer escola do ensino secundário e dos 2.º e 3.º ciclos do ensino básico que não disponha de espaços e de equipamento adequados à educação física e à prática do desporto.

4 – Equipamentos desportivos devem ser igualmente previstos e proporcionados por agregados de estabelecimentos do 1.º ciclo do ensino

Direito ao Desporto 575

básico, a implantar progressivamente e em moldes adequados ao respectivo quadro.

5 – As infra-estruturas desportivas sediadas nas escolas públicas são prioritárias e estão abertas ao uso da comunidade, sem prejuízo das exigências prevalentes da actividade escolar.

6 – O regime a que estão sujeitas as instalações do parque desportivo público é definido por legislação própria, precedendo audiência dos municípios.

7 – As comparticipações financeiras públicas para construção ou melhoramento de infra-estruturas desportivas de propriedade de entidades privadas e, bem assim, os actos de cedência gratuita do uso ou da gestão de património desportivo público a entidades privadas são obrigatoriamente condicionados à assunção por estas das inerentes contrapartidas de interesse público, social e escolar, as quais devem constar de instrumento bastante, de natureza real ou obrigacional, consoante a titularidade dos equipamentos.

8 – Nos termos da lei, e observadas as garantias dos particulares, o Governo pode determinar, por períodos limitados de tempo, a requisição de infra-estruturas desportivas de propriedade de entidades privadas para realização de competições desportivas adequadas à natureza daquelas, sempre que o justifique o interesse público e nacional e que se verifique urgência.

9 – Compete ao departamento ministerial responsável pela política desportiva a coordenação global da política integrada de infra-estruturas e equipamentos desportivos e dos respectivos investimentos públicos, englobando a articulação com os demais departamentos ministeriais envolvidos.

ARTIGO 37.º – **Reserva de espaços desportivos**

1 – Os planos directores municipais e os planos de urbanização devem reservar zonas para a prática desportiva.

2 – Diploma regulamentar da presente lei define a área e os requisitos a que devem obedecer as zonas mencionadas no número anterior.

3 – Os espaços e as infra-estruturas que sejam licenciados com vista a serem consignados à prática desportiva não podem, independentemente de a sua propriedade ser pública ou privada, ser objecto de outro destino ou de diversa afectação permanente durante a vigência do plano em que se integrem.

Artigo 38.º – **Desporto e turismo**

Os departamentos públicos vocacionados para o desporto e o turismo articulam entre si as suas acções, com vista a garantir a realização de eventos desportivos com relevância turística, bem como a assegurar que a componente desportiva seja enquadrada nos esquemas gerais de oferta e procura turística.

CAPÍTULO V – **Disposições finais**

Artigo 39.º – **Cooperação internacional**

1 – O Governo estabelecerá programas de cooperação com outros países e dinamizará o intercâmbio desportivo internacional nos diversos escalões etários.

2 – No sentido de incrementar a integração europeia na área do desporto, o Governo assegurará a plena participação portuguesa nas instâncias desportivas europeias e comunitárias, tendo nomeadamente em vista a troca de informação sobre os diferentes processos de desenvolvimento desportivo e o acompanhamento dos mesmos.

3 – O Governo providenciará para que sejam implementados programas desportivos vocacionados para as comunidades portuguesas estabelecidas em outros países, com vista ao desenvolvimento dos laços com a sua comunidade de origem, bem como privilegiará o intercâmbio desportivo com países de língua oficial portuguesa.

Artigo 40.º – **Registo de clubes e federações**

O registo das pessoas colectivas de utilidade pública desportiva, bem como dos clubes e demais entidades com intervenção na área do desporto, será organizado pela administração pública desportiva.

Artigo 41.º – **Desenvolvimento normativo da lei**

No prazo de dois anos, o Governo fará publicar, sob forma de decreto-lei, a legislação complementar necessária para o desenvolvimento da presente lei.

Direito ao Desporto 577

ARTIGO 42.º – **Disposição transitória**

1 – O disposto no n.º 3 do artigo 36.º aplica-se às escolas que sejam edificadas a partir da entrada em vigor da presente lei.

2 – O Governo e as autarquias locais providenciarão entre si para, no prazo de quatro anos, dotar as escolas dos 2.º e 3.º ciclos do ensino básico e do ensino secundário, carenciadas, de adequadas instalações desportivas de serviço escolar.

3 – Os preceitos relativos ao estatuto de utilidade pública desportiva entram em vigor nos prazos fixados pelo decreto-lei que o regular, o qual será elaborado precedendo audição das federações que titulam já a utilidade pública simples.

ARTIGO 43.º – **Revogação**

1 – São revogados os seguintes diplomas:

a) Decreto n.º 32 946, de 3 de Agosto de 1943;
b) Lei n.º 2104, de 30 de Maio de 1960.

2 – São revogadas as demais disposições legais ou regulamentares que contrariem o estatuído na presente lei.

Aprovada em 2 de Novembro de 1989.

O Presidente da Assembleia da República, *Vítor Pereira Crespo.*

Promulgada em 22 de Dezembro de 1989.

Publique-se.

O Presidente da República, MÁRIO SOARES.

Referendada em 28 de Dezembro de 1989.

O Primeiro-Ministro, *Aníbal António Cavaco Silva.*

ÍNDICE GERAL

Nota Prévia à 2ª edição 5

Nota Prévia à 1ª edição 7

I – DIREITOS FUNDAMENTAIS EM GERAL

1. Estatuto do Provedor de Justiça (Lei n.º 9/91, de 9 de Abril, alterada pela Lei n.º 30/96, de 14 de Agosto) 11

2. Regime do Estado de Sítio e do Estado de Emergência (Lei n.º 44/86, de 30 de Setembro) 25

3. Lei de Segurança Interna (Lei n.º 20/87, de 12 de Junho, alterada pela Lei n.º 8/91, de 1 de Abril) 37

4. Responsabilidade Criminal dos Titulares dos Cargos Políticos (Lei n.º 34/87, de 16 de Julho, alterada pela Lei n.º 108/2001, de 28 de Novembro) 47

II – DIREITOS, LIBERDADES E GARANTIAS EM ESPECIAL

5. Direito à cidadania (Lei n.º 37/81, de 3 de Outubro, alterada pela Lei n.º 25/94, de 19 de Agosto, e pela Lei Orgânica n.º 1/2004 de 15 de Janeiro) 65

6. Liberdade de comunicação social
   a) Alta Autoridade para a Comunicação Social (Lei n.º 43/98, de 6 de Agosto, alterada pela Lei n.º 18-A/2002, de 18 de Julho, e pela Lei n.º 33/2003, de 22 de Agosto) 77

580 *Legislação de Direitos Fundamentais*

b) Lei de Imprensa (Lei n.º 2/99, de 13 de Janeiro, alterada pela Lei n.º 18/2003, de 11 de Junho) 91

c) Lei da Rádio (Lei n.º 4/2001, de 23 de Fevereiro, alterada pela Lei n.º 33/2003, de 22 de Agosto) 109

d) Lei da Televisão (Lei n.º 32/2003, de 22 de Agosto) 141

7. Direito ao controlo dos dados pessoais informatizados (Lei n.º 67/98, de 26 de Outubro) 181

8. Liberdade de consciência e de religião
   a) Lei da liberdade religiosa (Lei n.º 16/2001, de 22 de Junho).... 211
   b) Objecção de consciência perante o serviço militar obrigatório (Lei n.º 7/92, de 12 de Maio, alterada pela Lei n.º 138/99, de 28 de Agosto) 237
   c) Comissão da Liberdade Religiosa (Decreto-Lei n.º 308/2003, de 10 de Dezembro) 251

9. Liberdade de ensino
   a) Garantia da liberdade de ensino (Lei n.º 65/79, de 4 de Outubro) 259
   b) Lei de Bases do Ensino Particular e Cooperativo (Lei n.º 9/79, de 19 de Março) 265
   c) Lei de Bases do Sistema Educativo (Lei n.º 46/86, de 14 de Outubro, alterada pela Lei n.º 115/97, de 19 de Setembro)............ 273

10. Liberdade de reunião e de manifestação (Decreto-Lei n.º 406/74, de 29 de Agosto) 309

11. Liberdade de associação
    a) Liberdade de associação em geral (Decreto-Lei n.º 594/74, de 7 de Novembro, alterado pelo Decreto-Lei n.º 71/77, de 25 de Fevereiro).. 315
    b) Partidos políticos (Lei Orgânica n.º 2/2003, de 22 de Agosto) 321
    c) Organizações fascistas (Lei n.º 64/78, de 6 de Outubro)........ 333

12. Direito de petição (Lei n.º 43/90, de 10 de Agosto, alterada pela Lei n.º 6/93, de 1 de Março, e pela Lei n.º 15/2003, de 4 de Junho) 337

13. Direito de votar em referendo nacional (Lei n.º 15-A/98, de 3 de Abril).. 349

III – DIREITOS ECONÓMICOS, SOCIAIS E CULTURAIS EM ESPECIAL

14. Direitos dos consumidores (Lei n.º 24/96, de 31 de Julho, alterada pelo Decreto-Lei n.º 67/2003, de 8 de Abril) 421

15. Direito à segurança social
   a) Lei de Bases da Segurança Social (Lei n.º 32/2002, de 20 de Dezembro) 435
   b) Rendimento Social de Inserção (Lei n.º 13/2003, de 21 de Maio) 473

16. Direito à saúde (Lei n.º 48/90, de 24 de Agosto, alterada pela Lei n.º 27/2002, de 8 de Novembro) 489

17. Direito ao ambiente
   a) Lei de Bases do Ambiente (Lei n.º 11/87, de 7 de Abril alterada pela Lei n.º 13/2002, de 19 de Fevereiro) 509
   b) Lei das Organizações Não Governamentais de Ambiente (Lei n.º 35/98, de 18 de Julho) 539

18. Direitos dos cidadãos portadores de deficiência (Lei n.º 9/89, de 2 de Maio) 549

19. Direito ao desporto (Lei n.º 1/90, de 13 de Janeiro, alterada pela Lei n.º 19/96, de 25 de Junho) 559

ÍNDICE GERAL 579

OBRAS DO AUTOR 583

OBRAS DO AUTOR

a) Livros e monografias

1) *O valor positivo do acto inconstitucional*, AAFDL, Lisboa, 1992 (reimpressão em 2000)
2) *O direito de passagem inofensiva no novo Direito Internacional do Mar*, Lex – Edições Jurídicas, Lisboa, 1993 (com o prefácio de Armando M. Marques Guedes)
3) *Os direitos fundamentais atípicos*, Editorial Notícias e Editorial Aequitas, Lisboa, 1995 (dissertação de mestrado em Ciências Jurídico-Políticas na Faculdade de Direito da Universidade de Lisboa, com prefácio de Marcelo Rebelo de Sousa)
4) *O estado de excepção no Direito Constitucional – entre a eficiência e a normatividade das estruturas de defesa extraordinária da Constituição*, I e II volumes, Livraria Almedina, Coimbra, 1998 (dissertação de doutoramento em Direito Público na Faculdade de Direito da Universidade Nova de Lisboa)
5) *Reflexões sobre a próxima revisão da Constituição de Moçambique de 1990*, Livraria Minerva Central, Maputo, 1999 (também publicado como *A próxima revisão da Constituição de Moçambique de 1990 – um comentário*, in *Revista da Faculdade de Direito da Universidade de Lisboa*, vol. XXXIX, n.º 2, 1998, pp. 709 e ss.)
6) *Autonomias regionais – que futuro político-constitucional?*, ed. da Assembleia Legislativa Regional, Funchal, 1999
7) *Estudos de Direito Público*, I, *Principia – Publicações Universitárias e Científicas*, Cascais, 2000
8) *Portugal e o Direito do Mar* (com FAUSTO DE QUADROS e PAULO OTERO), ed. do Ministério dos Negócios Estrangeiros, Lisboa, 2001
9) *As relações externas de Portugal – aspectos jurídico-políticos* (com FAUSTO DE QUADROS), ed. do Ministério dos Negócios Estrangeiros, Lisboa, 2001

584   *Legislação de Direitos Fundamentais*

10) *Introdução ao Direito Constitucional de Angola,* ed. da Assembleia Nacional de Angola, Luanda, 2002
11) *Novos Estudos de Direito Público,* II, Âncora Editora, Lisboa, 2002
12) *Manual de Direito Internacional,* Livraria Almedina, Coimbra, 2003
13) *Ensinar Direito Constitucional,* Livraria Almedina, Coimbra, 2003
14) *O Código do Trabalho e a Constituição Portuguesa,* O Espírito das Leis, Lisboa, 2003

b) Artigos, comentários, pareceres e nótulas

15) *Os limites circunstanciais da revisão constitucional,* in *Revista Jurídica,* Lisboa, 1989, n.ᵒˢ 11 e 12, pp. 103 e ss.
16) *Inconstitucionalidade por omissão – consultas directas aos cidadãos eleitores a nível local – anotação ao acórdão n.° 36/90 do Tribunal Constitucional,* in *O Direito,* 122.° ano, Lisboa, 1990 – II, pp. 420 e ss.
17) *Os direitos fundamentais à protecção dos dados pessoais informatizados,* in *Revista da Ordem dos Advogados,* ano 51, 1991-III, pp. 699 e ss. (também publicado na *Revista da Faculdade de Direito Milton Campos,* II, Belo Horizonte, 1995, pp. 169 e ss.)
18) *Os incentivos fiscais contratuais ao investimento estrangeiro no Direito Fiscal Português – regime jurídico e implicações constitucionais,* in AAVV, *A internacionalização da economia e a fiscalidade,* Lisboa, 1993, pp. 269 e ss. (também publicado na *Fiscália,* n.° 12, ano 3, Lisboa, 1995, pp. 4 e ss.)
19) *Breves reflexões em matéria de confidencialidade fiscal* (com PAMPLONA CORTE-REAL e JOAQUIM PEDRO CARDOSO DA COSTA), in *Ciência e Técnica Fiscal,* n.° 368, Lisboa, Outubro-Dezembro de 1992, pp. 7 e ss.
20) *A relevância civil do casamento católico,* in *Africana,* VIII, n.° 14, Porto, 1994, pp. 155 e ss.
21) A *evasão fiscal na interpretação e integração da lei fiscal,* in *Ciência e Técnica Fiscal,* n.° 373, Lisboa, Janeiro-Março de 1994, pp. 9 e ss. (também publicado na *Fiscália,* ano 4, n.° 15, Lisboa, Janeiro-Março de 1996, pp. 4 e ss.)
22) *O espaço aéreo internacional* e *O espaço exterior,* respectivamente os capítulos VIII e IX da Parte IV sobre O *domínio da sociedade internacional,* insertos no livro de JOAQUIM DA SILVA CUNHA, *Direito Internacional Público – a sociedade internacional,* 4ª ed., AAFDL, Lisboa, 1993, pp. 323 e ss., e pp. 331 e ss.

Obras do Autor 585

23) *European Data Protection and Churches in Portugal*, in AAVV, *Europäiches Datenschutzrecht und die Kirchen* (org. de GERHARD ROBBERS), Berlin, 1994, pp. 127 e ss. (também publicado como *A protecção de dados informatizados e o fenómeno religioso em Portugal*, in *Revista da Faculdade de Direito da Universidade de Lisboa*, XXXIV, Lisboa, 1993, pp. 181 e ss.)

24) *Objecção de consciência (direito fundamental à)*, in *Dicionário Jurídico de Administração Pública*, VI, Lisboa, 1994, pp. 165 e ss.

25) *Des collectivités locales en attente de région*, in AAVV, *Les collectivités décentralisées de l'Union Européene* (org. ALAIN DELCAMP), Paris, 1994, pp. 303 e ss.

26) *A inconstitucionalidade da lei das propinas – anotação ao Acórdão n.º 148/94 do Tribunal Constitucional*, in *Revista da Faculdade de Direito da Universidade de Lisboa*, XXXVI, Lisboa, 1995, n.º 1, pp. 257 e ss.

27) *O princípio democrático no novo Direito Constitucional Moçambicano*, in *Revista da Faculdade de Direito da Universidade de Lisboa*, XXXVI, Lisboa, 1995, n.º 2, pp. 457 e ss.

28) *O segredo de Estado*, in *Dicionário Jurídico da Administração Pública*, VII, Lisboa, 1996, pp. 365 e ss.

29) *A zona económica exclusiva*, in *Dicionário Jurídico da Administração Pública*, VII, Lisboa, 1996, pp. 611 e ss. (também publicado na *Revista da Faculdade de Direito de Milton Campos*, vol. 5, Belo Horizonte, 1998, pp. 247 e ss.)

30) *Le régime de la télévision au Portugal*, in *European Review of Public Law* (Spetses Conferences), 21, vol. 8, n.º 3, Atenas, Outono de 1996, pp. 917 e ss. (também publicado como *Nótula sobre o regime da actividade da televisão em Portugal*, in *O Direito*, ano 128.º, Lisboa, 1996, III-IV, Julho-Dezembro, pp. 295 e ss.)

31) *Considerações sobre as Constituições Fiscais na União Europeia*, in *Ciência e Técnica Fiscal*, n.º 381, Lisboa, Janeiro-Março de 1996, pp. 37 e ss.

32) *O crédito bonificado à habitação e a Região Autónoma dos Açores* (com JORGE MIRANDA), in *Revista da Faculdade de Direito da Universidade de Lisboa*, XXXVII, Lisboa, 1996, n.º 1, pp. 299 e ss.

33) *O financiamento municipal das assembleias distritais e a Constituição* (com JOSÉ MANUEL SÉRVULO CORREIA), in *Revista da Faculdade de Direito da Universidade de Lisboa*, XXXVIII, Lisboa, 1997, n.º 1, pp. 233 e ss.

34) *A duração da patente no acordo do TRIPS e no Código da Propriedade Industrial à luz da Constituição Portuguesa* (com JORGE MIRANDA), in *Revista da Ordem dos Advogados*, ano 57, Lisboa, I-1997, pp. 249 e ss.

586 *Legislação de Direitos Fundamentais*

35) *Princípios constitucionais do acesso à justiça, da legalidade processual e do contraditório; junção de pareceres em processo civil; interpretação conforme à Constituição do art. 525.° do Código de Processo Civil – Anotação ao acórdão n.° 934/96 do Tribunal Constitucional* (com JOSÉ MANUEL SÉRVULO CORREIA), in *Revista da Ordem dos Advogados*, ano 57, Lisboa, I-1997, pp. 295 e ss.

36) *A Quarta Revisão da Constituição Portuguesa*, in *Vida Judiciária*, n.° 7, Lisboa, Outubro de 1997, pp. 17 e ss.

37) *A irretroactividade da norma fiscal na Constituição Portuguesa*, in *Ciência e Técnica Fiscal*, n.° 387, Lisboa, Julho-Setembro de 1997, pp. 51 e ss. [também publicado em *Direito e Cidadania*, ano I, n.° 3, Praia, Março-Junho de 1998, pp. 9 e ss., em AAVV, *Perspectivas Constitucionais – Nos 20 Anos da Constituição Portuguesa* (org. de JORGE MIRANDA), III, Coimbra, 1998, pp. 445 e ss., em *AJURIS – Revista da Associação dos Juízes do Rio Grande do Sul*, n.° 74, ano XXV, Porto Alegre, 1998 (Novembro), pp. 299 e ss. e ainda, numa versão reduzida, como *A proibição da retroactividade da norma fiscal na Constituição Portuguesa*, em AAVV, *Problemas Fundamentais do Direito Tributário* (org. de DIOGO LEITE DE CAMPOS), VisLis Editores, Lisboa, 1999, pp. 35 e ss.]

38) *La Déclaration Universelle des Droits de l'Homme et la Constitution Portugaise*, in *Revue Européenne de Droit Public*, vol. 9, n.° 4, Atenas, Inverno 1997, pp. 1225 e ss. (também publicado, numa versão ampliada, como *A Declaração Universal dos Direitos do Homem e a Constituição Portuguesa*, in AAVV, *Ab uno ad omnes – 75 Anos da Coimbra Editora*, Coimbra, 1998, pp. 925 e ss., nas *Perspectivas do Direito – Gabinete para a Tradução Jurídica*, vol. IV, n.° 6, Julho de 1999, Macau, pp. 29 e ss., e na *Revista de Informação Legislativa*, ano 35, n.° 139, Brasília, Julho/Setembro de 1998, pp. 261 e ss.)

39) *Benefícios fiscais das organizações e funcionários internacionais no Direito Fiscal Português – alguns breves apontamentos*, in *Fiscália*, n.° 20, Lisboa, 1998, pp. 9 e ss.

40) *A inconstitucionalidade do Decreto-Lei n.° 351/93, de 7 de Outubro – parecer* (com JOSÉ MANUEL SÉRVULO CORREIA), in AAVV, *Direito do Ordenamento do Território e Constituição* (org. da Associação Portuguesa de Promotores e Investidores Imobiliários), Coimbra Editora, Coimbra, 1998, pp. 61 e ss.

41) *La citoyenneté au Portugal – commentaires et réflexions*, in AAVV, *Citoyennetés nationales et citoyenneté européenne* (coord. de FRANÇOISE PARISOT), Paris, 1998, pp. 206 e ss. [também publicado em português como *A Cidadania em Portugal – comentários e reflexões*,

Obras do Autor 587

in AAVV, *Cidadanias nacionais e cidadania europeia* (coord. por FRANÇOISE PARISOT), Didáctica Editora, Lisboa, 2001, pp. 216 e ss.]

42) *Sistema de actos legislativos – opinião acerca da revisão constitucional de 1997,* in *Legislação – Cadernos de Ciência de Legislação,* n.ᵒˢ 19/20, Oeiras, Abril-Dezembro de 1997, pp. 47 e ss. (também publicado no Brasil como *O sistema de actos legislativos na 4ª revisão da Constituição Portuguesa: um "aprofundamento multidimensional" do princípio democrático,* in *Revista de Informação Legislativa,* ano 38, n.° 149, Brasília, Janeiro-Março de 2001, pp. 71 e ss., e como *The system of legislation under the 4th Revision of the Portuguese Constitution: a «multidimensional enhancement» of the principle of democracy,* na *Revue Européenne de Droit Public,* vol. 13, n.° 4, winter/hiver 2001, Athens, pp. 1331 e ss.)

43) *Pela dignidade do ser humano não nascido,* in AAVV, *Vida e Direito – reflexões sobre um referendo* (org. de JORGE BACELAR GOUVEIA e HENRIQUE MOTA), Lisboa, 1998, pp. 73 e ss.

44) *As autarquias locais e a respectiva legislação – um enquadramento geral,* in AAVV, *Autarquias Locais em Moçambique – antecedentes e regime jurídico,* Lisboa/Maputo, 1998, pp. 81 e ss.

45) *O estatuto dos governantes municipais,* in AAVV, *Autarquias Locais em Moçambique – antecedentes e regime jurídico,* Lisboa/Maputo, 1998, pp. 119 e ss.

46) *Partidos políticos* (com ANA RITA CABRITA), in *Dicionário Jurídico da Administração Pública,* 1.° suplemento, Lisboa, 1998, pp. 345 e ss.

47) *Sistemas eleitorais e método de Hondt,* in *Dicionário Jurídico da Administração Pública,* 1.° suplemento, Lisboa, 1998, pp. 459 e ss.

48) *A 4ª Revisão da Constituição Portuguesa,* in *Direito e Cidadania,* ano II, n.° 5, Praia, Novembro de 1998-Fevereiro de 1999, pp. 235 e ss. (também publicado como *The 4th Revision of the Portuguese Constitution,* in *Revue Européenne de Droit Public,* vol. 11, n.° 1, n.° 31, Atenas, Primavera de 1999, pp. 203 e ss.)

49) *Governadores civis* (com JOSÉ MANUEL SÉRVULO CORREIA), in *Dicionário da História de Portugal* (org. de ANTÓNIO BARRETO e MARIA FILOMENA MÓNICA), VIII, suplemento, Porto, 1999, pp. 118 e ss.

50) *A inconstitucionalidade da discriminação remuneratória nas carreiras médicas prestadas em tempo completo,* in *O Direito,* ano 130.°, Lisboa, 1998, I-II, Janeiro-Junho, pp. 133 e ss.

51) *Legislação eleitoral em Moçambique,* in *Direito e Cidadania,* ano III, n.° 7, Praia, Julho-Outubro de 1999, pp. 261 e ss.

52) *The Treaty of Amsterdam: some progresses, many disappointments* (com MARGARIDA TELLES ROMÃO), in *Currents – International Trade*

588 Legislação de Direitos Fundamentais

Law Journal (South Texas College of Law), Houston, Summer-1999, pp. 63 e ss.

53) *O Decreto-Lei n.° 351/93 e a Constituição Portuguesa,* in *Themis – Revista da Faculdade de Direito da Universidade Nova de Lisboa,* ano I, Lisboa, n.° 1 de 2000, pp. 189 e ss.

54) *A assunção de dívidas municipais pelo Governo Regional dos Açores e a Constituição Portuguesa,* in *Legislação – Cadernos de Ciência da Legislação,* n.° 25, Oeiras, Abril-Junho de 1999, pp. 134 e ss.

55) *Hondt (método de)* (com JOSÉ MANUEL SÉRVULO CORREIA), in *Verbo – Enciclopédia Luso-Brasileira de Cultura,* XIV, Lisboa/São Paulo, 1999, pp. 1369 e 1370

56) *O acesso às matrizes prediais organizadas pela Administração Fiscal por parte dos advogados,* in *Revista da Ordem dos Advogados,* ano 60, I, Lisboa, Janeiro de 2000, pp. 353 e ss.

57) *A prática de tiro aos pombos, a nova Lei de Protecção dos Animais e a Constituição Portuguesa,* in *Revista Jurídica do Urbanismo e do Ambiente,* n.° 13, Coimbra, Junho de 2000, pp. 231 e ss.

58) *Autonomia regional, procedimento legislativo e confirmação parlamentar – contributo para a interpretação do art. 279.°, n.° 2, da Constituição Portuguesa,* in *Revista da Faculdade de Direito da Universidade de Lisboa,* XLI, Lisboa, n.° 1 de 2000, pp. 135 e ss.

59) *A aplicação do Acordo ADPIC na Ordem Jurídica Portuguesa – o caso especial da duração das patentes,* in AAVV, *I Forum Ibero-Americano sobre Innovación, Propiedad Industrial e Intelectual y Desarrollo – Actas,* Madrid, 2000, pp. 433 e ss.

60) *Os direitos de participação dos representantes dos trabalhadores na elaboração da legislação laboral,* in AAVV, *Estudos do Instituto de Direito do Trabalho,* I volume, Coimbra, 2001, pp. 109 e ss.

61) *O regime profissional do pessoal paramédico constante do Decreto--Lei n.° 320/99 e a Constituição Portuguesa,* in *O Direito,* ano 132.°, Lisboa, Julho-Dezembro de 2000, III-IV, pp. 503 e ss.

62) *Estado de guerra,* in *Dicionário Jurídico da Administração Pública,* 2.° suplemento, Lisboa, 2001, pp. 301 e ss.

63) *Regulação e limites dos direitos fundamentais,* in *Dicionário Jurídico da Administração Pública,* 2.° suplemento, Lisboa, 2001, pp. 450 e ss.

64) *As associações públicas profissionais no Direito Português,* in AAVV, *Direito em Questão – aspectos principiológicos da Justiça,* Editora UCDB, Campo Grande, 2001, pp. 257 e ss.

65) *O direito de ingresso na Administração Pública Portuguesa segundo o Decreto-Lei n.° 89-F/98,* in *O Direito,* ano 133.°, Lisboa, 2001 – II (Abril-Junho), pp. 483 e ss.

Obras do Autor

66) *Reflexões sobre a 5ª Revisão da Constituição Portuguesa,* in AAVV, *Nos 25 Anos da Constituição da República Portuguesa de 1976 – Evolução Constitucional e Perspectivas Futuras,* AAFDL, Lisboa, 2001, pp. 631 e ss.

67) *A importância da Lei n.° 134/99 no novo Direito Português da Igualdade Social,* in AAVV, *Actas do Seminário Técnico sobre a aplicação da Lei Anti-Discriminação* (org. pelo Alto Comissário para a Imigração e Minorias Étnicas), Lisboa, 2002, pp. 10 e ss.

68) *Acordos de colaboração entre instituições do ensino superior público e o imposto sobre o valor acrescentado,* in *THEMIS – Revista da Faculdade de Direito da Universidade Nova de Lisboa,* ano II, n.° 4, Lisboa, 2001, pp. 235 e ss.

69) *A importância dos direitos fundamentais no Estado Constitucional Contemporâneo,* in *Revista da Faculdade de Direito da Universidade Agostinho Neto,* n.° 2, Luanda, 2002, pp. 7 e ss. [também publicado em AAVV, *Direitos Humanos – Teorias e Práticas* (org. de PAULO FERREIRA DA CUNHA) Coimbra, 2003, pp. 53 e ss., e em chinês, na *Perspectivas do Direito,* n.° 12, Janeiro de 2003, pp. 31 e ss.]

70) Recensão ao livro *JOSÉ MANUEL PUREZA, O Património Comum da Humanidade: rumo a um Direito Internacional da Solidariedade?,* Porto, 1998, in *Análise Social – Revista do Instituto de Ciências Sociais da Universidade de Lisboa,* n.°s 158-159, XXXVI, Verão de 2001, pp. 557 e ss.

71) *A crise da Justiça – a evidência de uma crise cultural?,* in AAVV, *O Debate da Justiça* (org. ANTÓNIO PEDRO BARBAS HOMEM e JORGE BACELAR GOUVEIA), VisLis Editores, Lisboa, 2001, pp. 183 e ss.

72) *A Lei Básica da Região Administrativa Especial de Macau,* in *Boletim da Faculdade de Direito da Universidade de Macau – 2.° Seminário Internacional sobre a Lei Básica comemorativo do 20.° Aniversário da Universidade de Macau,* ano VI, 2002, n.° 13, pp. 173 e ss.

73) *Segredo de Estado e Lei Constitucional em Angola,* in AAVV, *A produção de informações de segurança no Estado Democrático de Direito – o caso angolano* (org. de CARLOS FEIJÓ), Cascais, 2003, pp. 23 e ss.

74) *Autonomia creditícia autárquica: critérios, procedimentos e limites – parecer de Direito,* in *Revista da Faculdade de Direito da Universidade Lusíada,* n.° 2 de 2004.

c) Colectâneas de textos

75) *Legislação de direitos fundamentais*, Livraria Almedina, Coimbra: 1ª ed., 1991; 2ª ed., 2004
76) *Organizações internacionais – textos fundamentais*: 1ª ed., AAFDL, Lisboa, 1992; 2ª ed., Livraria Almedina, Coimbra, 1995
77) *Timor-Leste – resoluções das Nações Unidas*, 1ª ed., AAFDL, Lisboa, 1992; *Timor-Leste – textos jurídicos fundamentais*, 2ª ed., AAFDL, Lisboa, 1993
78) *Casos Práticos de Direito Internacional Público I*, AAFDL, Lisboa, 1993
79) *As Constituições dos Estados Lusófonos*: 1ª ed., Editorial Notícias e Editorial Aequitas, Lisboa, 1993; 2ª ed., Editorial Notícias, Lisboa, 2000
80) *Textos fundamentais de Direito Internacional*: 1ª ed., Editorial Notícias e Editorial Aequitas, Lisboa, 1993; 2ª ed., Editorial Notícias, Lisboa, 1999; 3ª ed., Editorial Notícias, Lisboa, 2002; 4ª ed., Editorial Notícias, Lisboa, 2004
81) *Acordos de cooperação entre Portugal e os Estados Africanos Lusófonos*, ed. do Instituto da Cooperação Portuguesa: 1ª ed., Lisboa, 1994; 2ª ed., Lisboa, 1998
82) *Legislação de Direito Constitucional*, Livraria Minerva Central, Maputo, 1994
83) *Legislação Eleitoral*, Livraria Cosmos, Lisboa, 1995
84) *Código Civil e Legislação Complementar* (com Susana Brito e Arão Feijão Massangai), ed. do Banco Comercial Português: 1ª ed., Maputo, 1996; 2ª ed., Maputo, 2000
85) *Código Penal e Legislação Complementar* (com Emídio Ricardo Nhamissitane), ed. do Banco Comercial Português: 1ª ed., Maputo, 1996; 2ª ed., Maputo, 2000
86) *Código Comercial e Legislação Complementar* (com Lúcia da Luz Ribeiro), ed. do Banco Comercial Português: 1ª ed., Maputo, 1996; 2ª ed., Maputo, 2000
87) *Constituição da República Portuguesa e Legislação Complementar*,:: 1ª ed., Livraria Almedina, Coimbra, 1997; 2ª ed., Âncora Editora, Lisboa, 2001
88) *Legislação de Direito Financeiro*, Livraria Almedina: 1ª ed., Coimbra, 1999; 2ª ed., Coimbra, 2002
89) *As Constituições dos Estados da União Europeia*, VisLis Editores, Lisboa, 2000

Obras do Autor 591

90) *Direito da Igualdade Social – fontes normativas,* VisLis Editores, Lisboa, 2000
91) *Direito da Igualdade Social – guia de estudo,* AAFDL, Lisboa, 2000
92) *Direito Fiscal – guia de estudo:* 1ª ed., FDUNL, Lisboa, 2000; 2ª ed., FDUNL, Lisboa, 2001; 3ª ed., FDUNL, Lisboa, 2002; 4ª ed., AAFDL, Lisboa, 2003
93) *Ciência Política – guia de estudo,* FDUP, Lisboa, 2002
94) *Direito Financeiro – guia de estudo:* 1ª ed., FDUNL, Lisboa, 2002; 2ª ed., AAFDL, Lisboa, 2003
95) *Direito Internacional Público – elementos de estudo:* 1ª ed. FDUNL, Lisboa, 2002; 2ª ed., FDUNL, Lisboa, 2002; 3ª ed., AAFDL, Lisboa, 2003
96) *As Constituições dos Estados de Língua Portuguesa*, Livraria Almedina, Coimbra, 2003